품격경영

상위 1%를 위한 글로벌 교섭문화 백서

품격경영 [상]

초판 발행 2014년 10월 3일
4쇄 발행 2016년 2월 25일

지 은 이   신성대
발 행 처   東文選
제10-64호, 1978년 12월 16일 등록
서울 종로구 인사동길 40 [110-300]
전화 02-737-2795
팩스 02-723-4518
이메일 dmspub@hanmail.net

ISBN 978-89-8038-686-4 04380
ISBN 978-89-8038-685-7 (전2권)

품격경영

상위 1%를 위한 글로벌 교섭문화 백서

DIGNITY MANAGEMENT

It's the Manners, Stupid: A Manifesto for Remodeling a Nation

신성대 지음

東文選

한국 경제개발 1세대로서

지난날 각종 외자 도입과 해외 시장 개척에 헌신하여,

땀과 눈물로 일궈낸 글로벌 교섭 노하우 자산을 남기신 선배님들께

삼가 경의를 표하며 이 책을 바칩니다.

이제는 품격이다

서울 남산 1호 터널 쌍굴 중 처음 건설된 터널이 본래 4차로였음을 기억하는 서울 시민은 그리 많지 않다. 당시 한국의 방수 기술이 부족해서 지금처럼 2차로로 줄어들어 나중에 추가 건설된 두번째 터널로써 간신히 왕복 4차로를 확보하게 된 것이다.

폐허에서 불과 50년 남짓한 기간에 세계 10위의 무역대국이 되기까지 한국인들은 정말 열심히 일했다. 하지만 과연 우리가 땀 흘린 만큼 풍요를 누리고 있다고 자신할 수 있을까? 그리고 그 국력만큼 국제사회에서 대접받고 있는가? 어쩌면 우리는 남산 1호 터널 첫 굴처럼 그 절반을 흘려 버리지 않았을까?

글로벌 비즈니스 매너란 바로 이 방수 기술과 같은 것이라 할 수 있겠다. 그동안 그토록 열심히 일했어도 국민소득이 고작 2만 불 언저리에서 맴도는 것도 어쩌면 글로벌 비즈니스 매너의 부재 때문은 아닐는지?

기실 서울 시민 중 중간 이상의 층에 속할 정도면 세계 평균으로 보면 상위 10%에 해당될 만큼 충분한 지적·경제적 수준을 갖추고 있다. 다만 자신감 내지 인식 부족으로 그 사실을 스스로 깨닫지 못하고 있을 뿐이다. 한국이 세계화되었다고는 하지만 국민 개개인의 심저에는 아직도 바다 저편에 대한 두려움, 선진국에 대한 열등감 같은 것이 두꺼운 앙금으로 덮여 있어서 글로벌 세계관에 눈 뜨는 데 어려움을 겪고 있다.

우리는 어디로 가고 있는가?

한국도 이제 막 품격이 권력인 사회로 진입하고 있다. 상류층(실은 부유층)마저도 미처 깨닫지 못하고 있을 테지만, 이미 우리 사회도 신분의 고착화 및 세습화가 상당히 진행되었다. 이같이 안정된 문명화 사회에선 품격이 곧 사회적 등급을 결정한다. 그게 선진국이다.

한데 성공적인 경제성장과 민주화를 이룬 대한민국이 선진국 진입을 목전에 두고 있는 작금에 이르러, 그동안 출세 가도를 달리던 정치인이며 성공한 기업가·고위관료·연예인 등이 하루가 멀다 하고 문턱에 발이 걸려 제풀에 고꾸라져서 인생을 망치는 사건이 줄을 잇고 있다. 어쩌면 이는 우리 사회가 선진사회로의 진입에서 반드시 겪어야 하는 통과의례가 아닐는지? 그 문턱이란 국민소득이 아니라 품격, 곧 글로벌 매너가 아닐는지?

사실 오늘날의 대다수 한국인들은 고도성장의 에스컬레이터에 편승해 쉽게 성공하고 출세한 덕분에 '어떻게 살 것인가?'에 대한 깊은 인간적 성찰 없이 그냥 떠밀려 막살아 왔다고 해도 과언이 아니다. 실패 없는 성공, 좌절 없는 성장에 취해 번데기 속에서의 지난한 기다림과 용틀임의 고통을 모른 채 그저 살찐 애벌레로서의 배부름에 겨운 삶을 살아온 건 아닌지? 해서 나는 것을 포기하거나, 아예 잊어버린 건 아닌지? 그리고 어떤 이들은 제 몫의 성장 과일을 도둑맞았다며 어린아이처럼 바닥에 퍼질러 앉아서 생떼쓰기로 나아가는 배를 잡아당기고 있는 건 아닌지?

매너 또한 문화다

수입할 것이 없으면 수출이 무슨 의미가 있으랴! 중국이 처음 실크로드를 연 것은 수출하기 위해서가 아니다. 새로운 문물을 수입하기 위해서였다. 고대 그리스·로마, 중국 수당(隋唐) 시대, 통일신라와 같이 정복을 통해서든 약탈을 통해서든 교역을 통해서든 이방의 문물을 무한정으로 받아들여 녹여낼 때, 그 민족 최고의 융성기를 맞았었다. 문화에 있어서 융합은 곧 융성이고 창조다. 대한민국은 문화 창조·창조경제 등 끊임없이 '창조'를 외쳐 왔다. 하지만 그 전에 글로벌 선진사회로부터 배워야 할 것이 아직도 너무 많다.

문화란 끊임없이 서로 주고받기를 거듭, 소멸, 변질되면서 창조되어 간다. 지난 우리의 역사가 말해 주듯이 변화를 거부하면 도태될 뿐이다. 그게 문화의 속성이다. 예법 또한 마찬가지이다. 2천5백 년 전의 공자(孔子), 아니 8백 년 전의 주희(朱熹)의 가르침을 지금까지 지키려 애쓰고 있음을 자랑인 양하는 것은 기실 가련한 일이다. 자신의 예법만 고집하고 남의 예법은 나 몰라라 해서야, 옛것은 소중히 여기면서 지금의 것은 나 몰라라 해서야 어찌 예의지국이라 할 수 있으랴! 이는 한국인의 정체성 같은 김치의 주성분인 고추가 임진왜란 무렵 수입된 외래 식재료였다는 역사적 사실조차 부인하려 드는 것과 다를 바 없는 또 하나의 쇄국이라 하겠다.

스스로 문화를 창조하고 주도해 나갈 능력이 모자란다면, 보다 앞선 문화를 재빨리 받아들여 혁신해 나가는 것도 지혜로운 일. 동방예의지국이란 것도 우리 예법이 아닌 중국 것을 중국인보다 더 잘 지켜 오랑캐가 아닌 문명인으로 대접받고자 내건 별호가 아니던가? 당시에는 중국의 예법이 글로벌 정격 모델이었으니 말이다. 그래서 양반이고 사대부였다. 그러나 지금은 중국에서도 그러한 예법을 찾아볼 수가 없다. 그렇다면 오늘의 대한민국은 결코 동방예의지국이라 일컬을 수 없지 않은가?

아무렴 한국의 예법도 이제는 글로벌 시대에 맞게 바뀌어야 한다. 지난날의 엘리트 문화였던 양반 문화·선비 정신을 오늘에 되살리되 글로벌 정품격 매너로 업그레이드시켜야 한다.

품격은 곧 삶의 질. 지금 우리 문화에서 가장 부족한 것이 바로 이 품격이다. 비즈니스의 궁극적인 목적 또한 상대방을 존중하고 자신도 존중받아 인간 존엄성을 확보하여 사람답게 사는 것이겠다. 그것을 가능케 하는 게 소통이다. 그리고 그걸 양식화한 것이 매너다. 따라서 인간 존엄성에 대한 깊은 성찰이 있어야만 진정한 글로벌 비즈니스 매너가 나올 수 있다.

2천 년 전 피지배 식민지인이었지만 로마제국 시민권자로서, 즉 글로벌 품격 매너가 갖춰진 사람이었기에 죄수 신분임에도 불구하고 로마 황제, 곧 카이사르(가이사) 패밀리 인사들과도 깊은 네트워크 개발(acquaintance development)에 성공한 롤 모델이 있다.

모든 성도들이 너희에게 문안하되 특별히 가이사 집 사람 중 몇이니라. All the saints send you greetings, especially those who belong to Caesar's household. (변방 식민지인 죄수 사도 바울이 로마제국 수도에서 써보낸 편지, 〈빌립보서〉 4장 22절)

다산 정약용도 유배중 자식들에게 보낸 편지에서 "중국은 문명이 발달되어 궁벽한 시골이나 먼 산구석의 마을에 살더라도 성인(聖人)도 될 수 있고, 현인(賢人)도 될 수 있다. 그러나 우리나라는 그렇지 못하여 도성의 문에서 몇십 리만 벗어나도 태고의 원시사회가 되어 있으니, 더구나 멀고 먼 외딴 곳이야 말할 바 있겠느냐?"고 하였다.

1914년 일제는 원구단(圜丘壇)을 헐고, 그 자리에 호텔을 세웠다. 2014년 오픈 100주년을 맞는 조선호텔이다. 이 호텔에는 '나인스 게이트 그릴(The Ninth Gate Grille)'이라는 독특한 이름을 지닌 한국 최초의 프랑스식 레스토랑이 있다. 사대문(四大門)과 사소문(四小門). 옛 서울의 문은 모두 8개였다. 그러니까 '나인스 게이트'란 아홉번째 문으로 '글로벌 세계를 향한 문'이란 의미에서 붙인 이름이겠다.

품질경영, 기술경영을 넘어 품격경영의 시대로

정장을 차려입고, 에티켓을 지키며, 고품격 매너를 갖추는 것을 지레 자신에 대한 구속이나 허세로 여기는 것은 오해다. 이는 상대에 대한 배려와 존중, 그리고 자신에 대한 인간 존엄의 실현이다. 예술하는 사람이니까, 운동하는 사람이니까, 투쟁하는 사람이니까, 무직자이니까… 하고서 아무렇게나 차려입고 행동하는 비뚤어진 실용주의와 편의주의의 저변엔 나태함과 자유인인 양하는 촌티가 깔려 있다 하겠다.

'우리 것'이 소중하다고 해서 반드시 귀한 것일 순 없는 일. 진흙으로 만든 개는 밤을 지킬 수 없고, 기와로 만든 닭은 아침을 담당할 수가 없다고 했다. 전통과 조상에 대한 지나친 자존심은 사람을 고집스럽게 만든다. 전통과 관습을 극복할 때 큰 성공을 거두었음을 역사가 말해 주고 있다. 그걸 우리는 유신이니 개혁이니 창조니 하며 갈망하고 있지 않은가?

부디 이 책을 통해 이제까지 한국인 절대다수, 그 누구도 제대로 인식하지 못했던 세상을 움직이는 보이지 않는 힘을 지닌 글로벌 주류(主流)사회와, 국적은 달라도 그들간에 공통적으로 보유된 소통 가능한 고품격 문화가 존재함을 인지하였으면 한다. 그리하여 글로벌 매너 부재로 인해 선진 장벽의 문턱을 과감히 넘어서지 못하고 있는 한국의 현실을 직시해 더 이상 코리아 디스카운트당하지 않으려면, 나아가 글로벌 시장에서 살아남으려면, 글로벌 사회의 주류가 되려면, 진정한 선진문명사회권에 편입하려면 글로벌 소통 교섭 도구인 글로벌 매너부터 먼저 갖추어야 한다는 사실에 동감하여 이 책에서 시도하는 건설적 비판에 동참해 주었으면 하는 바람이다.

그리고 사람이라면 누구나 자신의 공적은 부풀리고 과오는 덮고 싶은 게 인지상정이다. 그 바람에 다음 사람 역시 그같은 일들을 알지 못한 채 똑같은 함정에 빠지기도 한다. '있는 그대로'의 역사가 그래서 중요한 것이겠다. 이 책에 실린 분들의 사진이나 언급은 이미 각종 공공 매체를 통해 국민들에게 잘 알려진 사실들이다. 이분들은 국가나 사회를 위해 혼신을 바친 분들로 필자도 진심으로 존경한다. 굳이 이분들만의 흠결이나 실수를 꼬집자는 것이 아니라, 실은 한국인 누구도 미처 깨닫지 못했던 점이니 다같이 합심해서 개선해 보자는 의미에서 나온 지적이자 대안이다. 명성에 다소 누가 될 수도 있겠지만 성공인다운 너그러움으로 받아넘기시리라 믿는다. 나아가 이참에 국격 상승을 위한 논의의 향연에 대승적으로 동참, 합력(合力)해 주실 것을 간청드린다. 또 방송 및 언론사들과도 함께 고민할 기회가 마련되기를 고대한다.

끝으로 글로벌 리더십 소통 매너 이미지의 극치를 보여준 미 백악관 수석 공식사진사 피트 수자(Mr. Pete Souza) 님에게 특별한 존경과 감사의 뜻을 전한다. 그리고 글 쓰는 동안 내내 지켜봐 주신 심우성 선생님, 신봉승 선생님, 정범진 총장님, 서연호 교수님, 김형효 교수님, 우정 선생님, 오랫동안 동문선과 함께하면서 조언해 주신 여러 교수님들, 수년간의 담론을 통해 경험과 지혜를 함께 나눈 인사문화포럼 동지들, 희생을 감내한 가족들에게 깊이 감사드린다.

때를 놓치면 역사의 비정함을 피할 수 없는 일! 염치없지만 이왕지사 한국사회가 구습을 단절하고 진정한 글로벌 선진시민 글로벌 예의지국이 될 수 있도록, 글로벌 10만 용사를 길러낼 수 있도록 몇 갑절 더 많은 성원을 이 책에 보태어 주시길 부탁드린다.

2014년 8월 인사동에서

차 례

제 I 부 제언: 대통령의 품격은 문화 융성의 견인차
무역대국도 대국. 대국다운 풍모를 갖춰야!
"Mirror! Mirror! Who is the fairest?"
The Case of Ms. President Park Geun-hye

통 가능 전화대통령으로! | 평소에 국내외 유력 인사들과 친인간적 휴먼터치 인맥관리 잘
해야!

만드는 것이 아니다!

요한 건 교섭 매너

제II부 위기 탈출, 새 국부 창조의 기본기

상위 1%를 위한 고품격 비즈니스 실전 매너

Upper Classes' Manners Requisite for
Their Global Business Games

테이블에서 메모에 열중한 박근혜 대통령 | 스튜어디스 출신들이 쓴 자기계발서들의 허구 | 불구인(不求人) DNA, 독서인(讀書人) DNA | 지금 우리가 다시 써야 할 새로운 성공 기준?

Tip 젊은이들 인생 망치는 허학(虛學)

제Ⅲ부 코리아 디스카운트 시대에서 코리아 프리미엄 시대로
문화 융성을 위한 소통 리더십 매너
A Bridge over the Asiatic Traditional Communication Gaps

국의 최상류층 리더들조차 글로벌 사교계에 발도 못 디뎌 보고 문전에서 쫓겨나는 이유ㅣ대기업 오너부터 고품격 글로벌 매너로 무장해야!

Tip 디테일한 상층 문화와 우직한 하층 문화ㅣ글로벌 비즈니스 무대에서 왜 인도인들이 급부상하는가?

회 탓이고, 국가 탓인가? | 해서 불문곡직하고 약자 편에 서는 것이 정의인가?

제1부

제언: 대통령의 품격은 문화 융성의 견인차
무역대국도 대국, 대국다운 풍모를 갖춰야!

"Mirror! Mirror! Who is the fairest?"
The Case of Ms. President Park Geun-hye

　2013년 11월 3일, 유럽 순방중 파리 오르세미술관을 방문한
박근혜 대통령은 밀레의 〈만종〉 앞에 한참이나 멈춰 서 큐레이터에게
기도하는 젊은 농민 부부의 뒤로 펼쳐진 황혼녘의 대지와 하늘이 의
미하는 게 뭔지를 묻는 등 상당한 관심을 보였다고 한다. 글쎄, 대지
와 하늘에 무슨 별다른 의미가 있으랴마는 어떤 설명을 들었을지 자
못 궁금하다. 아무튼 이를 두고 한국 언론들에서는 밀레의 〈만종〉이
프랑스인들이 가장 자랑으로 여기는 보물이며, 박대통령이 상대국 문
화에 대한 이해와 관심을 보여준 훌륭한 외교술이었다고 칭송했다.
　장 프랑수아 밀레의 〈만종〉! 달리 설명을 더할 필요가 없을 만큼
우리에게도 친숙한 전도용 '이발소 그림'이었다. 그리고 원래의 그것
은 감자 바구니가 아니라 굶주림 끝에 죽은 어린아이의 주검이 담긴

관이었다는 이야기도 널리 알려진 바이다. 한데 여기서 의아심이 생겨난다. 그렇다면 저 두 사람은 죽은 아기의 부모, 더더군다나 가난한 소작농에 지나지 않을 텐데 하는 생각 말이다. 그 정도의 미천한 신분의 부부가 그러한 상황에서 저토록 숭고한 기도를 올릴 수 있단 말인가? 그 자리에 퍼질러 엎어져 울고불고했어야 하지 않을까? 한국인의 정서로는 도저히 이해가 가지 않는다. 바로 이 이해 불가능한 점이 한국인 및 한국사회가 원숙해지지 못하는, 곧 질적 성장이 힘든 이유이다.

한국인은 공사(公私)가 구분이 안 된다. 공공 의식이 사실상 없다. 공공 행위의 개념조차 없다. 공인 의식도 부재하다. 이를테면 필자가 그동안 공적인 담론을 위하여 글을 써왔는데, 독자들은 순전히 사적인 시각에서 말꼬투리를 붙잡아 감정적으로 대응해 온다. 품격을 논하는 글이 왜 품격이 없느냐며, 또 이왕이면 쓴소리라도 조금 달게 해주지 그러느냐고 투정들을 부리는가 하면, 잘난 체한다거나 "그럼 그런 말하는 너는?" 해가며 성직자에게나 요구해야 할 법한 잣대를 들이대며 담론 자체를 훼방 놓으려 들기 일쑤다. 그 어떤 건설적인 비판도 비난으로 받아들인다. 진지한, 다른 말로 하자면 객관적인 관점의 토의 자체를 불가능하게 만든다. 이 땅에서는 모든 논쟁이 언제나 생산적이지 못하고 소모적으로 끝날 수밖에 없는 이유이다. 결국 말을 꺼낸 이의 상처(恨)만 남는다.

그 원인은 다산 정약용 선생의 지적대로 이 나라 이 민족이 선진문명이 보급되지 않은 원시미개사회 단계에 머물러 있기 때문이다. 현 사태는 3백여 년 전의 조선 중기 때보다도 심각한 수준이라 하겠다. 당시의 사대문 안 거주자들 속에는 그래도 문명다운 문명이 존재했지만, 지금은 그나마도 찾아보기가 힘들다.

자, 다시금 그림을 보도록 하자. 서구 문명사회인들에겐 너무도 당연한 일이기에 굳이 언급조차 필요 없는, 해서 한국인들은 도무지 알 수 없었던 '공(公)'이란 시각으로 한번 살펴보자. 아래쪽의 바구니! 거기에 담긴 것이 감자든, 아니면 어린아이의 주검이든 그 공간은 사적(私的)인 영역이다. 그렇지만 위쪽의 기도는 공적(公的)인 영역이다. 해서 멀리 있는 교회에서 삼종이 울릴 때, 아이의 죽음에 대한 슬픔은 잠시 접어두고 경건하게 창조주의 거룩함을 찬미하는 기도를 올리고 있는 것이다.

평소 공사(公私)를 구분하는 공공 의식이 없이는 이런 그림이 탄생할 수도, 이해하지도 못할 일이다. 설령 감자 바구니가 아닌 원래의 그 어린아이의 주검이 담긴 관이나 다른 무엇이 그려져 있었다 해도 부부의 기도의 경건함의 무게엔 변함이 없었을 것이라는 말이다. 이 그림이 그저 잘 그려진 풍속화 내지는 풍경화를 넘어 위대한 작품으로 손꼽히는 이유이겠다.

한국인들이 교회며 절 등 숱한 기도처들을 찾아다니고 있지만, 이 공(公)의 개념이 없다 보니 사적인 기도 올리기에 급급하고 마는 것이다. 돈 벌게 해 달라, 우리 아이 대학 시험에 붙게 해 달라 등등. 그러한 개개인의 사적 소원이나 들어주고 있을 만큼 하나님이나 부처님이 한가한 분이신가? 그런 건 제 조상신에게나 빌 일이다. 아무려면 밀레가 "내일은 이것보다 더 많이 거둘 수 있게 해주소서!"란 농부의 작은 소원을 그렸을까! 어찌 이 〈만종〉뿐이겠는가. 그동안 서양 그림이나 여타 예술작품에 대한 수많은 해설들이 왠지 만족스럽지 못한 것은 바로 이 공(公)에 대한 개념이 없는 데서 기인한다. 젊은 시절 잠시나마 프랑스에 유학한 적도 있는 박대통령은 밀레의 〈만종〉에서 과연 무엇을 보았을까?

제Ⅰ부는 전·현직, 그리고 미래의 대통령을 위한 제언이다.

역대 한국의 대통령들은 가난에서 벗어나 경제성장, 산업화, 민주화, 인권, 복지에 매진해 왔다. 품질경영으로 국민소득 1만 불을 달성

했고, 기술경영으로 2만 불 시대도 열었다. 하지만 정작 이 민족이 어떻게 성숙되어야 하고, 대한민국이 어떤 국가로 성장해 나아가야 할지에 대한 고민은 없었다고 하겠다.

새 정부의 '창조경제'는 표현상의 무리와 대 국민 소통상의 미숙함으로 인해 진의가 오해되거나 정체성의 혼돈에마저 빠져 있다. 한국 사회 전체가 무한상상력으로 결집되어 다같이 달려 나아가야 할 국민적 패러다임임에도 불구하고 일개 국지적인 정부 정책의 하나로 제약시키는 소통 난맥의 함정에 빠져 있는 것이다. 창조경제! 그 출발점은 이를 가능케 하는 '모든 경제자원 요소와의 전인적 완전 소통' 다른 말로 '품격경영'이 되어야 하지 않을까?

대통령이란 그 나라 국격의 가늠자이다. 대통령의 일거수일투족, 다른 나라에서 우리나라 대통령을 어떻게 대하는가가 곧 대한민국 품격의 수준이다. 아무렴 국가 최고지도자의 품격을 거론한다는 것 자체가 제 얼굴에 침뱉기일 수도 있음을 모르는 바 아니다.

당연히 여기서 다룬 대통령의 품격, 국가의 품격은 비단 이번 박근혜 대통령과 그 정부에만 해당하는 문제이자 숙제가 아니다. 이전 대통령들도 줄곧 그래 왔고, 앞으로도 쉬이 고쳐지지는 않을 것이다. 아무렴 지도자 스스로 고치지 못하면 국민이 나서서 나무라야 한다. 이 정도의 내공도 쌓지 못한 인물이 국민을 대표하고 국가경영을 맡는 일이 다시 없으려면, 예측 가능한 지도자를 뽑으려면 한국사회도 이제는 그 어떤 미사여구나 선동적인 구호보다 품격이 곧 신뢰의 기준이 되어야 한다.

이 글들의 일부는 언론에 기고문 형식으로 이미 발표되었었다. 당연히 그때마다 "감히 대통령을!"이라는 비난성 항의가 있었다. 심지어 진보라고 자처하는 이들조차도 대통령의 사적인 취향을 거론하는 것은 너무 심했다거나 불경한 짓이라고 비난하는 바람에 필자가 되레 놀랐다. 대통령의 지난날의 사상이나 행적에 대한 꼬투리잡기, 공약 이행, 정책에 대한 비판은 당연하게 받아들이면서 매너나 품격에 대한 언급은 사적인 헐뜯기라는 것이다. 심지어 국가의 권위에 대한 도전(?)이라는 인식을 가지고 있었다.

공(公)과 사(私)의 범위에 대한 인식의 차이겠다. 아무렴 그로 인해 그동안 모든 대통령의 매너와 품격에 대한 비판은 금기시되어 왔고, 매 정권마다 똑같은 실수 혹은 저품격·무매너가 반복되어 왔다. 그리고 봉건적 타성이 몸에 밴 국민들은 대통령의 사진 한 장조차 똑바로 쳐다보는 걸 두려워했다. 제대로 소통이 될 턱이 없다. 그러고는 불통의 책임을 서로에게 떠넘기기 일쑤였다.

글로벌 시대의 리더십은 매너와 품격으로 명확하게 표현되고 검증되어야 한다. 이왕지사 글로벌 매너까지 갖췄으면 하는 바람으로 바람직한 지도자의 품격 모델 폼을 제시하고자 했다. 그간의 구태의연한 의전 매뉴얼 대신 최고지도자로서 갖춰야 할 글로벌 정품격 매너 매뉴얼을 만들어 대통령 당선자는 취임 전에 필히 익히도록 했으면 한다.

유독 전·현 대통령만이 품격에 문제가 있어서가 아니라 대통령이 국민을 대표하는 공인으로 가장 많이 국내외에 노출되고 있고, 또 글 소재의 현재성 때문에 대표적으로 다룬 것일 뿐 진실로 권위에 도전하거나 그 권위를 깎아내려서 저 잘난 체하려고 쓴 글이 아니다. 비단 대통령뿐만이 아니라 재벌 총수, 기업의 최고경영자, 각 기관장 및 단체장을 비롯한 현재 우리 사회 각 분야의 리더들에게도 똑같이 드리는 제언이자 비판적 대안이다.

'어떤 생각에 동의하지 않고도 그 생각을 해볼 수 있는 것이 교육받은 사람의 특징'이라고 아리스토텔레스는 말했다. 부디 작금의 대한민국 리더들의 글로벌 매너 수준이 얼마나 절박한 상태인지를 국내적 시각이 아닌 글로벌적 시각에서 헤아려 주었으면, 그리고 호(好)·불호(不好)를 떠나 '품격'으로 대한민국을 경영해 주기를 간절히 바란다.

창조주가 하시는 일에 사(私)란 없다. 대통령이 되는 그 순간부터 사(私)는 없다. 이 책 또한 사(私)가 없다.

대통령이 바뀌면 나라도 바뀐다. 70년대식 우물 안 로컬 세계관에 머물러 있는 대한민국을 단숨에 글로벌 주류사회로 점핑시킬 수 있는 길은 오직 이 길뿐이다. 그리고 절대 피해 갈 수도 없는 길이다.

01 대통령의 해외 순방은 국격을 공인 검증받는 기회

글로벌 매너 초보 박근혜 대통령 미국 방문시 '어글리 코리언 사고 예방' 초치기 체크리스트 | 박근혜 대통령의 글로벌 매너 그릇 등급은? | 백악관 포토세션 때 적극적 소통 가능 이미지 연기연출하기 | '달라진 대한민국 대통령' 이미지로 국격을 업그레이드시켜야!

　　　예(禮)는 오고감을 귀하게 여긴다.

고 박정희 대통령이 처음 미국을 방문했다가 귀로에 올랐을 때 비행기가 두어 시간이나 늦게 뜬 적이 있었다. 수행원 가운데 한 명이 화장실에 갔다가 그만 길을 잃어 게이트를 찾지 못하고 공항 안을 헤맨 까닭이었다.

우왕좌왕 인수위는 그랬다 치고 취임 50일이 넘어가건만 청와대에서의 실전 글로벌 매너는 정상 수준에 도달하지 못하고 있을뿐더러 어떤 것은 잘못된 관행으로 굳어져 가고 있는 것 같아 통탄스럽다.

가령 취임식날 오전 박근혜 대통령이 축하 사절들을 접견하는 테이블이 흰 천으로 덮여 있더니, 이후 계속해서 그 모드를 유지하고 있다. 여성 대통령이라 깨끗하게 보이려고 한 듯하다. 그러나 다른 나라에선 차를 마시거나 간담회를 하는 자리엔 식탁보를 깔지 않는다. 식탁보는 오직 식사할 때에만 깐다. 따라서 하얀 식탁보를 깐 테이블로 초청된 외빈들은 적잖이 의아해하였을 것이다. 뭐야, 식사까지 주는 건가?

**참여 정부 때보다 오히려 후진,
글로벌 매너 개념조차 없는 박근혜 정부**

청와대는 2013년 5월 7일, 박근혜 대통령이 워싱턴에서 오바마 대통령과 한미정상회담을 가질 예정이라고 발표했다. 선거 기간 중 '퍼스트레이디 수업을 거친 국가 최고지도자감'이라고 대대적으로 홍보하였으나, 실상은 33년간 장삼이사 수준으로 다른 역대 대통령이나 영부인과 크게 다를 바 없이 살아왔음이 다 드러나 보였다.

글로벌 매너 ABC도 익히지 못한 대통령과 받아쓰기밖에 할 줄 모르는 글로벌 무대 왕초보 수행원들의 첫 해외 방문이다.

이번 미국 방문에서 보이는 실전 글로벌 매너 내공 수준에 따라 이후 순방국들에서의 접대 수준이 결정된다. 그러니까 박근혜 대통령의 글로벌 매너 그릇 등급이 매겨지고, 그게 곧 1조 달러 무역대국 대한민국의 향후 5년간의 국격(國格)이 된다는 말이다. 나아가 그것은 다시 우리가 생산해 내는 모든 상품의 부가가치(마진율)에 영향을 미치게 된다.

명칭부터 바로잡아야, 정상회담 아닌 정상회동이나 정상상봉

한국에서는 부풀리기 좋아해 '정상회담'이란 표현을 쓰지만, 실은 '정상회동'이나 '정상상봉'이 정확한 표현이다. 대단히 심대한 협상을 하러 가는 것도 아니고, 또 범세계적인 사안을 논의하러 가는 것도 아니다. 이미 사전에 합의된 사항들을 재확인하고, 만나서 덕담을 주고받으며 인증샷 찍기 위한 의례 행사일 뿐이다. 더불어 상대가 어느 정도 소통 가능한 인물인지를 가늠하는 것이다.

어느 나라나 마찬가지일 테지만 대통령의 해외 순방은 기실 '이미지 제시' 외에는 다른 할 일이 없다. 사흘 연속 사진찍기라 생각하면 된다. 지난날의 노무현 대통령처럼 사전에 의제 채택 합의도 거치지 않은 '평화협정'을 아닌 밤중에 홍두깨 내밀 듯이, 그것도 기자회견하는 자리에서 불쑥 꺼내어 한 건 하려다 미숙남 취급받는 그러한 일일랑은 없어야 한다. 현장에서 뭔가 새로운 성과를 내려 들지 말고, 차라리 글로벌 정격 매너로 품격을 갖추어 미국을 움직이는 오피니언 리더들의 호감을 사서 생각지도 않은 선물을 받아내려 힘써야 한다. 첫 여성 대통령으로서 달라진 한국의 이미지만 남겨도 더없이 큰 성과라 하겠다. 그리하여 대통령의 방미가 '달라진 한국' '새 품격 운동'의 계기가 되었으면 하는 바람이다.

첫 기착지에서의 바람몰이에 특별히 신경 써야

아주 오래전에는 한국 대통령이 뉴욕을 방문하기 전에 국악인들이 앞서 건너가고, 〈인터내셔널 헤럴드 트리뷴〉지의 예술대기자 등이 대거 사전 격찬 비평칼럼으로 지원사격한 후, 카네기홀에서 대대적인 성공을 유도한 '문화 한국'으로 바람몰이를 함으로써 한국에 대한 관심을 불러일으켰었다. 하지만 요즘은 한국이 널리 알려져 있어서인지 그러한 관행이 없어졌다. 대신 처음 발을 내딛는 순간에 어떻게 해서든 언론의 주목을 받아 미국 상류층 각 방면 오피니언 리더들의 관심을 불러일으켜야 한다. 중간 기착지이든 워싱턴 DC이든 비행기에서 처음 문을 열고 나서는 그 순간의 사진 한 장이 모든 걸 결정한다.

해서 이번 방미중 최소한 두 명의 사진기자에게 백악관 전담 사진사인 피트 수자처럼 정치 이미지만을 전담케 해야 한다. 이들에게 지금부터 백악관 홈페이지(www.whitehouse.gov)와 유튜브를 뒤져 백악관에서의 행사는 물론 방미 일정 전반에 걸친 행사 동선을 인지하고, 사진 촬영 콘티를 예습시켜 명품 정격 이미지를 만들어 내도록 해야 한다.

백악관은 사흘이 멀다 하고 해외 정상들을 맞고 있으며, 이때의 행사 사진과 동영상들이 무수히 남아 있다. 백악관 홈페이지 ▷PHOTOS

& VIDEO ▷Photo Galleries ▷(매월별) Photo of the Day 및 오바마 대통령의 해외 순방 및 외빈 응대 사례들을 참조하면 예상 이미지들을 미리 만들어 둘 수 있다. 백악관과 청와대의 홈페이지를 비교하는 것만으로도 사진의 품격에 대한 안목이 생긴다.

박대통령은 때빼고 광내야만
지구촌 리더들의 일원으로 편입 가능

엘리자베스 영국 여왕처럼 친선 여행 다니는 것도 아니고, 물건 팔러다니는 상사원도 아니다. 한국에서처럼 커다란 가방을 들고 나오면 바로 아웃이다. 두 손이 자유로워야 트랩을 안전하게 내려올 수 있고, 마중 나온 인사들과 포옹도 하고 편하게 악수를 나눌 수 있다. 또 화동(花童)이 주는 꽃다발을 두 손으로 받고 포옹해 줄 수 있다. 옷은 바지가 아닌 치마, 어두운 색 정장이어야 한다.

작금의 박대통령 복장은 한 나라의 최고지도자로서의 권위를 지키기엔 무리다. 〈스타 트렉〉 같은 SF영화의 우주선이나 크루즈선 승무원들, 아니면 호텔 종업원의 유니폼을 연상케 한다. 자칫 비행기 여승무원이 먼저 내리는 줄 착각하기 십상이다. 더구나 이번에 특별히 일정이 추가된 미 상하원 합동회의 연설 때에는 미국 의원들이 경악을 금치 못하는 드레스 코드로 국격 망신 사태가 초래되지 않기를 진심으로 충언한다. 예전에 유시민 의원이 백바지 차림으로 국회 등원한 일을 기억하면 이해가 갈 것이다. 관용(톨레랑스)의 범위를 넘어설 위험을 굳이 감수할 이유가 없다.

목걸이와 귀걸이를 모두 하지 않으면 인격적으로 결함이 있는 사람으로 오인받을 수도 있다. 가방을 직접 들고 다니는 것은 남을 믿지 못하는 심성의 반영이다. 한복·가방·지갑·브로치 등, 한국에서 하듯이 무리하게 국산 중소기업체 제품 팔아 주려다가 소탐대실할 수도 있음을 알아야 한다. 검소함과 실용성만을 고집하다간 자칫 '올해 최악의 드레서'로 선정될는지도 모른다. 검소함이 반드시 미덕은 아니다. 이왕이면 최고급으로 '사치'하는 편이 오히려 국익에 도움이 된다.

미국의 오바마 대통령은 물론 존 케리 국무장관 등 고위직은 항상 성조기 배지를 달고 있다. 아무리 여성 대통령이라 해도 해외 정상회동에서는 메시지가 불분명한 사적 취향의 브로치 대신 태극기 배지를 달아야 한다. 특히 지금과 같이 북핵 문제에 대해 단호한 대응 메시지를 보여야 할 때에는 더욱 그러하다. 윤병세 외교부 장관과 안호영 주미대사 등 주요 인사들도 역시 태극기 배지를 달아야 한다.

박근혜는 대통령이다. 다른 나라 여성 수상이나 영부인을 무작정 따라 할 일이 아니다. 현재 세계의 여성 지도자들 중 치마 대신 바지를 입은 이가 꽤 있다. 이는 사실 몸매에 자신이 없기 때문이다. 치마로는 배둘레햄 허리를 감출 수가 없어서 바지를 선호하는 게다. 바지 입었다고 해서 일을 더 잘하는 것 아니다. 박근혜 대통령이 영국 대처의 이미지를 차용하려면 대처처럼 반드시 치마 정장으로 여성성을 강조해야 한다. 그래도 끝까지 유색 바지 차림을 고집하겠다면 신발과 스타킹이라도 반드시 바지색과 맞춰야 한다.

박근혜 대통령의 헤어스타일도 문제다. 고 육영수 여사의 올림머리를 하고 있는 현재의 스타일은 권위주의적인 심리 상태를 드러내고 있을 뿐 아니라, 지나치게 면적이 커서 가분수 이미지를 만들어 내고 있다. 특히 측면 사진에서는 자라목과 함께 심각한 불균형을 이룬다. 부피를 줄이거나 독일 메르켈처럼 숏컷으로 하여 무게 중심을 머리에서 얼굴로 돌려야 한다. ·

여성 수행원들은 이유 여하를 막론하고 정통 비즈니스 포멀 수트 정장을 해야 한다. 윤진숙 해양수산부 장관처럼 취임식에서 가슴에 커다란 꽃을 달거나 김행 대변인처럼 정장 개념 없이 연예인 흉내내는 복장은 절대 금물이다. 화려한 블라우스나 각종 액세서리 또한 최

취임 후 첫 해외 순방길에 오르는 박근혜 대통령. 염려한 그대로 승무원 복장에 큰 가방까지 들고 비행기에 올랐다. 미국에 뭘 담아가고, 뭘 담아 올까? 2013년 5월 3일. ©청와대

중국 국빈 방문을 위해 비행기에 오르는 박대통령. 검정 바지에 하얀 차이나풍의 상의가 흡사 조문 가는 듯하다. 중국인들에게 흰색과 검은색은 죽음·천민·반동 등 불길하고 부정적인 색이다. 2013년 6월 27일. ©청와대

대한 절제해야 한다. 지금까지의 대통령을 따라 튀는 유색옷을 입거나 그보다 요란하게 치장을 했다간 당장 해임시켜야 한다.

공항에서의 첫 이미지가 가장 중요

첫 포토세션! 트랩을 내려서기 전에 손을 들어 살짝 흔든 다음 2,3초간 포즈를 취했다가 내려온다. 이때 발을 헛디딜까 염려하여 발밑 계단을 보아서는 안 되며, 시선을 수평으로 멀리 두고서 바른 자세로 당당하게 내려와야 한다. 두어 번만 연습해 보면 안심하고 내려올 수 있다. 내려와서 화동의 꽃다발을 받을 적엔 언제나처럼, 무릎관절 때문에 조금밖에 못 구부리는 엘리자베스 여왕처럼 엉거주춤 허리를 구부리지 말고 반드시 두 무릎을 주욱 내려꺾고 앉아 화동과 같은 눈

베트남 국빈 방문 행사중 허리를 굽혀, 즉 상체를 구부려 화동에게서 꽃다발을 받는 박대통령. ⓒ청와대

높이에서 덕담을 한 뒤 꽃을 받고 감사 포옹을 해줘야 한다. 이 대목은 수많은 환영 인사들 앞에서 어글리 코리언 인증샷 위험 가능성이 너무나 큰 실정이므로 박대통령은 아웅산 수지 여사의 최근 방한시 화동 앞 눈높이 무릎 꿇은 자세 사진을 반드시 찾아 확인하고 실제 연습해 보기를 바란다. 그가 모든 나라에서 과분한 환대를 받는 이유가 반드시 군부독재에 맞선 민주투사이기 때문만은 아니다. 정통 영국식 고품격 매너 때문이다.

환영 인사들과 악수할 적엔 배를 내밀어 허리선을 바로 세운 뒤 가슴을 펴고 머리까지 직립으로 세운 상태로 손만 뻗어야 한다. 이때 절대 손을 쳐다보지 말고 상대와 시선을 맞춰 '눈방긋'으로 인사한다. 이미 친분이 있는 사람과는(특히 여성에 대해서는) 허그(hug)나 볼키스 비주(bisou)도 해야 한다. 한국에서처럼 고개를 끄덕이는 인사법은 금기다. 이는 '짐승의 인사법'으로 상대가 속으로 불쾌해한다. 서양과 중국 모두 멀쩡한 눈과 입을 놔두고 고개를 까딱거려 인사하는 사람

세계 최빈국 지도자 아웅산 수지 여사의 정품격 모델 폼. 바른 자세로 무릎을 굽혀 화동과 눈높이를 맞췄다. ⓒMK스포츠

눈높이 응대 모델 폼. 상대방과 눈높이를 맞추고, 자신의 얼굴을 반듯하게 세워 정면으로 바라보고 소통하려면 무릎을 구부려야 한다. 어린이의 꽃다발을 받는 메리 도널드슨 덴마크 왕세자비. 호주 멜버른 버라룽마르 공원에서. ⓒ로이터

은 인격체로 여기지 않는다.

의장대 사열시에도 반드시 고개를 살짝 돌려 도열한 병사들과 피아노 건반 쫙 훑듯 '눈맞춤'을 이어나가야 한다. 노무현·이명박 전직 대통령들은 멍하니 앞만 보고 걸어갔다. 사열의 의미도 몰랐던 게 다. 이후 걷거나 서거나 시종일관 배를 내밀고 턱을 당겨 비로소 직립을 만들어 바른 자세를 유지해야 한다. 백악관을 떠날 때 오바마 대통령의 배웅에 대한 감사 인사는 승차 후 창을 내려 '머리 끄덕, 입으로 땡큐'가 아니고, '머리를 직립한 상태에서 노 구두(口頭) 멘트(non-verbal) 그러나 눈방긋 미소' 또는 두 팔을 위로 들어 깍지 끼고 흔드는 제스처 동시 패션이 글로벌 정격이다.

리무진을 타고 내릴 때에도 정격 매너가 있다. 그것 하나만 보고서도 그 사람의 내공을 짐작한다. 특히 여성에게는 품격에 중대한 영향을 미치지만, 이를 제대로 지키는 한국인 배우나 상류층 여성들을 거의 찾아보기 힘들다. 대부분의 한국 여성들처럼 박대통령의 차에 오르고 내리는 모습은 영 아니올시다. 반드시 두 다리를 모아 붙이고, 몸통 전체를 돌린 후 두 발 동시 착지, 내리면서 눈 마주치는 사람에겐 반자동 방긋 스마일 목례할 수 있도록 교정을 받고 나가야 한다.

(이하 논평은 연이어 행해질 중국·일본 등의 공식 방문까지 염두에 두고 '공식 방문' 기준으로 작성하였다. 따라서 만찬은 '공식 실무 방문'상 오찬으로 규모를 축소하여 받아들이면 되겠고, 일부 행사 역시 축소해서 생각하면 되겠다. 한편 한미동맹60주년 기념 만찬은 주최가 한국 정부라 하더라도 절대 국내 행사의 연장선상으로 하면 안 되며, 성격상 글로벌 즉 백악관 정규 만찬에 준하여 치러져야 마땅할 것이다.)

백악관 포토세션 때 적극적 소통 가능 이미지
연기연출로 대비해야

백악관에 도착하면 마중 나온 오바마 부부와 똑바른 자세로 악수하고, 미셸 오바마와는 양볼을 맞대는 포옹을 해야 한다. 안으로 들어서면 먼저 방명록에 서명하게 된다. 이왕이면 휴대용 붓펜을 사용하면 좋겠다. 이때의 글귀는 지난날 한국을 위해 헌신한 훌륭한 미국인들(구체적으로 거명)의 은혜를 잊지 않고 기억한다는 내용을 담고, 그 밑에 세계평화를 기원하는 한문 시구를 남김으로써 중국과 북한에 대한 간접적 메시지를 전달하면 좋을 것이다. 미국인들에겐 캘리그라피의 고상한 교양을 과시할 수 있다.

오벌 오피스 벽난로 앞에서의 정상회동! 바로 이 사진 한 장을 위해 세계의 정상들이 줄지어 차례를 기다리고 있는 게다. 반드시 정격 모델 폼을 고수해야 한다. 얌전한 여학생처럼 손을 다소곳이 무릎에 모으거나 엉덩이를 뒤로 물려서는 절대 안 된다. 고개만 돌리지 말고 상체까지 비틀어 오바마에게 적극적으로 다가가면서 시선을 놓치지 말고 거의 고정시켜야 한다. 오바마 대통령 쪽의 소파 팔걸이를 책상의 가장자리로 삼아 두 손을 얹으면 자연스러운 정격 모델 폼이 나온다. 그리하여 정말 진지하게 중차대한 일을 논의하는 듯한 모습을 양국 국민은 물론 북한 김정은과 중국의 시진핑에게 보여야 한다. 이 대목 역시 전 세계 최빈국 중의 하나였던 구 티베트 출신 달라이 라마의 오바마 대통령과의 백악관 회동 포즈 사진을 벤치마킹하기 바란다. 그런 게 프로다. 그리고 설마 여기까지 타조가죽 가방을 들고 나와 웃음거리가 되지 않기를 바란다.

받아쓰기는 글로벌 망신

전체 회의 때에는 두 손을 책상 아래로 내려서도, 팔꿈치를 올려서도 안 된다. 두 손만 위에 올리되 습관처럼 손을 모으는 것도 안 된다. 그건 마지막으로 "제발 좀 봐주세요!" 할 때 사용하는 제스처

카메라 앞에선 석상처럼 굳어져 버리는 왕초보 국가 지도자들. 방미중 김용 세계은행 총재 일행을 맞는 박대통령과 수행원들. 대통령을 따라 모조리 두 손을 책상 밑으로 내려 어이없는 부동자세를 하고 있다. 어떤 회의에서건 두 손이 책상 위로 올라와 있어야 한다. ⓒ청와대

미국인들과 정반대로 모조리 두 손을 내리고 백악관 실무 오찬 회담하는 박근혜 대통령과 수행원들. 식사 테이블에서도 반드시 두 손이 위로 올라와 있어야 한다. ⓒ청와대

오바마에게는 터키가 한국보다 더 선진문명국이다. 실속 없이 우르르 떼지어 몰려다니는 한국에 비해 터키의 경우 딱 세 사람이다. 이게 바로 국격의 차이를 웅변으로 말해 준다. ⓒ백악관

다. 대통령 한 사람이 하면 나머지 수행원들도 우르르 그대로 따라 해서 미국 사람들이 웃음을 참기 위해 애쓰지 않도록 조심해야 한다. 손목과 팔꿈치의 중간이 책상 턱에 걸치도록 좌우에 놓는다. 무엇보다 수행원들이 미국까지 가서 한국에서처럼 고개 처박고 받아쓰기해 머리 나쁜 한국 학생들 이미지 심어 놓는 일일랑은 없었으면 한다. 또 이전에 이명박 대통령이 워싱턴 지역지와의 인터뷰 때 유명환 외교부 장관 등이 어디 잘 받아쓰고 있나 감독하듯이 넘겨다보는 제스처도 국가적인 망신이므로 각별히 재발 방지해야 한다. (박근혜 대통령 역시 회담중 발언할 때 상대를 지속적으로 주시하지 못하고 눈길을 좌우 다른 곳으로 돌려 곁눈질하는 나쁜 버릇이 있다.) 아울러 수행원들은 반드시 똑바른 자세에서 화자(특히 양국 대통령)를 향해 상체를 돌려 주시해야 한다. 그렇다고 상체를 앞으로 내밀어 다른 사람의 시선을 차단시키는 무례를 범해서도 안 된다. 그리고 혹시나 한국 기자들도 거

기까지 노트북 들고 들어가서 '타자수 대거 백악관 진입!' 망신당하는 일이 없도록 해야 한다.

정상회동을 마치면 앞뜰에서 양국 정상이 기자회견을 하게 된다. 먼저 오바마 대통령 발언중에는 5, 6초마다 오바마를 향해 몸통을 돌려 바라보며 경청하는 자세를 잡아야 하고, 반대로 박대통령 자신이 발언을 할 때에도 중간중간 오바마 쪽으로 몸통을 돌려 눈맞춤으로 동의를 유도해야 한다. 이때 주의할 점은 고개만 돌리지 말고 반드시 상체를 돌려 바라보아야 한다.

발언이 끝나면 간단한 의장대와 군악대 시연에 이어 교민 등 시민들과 만나는 행사가 있다. 이때에 악수를 나누는데, 반드시 눈맞춤 방긋하는 것을 잊지 말아야 한다. 발언 등 일체의 연설문도 반드시 미국인 전문 컨설턴트에게 맡겨 품격 있게 다듬어야 한다. 지난날 이명박 대통령 국빈 방문 때의 의회 연설문은 그렇게 다듬었던 덕분에 수십 차례 박수를 받아냈었다. 연설문 중간중간 박수를 유도하도록 짰기 때문이다. 물론 그때처럼 별 내용도 아닌 것으로 지나치게 박수를 유도하는 것도 난센스이지만 네댓 차례의 중간 박수는 무난하다.

식사자리에서 '과락 탈출' 기본 점수 확보에 목숨을 걸어야

식탁에 마이크까지 놓고 식사하던 널널한 청와대와는 달리 백악관 식당 테이블은 넓지가 않다. 따라서 옆사람과 겨우 주먹 하나 정도의 사이를 두고 식사를 '즐겨야' 한다. 백악관의 호의적인 배려가 따른다면 미국의 각계 유력한 오피니언 리더들과 식사를 하면서 서로 사교할 수 있도록 배려할 것이다.

이때 지난 이명박 대통령의 국빈 방문 때와 같이 한덕수 주미대사, 김관진 국방부 장관, 천영우 안보수석처럼 머리 숙이고 밥을 먹었다가는 역시나 아웃이다. 미국측 인사와 한국 수행원들이 사이사이 교대로 앉아 식담(食談)을 나누게 되어 있다. 한데 식사 시간 내내 식불언(食不言)이면 얼마나 고통스럽겠나. 이미 수없이 겪어 소문난 터라 한국인들과의 식사에 기꺼이 나오는 미국 유력 인사들 별로 없다. 따라서 한국을 떠나기 전에 정품격 글로벌 식탁 매너 교육을 철저히 시키고, 옆사람과 가볍고 즐거운 환담을 나눌 수 있도록 사전 준비가 있어야 한다. 그러기 위해선 출발하기 전에 각자가 옆사람과 나눌 대화 소재를 네댓 개씩 영어로 작성해 외우든지 커닝 페이퍼라도 준비하여 두 번 다시 '소통 불능 짐승들과의 오찬' 사진을 남기는 일이 없어야 한다. 개선된 진짜 '화기애애'한 사진을 보고서 국민들은 "아, 저분들 열심히 일하는구나!" 또는 "일을 제대로 해낼 소통 능력을 갖췄구나!" 싶어 안심한다. 그런 게 국민과의 소통이다. 말로 하는 것만이 소통이 아니다.

아무리 배가 고프더라도 음식에 집중 말고 대화에 집중해야 한다. 음식 남긴다고 욕하지 않는다. 식탁 중앙에 촛대와 꽃장식이 있어 건너편 사람과는 대화가 불편하다. 해서 옆사람과 이야기를 나눠야 한다. 상체를 똑바로 세우고, 대화를 할 적엔 상대를 향해 상체를 돌려야 한다. 구부정하게 허리 굽히고 머리 처박은 자세로 고개만 돌렸다간 바로 짐승(犬) 취급당해 좌우 외면으로 혼자서 밥이나 먹어야 한다. 대화중 포크나 나이프가 앞쪽 사람의 눈을 겨누지 않도록 조심한다. 그리고 백악관 식사에는 빵이 나오지 않는다. 빵을 음식으로 먹는 이는 가난뱅이뿐이고, 잘 준비된 요리에는 '행주'로써의 빵 기능도 필요 없기 때문에 노벨상 수상식 만찬에서도 빵은 없다! 예전에 전두환 대통령이 미국을 방문해서 햄버거를 주문하자 뒷사람들도 모조리 "햄버거!" 했다는 우스갯소리가 있다. 만에 하나 다른 곳에서라도 한국에서처럼 너도나도 빵과 버터를 달라고 하는 일이 없도록 해야 한다.

와인은 혼자 마시지 말고 상대가 잔을 들 때 함께 들어 조금씩 마신다. 설혹 마시지 않더라도 상대가 잔을 들 때마다 자신도 잔을 들어 눈맞춤으로 팔로우 건배를 해줘야 한다. 이때 잔을 잡기 위해 상대로부터 눈을 떼면 하수다. 잔을 보지 않고 자유롭게 들었다 놓았다 할 수 있을 정도로 연습해야 한다. 이러한 용도로 와인잔의 목이 긴 것인데, 무지한 국내 와인전문가들은 와인의 온도 유지 운운 헛소리들을 하고 있다.

특히나 반드시 챙겨야 할 포인트

다시 일러두지만, 재미없는(밥맛없는) 한국인들과의 만찬에 어지간히 애를 써도 영향력 있는 오피니언 리더들은 안 나온다. 그들을 불러내려면 반기문 유엔 사무총장과 김용 세계은행 총재를 반드시 초청해야 한다. 만찬장 입장시 내빈 소개받을 때 박근혜 대통령은 절대 허리 구부정, 고개 내밀지 않도록 조심해야 한다. 오바마 대통령과 인사하는 한국 수행원들도 역시 마찬가지로 지난날 김장수 국방부 장관이 김정일에게 하였듯이 꼿꼿하게 서서 응대하되 거기에다 눈웃음만 보태면 된다.

건배시에는 취임식 만찬에서처럼 팔을 내뻗어 잔을 치켜들지 말고, 잔 윗부분이 최대 어깨 높이 정도로 가볍게 들어올린다. 이때 눈은 절대 잔을 보지 말고 오바마의 눈에 끌려 들어가듯 응시하면서 잔을 부딪쳐야 한다. 샴페인을 가득 채우지도 않을뿐더러 잔의 구조상 웬만큼 세게 부딪쳐도 넘쳐흐르지 않는다. 설령 흘러서 옷을 적신다 해도 당황해할 것 없다. 해서 그런 자리엔 검거나 짙고 어두운 색 옷을 입고 나가는 거다. 이명박 전 대통령처럼 건배할 때 자라목으로 고개 숙여 잔을 치켜들면 순간 완전 하층민으로 전락하고 만다.

오바마와의 건배 후, 반대쪽 옆사람(미셸 오바마)과도 눈맞춤을 하면서 잔을 가볍게 부딪친다. 그런 다음 좌중 테이블마다 하나하나(in-

미국 방문중 백악관 집무실인 오벌 오피스 벽난로 앞에서 버락 오바마 대통령과 대화하고 있는 박근혜 대통령. 외판원도 아닌데 큰 가방. 상대에게 다가가지 못하고 엉덩이를 뒤로 물리고 있다. 바지 차림은 여성성의 포기다. 맨살처럼 보이는 스타킹은 촌티! 신사와 동일하게 바지·구두·양말색을 일치시켜야 했다. 그나마 백악관이어서 눈맞춤 사진을 건졌다. 사진을 잘 찍는다는 것은 곧 사진을 잘 고른다는 뜻이기도 하다. 2013년 5월 7일. ⓒ백악관

정격 모델 폼의 독일 메르켈 총리. 상대와 눈을 맞추고 빨려가듯 다가가야 한다. 한국인에겐 쉽지 않은 모델 폼이지만 지도자라면 사전에 반드시 훈련을 거쳐야 한다. ⓒ백악관

정품격 대담 자세. 오바마 대통령과 마무드 압바스 팔레스타인 자치행정수반. 누가 봐도 진지하게, 그리고 열심히 일하는 것 같다. ⓒ백악관

버락 오바마 대통령과 대화하고 있는 달라이 라마의 정품격 모델 폼. 상체를 틀어 상대방을 쳐다보며 경청하고 있다. ⓒ백악관

dividually) 돌아가며 앉은 사람들에게 그윽한 눈길로 일일이 리모트 건배를 보낸다. 백악관 만찬 건배에서는 오바마와 박근혜 대통령 두 사람만 서고, 다른 수행원들과 초청 인사들은 모두 자리에 앉아서 건배를 한다. 함께한 수행원들도 멀리서 잔을 들고 두 대통령과 눈으로 건배를 한 다음, 옆자리 사람들과 잔을 살짝 부딪치며 덕담을 나눈다. 식탁 테이블 건너편 사람들과 잔을 부딪치기 위해 테이블 한가운데, 즉 공공 영역을 침범해서 가로지르는(over-the-table) 일본 조폭 모드형 팔을 뻗는 무례도 없어야 한다. 잔을 들지만 눈맞춤으로 리모트 건배를 해야 한다. 횟수는 $nC2$!

대화중에는 역시나 고개만 돌리지 말고 상체도 함께 돌려 상대의 눈을 주시한다. 대화 소재가 궁해 와인에 관한 상식을 자랑한답시고 오버해서 식사중에 제공될 미국산이 아닌 다른 나라 와인을 소재에 올리는 아닌 밤중에 창호지 뚫어대듯한 철부지들이 있는데, 이 또한 아웃이다.

그리고 메인테이블에 앉힐 한국인 유명 인사로 제발이지 상투적으로 유명 연예인이나 스포츠 스타를 고르는 일이 없었으면 한다. 테이블 매너와 교양 수준, 소통 능력을 갖춘 품격이 검증된 글로벌한 인물이어야 하지만 불행히도 한국엔 아직 그만한 인물이 없다. 반기문 총장이나 김용 총재가 부부 동반으로 참석해 준다면 굳이 다른 인물을 찾을 필요가 없겠다.

박대통령의 만찬 드레스는 주빈답게 글로벌 정격 검정 드레스여야 하고, 귀걸이까지 다 갖춰야 한다. 거기까지 가서 지난 취임식 때처럼 요란한 한복을 입고 나오는 이벤트는 제발 없기를 바란다. 다시 말하지만 대통령은 연예인이 아니다. 평소 치마를 입지 않던(못했던) 독일 메르켈 총리도 백악관 만찬에는 정통 검정 드레스를 입고 나왔었다.

게다가 작금의 한국이 처한 상황을 고려하여 독일 메르켈 총리 때

백악관 국빈 환영 만찬에서 이명박 대통령의 옳지 못한 굴욕적 건배 자세. 잔을 머리 위로 높이 드는 것은 제례에서 신에게 술을 올릴 때뿐이다. 고개를 똑바로 들고 상대와 눈맞춤 상태에서 건배해야 정격. ⓒ청와대

처럼 만찬 전후에 돌발 리셉션을 열어 줄 가능성도 있으니 이에 대한 대비도 있어야 한다. 이때 수행원들이 꿀먹은 벙어리가 되지 않도록 준비되어 있어야 하고, 특히 미리 도열해서 기다리는 동안 때가 때인 만큼 김장수 안보실장에게 미국인들이 몰려 질문이 집중될 가능성이 매우 크다. 아마도 개인 통역이 따로 붙어야 할 듯하다.

미 상하원 합동회의 연설문 등에 언급해야 할 에피소드들

건국의 아버지 이승만 박사와 그의 주선으로 후일 한국 경제개발 초기 경제부총리를 맡아 박정희 대통령의 경제성장의 견인차 역을 해냈던 장기영 전 한국일보 사장 등 한인 유학생 9명이 해방 직전 캠프 데이비드에서 군사 침투 훈련을 받았던 사실이나, 한국전쟁 발발 시 망설이던 트루먼 대통령에게 한국을 공산주의로부터 구해 달라는 편지를 보내 미국의 참전에 결정적인 영향을 끼친, 당시 종교계에서 한참 뜨기 시작한 세계적인 부흥사 빌리 그레이엄 목사 이야기, 그의 부인 루스 벨 그레이엄 여사가 소녀 시절 6년간 평양외국어학교에서 공부한 사실 등 한미 간의 역사에서 감동적인 코드를 읽어내어 언급하는 기법으로 연설문을 작성해야 한다. 이를 위해 특별자문단을 긴급 구성하여 공식 연설문, 건배사, 기자회견 등에 언급할 에피소드들을 찾아내어 숏스피치 문장으로 다듬는다. 만찬 건배사 마지막에 미국 유명 시인의 시구를 인용하는 것도 좋겠다.

그리고 미국 상하원의원은 물론 미국민 누구도 관심 없어 하는 의회 연설을 한국 대통령들은 굳이 졸라서 하는 것이 관례처럼 되어 있다. 순전히 한국 국내용인 셈이다. 따라서 어지간한 준비 없이는 현지 신문에 한 줄도 안 나온다.

아무럼 미 상하원 합동회의 연설을 위해 의사당에 입장할 경우 좌우 좁은 통로에 인사를 건네기 위해 운집해 있는 의원들에게 인사할 때는 박대통령 특유의 고개 끄덕이는 '목례(目禮) 아닌 모가지 인사법'은 절대 피해야 한다. 일일이 눈맞춤과 '방긋 미소' 플러스 약간의 멘트와 더불어 가벼운 악수를 건네는 조각상 모드로 풀어 나가야 한다. 이때 박대통령의 가슴에는 태극기 배지 플러스 보스턴 마라톤대회 폭탄테러 희생자들에 대한 조의를 암시하는 듯한 리본이나 꽃이 반드시 달려져 있어야 하고, 연설 시작하기 전에 묵념 제안하는 것을 잊지 말아야 한다.

기타 행사

백악관에서의 정상회동과 환영 만찬 외에도 여러 가지 행사가 준비되어 있을 것이다. 특히 이번에는 북핵 등 한반도 정세가 예년 같지 않으므로 반드시 한국전쟁 기념공원에 들러 참전 전사자 묘소에 헌화해야 한다. 화환은 태극기의 사색을 이미지화해서 누가 봐도 한국의 대통령이 바치는 꽃인 줄 알 수 있게 해야 한다. 한국에서처럼 온통 흰 꽃 화환을 바치다가는 국제적인 망신거리가 된다. 밑에 너저분하게 누가 바친다는 표식도 달지 말고, 의장병의 손을 빌리되 대통령의 손으로 직접 들어 바친다. 묵념은 반드시 두 손을 마주 잡고 기도하듯 진심으로 해야 한다. 지난날의 한국 대통령들처럼 두 팔을 늘어뜨리고 고개만 숙여 묵념하면 미국인들은 무신론자로 여겨 악마나 김정은과 동일시할 수도 있다. 생존한 참전 군인들과 유가족이 함께할 경우에는 그들에게 진정어린 감사를 표하는 제스처와 기념품도 준비해야 한다.

9·11테러나 보스턴 마라톤 참사 현장을 방문하게 될 경우에 대비해서는 사전 준비가 철저해야 한다. 지난날 외교통상부 통역담당 여성 외무관과 초록동색의 아주 밝은색 의상에 아무런 예절도 갖추지 않고 9·11테러 현장을 그저 관광지 둘러보듯 찍힌 사진으로 '반미 심

중'을 확증(?)시켜 준 노무현 전 대통령의 결례를 되풀이하지 않도록 한다. 그때 권양숙 여사의 시선이 엉뚱한 곳을 쳐다보는 촌닭 폼의 사진으로 골라져 언론에 배포되었다. 9·11테러 희생자들을 기리는 추모 퍼포먼스로 9개의 파란 풍선과 10개의 빨간 풍선에 흰 장미를 매달아 하늘로 날리는 것도 고려해 보길 바란다. 파란색과 빨간색은 미국 성조기와 태극기의 색을 동시에 의미할 수 있다. 박대통령의 가슴에 꽂은 마지막 한 송이는 내 마음에 담아 간다는 메시지를 남기는 거다.

그외 학교나 어린이집 등을 방문할 시에는 반드시 선물을 준비해야 하고, 두 무릎을 꿇어 눈높이를 같이해서 아이들과 어울려야 한다. 선진사회에선 아무도 무릎 꿇는다 해서 대통령의 격이 떨어진다고 생각하지 않는다. 일왕과 푸틴은 물론이고 김정은도 이를 자연스레 행한다. 외부 행사 때에는 청중을 바라보면서 손을 위로 높여 박수를 쳐야 한다. 멀리로 감사의 답례를 보낼 때에는 두 손을 머리 위로 높이 맞잡아 흔들어 주어야 한다.

혹여 중간 기착지로 하와이를 택할 경우 한인들의 하와이 이민사,

9·11테러 현장을 둘러보는 노무현 대통령. 영부인 권양숙 여사의 엉뚱한 시선. 청와대 사진기자단의 정무감각 제로로, 사진 취사선택 필터링 능력 수준을 고스란히 보여주고 있다. 정히 마땅한 사진이 없으면 권여사를 잘라낸 사진을 배포하였어야 했다. ⓒ청와대

인천 인하대학교의 작명 근거에 대한 사전 공부가 있어야 의미 있는 기념 행사를 가질 수 있을 것이다. 뉴욕과 LA에서 동포간담회를 가진다지만, 상투적이고 의례적인 교민들과의 만남 행사보다 우리가 그 은공을 잊어서는 안 될 미국인과 그 후손, 그의 무덤이나 생가, 그리고 그가 다니던 교회를 한 곳이라도 더 찾아야 한다. 그게 교민들에게도 오히려 더 자랑스럽고 떳떳한 선물이 될 것이다.

반드시 피드백!

그동안 한국은 미국으로부터 일방적인 보호와 얻어먹기로 일관해 왔다. 미국인들이 내놓고 말은 안했지만 한국이 언제 그 은혜에 대한 고마움을 표시할지 내심 기다리고 있다. 지난날 박정희 대통령은 미국의 각종 원조를 받아 경제개발에 성공했다. 박근혜 대통령은 그 옛날 아버지가 그랬던 것처럼 또다시 원조받으러 온 것이 아니라, 이제는 한국이 그 은혜에 감사를 표하고 보은을 위해 찾은 것임을 선언해야 한다. 그리해야 박근혜란 한 인물이 극동의 어느 나라 대통령이 아니라, 여성 대통령으로서 인류공동체의 성숙된 리더로서 부상할 수 있다. 그래야 중국의 시진핑이나 북한의 김정은이 정식으로 대화 상대로 인정하게 될 것이다. 하여 백악관 기자회견이나 미 상하원 합동회의 연설 대목에서 한미 간 선순환을 위한 어젠다를 던져야 한다. "From Korea with Love and Pride!"란 캐치프레이즈를 걸고 한미 협력으로 특정 목적재단 설립을 제안하며 기부금을 전달하는 행사를 가질 것을 권한다.

그리고 박대통령은 백악관 정상회동 때나 만찬 전후 리셉션 등 기회를 봐서 오바마 대통령과 존 케리 국무장관을 좌우에 세워 각각 손을 다잡고 사진 촬영을 해내야 한다. 군건한 한미관계를 과시함으로써 북한에 대한 암묵적 경고 메시지를 날리는 거다.

배웅시 답례 인사법의 글로벌 모델 폼. 팔 슈미트 헝가리 대통령이 이명박 대통령과의 정상회동 후 청와대를 떠나면서 두 손을 높이 깍지 끼고 가볍게 흔들어 인사하고 있다. 올림픽 금메달리스트이자 IOC위원이기도 한 그는 안타깝게도 귀국하자마자 박사학위 논문 표절 사실이 밝혀져 대통령직을 사임했다. ⓒ청와대

관중에 대한 감사의 분위기를 돋우며 예의 있게 표시하는 방법. 레이건 미국 대통령의 글로벌 모델 폼. 머리 위 오른편으로 들어올린 손을 맞잡아 가볍게 흔들어 주는 것이 최대한의 경의 표시다. ⓒ백악관

미국 언론의 주목을 받기 위해 방문해야 할 곳

●구한말 미국 초대 공사 포크의 생가나 무덤, 그가 다니던 교회를 찾아 헌화.

●구한말 대동강 셔먼호 방화로 희생당한 선장과 선원들의 후손, 동승한 토마스 선교사의 생가나 다니던 교회 헌화. 당시 토마스 선교사가 참수 전 구경 나온 조선인들에게 포교용 번역 성경책을 나누어 주었는데, 이를 받아 가서는 찢어 벽지로 사용했었다. 그후 사람들이 심심해서 벽지의 글을 읽다가 믿음을 갖게 되었다고 한다.

●한국에 대학을 지어 준 언더우드, 병원을 세운 아펜젤러의 후손, 생가나 다니던 교회.

●생존한 한국전쟁 참전 용사들에게 훈장 수여와 기념품 전달.

●주한 미군 복무자들을 대표하여 지난날 냉전 시기에 희생당한 휴전선 도끼만행 희생자 유가족, 북한에 납치됐다가 풀려난 푸에블로호 함장과 병사들, 그리고 그 유가족들에 대한 훈장 수여 및 보은의 선물을 준비.

선물 준비

선진사회의 오피니언 리더들은 거의 예외 없이 미술에 조예가 깊거나 관심이 많다. 해서 전통기법으로 만든 한국의 닥지인 100호짜리 대형 장지(將紙)를 강력하게 추천한다. 달리 그림을 그릴 필요 없이 그대로 말아서 선물하면 외국인들이 무척 신기해하고 좋아한다. 그리고 북핵과 관련된 업무를 하는 국방관계자들에겐 우리 고유의 국궁(國弓)을 선물하는 것이 의미도 있고, 동이족·올림픽 양궁 등 이야기를 풀어 나가는 데 꽤 도움이 될 것이다.

박근혜 대통령이 붓글씨에 자신이 있다면 곧 여름이 다가오니 자신의 이름과 낙관이 찍힌 전통 합죽선(合竹扇)도 더없이 좋겠다. 더하여 아름다운 글귀까지 몇 자 써넣으면 금상첨화겠다. 인격적 체취가 물씬한 부채를 평소 교분이 있는 힐러리 클린턴 전 국무장관, 존 케리 현 국무장관 등 워싱턴 정가의 유력 인사들에게 돌렸으면 한다. 글씨가 자신 없으면 그냥 완제품을 돌려도 괜찮을 것이다.

'달라진 대한민국' 이미지를 던져 줄 수 있기 위해서는

부끄러운 일이지만 한국인 대부분은 아직도 일제 식민지 잔재형 하위기능직용 매너 수준에 머물러 있다. 이번에 미국을 방문하는 대통령과 수행원들 또한 그 수준에서 별반 나을 것이 없다고 본다. 하지만 그들의 상대는 전 세계를 자국 경영전략의 대상으로 삼아, 글로벌 선진문명사회권에서 진짜 글로벌 소통 매너를 구사하는 베테랑들이다.

첫 해외 방문이다. 대통령으로선 글로벌 무대 첫 데뷔다. 글로벌 경험이 없는 인사들은 이번에 절대 데려가지 말아야 한다. 특히 '좌빵우물' 수준으로 오찬이나 만찬 때 꿔다 놓은 보릿자루 같은 맹물 인사들은 완전 배제시키고, 미숙한 수행원들은 지금부터 철저하게 글로벌 매너로 훈련시켜야 한다. 하여 사흘 연속 포토세션에 선다는 계산을 염두에 두고, 한순간이라도 방심해서 허튼 사진 찍혀서는 안 된다.

지난 이명박 대통령 국빈 방문 때 의회 연설에서 기록적인 박수를 받는 등 다채로운 활동을 하였음에도 불구하고 워싱턴의 어느 신문에서도 기사 한 줄 싣지 않았던 전철을 이번 박근혜 대통령의 경우에도 되밟지 않도록 '미국인들에게 진짜 의미 있는(significant)' 대 언론 이미지 작업을 성공적으로 마치길 바라는 애절한 심정에서 방문 일정에 따라 예상되는 문제점들을 점검해 보았다. 물론 이상의 지적 사항 외의 수행 의전 매뉴얼에도 없는 수많은 복병들이 기다리고 있다. 경험

많은 베테랑이 대통령을 밀착수행하면서 그때마다 임기응변으로 대처해 나가야 한다.

명색이 국가 최고기관인데 어련히 알아서 할까?

그랬다면 굳이 이런 글을 쓸 필요도 없겠다. 그러나 이 나라의 권력체제 속성상 대통령 직무 수행에 필요한 글로벌 매너 필드 매뉴얼이 다음 정권으로 제대로 승계되지 못하고 있다. 그렇다고 이 분야에 관한 마땅한 교재도 없는 실정이다. 유일하게 서대원 전 유엔 차석대사의 《글로벌파워매너》가 있지만, 이 책은 그 빙산의 일각만을 다루고 있어 이미 일정 수준은 넘어서 있는 외교관이나 기업인들에게 도움을 줄 수 있을 뿐이다. 정작 수면 아래에 있는 빙산의 구각인 기저 플랫폼 부분, 즉 전인적인 시각에서 필요한 소통 매너에 관한 지식과 노하우 출판물은 전무한 실정이다. 하여 박근혜 대통령의 미국 방문에서 겪게 될 실전 글로벌 매너 충돌 현장의 예상 시나리오에 대한 주의점들을 점검해 보았다.

부디 이번에는 달라진 대한민국, 위대해진 코리아(Greater Korea)의 업그레이드된 모습을, 비록 초치기 시험 준비로라도 최선을 다해 글로벌 선진 매너로 보여주고 오길 빈다. 국민들도 이와 같은 관전 포인트로 박근혜 대통령의 미국 방문 모습의 실체를 들여다보고, 각국 정상들과의 내공 겨루기를 지켜보는 것도 새로운 재미가 될 것이다.

(이 글은 박근혜 대통령의 미국 방문 전에 인터넷신문 〈데일리안〉 칼럼으로 발표되었으며, 관계자들에게 전달도 했지만 아쉽게도 전혀 반영되지 못하였다.)

02 박근혜 대통령과 수행원들, 미 백악관 오찬에서 살아남기

이게 진짜 성공 검증 테이블 매너 I 백악관 오찬에서는 빵이 나오지 않는다 I 선진 주류사회 진입을 위한 도구, 테이블 매너! I 15분 완성 테이블 매너 클리닉 I 향단이·무수리 출신 짝퉁 강사들에게서 배운 건 다 잊어라! I '한국인들에게만 의미 있는' 미국 방문이 아닌 '미국인들에게 의미 있는' 방문이어야!

항공사 스튜어디스 등 비좁은 기내의 아주 제한된 영역에서 그나마 소꿉장난 모드로 식음료 대령하던 이들이 가르치는 것들은 정품격 글로벌 테이블 매너가 되지 못한다. 그동안 한국은 국가적인 큰 행사에 있어서 엉터리 짝퉁 테이블 매너가 아닌, 글로벌 선진문명사회 권급 정품격 테이블 매너로 치러진 예가 별로 없다.

이번에 박근혜 대통령과 그의 방미시 수행할 이들은 민관 모두 한국의 국가 대표선수들인 만큼 그저 밥 먹는 자리라고 방심하기 쉬울 식사 장면에서 '어글리 코리언 종결자'로 낙인찍히지 않도록 하기 위해 '반드시 해야 할 일, 해서는 안 될 일'에 관한 실무 가이드 지침서를 제공하고자 한다.

미국으로 출발하기 전 마음 정리와 준비 사항

중국의 저우언라이(周恩來) 총리는 주요 외빈과의 만찬이 있을 때면 미리 주방에 들러 국수 한 그릇을 먹었다고 한다. 자칫 배가 고파 허겁지겁 먹는 데에만 열중하게 될까봐 미리 배를 반쯤 채우고 나간 것이다. 프랑스 유학에서 다진 내공일 테다.

오찬장에서 나를 기다릴 전 세계 최고급 요리에 마음 쓰지 말고, 먼저 컵라면 한 개 정도로 배를 채우고 가야겠다고 거듭 다짐하는 게 중요하다. 마음에 새겨야 할 것은, 오찬이라 해서 밥 먹으러 가는 게 아니라 같이 놀아 주고 사교의 기본 점수 확보에 목숨을 걸어 '좋은 이웃' '재미난 이웃'이 되도록 해야 한다는 점이다. 여기서 잘 풀려 나간다면 한국에 대한 호의적인 분위기 조성, 고품격 이미지를 창출해 낼 수 있을 것이다.

백악관 식사에서 포크며 나이프가 놓인 각도 따위 하등의 중요한 게 아니다. 가장 중요한 행동 요령 3단계는 먼저 다리에 힘을 주고, 어깨를 펴고, 고개를 바로 세운 외양적인 직립의 몸 자세다. 다음으로 온화한 미소로 상대방의 눈을 보려는 마음 자세. 마지막으로 미국인과 이야기할 때, 고개를 끄덕일 것이 아니라 윗눈꺼풀로 동조하는 동작과 입으로 "Really?" 하며 공감의 추임새를 넣어 주는 앙상블 동작이다.

이러한 애타는 노력을 망칠지도 모를 첫인상, 즉 외모 정리가 선행되어야 한다. 떠나기 전에 먼저 안경점에 들러 느슨해진 안경테와 코걸이를 원상으로 다잡는 수리를 받아 밥맛없는 '쨉(일본놈)' 꼰대 이미지를 제거한다. 1분밖에 걸리지 않는다. 다음, 자신의 얼굴에 상대방 시선이 모아지는 것을 방해하는 깻잎머리는 과감히 자른다. 또 드레스셔츠(한국식 표현으로는 와이셔츠) 앞깃에 무늬가 있거나 큐빅 등 장식이 있으면 동네 건달 취급받을 위험이 있으니 절대 금물이다. 여성 수행원은 화려한 블라우스나 튀는 액세서리는 금물이다.

신발은 끈이 있는 리갈 구두여야 하고, 캐주얼은 절대 안 된다. 구취가 심한 사람은 그 원인인 사랑니를 미리 뽑고 간다. 손수건은 필수. 화장실에서 물과 손수건으로 잘 닦지 않은, 고추 만진 끈적한 손으로 여성들과 악수하는 일 절대 없도록 한다. 여성 수행원들은 반드시 요란하지 않은 귀걸이와 목걸이를 착용해야 한다. 넥타이는 태극기와 성조기를 연상케 하는 색과 무늬여야만 한다. 이 또한 서툰 영어 실력에 구원투수로서 요긴한 얘깃거리 소재가 될 수 있다.

마지막으로 정말 목숨 걸어야 하는 것은, 동석한 같은 테이블의 미국인들을 즐겁게 해줄 화제들을 준비하여 포스트잇에 적어 수첩에 차곡차곡 붙여두고 외우는 일이다. 그리고 식사하는 곳마다 두 개 분량으로, 양복 주머니에 들어가는 작은 기념품을 준비해서 식사 도중 상대방의 얘기를 칭찬하며 즉석 서프라이즈(surprise) 깜짝 선물로 활용하여 흥을 돋운다.

지피지기 백전백승, 백악관 오찬 제원 정보 입수 방법

미 백악관뿐 아니라 모든 국가의 국빈 환영 오찬이나 만찬은 영부인의 책임하에 준비된다. 비중 있는 손님일 경우에는 영부인이 직접 나서서 기자들에게 브리핑을 함으로써 언론에 대한 지원사격을 해주기도 한다. 다만 그동안 한국은 이런 부엌일을 대수롭지 않은 일로 여겨 '아랫것들'이 알아서 하는 일로 치부해 왔다. 하여 한국에서는 아직도 이 모두를 청와대 경호처 소속 검식관의 소관으로 방치하고 있다.

백악관 오찬의 '전체 그림'을 쉽게 파악하려면, 미 백악관 홈페이지에 들어가 주제어 'state dinner'로 검색하면 된다. '외빈 오찬 디너 보도자료'로서 음식 메뉴는 물론이고 와인 리스트 및 사용될 식기 제원과 음악 연주자 소개 등, 세세하게 식사 전반에 관한 내용을 하나도 빠짐없이 올려 누구나가 볼 수 있도록 공개하고 있다. 따라서 모든 수행원들은 비록 금번 행사가 공식 실무 오찬일지라도 그 맥락을 이해하기 위해 해당 'STATE DINNER' 샘플을 내려받아 사전에 전체 그림을 실제 상황처럼(on-the-job orientation) 숙지하고 있어야 한다. 또한 '의미 있는 식사'에 도움이 될 만한 특별손님이 있으면 뒤늦게라도 초청 요청하기를 망설이지 말아야 한다.

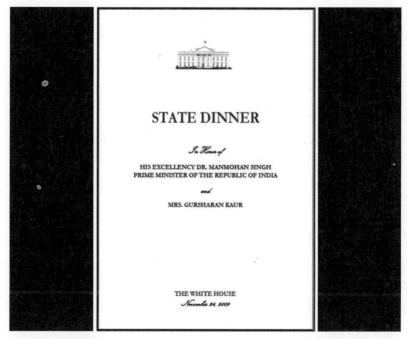

미 백악관 인도 총리 환영 만찬 보도자료 'STATE DINNER' 표지. ⓒ백악관

수행원들의 사전 예습 필독서
'STATE DINNER' 백악관 보도자료

　　여기 '총론'에는 식사 장소 소개와 테이블 개수는 물론 그날 놓일 꽃과 촛대 등 장식과 이번 식사에 제공될 접시들의 유래에 대한 설명이 나온다. 각 접시마다 언제 어느 대통령이 준비했다거나, 누구에게서 선물받은 어느 회사 제품이란 것까지 설명하고 있다. 이번에는 고 박정희 대통령과 인연이 있던 미국 대통령이 마련한 접시를 내놓을 가능성이 있다. 또한 당해국 정상들의 과거 백악관 오찬/만찬 기록들을 모조리 정리해서 알려 주고 있다. 이런 내용들은 금번 박대통령 수행원들이 각기 자기가 앉은 오찬 테이블에서 행할 각자의 식담

(食談) 화제 목록 구성 골격의 단서가 되니 잘 활용해야 한다. 그리고 각론으로, 주미대사관을 통해 본건 오찬을 위해 정해진 메뉴와 와인 리스트 등을 입수하여 미리 예습해 둔다.

식당에는 언제든 피아노 연주나 작은 콘서트를 열 수 있는 준비가 되어 있다. 혹 이번에 오바마 대통령의 배려가 있다면 북핵 문제 등으로 북한의 김정은과 중국의 시진핑에게 보내는 메시지로 음악 카드를 제안할 수도 있다. 이를테면 백악관측에 한국전쟁과 관련한 피아노곡(가령 가곡 〈비목〉, 대중가요 〈빨간 마후라〉를 편곡하여)을 연주해 달라고 할 수 있다. 단 연주자는 재미 한국인이나 한국전쟁 참전 미군 용사의 후손이어야 한다.

오찬/디너 순서 흐름 파도타기와 서바이벌 요령

건배에 대한 설명은 앞서의 글을 참고하면 되겠다. 다만 잔을 맞부딪치는 '쨍'은 첫 샴페인 건배에서만 한다. 한국에서처럼 중간중간 기분 내키는 대로 '쨍' '쨍'… 했다간 완전 꽝이다. 팔을 뻗어 잔을 하늘 높이 밀어올리거나 테이블을 가로지르는 일본 조폭 모드의 '쨍' 건배도 금물이다. 리모트 건배로 대신한다.

화이트 와인이 먼저 서빙되고, 이어 첫 요리가 나온다. 와인을 따르면 웨이터를 보며 반드시 '눈방긋' "땡큐!" 한다. 술은 절대 혼자서 스타트하지 말고, 한 테이블 내 미국인 중 한 사람이 방긋 웃으며 와인 잔을 들면(개회 선언격) 비로소 착석 건배가 시작된다. 이때 엄지와 검지로 잔을 들어 일일이 '눈스마일' 건배, 횟수는 같은 테이블 내 사람 수 n에 대해 nC_2! 다른 테이블의 사람들과 눈이 마주치면 절대 피하지 말고 그대로 눈방긋, 잔까딱 리모트 건배 동작을 한다.

냅킨은 한국에서처럼 앉자마자 미리 펴거나 모양을 망가뜨려도 안되고, 첫 요리가 서빙될 때 비로소 편다. 자신 앞의 큰 방석접시 위에

미 백악관 인도 총리 환영 만찬의 비좁은 테이블 세팅. 서로 바짝 붙어서 어깨를 맞대고 대화를 나누라는 뜻이다. ⓒ백악관

이명박 대통령 미국 국빈 방문 때의 백악관 영빈관 오찬. 상당수의 미국 내 오피니언 리더들이 초청되었으나 모두들 굳은 얼굴로 서로 쳐다보지도 않고 먹는 데만 열중하고 있다. 게다가 바른 자세의 한국인이 한 명도 없다. ⓒ청와대

진짜 신사와 짝퉁 신사. 첫 요리가 나오기도 전에 냅킨을 뭉개어 접어 버린 노무현 대통령. 냅킨의 사회적 기능에 대한 무지. 이를 한심하게 바라보는 자크 로게 IOC 위원장. 서양인들은 음식이 나오기 전에 냅킨을 이처럼 구기는 것을 '당신과는 식사하지 않겠다'는 의미로 받아들인다. ⓒ청와대

요리접시가 놓아지면 상체를 살짝 틀어 웨이터의 눈을 보며 방긋 "댕큐!" 한다. 이는 매 접시가 서빙될 때마다 빠짐없이 해야 한다. 식사의 시작은 그 테이블의 미국인들 중 여성, 또는 나이가 많아 보이는 사람이 먹기 시작하면 따라 먹는다. 식사 내내 반드시 어깨를 펴고, 고개도 숙이지 말며, 굳어 있지 않은 온화한 얼굴로 바른 직립의 자세를 유지해야 한다.

수프가 서빙되면 일번타자로 스푼을 들지 말고 미국인들이 어떻게 하나 관찰한 다음, 먼저 스푼으로 조금 떠서 살짝 맛을 보고 난 연후에 소금이나 후추를 첨가한다. 이 과정 없이 그냥 양념을 넣는 것은 셰프를 모독하는 일이 된다. 스푼은 자기 몸 바깥으로 던지듯 접시의 가장자리를 긁어 밑에 달라붙은 국물을 제거한 후 고개를 직립으로 세운 상태에서 입으로 가져간다. 이 스푼 동작이 익숙해져야 국물을 넥타이나 셔츠에 흘리지 않고 비로소 허리와 고개를 직립한 상태에서 식사가 이뤄지고, 옆사람과 서양 영화에 나오는 고상하고 우아한 모

상대의 눈을 보면서 방긋! 건배의 모델 폼, 엘리자베스 여왕과 부시 대통령. 재임중 수많은 말실수에도 불구하고 무사히 연임을 마칠 수 있었던 것은 바로 이런 글로벌 매너 내공 때문이라 할 수 있겠다. ⓒ백악관

드의 대화가 가능해진다.

포크와 나이프를 동시에 사용한다. 한국에서처럼 음식을 미리 잘게 잘라 놓고 포크만으로 찍어먹었다간 반야만인 취급받는다. 사용한 빈 접시를 웨이터가 가져갈 때 역시 매번 웨이터의 눈을 보며 방긋, "댕큐!"를 잊지 않는다.

요리를 먹는 도중에도 수시로 와인을 소화제삼아 조금씩 마시는데, 절대 혼자 마시지 말고 앞의 누군가가 따라오나 살펴봐서 따라오면 눈방긋, 잔까딱 건배한 후에 잔을 입으로 가져간다. 입술이 음식물로 많이 지저분해져 있다면, 그 전에 미리 냅킨을 입술에 살짝 눌러 입가에 묻어 있는 소스를 제거해야 한다. 이때 여성 수행원은 절대 냅킨으로 입술을 문지르는 일이 없어야 한다. 만약 세탁으로도 지워지지 않는 루즈가 냅킨에 묻어 못 쓰게 되면, 이는 비록 가격이 얼마 되지 않는다 하더라도 서양인의 관념상 여주인(미셸 오바마)을 모욕하는 대형 사고가 된다.

'눈방긋' "댕큐!"는 웨이터 서빙 때마다 자동으로 나오는 후렴

레드 와인이 서빙되면 건배 프로세스가 또 원위치 리셋, 새로 시작된다. 역시 미국인 중 여성이나 나이 많은 사람이 먼저 잔을 잡고 좌중을 돌아보며 새 게임을 시작한다는 의미로 새 건배를 한다. 이 때에도 착석 건배로 '쨍'은 없이 앞서의 화이트 와인과 같은 요령으로 하면 된다.

이어 메인디시가 서빙되면 앞서와 같은 요령으로 식사를 하게 되는데, 혹 요리의 소스가 걸쭉해서 대화중 목이 메거나 재치기가 나오면 냅킨으로 입술을 톡톡 누른(문지르지 말고) 다음 물을 조금 마셔서 대처한다. 식사중에 대화할 때에는 포크 나이프를 내려놓되 손은 식탁 위에 그대로 올려두어야 한다. 두 손을 식탁에서 내리는 건 식사공동

체를 내심 무시하는, 사회적으로 성숙된 인격체임을 스스로 포기하는 자임을 뜻하는 의미로 해석된다.

　음식을 먹기 시작하면 그 요리에 대한 평을 늘어놓으면서 이야기 실마리를 풀어 나간다. 메인디시에서는 미국 소고기에 대한 찬사와 함께 요리나 소스에 대한 질문도 잊지 않는다. 특히 박대통령은 미셸 오바마 여사가 관여했을 메뉴 전반, 레시피 각론, 그리고 본인 나름의 정성스런 코치 터치가 비쳐 보이는 대목에서 극찬을 늘어놓아야 한다. 가령 자신은 취임 전까지 강남에 살아 '강남 스타일' 김치만 먹어 보았는데, 이번에 '미셸 스타일' 김치를 먹어 보니 너무 황홀했다는 등의 멘트를 날려야 된다.

　와인에 대한 품평 역시 매우 중요한데, 사전에 주미대사관으로부터 입수된 메뉴 속의 와인 리스트를 숙지해서 대화 소재를 만들어 준비하고 가야 한다. 혹시 빌 게이츠 회장의 주머니 악수 파장에 대한 배려로 한국 동아원그룹 이희상 회장이 미국 캘리포니아 와이너리에서 만든 로버트 파커 점수 100점짜리 레드 와인이 서빙될 가능성이 높으니, 이에 대한 예습이 적시 안타가 될 수 있다. 또 미국 야구에 대한 사전 공부가 있어야 하고, 특히 한국 선수들이 뛰는 구단과 그들의 활동과 신상 정보를 상세히 알고 있어야 질문을 하기도 하고 질문에 답

웨이터·웨이트리스에게 땡큐의 모델 폼. 오바마 대통령, 중국 베이징 인민대회당 공식 환영만찬자리에서. 한국인들에게선 이런 땡큐 인사가 없다. 신사가 없다는 말이다. ⓒ백악관

할 수도 있다. 그리고 좋아하는 미국 구단도 하나쯤 미리 정해 놓아야 한다.

물을 많이 마시는 일도 극력 피해야 한다. 벌컥 다 마셔 버리고서 리필받으면 금붕어 취급당한다. 인격체는 와인을 마시지 물을 마시지 않는다. 한국에서는 미리 고기에 술이 배어들게 해서 부드럽게 하지만, 서양에서는 따로따로, 즉 입 안에서, 위에서 서로 버무려 소화를 돕게 한다.

식후에 배를 내밀고 트림을 하는 일이 없어야 하며, 혹 중간에 포크나 나이프를 바닥에 떨어뜨렸을 경우 절대로 직접 집어들지 말고 웨이터의 도움을 받도록 한다. 디저트 접시를 치워 가면, 곧장 냅킨을 대충 네모 형태로(아주 칼같이 반듯하게 접는 것은 '또 불러 주세요'라고 보채는 결례) 접어서 원래 자리에 올려놓는다. 이는 식사 끝, 즉 폐회 선언이다. 그런 다음 커피나 차가 서빙되는데 역시나 눈방긋, 댕큐 멘트 잊으면 안 된다. 아무튼 처음부터 끝까지 무어든 서빙될 때마다 눈방긋, 댕큐 멘트를 해야 한다.

화룡점정, 박대통령의 깔끔한 마무리 대미장식을 위해

식사중의 대화는 앞서 준비한 대로 가벼운 소재로 실마리를 풀어 나가 차츰 스포츠·문화·예술 등으로 옮아갈 수도 있는데, 민감한 정치나 심각하고 부정적인 소재는 피해야 한다. 가능하면 부담 없는 즐거운 이야기로 화기애애한 분위기를 연출해 내야 한다. 다시 강조하지만 밥 먹는 데에 집중하지 말고 '모처럼 소통 가능한 아시아인'이었다고 최종 이미지 조성되도록, 재미있게 긍정적인 인상을 심어 줄 수 있는 대화에 집중해야 한다.

식사 말미에 셰프가 나와 인사를 하게 되어 있다. 이때 박대통령은 그 옛날 자신의 아버지에게서 자주 전해들었던 그 자리에서 아주 훌륭한, 의미 있는 음식을 먹게 되어 감회가 남다르다는 등 우아하고 재미있게 스토리텔링된 감사 멘트를 해줘야 한다. 이때 준비한 작은 기념품(대장금 DVD, 영문 김치 담그는 법 책자 등)을 셰프의 칼 상처와 굵은 마디살투성이 두 손을 하나하나 어루만지며 선물한다.

사흘이 멀다 하고 외국 정상들이 백악관을 찾을 정도로 일상화된 미국에서 언론의 주목을 받기란 여간 어렵지 않다. 그러기 위해서라면 온갖 지혜를 짜내고, 사소한 것이라도 감동을 줄 수 있다면 포기하지 말고 철저하게 계산되고 연출된 이미지로 한국의 품격을 높여야한다. 식사 역시 포토세션상에 있음을 잊지 말고 내내 바른 직립 자세를 유지하되 만면에 미소를 잃지 말아야 한다. 아무쪼록 깔끔한 매너로 상대를 감동시켜 뭔가를 얻어내길 바란다.

선진 주류사회 진입을 위한 도구, 테이블 매너

제가 낳은 새끼 외의 다른 누구를 위해 먹이를 마련하는 짐승은 인간밖에 없다. 대접을 받았으면 반드시 피드백(답례)이 따라야겠으나 당장은 환대에 고마워하고, 서로에게 즐겁고 '의미 있는 식사'였음을 적극적으로 표현해 주어 주인을 뿌듯하게 해주는 것이 손님으로서의 마땅한 도리다. 그래야 그 '의미 있는 식사'가 '의미 있는 만남'이 되고, 또 '진정한 소통'으로 발전된다. 그러기 위해선 손님 역시 주인 못지않은 준비가 있어야 한다. 아무런 준비 없이 단순히 밥만 먹어 주는 '무료급식'으로 끝난다면 그게 무슨 의미가 있겠는가? 그건 인격체가 할 일이 아니다. 부디 '한국인들에게만 의미 있는' 미국 방문이 아닌 '미국인들에게도 의미 있는' 방문이 되길 바란다.

이 글로벌 정격 테이블 매너 실무 가이드는 비단 이번 박대통령의 방미 백악관 오찬에만 해당하는 것이 아니라, 여타의 식사 테이블에서도 적용될 수 있는 것으로 만들었다. 다만 이번 지침은 손님으로서 접대받는 입장에서 기술한 것이기에 비교적 간단하다. 주인으로서의 실무 가이드는 이보다 훨씬 더 복잡하다.

(이 글 역시 박근혜 대통령의 미국 방문에서 예상되는 실전 글로벌 매너 충돌 현장의 시나리오에 대한 주의점들을 점검한 것으로 〈데일리안〉에 발표되었지만 아쉽게도 전혀 반영되지 못하였다.)

03 대통령의 매너부터 바뀌어야 선진국

매너가 곧 진정한 리더십! | 박대통령이 정몽구 회장에게 빵을 권한 게 대단한 일? | 인격적 환대의 진정한 의미를 모르는 봉건적 지도자들의 전근대적인 손님맞이 | 리더의 사소한 매너 하나에 수만 개의 일자리가 왔다갔다 | 최고의 매너는 감동 | 위기의 대한민국, 추락이냐 비상이냐! | 아직도 잠이 덜 깬 '고요한 아침의 나라'

국내의 한 중소기업 사장이 지인의 소개로 필자를 찾아왔었다. 그동안 중개회사를 통해 제품을 조금씩 수출해 왔는데, 이번에 꽤 큰 바이어로부터 직접 오더를 받을 수 있는 기회를 잡았다고 한다. 바이어가 공장을 방문하겠다는데, 문제는 그 사장이 외국 손님을 한번도 직접 접대해 본 적이 없다는 것이다.

사정을 들어 보니, 사장은 도무지 그 방면에 경험이 없는데다가 당장에 식탁 매너 등등을 가르쳐 준다 한들 제대로 소화해 낼 것 같지가 않았다. 그렇다 해도 어쩌면 회사가 크게 도약할 수 있는 절호의 기회를 놓칠 순 없는 일, 어떻게 해서든 바이어의 눈에 들어서 오더를 따내야 했다. 해서 테이블 매너 따위는 다 걷어치우고, 그 사장 수준에서 할 수 있는 방법을 최대한 동원하기로 했다.

20여 일 후, 드디어 바이어가 왔다. 저녁 무렵 공장에서 접대를 하였는데, 공장 2층 사무실 책상의 일부를 한쪽으로 밀어붙여 파티장으로 꾸몄다. 가운데 책상 몇 개를 붙여서 흰 천을 깔아 식탁으로 만들고, 사장의 가족은 물론 사원들 가족까지 동원되어 각종 떡과 직접 만든 음식들로 차렸다. 식탁 가운데에는 바이어의 회사 로고 모양으로 꾸며진 꽃을 놓았다. 직원들이 맨 넥타이도 각자가 바이어 회사 로고에 맞는 색으로 골랐다. 가족들은 바이어 나라 국기와 비슷한 색의 옷을 골라 입고 나왔다.

파티는 순전히 한국식으로 먹고 마시며 무사히 잘 치렀다. 그리고 그 바이어를 호텔에 바래다 주면서 사장이 봉투 하나를 건넸다. 그 속에는 미리 사진을 이메일로 받아 준비한 바이어 얼굴이 인쇄된 한국 우표 20여 장과 항공우편용 봉투가 담겨 있었다. 당장 가족들과 친구들에게 편지를 써 '나만의 우표'를 자랑하라는 거였다. 철저히 감동 작전으로 나간 것이다. 결과는 대성공! 상상도 못했던 양의 오더를 받아 주야로 공장을 돌리고 있다. (인터넷우체국, 나만의 우표: http://service.epost.go.kr)

물론 이 방식은 궁여지책이자 응급처방이다. 계속해서 써먹을 수 있는 건 아니다. 나중에 제대로 글로벌 매너를 배우겠다고 수도 없이 약속 아닌 약속을 한 그 사장도 그후 피드백이 없었다. 한국인의 전형적인 습관이겠다. 필시 바이어와의 관계도 더 이상 진전시키지 못하고, 그 상태로 만족하고 공장 돌리고 있을 것이다. 해서 더 이상의 발전이 없는 게다.

최고의 매너는 감동이다

한국의 공공기관이나 기업에서의 손님맞이 방식은 시대적 흐름에 맞지 않게 전근대적이고 권위주의적이다. 직접적으로 그러한 경험을 한 이들(특히 외국인이거나 해외 활동 경험이 많은 이들)이라면 딱히 무어라 하기 곤란한 은근한 불쾌감을 느끼지 않을 수 없는 것이다. 그 이유를 설명하기 위해 대표적으로 청와대 외빈 접대 풍경을 살펴보자.

손님이 접견실에서 기다리고 있으면 대통령이 집무실에서 나와 악수한 다음 소파에 앉아 환담을 나누는 식이다. 여기까지가 포토세션이다. 이는 한국 사람에겐 너무도 익숙한 풍경이라 그것이 일견 정상적인 것처럼 보인다. 모든 한국 영화나 드라마에서도 기관장이나 회장님들은 그런 식으로 손님을 맞는다. 하지만 미국이나 프랑스는 물론 사회주의 국가에서도 그런 식으로 손님을 맞는 경우란 없다. 거의 모든 나라가 한국과는 정반대다. 먼저 최고지도자가 접견실에 나와 자기 자리에 선 다음 손님이 들어온다. 그게 정상이다. 손님이 기다리는 것이 아니라, 주인(host)이 손님을 기다렸다가 맞이하는 것이다. 그게 그것 같지만 기실 의미는 전혀 다른 것이다. 현관이든 접견실이든 주인이 먼저 기다렸다가 반갑게 맞아들이는 것이 인격적 환대이지, 손님을 기다리게(아무리 짧은 시간이라 하더라도) 해놓고 저 할 일 하다가(마치고) 나오는 것을 환대라 할 순 없는 일이다. 이는 환대가 아니라 (마지못해) 만나 주는 꼴이다.

대통령이나 기관장·회장님 만나기가 어디 쉬운 일인가? 약속을 정하고 이런저런 절차를 거쳐 찾아가는데도 대기실에서 기다리고, 접견실에서 기다리고. 수차례 일어났다 앉았다. 짜증이 안 난다면 그게 이상한 일일 게다. 철저하게 갑(甲)이 되어 을(乙)을 짓누르는 방식이다. 갑을(甲乙) 개념만 있고 선진문명사회 내 성숙된 사회적 인격체다운 주인(host) 개념은 전혀 없는 것이다.

글로벌적 시각에서 보면, 이는 손님이 주인집에서 주인을 맞는 꼴이니 이런 난센스도 다시없다 하겠다. 민주니 평등이니 하지만 대한민국은 원래가 그런 사회였다. 이런 기본이 안 된 상태에서 두 손 악수, 고개 숙이는 것도 모자라 허리까지 굽히니 반미개인 혹은 하인 취급 당하는 것이다. 글로벌 세계에선 공손·공경·감사의 표시를 눈으로 소통하며 말로 전한다. 부부(남여)유별, 장유(직위)유서에 따른 예절은 인간 존엄성을 무시하는 차별적 처사로 인식될 뿐이다.

아주 특별한 환대(호스피탈리티)

기회욕절화지후(機回欲折花枝嗅)

　　몇 번인가 꽃을 꺾어 그 향기를 맡고 싶었으나

심공화상부정수(心恐花傷復停手)

　　꽃이 상할까 두려워 가던 손길을 멈추노라.

춘풍가작고목화(春風可作枯木花)

　　봄바람은 고목에 꽃을 피우게 하나마는

추풍부작청춘화(秋風不作靑春花)

　　가을바람은 청춘의 화려함을 주지 못하노니.

　수년 전 필자의 친구가 중국에 초청 강연을 갔을 때, 강연장 벽에 걸린 위의 한시(漢詩)를 보고서 깜짝 놀랐었다고 한다. 고려 정몽주의 시가 아닌가! 중국 사신으로 갔을 때 그를 사모했던 한 젊은 여인의 연정을 받아들이지 못하는 안타까움을 표현한 시로 알려져 있다. 아무튼 너무도 반갑고 신묘한 일이라 감격한 나머지 혼신을 다해 열강을 하였는데, 청중들 역시 감동해 마지않고 열광하는 바람에 아주 인상 깊은 경험을 했었다고 한다.

　예전에 꽤 높은 지위에 있던 분이 일본을 방문해서 재계의 거물급 인사와 중요한 일로 면담을 한 적이 있었다. 그런데 그 방에 걸린 족자 그림에 자꾸 눈길이 가더란다. 자신이 좋아하는 문인화(文人畵)였다. 기실 그에겐 고서화 수집 취미가 있었던 것이다. 아무튼 일을 마치고 귀국하려는데 그 회장의 비서가 공항까지 나와 배웅을 하며 회장님의 성의라면서 작은 물건 하나를 건네 주었다. 열어 볼 사이도 없이 받아 왔다가 다음날 저녁에서야 열어 보고 깜짝 놀랐다고 한다. 방에 걸려 있던 바로 그 그림이었으니 말이다.

　미국 수출입은행은 백악관 못지않게 세계 각국에서 온 개발도상국과 중진국의 차관도입 업무관계자들이 줄지어 면담 차례를 기다리는 곳이다. 매일 아침 외빈 예방 일정표가 수위실(경비실)에 내려가면, 수위 한 명이 그 일정표를 보고서 외빈 접견실로 손수레를 밀고 가 벽에 걸린 액자와 소형 목가구 등 몇 개의 장식용 집기들을 싣고 지하실로 내려간다. 그곳 창고의 한 사물함을 열어 가져간 집기들을 넣어두고, 다른 칸을 열어 그 속의 액자와 집기들을 싣고 도로 접견실로 올라가 그 빈 곳을 채워 놓는다. 때로는 하루에 서너 번씩 외빈 접견실의 액자며 집기들을 바꾸기도 한다. 그곳 지하창고에는 백여 개의 사물함이 있는데, 각 사물함에는 각각의 국명이 ABC별로 적혀 있다. 외빈 면담 일정대로 맞이하는 손님 나라의 전통적인 그림과 집기로 교체하는 것이다. 기계적이고 일상적인 일이라 비용이 드는 것도 아니고, 달리 신경을 쓰는 것도 아니다.

한편 지난 어느 정권 때, 청와대 영부인의 내국인 접견실 사진을 보다가 입식 티테이블이 중국음식점의 대형 식탁테이블 사이즈만한 아주 큰 것으로 비치되어 있어 의아스러웠다. 영부인께서 손님들이 당신에게 가까이 오는 것을 그다지 좋아하지 않았던 모양이다. 또한 외국 정상들의 부인을 맞이하는 접견실의 벽에 걸린 액자도 매번 같은 그림이었다. 방문하는 손님 나라를 연상시키는 그림이나 사진으로 그때그때 바꿔 걸라는 제안을 보내 봤지만 대답조차 없었다. 감히 누가 영부인의 취향을 거스를 수 있으랴.

글로벌 매너 모르면 글로벌 경영 불가

아무려면 튤립 농사만 지어 그렇게 잘살 수 있겠는가. 세계에서 가장 자본을 잘 굴리는 나라가 네덜란드라는 사실에 대해 누구도 이의를 제기하지 않을 것이다. 그만큼 역사적으로도 네덜란드 상인은 투자의 귀재들이었다. 현대 대부분의 금융제도는 이 네덜란드인들이 만들었다 해도 과언이 아니다.

10여 년 전, 네덜란드 재무부에서 프랑스 파리에 소재한 OECD 본부로 파견을 나가 있던 친구가 그 연한을 다 채우고서는 재무부로 돌아가지 않고 사표를 냈다. 얼마 후 그는 네덜란드의료산업연금기금의 공동사장으로 들어갔다. 당시 600억 미국달러 규모인 어마한 그 기금에는 4명의 공동사장이 있었는데, 그 중 한 사람이 된 것이다. 연금기금은 매 분기마다 운영위원회를 여는데, 이때 모건스탠리·골드만삭스·메릴린치 등 세계 톱 금융회사들이 투자수익률 입찰서를 내고, 그걸 바탕으로 기금의 2,3%를 움직인다. 한꺼번에 너무 많이 움직이면 파장이 크기 때문이다.

그곳에서 그가 맡은 일은, 당시 떠오르던 미국의 경제학자 폴 크루그먼 교수를 앞세우고 전 세계 주요 도시를 순회하며 세미나를 열어 주는 일이었다. 이미 뜬 학자들은 너무 비싸니까, 막 떠오르는 학자를 잡은 것이다. 낮에는 세미나를 하고, 저녁이면 그곳 학자나 유명 인사들을 초청해서 최고급 프랑스 와인을 곁들인 만찬을 즐기는 일이었다. 그러니까 우리 식으로 표현하자면 국제 술상무라고나 할까?

대체 그게 무슨 업무람? 우선 유망한 경제학자를 띄워 주면서 더불어 자기 회사 브랜드 이미지를 높인다. 말하자면 공생이라 하겠다. 그러고는 마케팅의 일환으로 영향력 있는 세계의 석학들과 오피니언 리더들과의 세미나와 만찬을 통해 세계 최고급 정보들을 취득하는 것이다. 그것도 우호적인 조언들과 함께 자발적으로 토해 낸 것들을. 이를 위해 들이는 최고급 와인과 경비는 그야말로 새 발의 피인 것이다.

그렇다면 하필 왜 그 친구였을까? 그가 OECD에 나와 일을 하다 보니 자신의 소속기관인 재무부의 낙후성을 알게 된 것이다. 하여 도저히 그곳으로 되돌아가 일할 자신이 없었다고 한다. OECD에 근무하는 동안 글로벌 내공이 쌓여 자신도 모르게 엄청난 성장을 해버린 것이다. 큰물에서 놀다 보니 동네 작은 우물에서 더 이상 못 살게 된 거다.

박근혜 대통령이 4월 12일 청와대를 예방한 존 케리 미국 국무부 장관과 대화를 나누고 있다. 중간에 차탁을 두 개도 모자라 뚝 떨어지게 벌려 놓아 강 건너 사람과 이야기하는 것 같다. 아마도 세계에서 가장 먼 대담 간격일 것이다. 그 떨어진 간격만큼 대통령의 권위가 더 올라가는 것 아니다. ⓒ연합뉴스

서울 핵안전보장회의중 청와대에서 가진 한미 정상회동. 대부분의 나라들이 그렇듯 중간 탁자가 한 개다. 후진국일수록 의자가 크고 호화롭다. 고개만 돌린 이명박 대통령의 자세가 부자연스럽다. 말실수는 통역 과정에서 걸러지거나 주워담는 시늉이라도 할 수 있으나, 무매너에 의한 무례는 이미지로 남기 때문에 정정이 불가능하다. ⓒ청와대

박근혜 대통령을 맞이한 오바마 대통령. 미 백악관 오벌 룸에는 두 정상 사이에 아무런 장애물이 없다. 그럼에도 상대방에게서 존중을 받아내야 할 결정적인 대목에서 오바마 대통령의 눈을 피한 상태로 설파하는 박대통령. 상대나 배석자들과의 교감 없이 자신의 닫힌 세계관 속에서나 통할 자기 중심적 주장을 일방적으로 설명하고 있다. 마지못해 강연을 듣고 있는 듯한 오바마 대통령과 미국측 인사들. ⓒ연합뉴스

스위스를 국빈 방문중인 박근혜 대통령이 2014년 1월 20일 오전 베른의 숙소 호텔에서 디디에 부르크할터 스위스 대통령과 환담하고 있다. 여전히 상대와 소통 없이 제 주장만 나열하는 박대통령. 상대와 눈을 맞추지 못하고 있어 흡사 적을 보지도 않고 총을 쏘아대는 모양새다. 호텔 종업원을 연상시키는 복장도 문제다. ⓒ연합뉴스

왜 손님 접대(greetings and entertainment)에도 글로벌 매너인가?

박대통령이 존 케리 미 국무장관 등 외빈을 접견하는 사진을 보고 깜짝 놀랐다. 혹 대인기피증이라도 있는 건가? 감히 접근을 금하는 권위주의 때문인가? 여성 대통령이라 당분간 '쩍벌남' 대통령 사진 안 보게 되었다고 안심했는데, 이게 웬일인가? 평소 소파에서 엉덩이를 뒤로 물리는 등 자세가 불안하기 짝이 없더니 기어이! 게다가 이번에는 아예 중간 탁자를 하나 더 놓아 상대와 멀찍이 거리를 둔 채 접견하고 있다. 흡사 강 건너 사람과 이야기를 나누는 듯하다. 서로 가까이해서 긴밀한 대화를 나누려는 자세가 전혀 아니다. 존 케리 미 국무장관과 처음 만나 두 손으로 맞잡고 어깨까지 맡겨 환하게 웃던 모습과는 영 딴판이어서 보는 이로 하여금 갈피를 못 잡게 한다. 어디 이뿐인가? 청와대 안에서 하는 모든 회의에 마이크와 노트북이 없으면 안 될 만큼 널찍한 방에서 커다란 책상을 앞에 두고 한다.

이런 분위기에서 무슨 인격적 환대니 소통이니 할 수 있는지 의아스럽다. 심지어 대통령의 좌우 옆자리를 비워 둘 때도 많다. 홍보용 사진이라도 찍을 때 당신 좌우에 감히 아랫것들이 함께 찍혀 권위 있는 리더십 이미지에 흠이 가는 것을 피함은 물론 누가 감히 가까이하려 드는 양을 경계하는 것이겠다.

위기의 대한민국, 추락이냐 비상이냐!

아들 부시 대통령은 42세 때까지 고향집에서 허구한 날 파티를 열며 술에 찌들어 살았다. 어느 날 신앙의 깨달음을 얻어 술을 끊게 되었지만 아무튼 그러면서 글로벌 매너, 글로벌 리더십을 익혀 사람을 환대하며 조직을 다루는 법을 터득해 미국의 대통령이 되었다. 호

스트가 되어 파티를 주재하는 일이나 나라를 경영하는 일이나 매일반
이라는 말이다. 한국에서라면 방탕아 취급받았을 것이다.

　세계의 정상은 물론 대통령을 예방할 정도의 인물이라면 글로벌 사
회에서 무시할 수 없는 인물임에는 분명한 일. 그러니 그들을 환대하
는 일은 그 무엇보다 중요한 업무라 하겠다. 이런 주장에 동의한다면
대통령이 혼자서 저녁을 먹는다는 것은 곧 직무유기라 할 수도 있다.
박대통령은 평소 자신은 대한민국과 결혼했노라 했었다. 그 말이 없
었다 해도 대통령이 되는 순간 사적인 것은 티끌만큼도 있을 수 없다.

　요즘 사회 문제가 되고 있는 갑(甲)의 횡포에 대해 박대통령이 절대
있어서는 안 되는 일이라고 나무랐다. 하지만 정작 자신이 최고의 갑
(甲)이며, 대통령으로서의 의전 매너가 철저하게 갑적(甲的)으로 행해
지고 있음을 깨닫지 못하고 있음은 물론, 매너는 오히려 70년대 수준
으로 되돌려지고 있는 것 같아 안타깝다. 형식적인 예우와 의전으로
제왕적 권위를 세울 것이 아니라, 정격 글로벌 매너로 세계의 리더들
과 소통하며 자신은 물론 국가의 품격을 높여 나가야 한다.

대통령의 매너가 바뀌어야 나라가 산다

　새로 취임하면 멀쩡한 책걸상·소파 등을 새것으로 갈아치우는
기관장들. 자신의 집무실이며 응접실을 제가 좋아하는 수집품이나 권
력자들과 함께 찍은 사진, 아마추어 골프대회 입상 트로피, 감사장,
기념패, 표창장 등등으로 가득 채운 '굽신남'에서 '나도 쩍벌남'이 된
사장님들. '좌빵우물'에 무슨 와인, 몇 년도산이 어쩌고 하는 지식 아
닌 상식 외우는 게 와인 매너의 전부인 줄 아는 오피니언 리더들. 돈
을 쌓아두고도 투자할 곳을 못 찾아 고민하는 회장님들. 이제 글로벌
매너를 왜 제대로 배워야 하는지 이해 좀 했으면 한다.

　국민소득 1만 불까지는 성실, 2만 불까지는 기술, 3만 불은 문화,

President Barack Obama and President Park Geun-hye of the Republic of Korea walk on the Colonnade of the White House before a working lunch in the Cabinet Room, May 7, 2013. (Official White House Photo by Pete Souza)

박근혜 대통령 방문 후 미국 백악관 홈페이지에 실린 테라스를 거니는 장면. 집요하게 계속된 일방적인 브리핑에 답답해진 오바마 대통령이 분위기 반전을 위해 박대통령을 테라스로 데리고 나갔다. 정상회담은 정상간의 소통과 교감을 통해 신뢰를 확인하는 기회다. 정치적 현안은 실무 진들이 사전 사후에 협의하는 것이다. 자기 생각을 상대방에게 이해, 설득, 동의를 구하는 것이 소통인 줄로만 알고 있는 듯하다. 첫 만남에서는 실무보다 우선 마음의 문을 여는 것이 더 중요 하다. 한국에서는 이런 정품격 사진을 고르는 안목이 없다. ⓒ백악관

보행중 대화시 몸 자세의 정격 모델 폼. 눈으로 대화하는 잭 류 비서실장과 오바마 대통령. 너무 도 자연스러워 당연한 것 같지만 한국의 리더들에게선 결코 찾아볼 수 없는 폼이다. ⓒ백악관

청와대 신임 비서진 임명장 수여식에 참석하면서 비즈니스 정장 개념 전혀 없는 여성들. 박대통령 이하 청와대 분들은 모두 화자(話者)를 바라보지 않고 땅만 보는 후진 상을 단체로 연출! 입과 귀로만 하는 대화라면 굳이 만날 이유가 없다 하겠다. ⓒ연합뉴스

보행중 대화시 몸 자세의 정격 모델 폼. 미 하원 대변인 존 보에너, 부통령 조 바이든, 오바마 대통령. ⓒ백악관

박근혜 대통령 당선인의 눈맞춤 없는 의자 권하는 자세. 전혀 교감이 느껴지지 않는다. ⓒ인수위 사진기자단

존 키 뉴질랜드 총리에게 자리를 안내하는 박근혜 대통령. 상대의 눈을 보면서 안내하는 것이 정격이다. ⓒ연합뉴스

요웨리 무세베니 우간다 대통령을 맞이하는 박근혜 대통령의 잘못된 안내 자세. ⓒ청와대

존 케리 미 국무장관과 윤병세 외교부 장관. 상대와 눈맞춤을 하지 못한 채로 안내를 하고 있다.
한국에는 상대의 눈을 보고 안내 혹은 설명하는 장관이나 CEO가 없다. ⓒ사진공동취재단

박근혜 대통령을 안내하는 수실로 밤방 유도요노 인도네시아 대통령의 정격 모델 폼. ⓒ뉴시스

한미 간 자리 권하는 자세 비교. 조태용 외교부 한반도평화교섭본부장 vs 정품격 매너 글린 데이비스 미국 국무부 대북정책특별대표. 모든 한국인들은 안내를 할 때 상대의 눈이 아닌 의자나 물건을 보는 것이 정격인 줄로 오해하고 있다. ⓒ경향신문

물격보다 인격이 우선. 글로벌 정격 모델 폼의 스위스 대통령과 행사 진행요원. 의자를 보지 않고 상대방 눈을 바라보며 자리를 안내하고 있다. ©뉴시스

그리고 4만 불 이상은 품격이다. 고품격 매너가 아니고서는 결코 선진국이 될 수 없다는 말이다. 정부가 아무리 기술개발을 독려하고 창조경제 부르짖는다 해도 일자리 늘어나지 않는다. 오히려 리더의 사소한 매너 하나에 수만 개의 일자리가 왔다갔다한다. 첨단기술 확보에만 열을 낼 것이 아니라, 이제는 최고 품격의 매너를 갖추는 데 공을 들여야 한다. 기술·문화·품격을 동시에 축적해 나아가지 않으면 안 된다. 그게 진정한 경쟁력이다. 따라서 정부나 기업이 해야 할 일은 자명하다 하겠다.

청와대부터, 대통령부터, 재벌 회장님들부터 정격 글로벌 매너로 환골탈태해야 한다. 그런 게 진짜 디자인이다. 상품이나 사옥만 디자인할 것이 아니라 국가경영, 기업 문화, 리더의 품격부터 디자인해야 부가가치를 높일 수 있다. 달리 돈 드는 일도 아니다. 제대로만 배우면 오히려 돈 버는 일이다. 인생을 제대로 즐기면서 돈 버는 일이다. 그걸 왜 안 배우고 안 가르친단 말인가?

향후 대통령 당선인은 반드시, 그것도 철저하게 정품격 글로벌 비즈니스 매너 교육을 받고 취임식에 나오도록 관례화해야 한다.

매너가 곧 진정한 리더십이다!

인격적·전인적 '환대(hospitality)'라는 용어가 한국에서 화두로 떠오른 것은 최근이다. 이전까지는 '서비스'란 말로 대충 갈음해 왔었다.

앞에서 말한 미국 수출입은행은 갑(甲) 중의 갑(甲), 즉 울트라 수퍼갑(甲)이다. 그런 은행이 뭣하러 그렇게까지 환대할까? 힘센 자의 여유? 몸에 밴 친절? 약한 나라 고객에 대한 배려? 천만에! 기왕에 을(乙)들을 철저하게, 한푼이라도 더 털어내기 위해서다. 그것도 우아하게. 당연히 정몽주의 시(詩)가 원래 그 자리에 걸려 있었던 것도 아니고, 일본 회장실의 족자 역시 의도적으로 걸어 놓은 것일 테다. 천박하게 쥐어짤 줄밖에 모르는 갑(甲)은 한참 하수(下手)다. 한국의 갑(甲)들이 진갑(眞甲)·진상(眞上)이 못 되는 이유다. 품격으로 디자인할 줄 알아야 졸갑(拙甲)을 면할 수 있다. 최상의 디자인은 품격임을 깨달아 하루빨리 글로벌 청맹과니 신세에서 벗어나야 한다.

Tip 아직도 잠이 덜 깬 '고요한 아침의 나라'

2013년 5월 8일 아침, 박대통령이 워싱턴 헤이 아담스 호텔에서 열린 방미 수행경제인들과의 조찬에서 정몽구 회장에게 빵을 권했다 해서 대단한 미담인 양 화제가 된 적이 있다. 한데 이를 한국이 아닌 글로벌적 시각으로 보면 어떨까? 그 사진이나 기사를 본 세계인들도 과연 한국인들처럼 생각할까? 아니다! 오히려 박대통령의 무(無)매너를 나무랄 것이다. 연장자에게 멀리 있는 빵을 집어먹으라고 지

첫 만남을 굳이 미국에서, 게다가 재벌 오너를 총동원하는 것은 전근대적인 관습이다. 이건희 회장이 마이크를 잡고 말을 하는 중에 박대통령은 정몽구 회장에게 빵을 권하고 있다. 하지만 정작 정회장은 박대통령과 시선을 마주치지 못하고 있고, 구본무 회장 역시 딴 곳을 쳐다보고 있다. 선진사회 오피니언 리더라면 이런 사진을 무심히 보아넘기지 않는다. 모래알 집안이란 공연한 오해를 방지하기 위해서도 대국민 언론 보도용 사진 촬영을 위한 포토세션 때 사진기자단은 각별히 시선 통일을 주문해야 한다. ⓒ경향신문

오바마 대통령에게 빵을 권하는 아프가니스탄 카르자이 대통령. 빵을 건네면서도 눈길은 빵(물격)에 가 있지 않고 상대(인격)를 주시하고 있다. ⓒ백악관

시하다니!

글로벌 사회의 회의나 식탁에선 계급장이 없다. 식사에선 당연히 여성이 우선이고, 다음으로 연장자이다. 연장자든 연하든 음식을 손으로 가리키거나 말로만 권하는 것은 명령하는 것으로 받아들인다. 그럼 어떻게 해야 하는가? 박대통령이 직접 빵접시(바구니)를 들어 상대의 면전에 바치며 권하는 것이 그 지위에 걸맞은 고품격 매너라 하겠다. 글로벌 무대에선 호스트로서의 기본적인 매너다. 이왕이면 정회장은 물론 오른쪽의 이회장에게도 빵접시(바구니)를 돌려 권하였어야 했다. 물론 사람마다, 나라마다 인식이나 관습이 다를 수 있다. 로컬 매너와 글로벌 매너의 차이라고 그냥 웃어넘길 수도 있다. 하지만 어느 편이 더 환대인지는 삼척동자도 모르지 않을 것이다. 최상급의 리더라면 이왕지사 매너도 글로벌 최상급으로 다듬어 나갈 줄 알아야 한다. 진정한 리더십은 그렇게 만들어진다.

제발이지 수첩일랑은 내다 버리고, 세세한 일 따위는 해당 장관들에게 맡기고, 전화통 붙들고 세계의 친구들을 불러들여 매일 오찬·만찬을 열어야 한다. 빌 게이츠의 주머니 악수 따위는 웃으며 똘레랑스(관용)로 넘기고, 그보다 더한 인물이라 해도 국익에 도움이 된다면, 일자리 몇 개라도 더 만들 수 있다면 기꺼이 불러들여 만찬은 물론 댄스 파티라도 열어 주어야 한다. 그러기 위해선 먼저 글로벌 정격 매너부터 익혀야 한다. 기껏 초대해서 '어글리 코리언'을 광고할 순 없는 노릇이다.

04 대통령 취임식으로 국격 높이기

대통령 취임식과 1조 달러 무역대국 대한민국의 국격 | 국가에 대한 존경심, 대한민국 국민으로서의 자긍심을 느낄 만큼 강한 인상을 남기기에는 역부족 | 사진 한 장으로 세계를 압도했어야 | 신분의 변화를 보여주지 못한 첫 행보 | 대통령 취임식은 최상의 글로벌 매너 교재! | 미국 대통령 취임식 | 박근혜 대통령이 사랑하는 와인 '파 니엔테' | 사대(事大) 와인, 미국산 '끌로 뒤 발' | 공적(公的)이란 철저하게 계산적이란 의미!

대한민국 제18대 대통령의 취임식이 검소하게, 그리고 무사히 잘 치러졌지만 중간중간 아쉬움도 많이 남았다. 이미 지난 일이지만 기억이 희미해지기 전에 한번쯤 돌이켜 점검해 보는 것도 나쁘지 않을 듯하다.

들어가기 전에 먼저 자문하고 싶은 것이 있다. 남의 나라 명품이나 클래식에는 그토록 부러워하고 선호하면서 어찌하여 자신들의 문화는 소박하고 민중스러워야만 한다고 생각하는지? 혹여 평등·평범·소박·겸손·천박·상스러움이 모두 상통하고, 그게 곧 우리의 문화인 양 착각하는 것은 아닌지? 혹 자기 문화를 비하하고 자신 없어하는 건 아닌지? 우리 문화는 귀족스러우면 안 되고, 고급할 수 없다고 생각하는지? 그만큼 품격에 자신이 없다는 것일 게다. 무엇보다 무슨 행사 때마다 요란스럽게 뭔가를 보여주지 않으면 안 된다는 강박증에서 못 벗어나고 있어 안타깝다.

신분의 변화를 보여주지 못한 첫 행보

먼저 아침 일찍 자택을 나서는 박근혜 대통령의 복장이 문제였다. 언뜻 보기에도 시장 보러 가는 동네 아줌마 같은 복장이다. 패딩이라니! 누비이불 같은 옷을 입다니! 점잖은 사람이 공공의 장소에서 입을 옷이 아니다. 미적 감각 제로다. 아무리 추운 날씨라 해도 캐주얼 패딩코트 대신 정격 오버코트를 입어 비즈니스 포멀 정장 차림이 표현해 주는 헌법상 직분의 무게와 권위를 살렸어야 했다. 대통령으로서 대문 밖을 나서는 순간 자신의 신분이 바뀌었음을 온몸으로 공표하였어야 했다. 복장은 물론 머리 모양까지 변화를 주었어야 했다. 그런데 당대표 때나, 대선 후보 때나, 대통령이 되고 나서나 변화된 모습은 전혀 보이지 않고 그저 옷 색깔만 요란히 바뀌었다.

현충원에 들러 참배할 적엔 '대개 빈손'이 아니라 꽃을 바쳤어야 했다. 이런 특별한 날에 그저 향만 사르고 오다니! 오바마 대통령처럼 자기 손으로 직접 화환을 들고 (의장병들의 보조를 받으면서) 헌화를 했더라면 금상첨화였을 텐데 너무 아쉽다. 오마바는 취임하는 날 무명 용사묘에 성조기를 형상화한 화환을 바쳤다. 다행히 이번에는 방명록에 남긴 글이 완벽하게 격식에 맞고 정갈해 그동안 쌓인 내공을 유감없이 드러내었다. 연월일도 방점으로 처리하지 않고 정확하게 썼다. 다만 싸구려 수성펜이 아닌 중후한 만년필이나 먹물 붓, 또는 최소한 간이 붓펜으로라도 남겼더라면 격조를 더할 뻔했다.

다음날 새로이 취임한 국무총리 역시 당연지사, 수성펜으로 방명록에 낙서(?)하고 갔다. 그저 그곳에 가면 필기 도구가 비치되어 있겠거니 하는 안일함, 준비성 없는 태도, 품격이 뭔지도 모르는 글로벌 감각으로 과연 앞으로 국정을 어떻게 풀어 나갈지 걱정이 앞선다. 자기 품위는 자기가 지켜야지 누가 대신해서 지켜 주는 것이 아니다. 스스로 만년필 하나 챙겨 가지고 다니지 않는 총리? 앞날이 훤하다. 그리고 국방부는 언제까지 이런 궁색스러운 모습으로 일관할 텐가? 적어도 방문 인사들의 수준에 상응하는 필기 도구를 준비해 두었어야 하지 않겠는가? 그들이 그것을 사용하든 안하든 말이다.

초라하기 짝이 없는 축하 사절단

지난 인수위 때 프랑스 대사 등 여러 국가의 주한대사들이 박근혜 대통령 당선인을 축하하기 위해 예방한 적이 있었다. 한데 이들이 인수위로 갔다가 그만 허탕을 쳤었다. 당선인 사무실은 다른 동네에 있었던 것이다. 당시 황당해하던 대사들의 사진을 보고 '큰일났구나!' 싶었는데, 제대로 방문 위치를 알려 주지 못한 해당 실무자를 문책했다는 이야기를 들은 바 없다.

옛날 같았으면 대사 소환 같은 외교분쟁 사태를 초래할 전대미문의 엄청난 사고임에도 불구하고 그냥 그럴 수도 있는 일인 양 넘어가 버렸다. 외교가 뭔지도 모른다는 말이다. 사실 그 정도의 실수면, 정상적인 나라라면 해당 실무자는 그날로 해고다. 감독 의무 상위책임자들도 중징계 문책을 피할 수 없다. 그러고는 인수위 최고책임자가 일일이 찾아가 진사(陳謝)를 하였어야 했다. 아무렴 대한민국이 얼마나 관대한(?) 나라인지를 보여준 사례라 하겠다.

그러나 외교상의 결례는 반드시 대가를 치러야 한다. 더욱이 프랑스와 베트남이 어떤 나라인가? 자존심이라면 타의 추종을 불허하는 민족이다. 보복이 없을 리가 없다. 본국에 당연히 보고하였을 터이고, 그 소문 또한 외교가에 다 퍼져 나갔을 것이다. 그러는 동안 인수위에선 대통령 취임식에 당선인과 친분이 있는 세계의 유력 지도자들을 구체적으로 거명하며 초청하겠노라고 했었다. 하지만 이미 엎질러진 물! 세계 무역대국의 위상에 어울리지 않는 초라하기 짝이 없는 취임식이 되고 말았다. 거물급 인사들은 보이지 않고, 그저 그런 나라의 생소한 인물들뿐이다. 실은 이미 당선 축하 특사들이 오고가면서 박 대통령에 대한 내공을 다 파악했기 때문에 그 정도에 걸맞은 인물들을 축하 사절로 보낸 것이겠다.

안 온다고 그냥 있으면 그게 어찌 정치인가? 어떻게 해서든 오도록 만들었어야지. 그 정도 능력도 없으면 하루빨리 그만두어야 할 것이다. 취임식에 맞춰 왔다가 "박근혜 대통령 주변에 사람이 없는 것 같다"며 접견도 하지 않고 돌아간 일본 모리 전 수상의 말에 동감할 수밖에 없을 듯하다. 이 나라 외교의 앞날이 걱정이다.

무엇을 전달하고 기억에 남길 것인가?

취임식이 소박한 건 좋았지만, 전체적으로 국가에 대한 경외심, 대한민국 국민으로서의 자긍심을 느낄 만큼 강한 인상을 남기지는 못하였다.

유명 가수들로 꾸민 식전 행사는 언뜻 전국노래자랑을 보는 듯했다. 잡다한 종합선물세트 같은 느낌을 지울 수가 없었다. 고민한 흔적 없이 그저 허구한 날 방송에서 보던 그 사람 그 노래들 일색이다. 유명 가수들의 유명세에만 기댄 기획자의 무책임과 안일함이 엿보인다. 싸이의 말춤이 그 한 예라 하겠다. 그가 아무리 세계적으로 유명해진 한국 가수라 해도, 그의 말춤인지 막춤인지는 미국 오바마 대통령 취임식에서 이미 써먹은 레퍼토리였다. 세계인들에게 전혀 새로울 게 없는 재탕일 뿐이다.

세계인들이 반추할 만한 이미지를 만들지도 못했으며, 취임식에 참여한 이들에겐 그저 소음 공해에 가까웠다. 대통령 취임식을 무슨 축제의 장으로 착각한 게다. 흥만 돋우면 된다는 단순무지한 발상에서 그러한 결과를 낳은 것이리라. 평창이 왜 동계올림픽 개최지 선정 후보에서 두 번이나 탈락했는지 알 것이다. 다행이라면 애국가를 부른 조수미의 태극기를 형상화한 드레스가 그나마 체면을 살린 것이다. 역시 글로벌리하게 활동한 이여서 남달랐다.

사진 한 장으로 세계를 압도했어야

제18대 박근혜 대통령 취임식이 2월 25일 오전 서울 여의도 국회에서 풍물단의 길놀이와 합창단의 공연으로 시작되고 있다. ⓒ데일리안

박근혜 대통령은 캐주얼 차림에 가슴엔 태극기 배지가 아닌 국민들에게 의미 전달 불가능한 사적 취향의 브로치를 달고 취임식을 거행하였다. ⓒ청와대

이왕지사, 군악대가 아닌 200명이 넘는 대규모 궁중음악이나 역시 그만한 규모의 오케스트라가 함께하여 시각적 압도로 대한민국의 위상과 장엄함을 세계에 널리 자랑했으면 하였다. 이런 거국적인 행사에서 아무리 악을 쓰며 노래한들 세계인들의 기억 속에는 각인되지 않는다. 소리는 기억하기도 전달하기도 용이치 않아 소통이 불가능하다. 대신 이미지는 훨씬 강하게, 그리고 오래 남는다. 취임식을 디자인한 이는 청각에 의존하는 홍타령보다는 이미지(사진)에 의한 시각적 소통을 먼저 고려하였어야 했다.

우리나라의 국가적인 행사들에서는 습관적으로 군악대와 젊은 학생들을 동원하고 있다. 우선 그 정도의 규모를 손쉽게 동원할 수 있기 때문일 터이다. 게다가 군악대라고는 하지만 고등학교 브라스밴드 수준에서 크게 벗어나지 않는다. 학생들의 수준 또한 매한가지이다. 개발도상국에서나 어울리는 수준이다. 대한민국이 언제까지나 개발도상국일 순 없는 일! 말로는 한국 문화·한국 예술·한국 음식 어쩌고 하며 떠들어대지만, 정작 세계인에게 내보일 수 있는 이런 거국적인 행사에 고작 군악대와 동원된 학생들의 합창과 춤이다.

검소한 것도 좋지만, 이런 기회에 돈 좀 들여 세계인이 보는 데서 최고 수준의 품격과 기예를 선보이는 것이 경제적인 측면에서도 훨씬 큰 이익을 남긴다. 어째서 기업만 돈 들여 광고하는가? 국가도 이런 때 광고비 듬뿍 써야 한다는 말이다. 대규모 궁중음악으로 코리아의 유구한 역사와 장중한 예술적 품격을 알리고, 최고 수준의 오케스트라로 한국의 음악 수준을 알려야 할 필요가 있다는 말이다.

단상의 국민대표 100명도 그냥 한 무더기 100명으로 해석하기는 아쉬운 대목이다. 이왕지사 한 명을 줄여 99명이었으면 '겸손의 미덕, 영원한 반복, 플러스 대한민국' 등 동양철학으로 스토리텔링이 가능했을 것이다. "99(久久)! 대한민국이여 영원하라!" 그리고 행사의 마지막에 99명의 무희들이 강강술래를 하고, 풍물패들이 시민들의 동참을 이끌어 내어 손에 손을 잡고 원을 그리면서 춤을 추어 대통합의 메시지를 남기는 것으로 피날레를 장식했더라면 분명 세계인들에게 강한 인상을 남겼을 것이다.

원래 우리의 풍물(농악)은 그 자체로 음악적 목적이 있었던 것이 아니다. 풍물은 전쟁시 농군을 이끌던 군악대가 그 기원이었다고 한다. 그러니까 공동체의 참여, 동참을 유도해서 이끄는 것이 그 첫째 목적이었다.

공적 의사 표시는 그 의미가 명확히 부여되고, 일절 혼선 없이 전달되어야

취임 선서를 하는 박근혜 대통령이 카키색 상의를 입어 사람들을 어리둥절하게 만들었다. 아하, 군복 빛깔의 옷을 입어 북한에 대한 강력한 의지를 내비치기 위해서인가? 어쩌면 앞으로 내내 강경한 군사정책을 쓰겠다는 의지를 나타낸 것이라 짐작된다. 사실 카키색 옷은 일반 개인이 소화해 내기에도 무리가 따른다. 취임식 정장으로는 도무지 어울리지 않는 색상이다. 거의 중국 인민해방군복을 연상시킨다. 그마저도 청와대에 들어가서는 짙은 초록색으로 바뀌었다. 마치 미국 PGA 그린 재킷을 연상시킨다. 도무지 무슨 메시지인지 헷갈리지 않을 수 없다.

억지스러운데다가 혼동 그 자체다. 색의 공해다. 유럽 점잖은 사람들이 보았다면, 아마도 당사자의 공공 의식과 취향에 의구심을 품었을 듯하다. 글로벌 빵점 수준의 디자이너와 색맹 수준의 국내 기자들의 찬사에 도취된 국민들은 통합·검소·안보·우아 등의 억지 해석에 다만 고개를 끄덕일 뿐이었다. 우리야 그렇다손 치더라도 이를 본 세계인들이 인내를 가지고 자신들의 선입견을 버리고서 한국 언론의 이같은 자기 해석에 고개를 끄덕여 줄까?

게다가 그 카키색 상의엔 나비 모양의 브로치가 꽂혀 있었다. 이를 두고 사람들이 '희망'의 메시지라고 해석하기도 했지만 아무래도 좀 부자연스럽다. 그러려면 호랑나비가 아닌 새봄의 전령 노랑나비였어야 한다. 거두절미하고, 이런 날은 브로치 대신 태극기 배지를 다는 것이 정격이다. 미국 오바마 대통령이나 다른 나라 대통령들은 취임식은 물론 평소에도 국기 배지를 달고 다닌다. 미국 대통령 경선 TV 토론에서는 오바마와 룸니 후보 모두 성조기 배지를 달고 나왔다. 대부분의 국가 대통령은 공식 행사에 국기 배지를 달고 나온다. 국가 지도자들에게는 사적인 취향이 자리잡을 공간이 없다는 말이다!

물론 단상에 올라가 있는 전직 대통령을 비롯한 관료들도 누구 하나 태극기 배지를 달고 있지 않았다. 역대 모든 대통령 취임식에서도 태극기 배지를 단 대통령이 없었다. 이게 대한민국 최고지도자의 국가관이고 애국심인가? 공직에 임하는 이들의 정신 무장이 고작 이 정도밖에 안 되나 싶다.

홍익인간(弘益人間) 이화세계(理化世界)!

그리고 이번 대통령 취임사는 세계를 향한 메시지가 뚜렷하지 못했다. 글로벌 세계관이 아니라 오히려 쇄국적 국가관의 느낌이 강했다. 당장에 닥친 실업과 복지·북핵 등 우리만의 당면 문제에 치중된 느낌이다. 좀 더 멀리 넓게 내다보고 1조 달러 무역대국다운 위상에 걸맞은 글로벌 어젠다를 내놓지 못해 허전했다. 우리만의 행복도 중요하지만 '홍익인간 이화세계'와 같은 메시지(사전에 영문으로 번역 배포)를 던져 세계 속의 대한민국의 위상을 선언하고 인류 보편적인 의무와 봉사, 그리고 세계평화와 공동 번영에 헌신하겠다는 의지를 표방했었으면 하는 아쉬움이 남는다. 뻥일망정 〈국민교육헌장〉 한 구절 읊었어야 했다. 또한 무엇보다 48%의 국민들과 방관자들의 동참을 호소하는 울림이 없었던 게 못내 섭섭했다. 치열한 경제전쟁에서 이겨 선진복지국가로 도약하려면 그들과 함께해야 함을 모르지 않았을 텐데 말이다.

제2의 한강의 기적? 그 따위 한물간 구닥다리 용어로 새 시대를 열어 가겠다고? 글로벌 시대적 공감을 유도할 만한 키워드를 찾지 못한 안이함에 어이가 없다. 감동적인 메시지도 없고, 철학도 없다. 오히려 지나치게 행복·복지·희망만을 반복하는 바람에 마치 대한민국이 경제적 위기에 몰려 백성들 모두가 도탄에 빠져 고통받고 있는 양 암울한 분위기를 연출했다. 지금 전 세계에서 그만큼의 문제를 가지고 있지 않은 나라가 몇이나 된단 말인가?

이어 광화문에서 가진 '희망이 열리는 나무'에 내걸린 365개의 작은 복주머니에서 국민들이 보낸 희망의 편지를 꺼내 읽는 행사는 세계적으로 유례가 없는 참신한 아이디어였다. 다만 이왕이면 희망의 메시지를 3개만 읽을 것이 아니라, 지켜보는 국민들이 다소 지루한 감을 느낄 만큼 20여 개가량 '충분한 분량으로' 읽었더라면 진정성이 보다 돋보이는 것은 물론 이번 취임식 행사에 '박근혜 브랜드'인 여성 대통령으로서 전인격적 터치 방점을 찍을 수 있었을 텐데 하는 아쉬움이 남는다. 그저 형식적인 퍼포먼스에 지나지 않게 만들고 말았다. 나열식 행사 진행, 적당주의 시간 분배, 상투적인 기획이 결국 어느 하나에 대표 악센트를 주지 못한 것이다.

일부 언론들의 취재 시각도 문제가 있었다. '33년 만의 귀환' 어쩌고 하는 감상적이고 왕정복고식 시대착오적인 보도로 새로운 리더십에 초점을 맞추지 못했다. 먼저 그러한 청사진을 제시하지 못한 주최 측에 그 책임이 있기도 하겠지만 말이다. 대신 지나치게 대통령의 의상에 관심을 쏟아 아부성 기사를 남발했다. 물론 본인의 의욕이 지나쳐 옷을 여러 차례 바꿔 입는 바람에 일관된 메시지를 전하기보다는 혼란스런 이미지를 남긴 미숙함도 있다. 그렇지만 아무리 뜯어보아도 대통령의 의상이 모두 비즈니스 포멀 수트(정장)가 아니다. 캐주얼 모드다. 미국 오바마 대통령 취임식에 배석한 미성년 두 딸들의 옷과 너무도 흡사하다. 공적 목적의 공공 공간에서는 맞지 않는 패션인 것이다. 진즉에 편의를 우선시하는 선거전의 전투 모드를 풀고 예전의 정장 모드로 돌아갔어야 했다.

과욕과 절제 사이에서!

역시나 청와대로 들어가면서 입은 한복 두루마기도 매우 위험했다. 금의환향? 전통을 소중히 하고 강한 이미지를 표현하기 위해서라지만 형태는 분명 고유한 한복이나 색과 문양이 자칫 세계인들에게는 중국의 치아파오풍, 아니면 일본의 기모노풍으로 비칠 뻔했다. 만찬장에서의 한복 역시 그랬다. 온통 짙은 붉은색에다 하필 사진에는 저고리의 목깃 부분에 다섯 개의 노란 무궁화 모양의 문양이 별처럼

취임식을 마치고 청와대에 들어서는 박근혜 대통령의 왜색(倭色) 짙은 한복. ⓒ청와대

뚜렷하게 찍혔다. 중국의 오성홍기를 연상케 하는 아찔한 디자인이었다. 아무리 좋게 보려 해도 동네 아줌마 수준으로 격조라곤 찾아보기 힘든 디자인이다. 더 심하게 말하면, 이상한 업종에 종사하는 여인의 옷 같은 느낌이 든다. 국가를 위해 헌신을 다짐하는 공적인 자리를 개인의 환갑잔치 수준으로 떨어트렸다고 하겠다.

여성 대통령이다 보니 앞으로도 어쩔 수 없이 그녀가 착용하는 의상은 물론 각종 액세서리들이 세간의 입방아에 오를 수밖에 없다. 혹자는 독일의 메르켈

총리나 다른 세계적인 여성 리더들과 비교하면서 충분히 그럴 수 있다고 두둔하고 나설 수도 있다. 그러나 그들은 비즈니스 포멀 정장 범주 내에서 자신과 나라의 품격을 견지하고 있었지, 한국의 경우처럼 아무런 자기 관리 필터링 없이 사적인 캐주얼풍으로 빠지지는 않았다. 더구나 그들은 모두 대통령이 아닌 총리나 영부인·장관들이었다. 박근혜는 대통령이다. 그러니 품격에서 그들보다 좀 더 엄격해질 필요가 있다. 지금 같은 캐주얼풍으로 외국 귀빈, 특히 우아한 여성과 어깨를 나란히 하고 찍은 사진을 냉정하게 보자면 박근혜 대통령의 품격은 거의 사환이나 일반회사 사무보조원 수준으로 보일 만큼 초라하다.

아무렴 한국에서 단순히 옷만 만드는 기능공에게 폭넓은 인문학적 지식과 글로벌 상식까지 요구하는 것은 무리겠다. 그러니 곁에서 보좌하는 전문가가 어느 때보다도 더 세심해져야 할 것이다. 지난 대선 때 참여했던 김성주 회장 같은 분의 조언을 받거나, 그런 분들에게서 풍부한 글로벌 경험을 가진 전문 코디네이터를 추천받았으면 좋을 듯싶다. 그리고 그런 면에서는 대통령이 자기 고집을 버리고 꼭두각시가 되어 주어야 한다. 공적(公的)이란 자기 견해를 바꾸는 것이다. 공인이 되어 복장이나 액세서리 하나 못 바꿔서야 어찌 남의 의견을 받아들여 공공의 이익을 좇을 수 있겠는가? 전문가들이 정해 준 대로 움직이고, 원고대로 읽어야 한다.

소국적 조급함을 버리고 담대하게!

또 박근혜 대통령이 만찬장에 들어섰을 때 도열해 있던 국군전통의장대가 허리를 굽히고 고개를 숙여 예를 표하였는데, 참으로 어이없는 일이다. 이전에도 누차 지적해 왔지만, 이는 우리의 전통예법이 아니다. 동서고금에 왕의 호위무사의장대가 고개 숙이는 법은 없다. 의장대는 왕(대통령)의 분신이나 마찬가지이다. 자기가 자기에게 고개 숙이는 꼴이다. 로마교황청의 근위병들도 공식적인 의전에선 교황에게 고개를 숙이지 않는다. 더더군다나 국군의장대를 만찬장에까지 "어서 옵쇼!" 들러리로 세우는 것은 대한민국 국군으로서의 자존심이 달린 문제다. 젊은 군인들이 그때마다 긍지는 고사하고 심한 모멸감을 느꼈을 것이다. 이전 정권에서부터 내내 해오던 관행이라 하여 무작정 따라 할 것만도 아니다.

이어서 대통령이 직접 만찬장 연단에서 제의한 건배도 어색한 아쉬움을 남겼다. 이번 만찬은 먼 데서 축하 사절로 온 해외 귀빈에 대한 답례로 대통령이 베푸는 것이었다. 자신에 대한 축하는 이미 식장과 접견실에서 다 받았다. 신임 대통령은 만찬의 주최측이지 손님이 아니다. 중 제 머리 깎기다. 먼저 좌중의 원로가 나서서 축하의 덕담과 함께 건배를 제의했더라면 보다 자연스러웠을 것이다.

게다가 대통령의 건배하는 모습 또한 가관이었다. 호프집에서 건배하듯 팔을 쭉 뻗어 위로 잔뜩 치켜든 모양새가 아직도 선거 전투 모드다. 자기 주장과 독선, 자기 과시하는 모양새다. 건배를 하더라도 나름의 품격이 있어야 했다. 대통령이라면 자연스럽게 적당히 어깨높이 정도로 들어올려 그윽하게 눈으로 건배를 하였어야 했다. 평소의 매너에 대한 학습 부재를 드러내고 있다.

건배주도 '청도 감그린 아이스 와인'이란다. 아이스 와인이란, 포도 수확 때 일부러 얼렸다 녹였다를 반복해서 당도를 높여 식후 디저트 와인용으로 만든 술이다. 단맛으로 침의 분비를 촉진시켜 소화를 돕고자 한 것이다. 일반적으로 디저트에선 그보다 덜 단 '스위트 화이트 와인'을 마신다. 식전에 달디단 아이스 와인을 멋모르고 마신 외빈들은 상당히 의아해하였을 것이고, 음식을 준비한 요리사들도 꽤 황당했을 것 같다. 사탕 먹고 식사한 꼴이니 음식 맛을 제대로 느낄 리가 없다. 원래 식전 건배주는 식욕을 돋우기 위해 드라이한 화이트 와인이나 스파클링 와인으로 하는 것이 기본이다. 그래야 음식 맛을 제대로 느낄 수 있기 때문이다. 요즘은 시중에 스파클링 막걸리도 개발되어 있다.

더하여 건배잔도 어색하기는 마찬가지였다. 전통주라고 해서 전통적인 도자기잔으로 건배를 한 모양인데, 논리적으로는 어불성설이다. 우선 '청도 감그린 아이스 와인'은 전통주가 아니다. 요즈음 개발된 한국 술일 뿐이다. 건배를 하자면 오히려 유리로 된 와인잔이 제격이다. 억지로 만든 것 같은 청자잔 또한 그 형태에서 전통도 아니고, 아무것도 아닌 디자인이다. 그리고 건배를 유리잔으로 하는 것은, 먼저 술의 빛깔을 감상하고, 부딪쳤을 때 '쨍!' 하는 청량한 소리를 듣기 위함이다. 투박한 청자잔 부딪치는 소리는 아무래도 투박한 술에나 맞을 듯하다.

만찬장의 초대 손님들 대부분은 해외 귀빈들이다. 이들에게 '우리 것' '우리 식'을 강요하는 것은 실례다. 상대에 대한 배려가 먼저여야 했다. 물론 개인적으로야 얼마든지 한국적인 멋이나 격식을 경험케 해줄 수 있다. 그 경우에는 외빈들도 재미로 받아들인다. 하지만 공식적인 행사에서는 그럴 수 없다. 글로벌 정격 매너를 지켜 주는 것이 바른 자세다.

이왕지사 이런 기회를 이용해 우리 술 우리 음식을 자랑하는 것도 애국적인 생각일 수 있겠으나, 자칫 모욕적으로 비쳐서 소탐대실할 우려도 있음을 염두에 두었어야 했다. 지나치게 우리 것을 강조하려다 보니 생긴 난센스인 게다. 어찌되었든 술을 팔더라도 뭘 제대로 알고나 팔았어야 했다. 그 술을 만든 사람들도 웃어야 할지 울어야 할지 헷갈렸겠다. 아무튼 그 많은 외빈들 이상한 나라에서 이상한 체험을 하고 간다고 애교로 여겨 주었으면 천만다행이겠다.

무역대국도 대국이다. 이젠 대한민국도 대국답게 조급증을 버려야 할 때가 되었다. 대통령 취임식에 축하 사절로 온 귀빈들을 위한 만찬장에서까지 우리 술을 광고해야 할 만큼 다급한 처지가 아니다. 지난 정부에서 한식을 세계화한답시고 법석을 떨었지만 결과는? 음식이나 관습은 그리 쉽게 억지로 강요할 수 없는 일이다. 자연스럽게 그들이 찾도록 우리의 맛과 멋·품격을 높여 나가는 것이 바른길이다.

물론 대한민국의 역량에 따라 한류니 K팝이니 폭탄주니 하는 것들로 세계 문화에 영향을 미치거나 주도할 수도 있다. 하지만 그런 고급하지 않은 대중 문화로는 설령 전 세계에 다 퍼뜨린다 해도 한국의 문화적 품격을 끌어올리기엔 역부족이다. 나대로, 우리 식대로는 결코 세계 무대에서 먹히지 않는다. 나아가 세계 상류층들과 함께 대등하게 놀기에는 거의 불가능한 일이다. 대중 문화가 있으면 당연히 그와 대비되는 고급한 문화도 있어야 한다. 글로벌 매너란 결국 서유럽, 그것도 프랑스식이 거의 정격으로 인식되어 있는데, 이 또한 원래는 궁정 문화·귀족 문화에서 나온 것이다.

사진 한 장이면 국격 수준 짐작하고도 남는다

개인을 평가할 때 먼저 그 인상(관상)을 보는 것처럼 한 국가를 평가할 때에는 그 나라 최고지도자의 사진 두세 장이면 충분하다. 사진만 보고도 그 품격의 깊이를 짐작하고도 남음이 있기 때문이다. 최고의 발레리나나 최고의 무예 고수는 언제 어느 때 아무 동작이나 사진을 찍어도 균형이 완벽하게 잡혀 있다. 사진 한 장에 그 내공이 다 드러나는 것이다.

새로이 시작된 청와대 홈페이지도 수준 이하다. 대통령의 이력을 딴에는 일목요연하게 정리한다고 했겠지만 개인 홈페이지 수준의 상투적인 구성과 내용으로 채워져 있다. 누가 박근혜를 몰라서 그 이력을 일일이 나열식으로, 게다가 뭐 자랑할 만한 저서도 아닌 책들까지 모조리 광고하듯이 나열해 놓았다. 미국 백악관 홈페이지 좀 참조하였으면 좋을 듯싶다. 간단하게 한 페이지로, 그것도 서술형으로 요약해 놓았다. 품격이란 그런 것이다.

예의 그 홈페이지에는 대통령이 어린 시절 수영하는 사진도 실어 놓았다. 어처구니없는 노릇이다. 마치 어느 한 많은 여인의 입지전적 성공 스토리를 홍보하기 위한 것처럼 보인다. 지난 일이 무슨 상관인가? 그런 걸 알아보려고 청와대 홈페이지를 찾지는 않을 것이다. 취임하는 첫날부터의 활동으로 다시 시작되어야 한다. 담당하는 이가 아직도 공적인 것과 사적인 것을 구분하지 못하고 있다는 방증이다.

이웃 동네 마실 나갈 때에는 당나귀로도 충분하다. 하지만 천리를 가자면 말로 갈아타야 한다. 국회의원 시절에 타고 다니던 당나귀로 천리를 가기엔 무리가 따를 수밖에 없는 일! 짧은 기간에 정부 내각을 구성하랴, 온갖 복잡한 의전을 세세하게 챙기기가 여의치 않았을 것은 충분히 짐작되는 일이다. 두서없는 사소한 실수라고 넘길 수도 있겠으나, 그러한 것들이 반복되면 어글리 코리아의 이미지로 쌓여 국가 브랜드 제고에 마이너스가 될 것은 자명한 사실이다.

세계의 시각은 냉정하다. 이제 한국은 후진국이 아니다. 촌스러움을 더 이상 애교로 봐주지 않는다. 하루빨리 내각을 정상적으로 가동시켜 각 분야의 훌륭한 전문가들을 모아 국격을 글로벌 수준으로 끌어올려야 한다. 그래야 당당하게 그들과 어깨를 나란히 할 수 있고, 세계경영에 참여해 우리의 책임과 의무에 상응하는 위상과 권한도 챙길 수 있다.

대통령 취임식은 최고의 글로벌 매너 교재!

한국의 교육은 대부분 교과서(책)를 통해 이루어진다. 하지만 기실 어떤 책이 교재로 자리잡을 정도가 되면 그 안의 내용은 모조리 최소 10년 전의 지식들이다. 게다가 한국인들은 고래로부터 경전에 대

정장 차림에 가슴에 성조기 배지를 달고 취임 선서하는 오바마 대통령. ⓒ백악관

취임식을 마치고 행사장을 떠나는 버락 오바마 대통령 일가. 두 딸들의 캐주얼 복장이 박근혜 대통령 취임식 때의 복장과 비슷하다. ⓒ백악관

버락 오바마 미국 대통령 취임식. ⓒ백악관

요란함보다 단순함! 대통령 취임식의 모델 폼. 러시아의 푸틴 대통령. 예(禮)의 본질은 절제다.
[인터넷화면 캡처]

한 지나친 경외심으로 인해 현재, 현장에 대한 경험을 그다지 중요하게 여기지 않는 선입견이 있다. 해서 대부분의 글쓰기도 언제나 고전이나 오래전에 교범화된 어떤 자료를 들먹여야 권위를 확보하는 것으로 인식되고 있다.

어느 대통령이나 취임식은 처음이자 한번뿐이니 아쉬움과 흠결이 남을 수밖에 없겠다. 굳이 잔치 분위기를 애써 깎아내리자는 것이 아니라 다음에도 똑같은 일이 반복되지 않았으면 하는 심정으로, 우리가 아닌 세계인들은 이번 대통령 취임식을 어떻게 보았을까 하는 입장에서 촌평을 남긴다. 박제화된 지식보다 현재, 현장의 지식이나 사례를 더 중시하는 공부가 진짜 공부다.

Tip 미국 대통령 취임식

미국 대통령은 선거에서 승리를 거두게 되면, 적당한 날을 잡아 당선자가 직접 대법원을 방문하여 대법원장과 상견례를 한다. 이는 그만큼 헌법기관을 존중한다는 의미이자 당선자의 신원을 확인, 인정 신문하는 절차인 셈이다. 더불어 백악관의 법적으로 공식 취임 선서하는 자리, 세리머니 목적의 의회 의사당 내 취임식장에 오셔서 취임 선서를 받아 주십사 하는 초청 인사이기도 하다.

미국 헌법은 대통령의 임기가 1월 20일 낮 12시에 끝남과 동시에 후임자의 임기가 시작되며, 대통령 직무 수행에 앞서 취임 선서를 해야 한다고 규정하고 있다. 단 1초의 대통령 공백도 허락하지 않는다.

버락 오바마 미국 대통령은 2013년 1월 20일 낮 12시(현지 시간)에 백악관에서 취임 선서를 함으로써 제2기 임기를 공식 출범하였다. 백악관 블루룸에서 부인 미셸 여사와 두 딸 사샤·말리아가 지켜보는 가운데 존 로버츠 연방대법원장 앞에서 취임 선서를 하였다. 정확하게는 미국 동부 시간 오전 11시 55분에 선서했다. 조 바이든 부통령은 이날 아침 관저가 있는 해군 관측소에서 부인 질 여사 등 가족과 지인들에 둘러싸여 부통령 선서를 했다. 부통령 선서는 소니아 소토마이어 대법관이 따로 주관했다. 이에 앞서 대통령과 부통령은 버지니아 주 알링턴의 국립묘지를 찾아 무명 용사의 묘에 헌화했다.

이날의 취임 선서는 법 규정에 따른 것이다. 대통령의 임기가 시작되는 20일이 일요일이어서 관례에 따라 공식 취임식은 21일 오전 11시 30분부터 의회 의사당 '캐피톨 힐(Capitol Hill)' 계단에 마련된 특별무대에서 열렸다.

Tip 박근혜 대통령이 사랑하는 와인 '파 니엔테'

박근혜 대통령 취임식날에 열린 외빈 초청 만찬 테이블에는 건배주 '청도 감그린 아이스 와인' 외에도 캘리포니아산 레드 와인 '파 니엔테(Far Niente)'와 호주산 화이트 와인 '울프 블라스 골드 라벨 샤도네'도 오른 것으로 알려졌다.

60병이 공급되었던 레드 와인 '파 니엔테'는 박대통령과 인연한 술로 알려져 있다. 박대통령은 2009년 5월 미국 스탠퍼드대 초청 강연과 실리콘밸리 견학 등을 위해 캘리포니아를 방문하면서 와인 산지로 유명한 나파밸리의 오크빌에 있는 와이너리 파 니엔테에 들렀고, 이때 맛본 것이 '파 니엔테'로 이후에도 이 와인을 애용하게 되었다고 한다.

'파 니엔테'는 까베르네 소비뇽 품종으로 만들지만 타닌 성분이 적은, 여성적인 스타일의 와인이다. 장기 숙성에도 알맞은 것으로 알려져 있다. 생산량이 많지 않은 이 와인은 국내 와인 수입사인 나라셀라가 매년 360병씩 독점 수입하고 있으며, 가격은 병당 30만 원 정도로 귀하고 비싼 술이다.

그런데 만약 이 와인을 미국에서 사용하였다면 무슨 일이 일어날까? 대통령 자신을 위한 취임식에 고가 와인을 썼으므로 국민의 세금을 낭비한 것으로 판단, 미 감사원이 자동 감사에 착수하여 연방법 Means and Ends Act(방법과 결과, 즉 세입세출 검증에 관한 법) 관계 조항에 따라 대통령의 월급을 압류, 환수 조치시킬 것이다.

참고로 박대통령의 건배주 청도 감그린 아이스 와인은 병당 9만 원 대! 미국의 아들 부시 대통령 취임식 만찬에서는 병당 5천 원대의 미국산 스파클링 와인이 사용되었다. 국민의 세금으로 마시기 때문에 고급 와인은 사용할 수가 없는 것이다. 레드 와인은 파 니엔테 가격의 1/10 이하 수준인, 대개 오리건주나 워싱턴주 등 개발 낙후 지역의 2,3만 원대 중저가 와인을 사용한 것으로 알려졌다.

한국에서는 헌법 조항에 의거 대통령에 대해 형사상의 소추를 배제하고 있으므로 민사소송으로 부당이득 환수를 청구하기 마땅한 사안이다.

Tip 사대(事大) 와인, 미국산 '끌로 뒤 발'

원래 여러 나라 외빈들이 모이는 공식적인 만찬에서는 대개 통상적으로 프랑스 와인을 내놓는다. 그게 모두의 입맛을 맞추기도 편하고 뒷말이 없어 가장 무난하다. 한데 2003년 2월 25일, 노무현 전 대통령 취임식 만찬에서는 미국 캘리포니아산 와인인 '끌로 뒤 발 (Clos du Val)'이 올랐다. "반미면 어떠냐!"고 외치던 참여 정부가 실은 반미가 아님을 미국측에 나타내 보이기 위해 나름 잔머리를 굴린 것이다. 그때 서울시장 신분으로 만찬장에 초청되어 그 '끌로 뒤 발'을 맛보았던 이명박 전 대통령 역시 2008년 2월 25일, 자신의 취임식 만찬에서 그 와인을 내놓았다. 가격은 7만 원대!

대통령 취임식은 물론 대규모적인 대부분의 공식 만찬이나 리셉션은 기실 요식행위에 지나지 않는다. 깊이 있게 와인을 음미하면서 식사할 수 있는 분위기가 아니다. 따라서 그런 자리에 값비싼 고급 술을 내놓는 것 자체가 어리석은 짓이다. 돈(세금)은 돈대로 쓰고서 환심은 고사하고 비웃음만 사기 십상이다.

Tip 공적(公的)이란 철저하게 계산적이란 의미!

미국에는 Means and Ends Act라고 하는 공공 예산집행에 대한 사후 점검 규정이 있다. 감사기구에서 예산집행에 대한 감사를 실시하여, 예산을 쓴 만큼의 결과와 실적이 나오지 않았을 때엔 월급을 차압하는 등 낭비된 예산을 회수하는 제도이다. 만약 미국이었다면, 이번 한국 대통령의 취임식 정도면 조직위원장과 대통령은 그 상당액을 월급으로 충당하여야 했을 것이다. 아무튼 세금을 사용했으면 응당 손익계산서가 나와야 한다. 이번 제18대 대통령 취임식에서라면

첫째, 전 국민의 기억에 남을 만큼 국가에 대한 경외심과 자긍심을 이끌어 냈어야 했다.

둘째, 국민들이 새 정부의 정권에 동조·공감하게 해서 동참하고 싶은 의지를 이끌어 냈어야 했다.

셋째, 새 지도자를 축하하는 마음이 진정으로 우러나오게 해서 반대론자들도 이제 그만하면 수긍하고 함께해야겠다는 마음이 생겨날 수 있도록 감동을 자아냈어야 했다.

이번 한국 대통령 취임식은 저들끼리의 잔치 수준밖에 되지 못했다. 한국 의원들의 관광성 해외 시찰, 해외 연수 같은 것들은 모조리 비용 회수 대상이겠다.

참고로 미국 대통령 취임식 만찬에서는 스파클링 와인의 경우 대개 5천 원가량의 미국산을 사용한다. 국민의 세금으로 마시기 때문에 1만 원을 넘어서는 중저가는 사용할 수가 없다.

05 수첩공주 박근혜, 이젠 수첩을 버려야!

두 손이 자유로워야 두뇌 역시 자유로워지고 시야의 폭이 넓어져 창조적 발상이 가능 | 대통령의 첫째 할 일은 '쓸데없는 전화질' | 중진국형 수첩공주에서 글로벌 리더들과 소통 가능 전화대통령으로! | 평소에 국내외 유력 인사들과 친인간적 휴먼터치 인맥관리 잘해야!

흔히 우리가 애용하는 폭이 좁은 포켓용 수첩은 한글이나 한자를 쓰기에는 그런대로 괜찮다. 하지만 알파벳처럼 옆으로 길게 늘여쓰는 문자권에서는 조금 불편하다. 이들 국가에선 폭이 보다 넓은 수첩이나 중형 플래너수첩을 애용하는데 주머니 대신 가방이나 미니 숄더백에 넣어다닌다.

"일본말로 '엔마쪼'라는 게 있는데 박대통령의 엔마쪼가 당시 정관계에서 유명했지. 교사의 수첩과 같은 건데 일종의 비망록이야. 그날 나에 대한 인상이 엔마쪼에 올라갔던 거야. 그리고 한참 지난 1979년 10대 국회의원 선거 때 나를 찍어 정치에 참여토록 한 거야. 박근혜 당선인에게 비하하는 의미로 '수첩공주' 운운하는데 그건 박정희 대통령의 엔마쪼를 몰라서 하는 소리야. 아버지가 하던 그대로 하고 있다니까."
— 남재희 전 노동부 장관, 2013년 1월 19일자 〈조선일보〉

엔마쪼(閻魔帳), 일제시대 교사들의 교무수첩을 지칭하는 말로 학생들의 품행을 기록하던 작은 수첩이다. 당연히 거기에는 학생들의 이름이 모조리 올라 있다. 교사를 지낸 적이 있는 박정희 전 대통령이 습관적으로 수첩을 사용했었는데, 그걸 보고 자란 박근혜 대통령 당선인 역시 수첩을 애용하는 바람에 '수첩공주'라는 별명이 붙었다. 그렇지만 박근혜 대통령 당선인의 수첩은 아버지의 수첩과는 그 성격을 달리하고 있다. 박정희 전 대통령은 말 그대로 '엔마쬬'로 사용한 반면, 박근혜 대통령 당선인의 수첩은 '업무일지'에 가까워 보인다. 만나는 사람에 대한 인상은 물론 공적인 중차대한 일과 사소한 일까지 보고 들은 말과 생각을 모조리 적는 모양이다. 지나치게 수첩에 의지하다 보니 행여나 수첩강박증처럼 비친 것이다.

하지만 이제는 그 수첩을 손에서 놓아야 할 때가 된 듯하다. 국회의원 시절까지는 '수첩공주'가 진지하게 들어 주고, 꼼꼼히 챙긴다는 신뢰감을 주며, 또 열정적으로 일한다는 긍정적인 이미지를 심어 주었지만, 최고지도자로서는 아무래도 격에 맞지 않다. 수첩을 넣기 위한 커다란 주머니 달린 상의가 어색한 것처럼 말이다. 사용하더라도 남에게 그 모습을 보이지 않는 것이 좋다. 취재기자가 아닌 다음에야 면전에서 수첩을 꺼내는 것은 상대에게 부담을 줄 수도 있다. 아랫사람들을 학생 다루듯 감시하고 있다는 느낌도 줄 수 있고, 지금 기록을 했으니 나중에 딴소리하지 말라는 경고로 보일 수도 있다. 그러니 상대가 터놓고 자신의 생각을 말하기 어려워하게 된다. 제대로 소통이 될 턱이 없다.

모든 일을 직접 다 챙기겠다는 의지를 비침으로써 아랫사람들이 자율적으로 재량껏 일할 수 있는 여지를 없애고 있다. 그러다 보니 스스로의 판단에 따라 창의적으로 일하기보다는 대통령의 의중에만 맞추려 들게 마련이다. 책임정치가 그래서 안 된다. 무엇보다 지나치게 세세한 것까지 직접 다 챙기려다가 정작 큰일을 소홀히 하지나 않을까 하는 염려를 낳게 한다.

수첩은 소통과 조정의 도구가 아니다

그래도 수첩을 사용하겠다면, 지금처럼 주머니에 들어가는 작은 수첩은 아니올시다. 어느 대통령처럼 격 떨어지게 A4용지를 사용하는 것도 곤란하다. 여성적이고 격조도 있어 보이는 겉이 헝겊으로 된 중간 크기의 수첩으로 바꾸는 것이 좋다. 가령 여성들과의 토론 모임이나 학교를 방문해서 학생들과 대화를 나눌 때 사용하면 제격이다. 물론 그때마다 상대의 허락을 구하는 예의를 빠트려선 안 된다. 그리고 필기 도구로는 지우개가 달린 연필을 사용하는 것이 좋다. 지울 수 있는 연필은 상대를 안심시켜 주는 효과가 있어 편하게 의견을 발표하도록 유도한다. 중간에 농담까지 받아 적었다가 지우는 시늉도 해가면서 대화 분위기를 경쾌하게 끌고 갈 수 있다. 이를 통해 언로가 열려 있으며 적극적으로 상대의 의견을 경청, 수용하는 모습을 연출해 낼 수 있다.

그렇지만 이마저도 국내용으로만 사용해야 한다. 특히 외국 정상이

박근혜 당선인이 새누리당 대선 후보 시절인 2012년 10월 23일 오후 전북 전주 완산구 농어촌공사 전북본부에서 가진 새만금과 전북 경제 활성화를 위한 시민간담회에서 토론자들의 의견을 수첩에 받아 적고 있다. ⓒ연합뉴스

나 귀빈을 환대하는 자리에서 수첩을 꺼내는 것은 크나큰 실례이다. 이는 만남에 대한 사전 준비가 없었거나 기억력이 부족한 사람으로 오인받기 십상이다. 대화의 집중도를 떨어뜨려 상호 교감을 방해하는 것은 물론 무엇보다 선생님 말씀 받아 적는 학생처럼 비쳐 국격을 떨어뜨릴 것이기에 말이다. 서양인들은 커닝할 때에나 작은 수첩을 사용한다는 부정적인 인식을 갖고 있다. 하여 네덜란드 전 여왕에게서처럼 조크용 질문 대상이 될 가능성조차 있다.

스님들은 삼매에 들기 위해 잡생각을 떨쳐 집중하는 방법으로 손으로 염주를 센다. 주변을 둘러보면 학자나 직장인들 중 가방이나 수첩을 손에서 놓지 못하는 사람들이 있다. 그런가 하면 손톱 손질에 유달리 공을 들이는 사람도 있다. 이런 사람들은 대개 집착과 강박증이 강한 성격을 지닌다. 자연히 고집이 세고, 융통성이 부족해지기 쉽다. 스마트폰도 그런 위험성을 지니고 있다. 두 손이 자유로워야 두뇌 역시 자유로워진다. 그래야 시야의 폭이 넓어져 창조적 발상이 가능해지는 것이다.

교향악단 지휘자는 악기를 들지 않는다. 큰 배의 선장은 직접 키를 잡지 않는다. 대통령이니까 모든 일을 직접 다 챙겨야 한다는 건 난센스다. 그랬다가는 결국 하나도 제대로 못해 낸다. 대통령이 가방을 들고 다니는 모습이나 수첩을 들고 다니며 일일이 받아 적는 모습은 격에 맞지 않다. 가방처럼 메모 역시 비서가 다 한다. 그 중 꼭 기억해 둘 만한 것만 나중에 따로 적어두면 된다. 가계부나 업무일지는 아랫사람들에게 맡기고 대국적인 구상에 전념해야 한다. 그게 국정 최고 지도자의 바람직한 자세다.

대통령의 첫째 할 일은 '쓸데없는 전화질'

정조 임금이 신하들에게 몰래 보낸 친필편지가 발견되어 화제

오바마 대통령이 러시아의 푸틴 대통령과 통화하고 있다. ⓒ백악관

가 된 적이 있다. 어찌 정조뿐이랴. 역대 모든 임금들이 그런 식으로 우호적 신하는 물론 적대적 유력 인사들과도 소통했을 것이다. 없는 것 없이 다 누려 본 세계적 부호들이나 글로벌 최상류층 인사들끼리의 교제에서 어지간히 귀한 선물이나 호화로운 접대는 그다지 효과가 없다. 그렇다면 평소 그들은 어떻게 인맥관리를 할까? 대답은 의외로 간단하다. '전화질'이다.

아버지 부시 전 대통령의 명함꽂이는 둥글게 돌리는 것이었다. 그는 짬만 나면 하루에도 몇 번씩 그것을 돌려 아무 명함이나 집히는 대로 뽑아들고 전화를 하곤 했다. 물론 별다른 사안도 없다. 그저 안부를 묻는 전화다. 왜 그랬을까? "평소에 잘해!" 바로 그거다. 그는 수시로 피아불문 유력 인사들에게 편한 사적인 전화를 하며 관리를 해온 것이다. 그래야 큰일이 터졌을 때 곧바로 도움을 청할 수가 있기 때문이다.

클린턴 전 대통령과 오바마 현 대통령 역시 전화로 소통하기를 즐

북한식 적자생존? 건성건성 박수치고 삐딱하게 앉았다는 등의 죄목으로 장성택을 사형시킨 후 나타난 김정은. 엄동설한 미끄러운 눈길을 걸으면서도 모두가 수첩을 들고 최고존엄자의 말씀을 받아 적고 있다. 숨소리 빼고 한 자라도 빠트렸다간? 2013년 12월 14일자 〈노동신문〉

긴다. 러시아의 푸틴 대통령은 물론 선진국 대부분의 최고지도자들도 그렇게 한다. 문제가 있을 적마다 파워 엘리트 리더들에게 전화하여 설득과 협조를 얻어내어 정국을 끌고 나간다. 그러기 위해선 평소에 자주 전화해서 유사시 스스럼없는 통화가 바로 가능해져야 한다. 트윗질 좋아하는 한국의 지도자들 중 평소에 이렇게 국내외의 유력 인사들에게 전화질하며 친인간적 휴먼터치 인맥관리를 해온 이가 과연 몇이나 될까?

박근혜 당선인은 몇 개 국어를 구사할 줄 안다고 한다. 더없는 장점이다. 이제부턴 수첩 꺼내는 대통령이 아니라 시도때도없이 여야 지도자들은 물론 세계의 지도자들, 오피니언 리더들에게 전화질하는 대통령으로 자주 비쳤으면 싶다. 그리하면 분명 5년 후에도 바쁜 인생을 살 것이다. 동네 한구석에 갇혀 살면서 민폐만 끼치는 전직 대통령이 더 이상 나오지 않았으면 한다.

참고로 취임 6개월이 지난 박근혜 대통령이 '전화질'을 시작했다고 한다. 그런데 그 대상이 장관이나 비서관들이다. 더구나 퇴근 시간 이후는 물론 토요일이나 일요일 등 하루에 네댓 번씩 전화를 할 때도 있다고 한다. 너무 심했다. 장관·수석비서관을 제 몸종 부리듯 한다. 물론 정치적이고 정책적인 것을 묻거나 지시하는 전화일 것이다. 하지만 긴급한 상황이 아니면 그들의 사적인 시간, 프라이버시를 존중해 주어야 한다. 제발이지 사소한 것일랑은 그들의 재량에 맡기고, 세계의 정상들에게 전화질할 일이다. 그리고 저녁 시간 혼자 남아서 전화질할 것이 아니라, 각계의 글로벌 오피니언 리더들을 불러 디너 파티를 열어 줄 일이다.

06 국격에 어울리는 대통령의 복장은?

"예수께서 사랑하시는 그 제자가 베드로에게 이르되 주님이시라 하니, 시몬 베드로가 벗고 있다가 주님이라 하는 말을 듣고 겉옷을 두른 후에 바다로 뛰어내리더라." I 품격의 기본은 정장 I 정장을 하지 않는 건 그 스스로의 존엄을 포기하는 것 I 검소함보다 제대로 입는 것이 공인의 본분 I 국가수반은 개인적 취향보다 대외적인 품격을 더 중시해야! I '박근혜'는 없다 I 빨주노초파남보 유니폼으로 일관된 이미지를? I 박대통령의 '한복 외교' 국익에 도움되지 않는다

도무지 글로벌 정격 매너라곤 찾아보기 어려워 위태위태하던 박근혜 대통령의 미국 순방이 '어글리 코리언 종결자' 윤창중 주연 막장드라마로 대미를 장식했다. 문민 정부 이래 끝없이 추락해 천박스럽기까지 한 국가의 권위와 기강을 회복할 수 있지 않을까 하던 기대감이 하루아침에 무너져 내리고 말았다. 뭔가 처음부터 잘못된 듯 불안스런 느낌이 밀려온다.

예전에 친구를 따라 여의도의 어느 소고기 전문식당에 간 적이 있다. 개업한 지 얼마 되지 않은 꽤 큰 규모였다. 예쁜 유니폼을 입은 여종업원들이 서빙을 하고 있었는데, 하나같이 당시 유행하던 거무튀튀한 빛깔의 루즈를 바르고 있었다. 마침 그 친구가 식당 주인과 아는 사이라기에 종업원들의 루즈 빛깔을 당장에 빨간색으로 바꾸지 않으면 경영이 위태로워질 거라고 이르도록 하였다.

얼마 전 H자동차 회사에서 판매사원들을 대상으로 영업에 도움이 되는 코디네이션 강의를 의뢰하였다는 기사를 보고 어이없어한 적이 있다. 늘씬한 여성 강사가 넥타이 고르는 법을 가르치고 있었는데, 내용인즉슨 당신은 얼굴이 어떻게 생겼으니 무슨 색이 잘 어울리고, 무슨 옷, 무슨 계절엔 어떤 넥타이가 주목을 끌 수 있다는 식이다. 기껏

돈 들여 장사 망치는 법을 가르치고 있으니, 그 회사 앞날도 참 막막하게만 느껴졌다.

염려한 대로 박근혜 대통령은 이명박 전 대통령이 그러했던 것처럼 예의 그 타조가죽 가방을 직접 들고서 비행기 트랩에 올랐다. 그리고 그 복장 그대로 뉴욕 케네디 공항에 내렸다. 백악관의 벽난로 앞 소파에서 오바마 대통령과 찍은 기념사진에도 어김없이 바닥에 놓여 있는 가방이 등장한다. 승무원 유니폼으로 오해하기 딱 좋은 디자인이건마는 옷 색깔을 계속해서 바꿔 나가자 대부분의 한국 언론들에서 '패션 정치' '색의 외교' 운운하며 찬양일색이다. 또 한복을 세 차례나 입었다며 '문화(한복) 홍보대사' 역할도 충실히 수행하였노라고 추어올린다. 세계인의 한복 관심? 교민이 아닌 미국인들도 과연 그러한 느낌을 받았을지 모르겠다. 대통령이 직접 한복 홍보한다 해서 국가 이미지 제고에 얼마나 기여했을지 자못 의아스럽다.

품격의 기본은 정장

"예수께서 사랑하시는 그 제자가 베드로에게 이르되 주님이시라 하니, 시몬 베드로가 벗고 있다가 주님이라 하는 말을 듣고 겉옷을 두른 후에 바다로 뛰어내리더라."(〈요한복음〉, 21장 7절)

베드로가 바다로 나가 물고기를 잡고 있을 때, 부활하신 예수께서 바닷가에 나타나신 것이다. 그러자 베드로가 예수에게로 가기 위해 벗어두었던 겉옷을 두르고 바다로 뛰어내렸다는 이야기이다. 이 대목에서 어떤 이들은 의아해하다가도 깊이 생각지 않고 그냥 넘어가 버린다. 아니, 바다로 뛰어내리려면 입었던 옷도 벗을 일인데, 왜 새삼스럽게 겉옷을 챙겨 입었을까?

1907년 4월 22일, 서울을 떠난 이준 열사가 헤이그로 가는 중간 경

유지 겸 막후교섭지로 제정러시아의 수도 페테르부르크에 도착하여 잠시 머물렀다. "처음에는 아프리카 무당 샤먼과 같은, 검은 갓에 흰 두루마기 차림의 조선 선비의 느닷없는 출현에 상당히 당황스러웠는데, 점차 그의 원숙하고 품위 있는 사회적인 인격체 풍모에 매료되어 많은 사람들이 그의 주장에 경청하게 되었고, 결국 상당수 인사들이 조선의 처지를 이해 공감하게 되어 필요한 지지 활동을 베풀기로 의견이 모아졌다." 당시의 현지 신문 상류층 파티 동정란에 실린 기사다. 물론 이준 열사가 헤이그까지 그 차림으로 가지는 않았다. 주목을 끌기 위한 계획된 퍼포먼스였던 것이다.

올바른 정장을 하지 않는 건 그 스스로의 존엄을 포기하는 것

축구 감독 거스 히딩크는 영국의 호화군단인 첼시팀을 맡았을 때, 전 선수들에게 정통 아르마니 정장을 똑바로 갖추어 입을 것을 강요하고, 넥타이를 느슨하게 매었을 경우에는 100파운드 벌금까지 물렸었다. 그리고 지각을 하거나 훈련중에 휴대전화를 사용하면 훈련에서 단호히 제외시켜 버렸다. 정장을 하여야 정신이 무장되어 그 소임이며 각오, 역량 발휘 등의 리더십이 생긴다는 소신이 있었기 때문이다. 물론 그도 2002년 월드컵 때 한국팀을 맡아 처음엔 유럽식의 지적인 축구를 접목시켜 보려 하였으나 바로 포기하고 말았다. 선수들에게 억지로 정장을 차려입히자 거북해서 어쩔 줄 모르는데다가 학습 능력이 도저히 따라가지 못했기 때문이다. 해서 체력전으로 나간 것이다.

크리스천들의 주일 예배 옷차림도 예외는 아니다. 외국 영화들에서 주일이면 온 가족이, 더욱이 어린아이들까지 정장을 갖추어 입고서 예배소로 향하는 모습을 숱하게 보아 왔을 텐데도 많은 이들이 그냥 대충 걸쳐입고서 예배에 임한다. 심지어 반바지·반팔·등산복·추리닝

청와대 사환과 기념 촬영? 호주 총독의 정장과 박대통령의 사적 취향 캐주얼 복장. 멀리까지 와서 고작 이런 품격 떨어지는 사진을 쥐고 간 총독이 자신의 앨범에 꽂아두고 자랑스러워할지 의문이다. 국적 불명의 엉거주춤한 비례 때문에 상대와 부조화를 이루고 있고, 양말색을 바지와 구두색에 맞추지 못해 맨발인 것처럼 보인다. 여성이라 해도 바지를 입을 경우에는 남성과 동일하게 갖추어 입어야 한다. ⓒ청와대

비슷한 옷차림, 완전히 다른 포스. 박근혜 대통령의 의상 롤모델인 메르켈의 검은 Upper 칼라 상의. 모스크바 크렘린에서 회담하는 메르켈 총리와 푸틴 대통령. 구두, 양말, 바지색 일치. 상대에게 적극적으로 다가가 눈 맞추고 얘기하는 정격 모델 폼. 2012년 11월 17일. ⓒ신화통신-아시아뉴스통신

박근혜 대통령 복장의 롤모델 메르켈 독일 총리. 비슷하지만 완전히 다른 포스와 격조. 게다가 상대에게 다가가지 못하고 불안한 자세로 소파 중앙에 내앉은 박대통령. 흡사 교장선생님과 면담하는 학생 같다. 2013년 상트페테르부르크 G20 정상회의중. 서구 패션계에서 메르켈 총리는 옷을 잘 못 입는 지도자로 종종 입방아에 오르내린다. 그에 비해서도 박대통령의 패션은 한참 더 떨어진다. ⓒ청와대

박근혜 대통령의 중국 국빈 방문. 오찬자리에 파티용 핸드백이 아닌 서류가방형 대형 백을 든 외판원 난센스 또 연출. 게다가 완전 난센스인 분홍색 상의. ⓒ청와대

바람으로 교회에 나가는 한심한 이들도 있다. 이 나라가 선진국도 아니며, 또한 그 스스로도 선진국민이 될 수 없음을 자인하는 꼴이다. 그런가 하면 짙은 화장에 명품으로 치장을 해서 예배하러 가는 것인지, 사교장에 가는 것인지 구분이 안 되는 이들도 적잖다. 아무튼 그 꼴을 보고서도 꾸짖지 못하는 목회자들도 참 복잡한 심경이겠다.

또 선거 때가 되면 정치인들이 우르르 현충원을 찾는데, 그럴 때마다 따라붙는 들러리들 중에 노타이에다 반팔, 유색 양복, 점퍼나 패딩 오버를 걸친 인간들이 꼭 빠지지 않는다. 준비가 안 됐으면 추모 대열에서 빠지는 게 도리이거늘 부끄러운 줄도 모르고 뻔뻔하게 끼어들어 사진만 버려 놓는다. 그런 무개념 부하들을 데리고 다니는 인사들도 한심하기는 매한가지이다.

정장은 왜 검은색인가?

신사복(양복)은 검은색이 기본이다. 해서 공적인 행사에 참여하거나, 공공의 공간에서 일하는 이들은 하나같이 검은색 정장을 입는다. 품격 있는 파티나 시상식에 참석하는 여성들 역시 검은색 드레스를 입는다. 아직도 전통적인 고유한 옷차림을 고수하는 국가나 민족들이 있기는 하지만, 선진국을 비롯한 지구상의 대부분 나라들이 이런 현대화된 신사·숙녀복을 갖추어 입고 있다.

고전적인 해석을 덧붙이자면, 검은색은 결코 긍정적이고 호의적인 색이 아니었다. 오히려 그 반대로 불길, 불행한 색이었다. 죽음의 색이기도 해서, 심지어 한국과 같은 일부 민족은 검은색으로 옷을 해입은 적이 없었다. 또한 검은색은 가장 천하고, 낮은 색이었다. 해서 가장 낮은 계층이 입었던 옷 빛깔이다. 그럼에도 불구하고 현대의 신사복, 정장은 왜 검은색인가? 그야 신사복이 서양에서 시작되었으니, 당연히 《성경》에서 그 실마리를 찾는 게 가장 빠르겠다.

그러니까 《성경》의 가르침에 따라 '상대를 높이기 위해 자신을 한 없이 낮추는' 의미로 검은색 옷을 입었다고 보는 것이다. 하여 그 스스로 낮은 데로 임하는 수도사들이 검은색 옷을 입었다. 이는 다시 계몽주의, 민주주의 시대를 맞아 공(公)의 개념이 생겨나면서 공직자·집사·변호사 등등, 국민이나 주인·고객을 받드는 일을 하는 사람들부터 검은색 정장을 입게 되면서 이제는 오히려 권위를 나타내는 색으로 변질된 것이다. 레스토랑 웨이터나 공직자는 물론 국가수반까지 똑같이 검은색 정장을 하는 것은 실용성도 고려했겠지만 그보다는 봉사의 의미가 먼저일 것이다.

검소함보다 제대로 입는 것이 공인의 본분

박대통령은 취임 후 지금까지 한복 외에는 치마 정장을 입고 나선 적이 거의 없다시피 한다. 현충원 참배 때에만 검은색 정장을 입었다. 평소에는 어느 연예인 못지않은 자기만의 차림새를 고수하고 있다. 모두 유사한 차이나풍 디자인에 색깔만 다른 상의를 여러 벌 만들어 월화수목금토, 보남파초노주빨, 춘하추동을 연출해 내고 있다. 혹여 지난 정권 때 유럽 특사로 나가 각 나라마다에서 옷을 바꿔입어, 국내(방문국에선 글쎄?) 미적 감각 떨어지는 기자들의 찬미를 받는 바람에 그만 제멋에 필이 꽂힌 건 아닐까 하는 의구심을 떨치기 어렵다.

취임식에서 입었던 카키색 상의를 두고 밀리터리룩이라 일컬어 일견 수긍이 가는 면도 있었지만, 하루에 다섯 번씩이나 옷을 갈아입어 지켜보는 국민들을 당혹케 만들기도 했다. 그러자 일상이 지루하던 국민들과 도무지 전문가 같지 않은 품평가들이 경쟁적으로 환호와 찬사를 보내기에 급급했다. 하여 세계적 여성 리더(배우자일 뿐인 영부인까지 세계적 여성 리더 그룹에 포함?)들과 비교하며 패션을 통한 정치적 메시지 운운하는 교묘 혹은 무지한 아부성 말장난으로 부추기고 있다.

메르켈 독일 총리의 공식 방문 환영 행사. ⓒ백악관

메르켈 독일 총리의 공식 방문 환영 만찬. 메르켈은 여성이지만 주빈이기 때문에 검은색 정장을
입었다. ⓒ백악관

메르켈 독일 총리의 공식 방문 환영 만찬. ⓒ백악관

메르켈 독일 총리의 정장 모델 폼. 미 백악관 공식 방문 일정중에 열린 리셉션 및 디너 때의 복장. 검은색 정장에 검정 나비넥타이를 맨 참석자들. 부인은 흰색 계열로 앙상블을 이루는 것이 가장 기본적인 드레스 코드이다. ⓒ백악관

올랑드 프랑스 대통령의 국빈 방문 환영 만찬. ⓒ백악관

영국 총리의 공식 방문 환영 만찬 자리에서. 부인들은 푸른색으로 앙상블을 이루었다. ⓒ백악관

만모한 싱 인도 총리의 공식 국빈 방문 환영 만찬. 고전적인 드레스로 환대하는 미셸 오바마. 여성 수행원 또한 드레스를 입었다. ⓒ백악관

후진타오 중국 국가주석의 공식 국빈 방문 환영 만찬. 미셸 오바마는 중국 국기색에 맞춘 화려한 드레스로 환대의 의미를 강조했다. ⓒ백악관

드디어 미국 방문에서 화려한 옷의 향연을 펼쳐 보이고 왔다. 이제 이쯤에서 박대통령의 복장에 대해 한번 글로벌적 시각에서 바라볼 필요가 있지 않을까 싶다. 대통령 취임 후 지금까지 입은 옷이 그 직분에 어울린다고 보기에는 무리한 면이 없지 않다. 게다가 자세까지 바르지 못하다. 솔직히 외빈들과 찍은 사진들을 보면 상대적으로 격이 떨어지고 있음을 부인하기 어렵다. 그리고 그 옷색과 브로치가 주는 은유적 메시지도 분명치가 않다. 그냥 개인적인 취향일 뿐 해석은 각자가 알아서 하라는 식이다. 이는 어찌 보면 최고지도자로서의 안일함이라고 할 수 있겠다.

문외한인 탓인지 필자는 유럽 특사 때부터 미국 방문 때까지 입었던 옷들이 그저 '새마을 패션' 같다고밖에 달리 표현할 말이 떠오르지 않는다. 미국 순방길에 나선 박대통령의 옷을 보고서 승무원 유니폼이 떠오르지 않는 이가 있다면, 그는 어쩌면 아마존 오지에서 살다 온 미개인일 것이다. 더 솔직히 말하자면, 박대통령이 아닌 다른 누군가가 입었다면 청와대에서 허드렛일하는 여직원으로 오인했다 해도 할 말이 없을 만큼 아슬아슬하다. 박대통령의 옷을 만드는 이가 예전부터 이용해 온 동네 양장점 재단사라고 한다. 혹시 예전에 호텔 종업원 유니폼을 전문적으로 만들던 사람이 아니었을까 하는 생각마저 들 정도다. 더 솔직하게 말하자면, '패션'이란 말조차 붙이기 힘든 복장이다. 일반 여성도 입기 힘든 옷들이다.

호텔 종업원과 같은 서비스 정신으로 국민을 살뜰히 모시겠다는 각오일까? 아무렴 호의적인 한국 언론들처럼 미국인과 세계인들도 그렇게 인식하였으면 얼마나 좋을까마는 냉정하게 생각해 보면 우리의 바람대로 되지는 않을 듯하다. 변화무쌍한 상의 색깔 때문에 정작 자신의 '신뢰' 이미지를 구축하는 데 실패한 것 같다. 일관성이 없어 보이기 때문이다. 게다가 어쩌다 입는 펑퍼짐한 호박치마는 촌스러움 그 자체라고 할 만하다. 과연 미국인들은 박근혜 대통령의 어떤 색깔을 기억할까? '한국의 이멜다' '카멜레온'으로 기억하지는 않을까? 모든 것이 옷으로 다 가려져 버린 듯하다.

게다가 대한민국이 아직도 전통복식이라도 자랑해서 주목을 끌어야 하는 아시아의 한 미개국 혹은 개도국 수준으로 인식시켜 놓고 온 점이다. 고작 자랑할 게 한복과 그다지 고급해 보이지 않는 유니폼 같은 옷이라니! 대한민국의 미적 감각이 고작 저 정도라니! 미래로 나아가야 할 대한민국의 이미지를 70년대로 되돌려 놓은 느낌이다. 국력에 걸맞은 선진적 품격으로 글로벌 주류로서 대등하게 인류 공통의 관심사를 논할 준비가 된 대한민국이 아닌, 아직도 원조하고 보호해야 할 나라로 인식하지 않았을까 지극히 염려스럽다.

개인적 취향보다 대외적인 품격을 더 중시해야

국가수반은 막말로 그 나라의 얼굴마담이다. 일정 중 가장 많은 시간을 할애하는 부분도 내외빈 접견일 것이다. 유니폼은 단체 근무복이다. 대통령이란 직위에 도무지 어울리지 않는다. 설령 집무실에서야 그렇게 입는다 하더라도 외빈을 맞아 기념사진을 찍을 적엔 품격 있는 정장을 갖추어 입어야 한다. 수백만 리를 날아온 귀빈에게 이왕지사 품격 있는 기념사진을 들고 가도록 하는 것이 국익에 도움되지 않겠는가?

나어린 소녀라 하더라도 치마 정장을 하면 숙녀로 대접하는 것이 서양의 신사도이다. 그 신사도는 숙녀를 보호해야 하는 중세의 기사도에서 나왔다. 요즘은 여성성이 대통령 직분 수행에 단점이 되지 않을 뿐 아니라 오히려 장점일 수도 있을진대 왜 굳이 바지 차림을 고집하는지 안타깝다.

가령 취임식에서부터 박대통령의 튀는 옷차림을 보고 놀란 국민들이 그에 익숙해지는 데 한참이 걸렸다. 지금은 그게 대통령의 독특한 취향인가 보다 하고서 그냥 넘어간다. 그런데 그런 옷차림을 처음 접하는 외국 정상이나 귀빈들이라면 처음 우리나라 국민들이 느꼈던 당혹감을 가지는 것이 당연하다 하겠다. 그게 박대통령 개인이나 국익에 무슨 도움이 될까? 왜 쓸데없는 소통의 장애물을 친단 말인가?

대통령의 차림새를 두고 이렇게 품평을 가하는 일이 얼마나 불경스럽고 시건방진 소행인지 모르는 바 아니다. 그렇다고 혹여 국격과 한국 패션산업을 적어도 10년은 후퇴시킬 '벌거벗은 임금님놀이'를 보고도 모른 척하는 건 도리가 아니다. 맹자는 "사람은 스스로 업신여긴 뒤에야 남에게서 모욕을 당하고, 나라도 스스로 해친 뒤에야 남의 손에 망하게 된다(夫人必自侮然後人侮之, 國必自伐而後人伐之)" 하였다. 옷이란 남들이 어찌 보아줄지도 염두에 두지 않을 수 없다. 일하기 편하고 검소한 복장도 좋지만, 국력에 비례해서 고급스럽고 무게감 있는 정장을 갖추는 것이 국가수반으로서의 의무이자 덕목이겠다.

2014년 5월에 취임한 나렌드라 모디 인도 총리는 단정하고 고급한 개량 전통복으로 '모디룩'이란 유행을 불러일으키고 있다. 게다가 고가의 명품 안경과 시계·만년필 등을 고집하는 바람에 처음엔 반대파들의 비판이 일었으나 지지자들은 친기업적 성향이라며 오히려 반기고 있다. 그런가 하면 2014년 2월에 취임한 이탈리아의 스타 총리 마테오 렌치는 '청바지 총리'로 유명하다. 이에 보다못한 이탈리아의 패션 거장 조르조 아르마니가 6월 23일 "넥타이를 매라"며, 총리에게 어울리는 정장을 갖추라는 충고를 던진 바 있다.

앞에서 언급한 소고기 전문식당은 친구가 말을 안 전했는지 못 전했는지 모르겠으나 어쨌든 일 년도 못 가 문을 닫고 말았다. 여종업원들이 바르고 있는 빨간 루즈 빛깔을 보게 되면 자연스럽게 입맛이 돌아 고기 생각이 날 텐데, 예의 거무튀튀한 빛깔의 루즈로는 고기를 먹고 싶은 생각조차도 들지 않게 할 테니 말이다. 그러니 냉면만 후딱 먹어치우고 가버릴밖에. 그리고 자동차는 물론 모든 분야의 판매사원의 넥타이는 무조건 고객의 회사 로고색에 맞추는 것이 기본이다. 연예인에게나 해줄 법한 얘기를 판매사원들에게 해준 것이다. 공사(公私)와 피아(彼我)를 구분하지 못하고 개인적 취향만 부추기는 어처구니없는 삼류 강사들이 판을 치는 세상이라 혹 청와대까지 오염된 건 아닌지 자못 걱정이다. 무엇보다도 유니폼이든 한복이든 박근혜 대통령에게 중성적 혹은 남성적 분위기 물씬 나는 옷을 만들어 바치는 의상 디자이너의 성적 정체성이 실로 의아스럽다.

아니나 다를까 2014년 4월 26일, 미국 오바마 대통령과의 청와대 실무회의에서 '세월호' 침몰 희생자들을 위한 묵념을 올릴 때, 박대통령이 밝은 하늘색 상의를 입고 있어 국민들의 빈축을 샀다. 미국측 인사들이 속으로 혀를 찼을 것이다. 곁에 선 외무부 장관 역시 밝은 하늘색 넥타이를 메고 있었다. 도무지 복장에 대한 개념이 없음을 말해주는 사건이었다.

Tip 옷만 남고 '박근혜'는 없다

박대통령은 중국 방문 때 노란색 상의를 입고 인민대회당을 찾아 정상회동을 하였다. 또 만찬에서는 노란색에 황금빛이 들어간 한복을 입었다. 박대통령이 중국인들이 좋아하는 황금색 한복을 손수 골랐다고 한다. 하지만 과연 중국인들도 그렇게 생각할까? 아니나 다르랴 중국 정부는 긴급하게 만찬장에서의 사진을 언론에 유출하지 못하도록 한국 정부에 요청했다. 중국인들에게 과거 황색은 황제의 전유색으로 황족이 아닌 사람이 황색 옷을 입으면 바로 참수형을 당했다. 지금도 공식적인 자리에선 옷은 물론 넥타이에도 터부시하는 색이다. 만약 그때 그 황금빛 만찬복을 입은 박대통령의 사진을 중국인들이 보았다면 "뭐야? 자기가 측천무후라도 된다는 거야?" 하며 분개하였을 게 틀림없다.

기자회견하는 케네디 주일 미국 대사의 정장 모델 폼. ⓒ블룸버그-아시아경제

신양반(新兩班)? 어느쪽이 내각이고, 어느쪽이 외각일까? 2014년 2월 25일 취임 1주년을 맞아 유색 상의를 걸친 박근혜 대통령이 경제혁신 3개년 계획 관련 대국민 담화를 발표하고 있다. 아직도 서로의 신분을 익히지 못했는지 명패를 달고 앉아 있는 장관들과 비서진. 한데 유독 김장수 안보실장만 유색 양복을 입었다. 대부분의 한국인들은 그것도 정장이 아니냐며 오해하고 있다. 공공 장소 공식석상에서는 짙은색 정장이 기본이다. 공인에겐 어두운 색 외에는 선택의 여지가 없다는 말이다. ⓒ연합뉴스

기실 중국인에게 한복은 새삼스러울 게 전혀 없다. 중국 내 수많은 소수민족 가운데 하나인 조선족(朝鮮族)을 통해서 이미 익숙한 옷이기 때문이다. 그러므로 박대통령이 중국 국빈 만찬에서 한복을 입었다고 해봐야 그들에겐 그저 한국이 중국 변방의 일개 소수민족 국가임을 재확인하는 효과만 더할 뿐이다. 그리고 그 일로 인해 혹여 만주지역의 조선족을 자극하여 민족 의식이라도 일깨울까봐 염려 아닌 염려를 하였을는지도 모른다. 하여 부랴부랴 만찬장의 사진 촬영을 금지시킨 건 아닐까?

무엇보다 끔찍한 것은 점잖아야 할 국가 최고지도자의 위상에 도무지 어울리지 않는 튀는 복장이다. 여성성은 간데없고 중성적 디자인에다 상의 색깔들만 요란하다. 그나마 그 색깔마저도 고급스럽지 못한 원색적인 가벼움 그대로를 보여주고 있다. 게다가 엉거주춤한 길이와 깃·소매·주머니를 강조하는 디자인으로 인해 정작 본인의 얼굴은 모조리 묻혀 버렸다. 무게 중심이 얼굴이 아닌 옷에 쏠린 까닭이다. 얼굴(주인)을 받쳐 주어야 할 옷(몸종)이 오히려 더 요란을 떨고 있다는 말이다. 백 번을 양보해도 그 옷들은 디자인을 위한 디자인, 디자이너 자신을 위한 디자인, 곧 제멋(옷)에 겨운 아마추어 디자이너의 전형적인 작품으로밖에 볼 수가 없다. 게다가 하나같이 정장도 아니다. 싼티가 줄줄 흘러 꼭 의상학과 학생들이 첫 과제물로 만든 옷 같다. 이왕 한 벌을 맞추더라도 제값 주고 제대로 만든 정장이어야 한다.

당사자인 대통령의 생각도 참 이해하기 어렵다. 그렇게 튀는 옷으로 차별적 권위를 내세우고 싶은 것일까? 아니면 왜소한 몸집 대신 튀는 옷으로 주목을 끌고자 하는 것일까? 여성 대통령이라고 해서 굳이 유색(有色)·유광(有光)의 튀는 옷들을 입을 필요는 없다. 그냥 평범한 정장이어도 대통령이라는 그 자리가 저절로 권위를 세워 주고, 또 포스를 만들어 낸다.

설혹 의도적으로 색을 이용하더라도 꼭 요긴할 때 원포인트여야 한다. 중국 경극의 변검처럼 순간순간 바뀌는 현란한 색들로 도대체 무슨 메시지를 전달하려는 것일까? 그리고 아직도 대한민국을 새마을 운동하던 70년대 수준의 개도국으로 여기는 것일까? 해서 우리 옷, 우리 가방, 우리 한복을 하나라도 더 팔아야 하고 외화를 한푼이라도 더 벌어들여야 한다는 강박증이라도 가지고 있는 것일까? 지난 정부는 한식을 세계화한다며 법석을 피웠는데, 이번엔 혹시 한복을 세계화하려는 겐가? 아무튼 그 심미안이 불가해하기만 하다. 요란한 옷의 향연 속에 정작 '박근혜'도, 콘텐츠도, 공과(功過)도 다 묻혀 버렸다. 색(色)도 매너를 알아야 제대로 이용할 수가 있는 것이다.

러시아 G20 정상회의에서 박근혜 대통령이 요란하게 바꿔입은 옷을 두고, 일부 매스컴에서 상대국(러시아) 국기색에 맞춘 것이라는 억지 해석을 내놓기도 했다. 이에 한마디 보태자면, 국빈 방문이 아닌 정상회동이나 G20와 같은 다자간 국제회의 같은 데서 굳이 상대국 국기색에 맞춘다며 요란하게 옷을 바꿔입는 것은 오버센스다. 여러 나라 정상들이 서로서로 만나기 때문에 눈에 띄지도 않을뿐더러 상대국 국민들도 하나하나 눈여겨보지 않는다. 아무리 정상간의 회동이라 해도 실무 방문에서는 그냥 일상적인 비즈니스 정장 차림이 정격이다. 넥타이나 배지 정도로 맞춰 주면 된다.

제대로 정장을 갖추어 입지 못하는 건 비단 박대통령뿐만이 아니다. 우리나라 여성 관료나 정치인들도 하나같이 공인으로서의 정장 개념이 전무한 어글리 패션이다. 모두들 제멋에 겨워 국적 불명, 의미 불명, 소통 불가, 연예인 흉내내기에 튀는 패션이다.

언젠가 버락 오바마 미국 대통령은 이렇게 말하였다. "여러분은 내가 짙은 회색이나 곤색 정장만 입는 모습을 보게 될 것입니다. 나는 무엇을 먹을지, 무엇을 입을지에 관한 결정은 하고 싶지 않습니다. 하찮은 일에 신경을 쓰면서 이 시대를 헤쳐 나갈 수는 없습니다."

여성 대통령 유니폼 콘테스트? 어중간한 상의 비례. 원색도 모자라 속옷에나 가능할 것 같은 연분홍 핑크색까지! 귀걸이 없이 보는 이로 하여금 목젖에 뭐가 걸린 듯한 느낌을 주는 목걸이 착용. 의미 없는 브로치. 창조경제, 신뢰 프로세스, 대박통일, 국가개조 등 어젠다 무지개만 나열하는 5년이 되고 말 것 같은 불안감이 밀려든다. ⓒ연합뉴스

Tip 빨주노초파남보 유니폼으로 일관된 이미지를?

취임식날의 대통령 옷은 만찬복을 제외하고 딱 한 벌이었어야 했다. 아무리 여성이라 해도 검은색 정장으로 일관되이 행사를 마쳤어야 했다. 여성이기 전에 한 국가의 최고통치자인 대통령이기 때문이다.

아무래도 대통령은 물론이려니와 그 주위에서는 아직 일관성의 중요함을 모르고 있는 듯하다. 박근혜 대통령은 최고지도자로서의 이미지에 대한 깊은 고민 또한 없는 듯하다. 반대로 사적 이미지에 대한 고민만 엿보인다. 공적 개념이 없거나, 공적인 것과 사적인 것을 명확하게 구분하지 못하고 있음이다. 이렇게 되면 그 자신을 객관적으로 놓고 보는 능력 부재라 진단하지 않을 수 없다.

미국의 역대 대통령 중 가장 표본적으로 비교되는 두 사람을 꼽으면 카터와 레이건일 것이다. 카터는 엘리트 지식인으로 신앙심 깊고,

재임중에 일도 많이 했으며, 또 대체적으로 잘했다. 퇴임 후에도 세계 평화를 위해 왕성히 활동하고 있다. 이에 비해 레이건은 이류 배우(사실은 삼류 배우였지만 체면을 생각해서 한 등급 올림) 출신으로 해박한 지식을 갖추지도 못했다. 그런데 이 두 대통령에 대한 미국민의 평가는 극과 극이다. 왜 그럴까? 레이건은 배우로서 자신의 이미지를 항상 일관되이 유지했다. 때문에 국민들에게 그는 항상 일관된 이미지로 기억되었다. 이에 비해 '인권'을 내걸었던 카터는 나중에 저항에 부딪히자 적당한 선에서 '타협'을 하고 말았다. 해서 그는 변절자로 국민들에게 기억되고 만다. 결과적으로 일을 잘하고도 기억에 남지 못한 실패한 대통령이 되고 만 것이다.

소신을 바꾸는 것은 리더십이 아니기 때문이다. 노무현 전 대통령이 그토록 엉터리로 국정을 운영했지만 그 '막무가내' '내식대로'를 끝까지 바꾸지 않았기 때문에 나름의 리더십을 인정받고 있는 것이다. 그의 추종 세력들이 끝까지 그를 붙좇는 이유가 바로 그것이다. 한데 '신뢰'와 '고집'의 박근혜 대통령이 취임 첫날 옷을 다섯 번이나 바꿔입었다. 흡사 '변검(變臉)'을 보는 듯했다. 이는 자칫 무녀적 취향이나 강박증 수준으로 오인받을 만한 일이다. 이로써 미루어 보건대 머잖아 반드시 난관에 부딪혀 타협하거나 좌절하지 않을 수 없을 것으로 예감된다. 그 순간 박근혜는 종이호랑이로 전락하고 말 것이다. 게다가 주위를 살살이나 만만한 인사들로 채웠으니 대신 총알받이로 나설 만한 인물도 없다. 그럴 경우 과연 노무현처럼 무지스럽게 밀고 나갈 수 있을까? 겨우 1년을 넘기자마자 정부의 목표가 창조경제에서 규제철폐, 통일대박, 그리고 다시 국가개조로 바뀌었다. 혁명이나 전쟁이 아니고서는 달성하기 힘든 일들이다. 어젠다만 남발하고 있다. 열심히 일한다지만 결국 "박정희는 박정희고, 그 딸은 딸일 뿐. 그 딸이 박정희가 될 순 없다"는 사실만 확인해 주는 것으로 끝날 공산이 크다 하겠다.

배고픈 시절에야 열심히 일하는 게 최선의 리더십이었지만, 지금과 같은 시절에는 이미지가 곧 리더십이다. 그리고 그 이미지란 일관성에서 만들어진다는 것도 모르는 모양이다. 일은 일이고, 품격은 품격이다. 일만 잘하면 품격 따윈 아무래도 괜찮다는 사고는 그래서 매우위험하다. 새마을 복장, 새마을 정신으로 '제2의 한강의 기적'을 일으킬 순 없는 일, 자칫 아버지 박정희 흉내내다 5년 임기 다 보낼까 걱정이다. 문화 융성은 곧 문화의 고급화, 고품격화이기도 하다.

Tip 박대통령의 '한복 외교' 국익에 도움되지 않는다

한국인들처럼 남의 눈, 특히 성숙된 글로벌 선진문명사회인들의 '공정한, 객관적인 시각'이 존재함을 의식하지 못하고 막무가내로 자기 입장만 내세우는 민족도 드물 것이다. 그러다 보니 해외에 나가서나 청와대의 외빈 만찬에서 박대통령이 '우리' 한복을 입는 것을 당연시하고 있다. 그런데 대통령의 그 한복 차림이 과연 국익에 도움이 될까? 세계인들도 한국인들처럼 그렇게 곱게 봐줄까?

비단 한복뿐만이 아니라 어느 나라든 자국의 전통적인 복식을 지나치게 고집하다 보면 글로벌 무대에서 자칫 오해를 살 수 있다. G20 회원국 정도의 국가 최고지도자가 다른 강대국에 가서 자국의 전통적인 복식을 자랑하는 것은 아직 글로벌화가 덜된 미개국 내지는 개도국에 머물러 있는 듯한 인상을 남길 수 있으며, 상대적으로 약소국에서는 제국주의적 인상을 풍겨 속으로 언짢이 여길 수도 있다.

잠깐 입장을 바꿔서 생각해 보자. 아프리카나 동남아 등 저개발국 정상이 우리나라를 방문하여 자국의 전통복식을 하고 나선 모습을 보면 한국인들은 무슨 생각이 들까? 반대로 미국이나 일본 등의 강대국 정상이나 영부인이 한국에 와서 그런 옷차림을 하고 나선다면? 전자의 경우는 자랑할 게 그것밖에 없는 나라가 뭘 얻으러 왔나 보다 할

측천무후의 재림? 박근혜 대통령이 중국 국빈 방문중 황제를 연상케 하는 황금빛 한복으로 만찬장에 들어서고 있다. 중국인들이 황금색을 좋아한다고 해서 아무나 황금색 옷을 입진 않는다. 남의 나라 여성 대통령이 황제의 복장을 하고 온 것을 곱게 보아줄 중국인이 있을까? 게다가 대충 걸치고 나온 듯한 여성 수행원의 복장도 문제다. ⓒ청와대

시녀들과의 난센스 앙상블. 중국 국빈 방문시 환영 만찬 행사장 종업원들의 전통복장과 박대통령의 한복. '사회학적' '홍보학적' 시각에서 비교해 보자. 시녀들임에도 불구하고 바른 자세에서 눈을 맞추고 한 손으로 당당하게 악수하고 있다. 오히려 박대통령이 왼손을 어정쩡하게 올려 당당함을 잃었다. ⓒ청와대

스위스 베른 시내의 한 호텔에서 열린 국빈 만찬에서 디디에 부르크 할터 스위스 대통령과 인사를 나누고 있는 박근혜 대통령. 한복을 스위스 국기색에 맞춘 것까지는 좋았는데 어이없게도 상대국 대통령 부부가 아닌 일개 시종과 앙상블을 이루고 말았다. 스위스인들의 눈에는 아프리카 추장처럼 동양의 잘 알려지지 않은 어느 국가 지도자의 이색적인 복장에 신기해할 따름이겠다. 영부인이 아닌 대통령이기에 검은 정장 드레스를 입었어야 했다. ⓒ연합뉴스

테고, 후자의 경우는 또 뭔가를 강요하러 왔나 보다는 생각이 저절로 스쳐갈 것이다.

어느 나라든 그런 상황에서라면 삼류 언론이야 별난 옷을 입고 온 한국 대통령이라고 사진까지 실어 줄는지 모르겠으나, 제대로 된 언론이라면 결코 그럴 리가 없다. 그 나라 지성인들과 상류층 오피니언 리더들은 속으로 불쾌하였을 것임에도 국익을 위해 그냥 아무렇지 않은 척하고 있었을 게다.

아무튼 상대국의 문화에 호감을 가져 주고 상대국의 상품이라도 사 줄 것 같은 분위기가 아니라, 자기네 문화만 선전하고 자기네 상품만 팔겠다고 온 속 좁은 이기주의자로 비칠 수 있다는 말이다. 한복 대신 차라리 순방국의 전통의상을 입어 주는 편이 그 나라 국민들의 호감을 얻어낼 수 있는 한 방법이겠다. 그렇게 상대국의 자존심을 세워 주고 실리를 챙기는 것이다. 가령 지난번 베트남 국빈 방문 만찬에서 박대통령이 아오자이풍의 세련된 서구식 정장을 준비해 입어 주는 게 진정한 예의이고, 진정한 세일즈 외교라 하겠다. 대신 선진 강대국에 가서는 사대(事大)로 비칠 염려가 있으니 그럴 필요까지는 없겠다. 물론 국가가 위기에 처해 도움이 절실할 경우에는 그보다 더한 일도 서슴지 않아야겠지만 말이다.

자국의 전통적인 옷차림을 하고 다니는 선진국 지도자는 없다. 우리나라만 고유의 한복이 있는 게 아니다. 세계 모든 민족은 나름의 전통복식이 있다. 선진국 역시 마찬가지이다. 그렇지만 그들은 굳이 남의 나라에까지 가서 자기네 전통복식을 자랑하지 않는다. 소통에 그다지 도움이 되지 않는다는 것을 잘 알기 때문이다. 그리고 그런 게 매너다. 어느 매너가 더 고품격인지는 삼척동자도 알 것이다.

파티의 목적은 보다 긴밀하게 소통하고 교감하여 신뢰를 다지는 데 있다. 그런데 혼자서 특별한 옷을 입고 나타난다면? 본인이야 튀어서 주인공이 된 듯한 기분을 만끽할는지 모르겠지만 호스트와 다른 손님들은? 한복 자랑하고 칭찬하는 것 외엔 달리 더 나눌 말이 없다. 자연히 원래의 목적은 뒷전으로 밀릴 수밖에 없다. 희한한 옷 때문에 상대와의 인간적인 교감이 차단되어 버린다. 해서 남들과 비슷한 평범한 정장이나 드레스를 입고 나가야 하는 것이다. 그래야 누구와도 거리낌 없는 대화를 나누며 교감할 수가 있다.

한복은 다른 어떤 옷과도 어울리지 않는다.

국위 선양? 어쨌든 대통령까지 한복이나 한국 중소기업 제품의 홍보대사로 나서는 건 오버센스다. 한국의 위상에 걸맞지 않다는 말이다. 아무렴 자기네 나라 전통의상 선전하라고 초청해서 파티 열어 주는 것 아니다. 정히 한복을 입고 싶으면 국내에서 입어야 한다. 그리고 외국 정상이나 귀빈들에게 우리의 한복을 자랑할 요량이라 하더라도 군이 대통령 자신이 입어야 할 일은 아니다. 대통령의 임무는 그런 게 아니다. 그런 데 신경 써야 할 만큼 한가한 자리가 아니다. 차라리 세계적으로 명성이 나 있는 한국의 문화예술인 가운데 글로벌 매너와 교양을 갖춘, 한복이 잘 어울리는 여성을 초대해서 오찬이나 만찬의 메인테이블에 앉히는 게 보다 자연스럽다.

그도 아니면 지난번 박대통령의 중국 방문 때 중국 고유의 옷차림으로 만찬장 도우미를 한 여성들을 벤치마킹하면 되겠다. 청와대처럼 국군의장대에게 "어서 옵쇼!"를 시키는 것보다 훨씬 나을 터이다. 직설적인 방법보다 간접적인 방법이 보다 나은 고품격 매너다. 아무튼 그런 홍보모델역은 연예인 등 그 분야의 전문가들에게 맡기고 대통령은 본연의 임무, 다른 큰일에 집중했으면 싶다. 박대통령이 이제 더이상 한복을 싸들고 순방 나서는 일일랑은 없어야 한다. 이는 다음 정권의 영부인이라 해도 마찬가지이다.

흔히들 영국 여왕과 비교를 하는데, 그건 경우가 다르다. 영국 여왕의 목적은 영국의 찬란한 전통과 문화를 자랑하는 것이다. 실무와는 아무 상관없는 일이다. 거기에 맞춰 우리 문화를 자랑한다고 애써 봐야 초라해질 뿐이다. 그럴 경우에는 차라리 글로벌 정장으로 나가는 것이 무난하다. 그에 비해 일본 국왕은 항상 전통복식이 아닌 정장으로 맞이한다. 소통의 의미를 제대로 알기 때문이다.

게다가 박대통령의 테이블 매너가 글로벌 수준에 못 미친다는 것도 문제다. 해외 순방중 교포들의 환영 오찬 모임에는 반드시 한복을 입고 참석하는데, 이때의 자세나 건배 매너가 완전히 어글리 코리언이다. 아무리 좋은 옷도 품격이 있는 사람이 입어야 빛이 나는 법! 가는 곳마다에서 한복을 차려입고 허리는 굽힌 채 팔을 쭉 뻗어 일본 조폭식 오버더테이블 건배를 하고 있으니, 우리 한복의 격이 제대로 세워질까 의문이다.

또 취임식날 만찬에서부터 지금까지 입었던 박대통령의 한복 자체도 안쓰러울 지경이다. 우리나라 고유의 한복이라기보다 연예인형 패션한복이라고 따로 구분해야 할 만큼 하나같이 화려하기 짝이 없다. 아무리 시대가 변했다지만 지금도 점잖은 가문선 절대로 그런 한복 입지 않는다. 육영수 여사가 살아 계셨다면 분명 기절초풍했을 것이다. 절제의 품격! 그게 한복의 정신이다. 조선 백자(白磁)가 그렇듯이.

왜 이런 일이 생길까?

이는 박대통령의 독선적인 고집과 취향, 담당 코디네이터의 미적·문화적인 글로벌 매너 수준 미달과 무책임, 그리고 글로벌 무대에서의 경험이 전무한 의상제작자 등 총체적인 문제라 하겠다.

대통령 한 사람을 독보적으로 세워 놓고 의상을 제작하기 때문이다. 상대가 있다는 생각은 추호도 하지 않았기 때문에 그런 튀는 옷을 만들어 입히는 것이다. 혼자 워킹하는 모델로 본 것이다. 해서 상의의 길이를 남과 다르게 한 것이다. 정장도 아니고 반코트도 아닌 어중간한 옷이다. 누구도 그런 비례의 옷을 입지 않는다. 때문에 다른 어떤 사람과도 어울리지 못한다. 앙상블이 불가능하다. 그래서 상대로 하여금 불편하게 만든다.

게다가 빳빳하게 세운 깃, 커다란 주머니, 몸에 맞지 않는 헐렁함이 흡사 상의가 유니폼이나 갑옷처럼 느껴져 다른 이의 범접을 막고 있는 듯한 느낌을 준다. 사진 역시 하나같이 언밸런스한 모습이어서 보는 이로 하여금 불편함을 느끼게 한다. 옷을 만들 적에는 상대와 나란히 세워 놓고 설계를 해야 함에도 대통령이라는 권위만 생각하고 독존(獨尊)으로 만들었기 때문이다. 원색적인 빛깔 역시 지나치게 튀어서 어딜 가나, 누구와 같이 서도 품격이 떨어진다. 상대를 한번도 생각해 보지 않았다는 뜻이다. 때문에 상대는 첫눈에 '아, 이 사람은 독선이 강하고 남에 대한 배려심이 없구나!' 하고 파악한다. 그러니 진정한 소통이 이루어질 턱이 없다. 특히 한국인들은 여성의 경우 남성에 비해 복장이 자유로울 수 있다는 관대한 생각이 팽배하다. 그렇지만 공인의 경우 남성이나 여성이나 공히 짙은 정장이 기본이라는 인식을 가져야 한다.

리더의 진정한 파워는 지극히 평범한 데서 나온다.

최고지도자란 모든 면에서 누구와도 뚜렷하게 구별되어야 하는 사람이 아니라 누구과도 잘 어울려야 하는 사람이다. 그렇기에 평범한 정장을 입는 것이다.

07 글로벌 하인 '굽신남' 코리아의 지도자급 인사들

대한민국 국격이 국력과 비례하지 못하는 이유 | 빌 게이츠가 MB와 박대통령에게 주머니 악수하게 되는 아주 타당한 이유 | 북한의 김정은이 남한을 연일 우습게 여기는 이유 | 중국 지도자들의 글로벌 내공 | 코리아 디스카운트 주범 굽신남 | 글로벌 세계에서 자라목은 하인 취급! | 박근혜 대통령과 시진핑 국가주석의 내공 수준

빌 게이츠 회장이 박근혜 대통령을 예방하면서 왼손을 주머니에 넣은 채로 악수를 했다 하여 결례라며 언론과 국민들이 분개해 마지아니하였다. 기실 글로벌 세계에선 그다지 흔한 장면은 아니지만 종종 있는 일이다. 특히 미국 사람들한테서 자주 보이는 모습이다. 친한 척하기 위해 상대의 어깨를 껴안거나, 오바마 대통령처럼 습관적으로 다리를 꼬고 앉는 이들도 많다. 그렇다 하더라도 그 나라에서는 그 나라 예법을 존중하는 것이 정도인데, 아무튼 빌 게이츠가 한국적(동양적) 예법에 좀 더 주의를 기울였어야 했다. 그는 평소에도 줄곧 주머니에 손을 넣고 다닌다. 다른 나라 최고지도자들과도 종종 주머니 악수를 했다. 독선과 자만이 강한 성격의 소유자임을 알 수 있다.

그렇다 한들 관료가 아닌 일개 성공한 기업가일 뿐이니, 그저 가볍게 웃어넘기면 그만이겠다. 그런 개인의 버릇을 가지고 국가의 위신과 비교해 힐난하는 것이 오히려 속 좁은 일이다. 글로벌 사회에선 통상 그 정도까지는 관용(똘레랑스)으로 봐준다. 문제는 빌 게이츠가 아니라 박대통령이었다. 지난번 존 케리 국무장관의 예방에서도 그랬지만, 이번에도 역시 대통령이 처한 위치가 문제였다. 시진핑이나 오바마 등 다른 나라 지도자들처럼 대통령 자신이 사진상의 오른쪽에 위치하였어야 했다. 그래야 사진에서 자신의 전면이 더 잘 보인다. 아마

그랬다면 빌 게이츠의 주머니에 넣은 왼손은 보이지도 않았을 게다. 자기 집 안방에서 자신의 사진이 잘 나오는 위치 하나 못 잡다니 안타깝다. 혹 그동안 구부정한 전면 사진이 마음에 들지 않아 위치를 바꾼 것인지도 모르겠다.

그리고 만약 빌 게이츠 회장 스스로가 박대통령을 만나고 싶어해서 접견 신청을 하고 예방했더라면 과연 그런 자세로 악수를 했었을까? 혹 청와대에서 바쁜 사람을 억지로 초대한 것은 아닌지? 그래서 그가 내키지 않는 만남에 응한 건 아닌지?

제 눈의 티는 못 보고 남의 티 나무란다

더 큰 문제는 그동안 필자가 내내 지적해 온 박대통령의 복장에 있다. 취임식에서부터 지금까지 입고 있는 옷들은 정장이 아니다. 청와대 여종업원이나 여객선 승무원들의 유니폼처럼 보인다. 한 나라 최고지도자로서의 권위를 지키기엔 무리한 복장이다. 한국인들이야 제 나라 대통령이니 그마저도 좋게 봐줄 수 있겠고, 그걸 굳이 개성이라거나 정장이라 우긴다면 어쩔 수 없는 노릇이지만 냉정하게 글로벌적 시각에서 보면 대충 난감한 패션이다.

유럽에서 여성이 신사에게 손등을 내밀면 상대는 거의 자동으로 허리를 굽혀 그 손등에 입을 맞춘다. 그만큼 습관화된 매너다. 한데 만약 그때 여성이 바지를 입고 있다면 신사는 움찔했다가 도로 허리를 펴버린다. 바지를 입은 여성은 여성으로 대하지 않는다는 말이다. 그냥 남성과 동등하게 여긴다. 만약 이번에 박대통령이 고 대처 총리나 줄리아 길러드 호주 총리처럼 치마 정장을 했더라면 제아무리 빌 게이츠라 해도 저도 모르게 주머니에서 손을 꺼냈을 것이다.

박대통령처럼 캐주얼풍으로 입고 나가면, 대개의 서양인들은 서로 격식 차리지 말고 편하게 얘기하자는 뜻으로 받아들인다. 그러니 빌 게이츠가 설령 잔뜩 긴장하고 왔더라도 순간 긴장이 풀어지게 마련이다. 따라서 근본 원인은 박대통령에게 있기 때문에 앞으로도 이같은 일이 재현될 소지가 다분하다 하겠다. 국민들도 이제는 로컬 매너와 글로벌 매너를 분명히 구분하는 안목을 키워야 한다. 해서 이번 일처럼 로컬 잣대로 빌 케이츠의 결례에 언짢아하기 전에 한국을 대표하는 최고지도자의 글로벌 품격이 과연 제대로 갖춰져 있는지부터 살펴야 할 것이다.

글로벌 하인 '굽신남' 코리아의 지도자급 인사들

수년 전 러시아 모스크바에 개점한 한국의 한 백화점에서 그 점원들에게 한국식 '굽신인사법'을 강요하였다가 물의를 빚은 적이 있다. 직원이 무슨 하인이냐고, 인격 모독이라며 반발하고 나선 것이다. 그렇잖아도 가끔 백화점에 가보면 마네킹처럼 잘 차려입은 여성들로부터의 이 기계적인 절받기가 내심 거북살스럽던 참이었다.

사실 이 인사법의 원산지가 일본인 수입산임을 기억하는 이들조차 드물 만큼 이제는 한국화된 지 오래다. 물건 하나라도 더 팔아 보려고 일본이 개발한 친절법이다. 이를 당시 롯데백화점이 서울 소공동에 들어서면서 수입한 것이다. 어떻게 해서든 일본을 따라잡아 우리도 한번 잘살아 보자던 시절이라 열심히 따라 해서 서비스업 전반으로 퍼져 나가더니, 결국 한국적 예절로 뿌리내리게 되었다. 그 이전에는 그런 인사를 아부적이라 하여 손가락질했었다.

지지난 정권의 노무현 대통령이 평양을 방문했을 적에 당시의 김장수 국방부 장관이 허리를 똑바로 세운 자세로 김정일과 악수했다 하여 남한의 자존심을 간신히 지켜낸 영웅(?)이 된 바 있다. 대한민국 국군을 대표하여 일부러 굽히지 않았다고 했다. 그러니까 그 나머지 인사들은 모조리 김정일 앞에 머리를 조아렸다는 말이다. 어쨌든 그는 그 사진 하나로 '꼿꼿장수'라는 별명을 얻어 이명박 정부에선 국회의원, 이번 정권에선 청와대 안보실장이라는 중책을 맡아 출세가도를 달렸었다.

남한 국민들은 '꼿꼿악수'를 두고 사관생도나 군인들만의 인사법으로 알고 있지만, 실은 그게 글로벌 선진문명사회권에선 지도자들은 물론 일반 서민들의 일상적인 인사법이다. 북한의 공산당 간부들은 모두 김장수처럼 악수한다. 악수할 때 허리 굽히고 고개 숙이는 나라는 전 세계에서 한국뿐이다(일본의 정치인 등 일부 저질 계층 포함). 하지만 그런 김장수도 그때뿐, 남한에서는 그냥 '굽신남'이었다.

북한이 남한을 우습게 보는 것도
남한의 어글리 코리언 매너에서 비롯

글로벌 매너가 뭔지, 그게 왜 필요한지도 모르는 한국사회에서 격에 맞지 않는 접견이 어제 오늘만의 일도 아니고, 박대통령만 그런 것도 아니다. 실은 고 이승만·박정희 대통령 이후의 역대 대통령들과 이 나라 지도자급 인사들 모두가 하나같이 그렇게 살아왔었다. 특히 문민 정부가 들어서면서부터 관료 세계에서 글로벌 매너는 거의 천민 수준으로까지 떨어졌다.

어디 그뿐이랴. 공항 의전에서부터 "어서 옵쇼!"다. 허리 굽히고 고개 숙이는 세계 유일의 전통의장대가 공항에서부터 청와대 만찬장까지 백화점 스탠딩걸이나 주유소 이벤트걸과 똑같이 도열해서 손님맞이를 하고 있다. 식당 웨이터들도 그런 식으로까지 인사하지 않는다. 그럴 때면 너무 굴욕스럽고 민망해서 차마 한국인이고 싶지 않을 정도다.

우리가 북한 지도층의 일거수일투족에 관심이 많듯, 북한 역시 남한 지도자들의 모습 하나하나를 분석하고 있음은 불문가지일 게다.

한국에선 문화재감인 정품격 악수 사진. 글로벌 정격 모델 폼 악수는 사관생도들처럼 원래 이렇게 하는 것이다. ⓒ청와대

북한에선 꼿꼿장수, 남한에선 도로 굽신남. 김장수 국방부 장관의 허탈한 한국형 신화. ⓒ연합뉴스

1975년 고건 전라남도 도지사가 세종로 청사에서 김종필 국무총리로부터 임명장을 받으며 악수를 나누고 있다. 당시 고건 지사는 정통 관료 출신으로는 최연소(37세)로 도지사에 임명됐다. 아웅산 폭탄 테러 이후 이런 정품격 매너가 한국사회에서 차츰 사라져 갔다. [국가기록원]

악수의 정품격 모델 폼. 멕시코 대통령을 맞이하는 일왕 부처. 정장을 한 여성 수행원. ⓒ로이터

글로벌 정격 매너에 정통한 사람은 상대의 사진 한 장만 보고도 능히 그 속내를 다 들여다보고 내공 수준까지 가늠할 수 있다. 글로벌적 시각에서 보면 한국의 최고지도자는 물론 관료들의 매너나 내공은 그야말로 수준 이하다. 같이 맞상대할 만한 인물이 남한에 보이지 않는다는 말이다. 품격면에서 보자면, 청와대 홈페이지에 올라 있는 사진들 가운데 열에 아홉은 다 내다버려야 할 판이다.

글로벌 정격 매너를 갖춘 북한 지도자들은 인간으로서 마땅히 갖추어야 할 성숙된 사회적 인격체 의식 제로에 가까운 남한 인사들을 모조리 사람이 아닌 비인격체, 즉 동물 수준 등식(等式)으로 이해하고 있다. 그들이 시종일관 남한 사람들을 멸시하며 함께 대화 나누기를 거부하고, 미국과 직접 담판하겠다고 고집하는 원인에는 앞서 예를 든 남한 지도자와 관료들의 수준 낮은 매너가 사실상 크게 한몫하고 있다고 볼 수 있다. 중국 역대 지도부의 대 남한 태도 역시 마찬가지였고, 지금도 그러하다.

일국의 대통령이 되려면 그런 글로벌 정격 매너가 평소 생활화되었어야 하고, 부족한 부분은 중국의 시진핑 국가주석처럼 취임 전에 철저히 훈련받았어야 했다. 이는 공사(公私) 불문 모든 영역 지도자들의 통과의례이자 의무다. 하나같이 그런 준비도 없이 취임하는 바람에 여기저기 의전상의 허점을 노출시켜 국격을 떨어트려 왔다. 최고지도자가 그 모양이니 나머지는 보나마나다. 국내에서야 그걸 제대로 알아차리고 눈여겨보는 사람이 많지 않지만 글로벌 무대에서는 여지없다.

눈으로 소통할 줄 모르는 한국인

인간이든 짐승이든 인사는 서로간의 소통이 목적이다. 간혹 미개한 부족에서 동물들의 그것을 흉내낸 인사법들이 있기도 하지만, 현대 글로벌 세계에서 가장 보편적으로 통용되는 인사법은 바로 악수다. 여기까지는 한국인들도 다 알고 있다. 한데 그 악수의 본질이 손 잡음이 아니라 '눈맞춤(Eye Contact)'인 줄 아는 이는 많지 않다. 악수란 그저 만남의 의례 차원에서 끝나지 않고, 한걸음 더 나아가 사회 활동 교섭 상대방간에 서로의 눈을 쳐다보며 대화할 수 있는 상대임을 확인하는 인사법이다.

한국인들은 인사할 때 눈을 내리깔아야 공손한 것으로 인식하는 오래된 습관 때문에 평소에도 상대의 눈을 잘 쳐다보지 못한다. 꽤 글로벌적으로 활동하는 이들도 이게 잘 안 된다. 인사할 때는 물론 악수할 때, 면담할 때, 심지어 스피치중에도 상대를 똑바로 주시하지 못한다. 심지어 눈길을 마주치는 것은 윗사람에겐 불경으로, 낯선 사람에겐 적대적인 것으로 인식한다. 동물의 왕국에서나 통하는 인사법이다.

이런 습관은 글로벌 매너 교육에서 가장 큰 걸림돌이다. 나아가 한국인들이 상대의 마음을 읽어내는 능력이 떨어지고, 그로 인해 배려심이 부족한 원인이 되고 있다. 때문에 제대로 속내를 트고 소통할 때까지 엄청난 시간과 에너지가 낭비된다.

전근대적이고 권위주의적인 소통 부재, 소통 불가한 전통적 인사법만을 고집한다면 글로벌 사회에서 언제까지나 변방 취급받을 수밖에 없다. 글로벌 사회에서 모든 매너는 똑바른 몸 자세와 눈맞춤에서 시작된다. 이를 인격(人格)과 짐승격, 시민과 노예(천민)를 구분하는 기준으로 삼아 왔다. 눈을 마주치지 않으면 소통이 안 된다는 것이 글로벌적 인식이다. 나머지는 그를 위한 형식일 뿐이다. 한국인들은 이 두 가지 모두가 안 될 뿐만 아니라 아예 이해와 인식조차도 없다.

악수할 땐 상대방 손을 보지 말고 눈을 봐야

거의 대부분의 한국인들은 악수를 하면 습관적으로 저도 모르게 눈을 내리깐다. 상대가 갑(甲)일 경우에는 혹여 건방지다고 여기지나 않을까, 하여 불이익이 따르지나 않을까, 공손과 복종을 표시하기 위해 그저 땅바닥에라도 엎드려 큰절을 올릴 수 없어 죄송스럽기 그지없다는 듯 허리를 최대한으로 굽히고, 어깨는 움츠리고, 고개는 한껏 숙인 채 두 손까지 모아서 악수를 한다. 지난 대선 유세중에 문재인 후보를 지지하던 서울대 조국 교수가 그런 식으로 악수를 해서 화제가 된 적이 있듯이, 우리 사회 어디서나 흔히 볼 수 있는 인사법이다. 서양식에다 한국식·일본식까지 합쳐 가장 공손한 인사법을 만들어 낸 게다. 하지만 이를 글로벌적 시각에서 보면 세상에서 가장 비굴하고 천한 인사법이 되고 만다. 우물 안에서야 동방예의지국이라 자화자찬하지만, 밖에서 보면 동방천민지국일 뿐이다.

더욱 희한한 사실은 이러한 오류를 글로벌 영역에서 일하는 사람들조차 전혀 의식하지 못한다는 것이다. 국제 비즈니스에 다년간 종사해 온 한국인들의 인사법을 보면, 이들이 외국인의 눈 아닌 손을 보며 악수하고 있는데도 정작 본인들은 눈을 보며 악수하고 있지 않느냐고 완전 착각하고 있다는 사실이다! 심각하게 살펴 들어가 보면, 상대방을 마음의 시야 밖에 두고 좀비처럼 건성으로 인사하는 천민 의식이 몸에 아예 체화된 것으로 풀이될 수 있다.

글로벌 세계에서 자라목은 하인 취급

한국인들이 흔히 하는 약식 인사법인 목례 또한 엉거주춤하기 짝이 없다. 턱을 당기고 상대를 주시하면서 '눈~방긋' 해야 함에도 불구하고 오히려 턱을 앞으로 쭉 내밀어 고개를 낮춘다. 인사를 받는 쪽에서도 그에 동조되어 같이 턱을 내밀어 고개를 까닥인다. 그 버릇대로 악수를 하기 위해 손을 내밀면 자동적으로 턱이 따라 나가고, 상체도 앞으로 기운다. TV 개그프로의 소재가 되었던 박대통령의 인사법이 그러하다. 목례(目禮)는 눈(目)인사이지 목(頸, 고개)인사가 아니다. '눈방긋'을 말한다. 고 박정희 대통령과 육영수 여사도 그런 식으로 고개를 까딱거린 적이 없다.

허리는 굽히다 말고, 어깨를 움츠려 목을 앞으로 빼는 바람에 품격이 떨어져 더욱 천격스러워 보인다. 게다가 상대의 손을 쳐다보는 바람에 고개까지 숙이게 된다. 이명박 전 대통령이 그랬다. 이런 자라목 인사법이 부지불식간에 한국적 전형으로 굳어 버렸다. 바로 이런 자세 때문에 한국의 유명 배우나 스포츠 스타들 누구도 글로벌 상류층 사교 클럽에 끼이지 못할뿐더러 그 흔한 글로벌 광고 모델 하나 못 따내는 것이다.

글로벌 정격 매너에선 절대 고개나 허리를 숙이지 않는다. 당연히 눈을 내리깔아서도 안 된다. 눈길을 피하는 것은 상대를 무시하거나, 스스로 격을 낮추는 것으로 인식한다. 때문에 이후 사람 대접 제대로 못 받는다. 턱을 내밀거나 고개를 끄덕이는 자라목 인사법은 짐승격으로 취급한다. 해서 그런 사람을 하인 다루듯 해도 결코 실례가 되지 않는 것이 글로벌 상식이다. 그런 한국인들을 선진 주류사회의 리더들이 그동안 그 지위나 업무 때문에 마지못해 상대해 준 게다.

전·현직 대통령의 예에서 보듯이 한국인들은 정도의 차이는 있을지언정 하나같이 자라목이다. 더욱이 체화된 식민사대 근성 때문에 미국인 앞에서는 이 현상이 더욱 심해진다. 전통적인 예법에 따라 허리를 굽히거나 고개를 숙이는 것이 곧 공손함이라 단정하는 것은 자칫 국제사회에서 오해를 불러일으킬 수 있다. 한국과 일본을 제외한 나라에서 허리나 고개 숙임(일왕 가족들은 허리는 숙이나 고개는 절대 숙이지 않을뿐더러 눈은 상대방을 향해 미소를 담아 주시한다)은 공손함이 아니라 비굴이다. 이런 사람들은 복종형으로 주체성과 책임감이 부족할 수밖에 없다. 글로벌 무대에선 달리 표현해야 한다.

대한민국 국격이 국력과 비례하지 못하는 이유

부산APEC 정상회의에서 잘못된 자세로 고이즈미 총리와 악수하는 노무현 대통령. 손을 잡고
도 상대의 눈을 똑바로 쳐다보지 못하고 있다. ⓒ연합뉴스

한국인들은 악수 자체가 인사인 줄로 오해하고 있다. 인사(소통)의 진정한 의미도 모른 채 서양
인들을 따라 하다 보니 생긴 어글리 매너이다. 자라목에다 중국 후진타오 국가주석의 손을 보면
서 악수하려 드는 이명박 대통령. ⓒ연합뉴스

국력과 품격은 정비례하지 않는다. 눈을 마주치지 못하는 박근혜 대통령 당선인과 글로벌 정품 격 모드로 당당하게 악수하는 아웅산 수지 여사. 그녀가 왜 가는 곳마다에서 그토록 환대를 받 고 있는지를 설명해 주는 사진이다. ⓒ인수위 사진기자단

존 케리 미 국무장관의 예방을 맞아 환하게 웃고 있는 박근혜 대통령. 사진을 바라보는 국민의 마음은 오히려 무거워지는 것 같다. 박대통령을 모르는 외국인이 이 사진을 본다면 청와대 여성 직원과 악수하는 사진으로 오해받지나 않을까 아찔하다. ⓒ청와대

눈은 마음의 문이다. 인간만이 눈으로 희로애락을 표현해 낼 수 있다. 인격체는 바른 자세에서 눈으로 인사한다. 지나치게 몸을 굽히거나 고개를 숙이는 것은 자신이 없거나 본심을 숨기는 듯한 느낌을 준다. 전통식과 글로벌식을 합친 어정쩡한 모습을 보이고 있는 것이 작금의 한국의 매너 실태다. 명절이나 제사 등 특별한 행사에 사용되는 로컬 예법은 글로벌 무대에선 맞지 않는다. 스스로 격을 낮추는 겸손함은 오히려 소통의 걸림돌이 되고 만다.

행여 상대의 손을 놓칠까 걱정하지 말고, 상대의 눈길을 놓치지 않으면서 손을 내밀어 악수를 해야 한다. 절대 허리를 굽혀서도, 손을 쳐다보아서도 안 된다. 손을 보는 순간 '상것'으로 격이 떨어지고 만다. 인사는 손이 아니라 '눈방긋'이다. 무게 중심을 손이 아니라 눈에 두어야 한다. 발끝에서 머리끝까지 몸 자세를 곧추세우고, 당당하게 만면에 미소를 띠면서 상대의 눈길을 놓치지 않는 것이 글로벌 정격 매너다. 그래야 소통이 된다.

중국의 시진핑 국가주석처럼 자신의 생각과 매너를 바꾸는 것은 공(公)의 자세다. 사적(私的) 신뢰를 고집하는 것은 독선이다. 구한말 김홍집 총리대신의 조선책략 문호개방 시도에 대한 당시 수구 세력이었던 영남 유림의 만인소 대거 집단 상소처럼 대통령에 보내는 집단적 사적 신뢰 또한 독선에 다름 아니다. 비록 선거를 통해 지금의 대통령을 지지하였다 해도 맹목적으로 계속해서 지지하는 건 어리석은 일이다. 이때까지 잘했으니까 5년 동안 마음대로 해먹으라고 대통령으로 뽑아 준 것 아니다. 앞으로 국민의 의견 잘 듣고, 국민이 바라는 대로 처신하고 일하라고 뽑아 준 것이다. 잘못된 건 그때그때 고치도록 질책하는 것이 뽑아 주는 것보다 더 중요한 의무이자 권한이다.

사대주의와 식민지배, 또 유가적 허례허식으로 소통은 단절(실은 거부)되었고, 아첨과 모멸의 교환에 너무도 익숙해진 민족이 되고 말았다. '바꾸는' 것이 곧 개혁이고, 혁신이고, 창조다. 지난날의 예의가 지금은 무례가 되고 있다. 예법에도 절제와 개선이 필요하다. 때와 장소를 가려 글로벌과 로컬을 명확히 구분하여 사용할 줄 알아야 한다. 무엇보다 청와대를 비롯한 공공기관의 공적 의전에서는 반드시 글로벌식을 따라야 한다. 지금은 글로벌 시대다. 글로벌 대한민국이어야 한다.

Tip 박근혜 대통령과 시진핑 국가주석의 내공 수준

얼마 전 존 케리 미 국무장관이 한국을 방문해 박근혜 대통령을 예방했었다. 이때 기념사진 촬영용으로 악수하는 사진을 보면 영어색하다. 케리가 박대통령과 '왼손' 악수를 하면서 오른손으론 박대통령의 어깨를 다독이는 자세다. 박대통령은 예의 버릇대로 자라목에다 두 손을 모아 케리와 악수하고 있다. 유세 때 시장통을 누비며 아주머니들 손잡던 버릇이 고스란히 나온 게다. 모르는 사람이 보면 누가 대통령인지 누가 일개 장관인지 구분이 안 가는 장면이다. 게다가 우리의 대통령은 복장도 정장이 아닌 캐주얼이다. 역시나 모르는 이가 이 사진을 본다면 대통령궁에서 허드렛일하는 여성쯤으로 오인하기 딱 좋은 유니폼이다.

아나나 다를까 케리 장관이 박대통령에게 계속해서 질문을 하고, 우리의 대통령은 거기에 꼬박꼬박 친절하게 대답해 주는 바람에 접견시간이 예정보다 길어졌다. 글로벌 정치 세계에서 질문은 곧 공격이고, 거기에 일일이 답해 주는 것은 친절이 아니라 호구로 여긴다. 막말로 케리가 박대통령을 가지고 논 것이다. 대통령의 접견은 그냥 사진찍기일 뿐이다. 몇 마디 덕담으로 예방을 마쳤어야 했다.

참고로 그런 질문에 가장 효과적으로 방어를 잘하는 민족이 있다. 바로 프랑스 사람들이다. 국제회의나 기자회견 등에서 생뚱맞은 질문이 쏟아지면 알건 모르건 절대 곧이곧대로 대답해 주지 않는다. 질문을 질문으로 되받아친다. 재차 공격해도 역시 질문에 대한 질문의 질

한국보다 훨씬 선진문명국인 중국. 베이징 인민대회당에서 하위 실무직원의 얘기에 순복해 따르는 시진핑 중국공산당 신임 총서기. ⓒ로이터

악수의 정품격 모델 폼으로 제자리에 서서 제이콥 루 미국 재무장관을 맞이하는 시진핑 국가주석. 취임 전과는 완전히 달라진 모습이다. ⓒ로이터

프랑스 올랑드 대통령과 악수하는 빌 게이츠 회장. 손보다 눈맞춤에 무게 중심을 두는 것이 정격. ⓒ연합뉴스

문으로 초점을 흩트려 상대를 헤매게 만들어 버린다. 글로벌 세계에선 성실이 반드시 정답이 아니라는 말이다.

다시 중국으로 건너간 존 케리 국무장관이 시진핑 국가주석을 예방했다. 이때 시진핑은 미리 접견실 중앙(사진의 오른쪽)에 서서 케리를 맞았는데, 미소 띤 얼굴로 상대가 저쪽에서 걸어올 때까지 미동도 않은 채 제자리에서 기다렸다가 발치까지 다가오자 그제야 꼿꼿한 자세로 오른손만 내밀어 악수했다.

그러자 예의 버릇대로 케리 장관이 좀 더 다가서면서 박근혜 대통령에게 하듯 왼손으로 시진핑의 어깨를 잡으려 드는 순간 시진핑이 잡고 있던 오른손을 꽉 쥐면서 밀 듯이 살짝 흔들어 버린다. 이에 움찔 놀란 케리의 왼손이 막 시진핑의 윗팔뚝까지 올라갔다가 잡지 못하고 얼른 도로 내린다. 감히 까불지 말라는 거다. 친한 척 맞먹으려 기어오르는 케리를 한순간에 제압해 버렸다. 미국인들을 어떻게 다뤄야 할지 사전에 철저히 대비했음을 짐작할 수 있겠다.

사실 시진핑이 국가주석이 되기 전에는 그 정도의 내공이 아니었다. 그도 본디 '쩍벌남'으로 오히려 다른 상무위원들에 비해 현저히 떨어졌었다. 그런데 국가주석으로 최종 낙점되자 그때부터 전문가의 개인 지도 아래 철저하게 글로벌 정격 매너를 익혀 왔다. 시진핑이 국가주석 취임 전 한동안 공식석상에 나타나지 않아 피격설 등 온갖 소문이 난무했던 것도 실은 그 때문이 아니었을까 짐작해 본다. 이번에 존 케리가 예전의 미숙한 시진핑으로 생각하고 박근혜 대통령처럼 다뤄 보려다 한방 먹은 것이다. 최고지도자의 바뀐 면모를 확실하게 보여준 셈이다.

그러나 한국의 박근혜 대통령에겐 그런 학습이나 훈련도, 경험도 없었다. 빌 게이츠가 주머니에서 손을 빼게 할 기지나 관록도 없었다. 빌 게이츠에게 내밀던 오른손을 얼른 거두고 왼손을 내밀거나, 혹은 내밀던 오른손을 악수 직전 왼손과 함께 들어올려 반갑게 포옹하려는 자세를 잡아 빌 게이츠가 저도 모르게 주머니에서 손을 빼게 하는 순발력 있는 내공이 없었던 것이다. 인수 기간중에 대통령으로서 갖춰야 할 글로벌 매너를 철저하게 익혔어야 했다.

08 공적인 추모 행사, 글로벌 정격으로 업그레이드해야

추모에도 품격이 있어야. 반복되는 후진적 의례 | 일제 근조 리본 하나 못 떼어내면서 문화 창조? | 인격(人格)은 간데없고 너절한 물격(物格)만 | 백 마디 말보다 은유적 메시지 하나! | 무혼(武魂)으로 승화시켜 마흔여섯 용사들을 다시 바다로 돌려보내야! | 백 마디 말보다 강한 메시지, 사진 한 장 | '천안함'을 녹여 불사의 전함으로 부활시켜라!

폭침이다! 아니다! '천안함' 폭침 3년이 지나서야 민주당 대표가 추모 행사장에 나왔다. 참 못난 민족이다. 참 어리석은 민족이다. 이러고도 나라가 안 망하고 멀쩡하니 이게 조상의 음덕인가? 아니면 미국의 보호 덕분인가? 아무튼 하느님이 보우하사, 신기하고도 신기한 일이다. 정권도 바뀐 3주기 추모 행사여서 이전과는 뭔가 다를 줄 알았으나 아무것도 달라진 것이 없어 허전하기 그지없다.

행사의 내용에 있어서도 진정 전사자 개개인과 부상자 개개인의 희생을 기리고 있는지, 유가족들과 아직도 후유증에 시달리거나 사실상 병상에 남아 있는 부상자들과 간병의 고통 속에 있는 가족들에 대한 위로가 되었는지, 민주당이 폭침을 인정한다고 했다지만 과연 진정으로 국민을 설득하고 포스트—천안함 마인드의 새로운 의지 결집의 플랫폼을 다져냈는지, 마지막으로 북한 정권에 대한 강력한 경고 메시지와 나아가 대승적으로 북한의 김정은과 지도부 세력이 생각을 고치도록 패러다임 쉬프트를 가능케 하는 참신한 화두를 던지는 한편 북한 국민을 포용하겠다는 의지를 표현해 냈는지 등등에 대한 자신이 없다.

지난 대선 때 민주당이 승리했더라면 이번 3주기 추모식이 과연 어땠을까 하는 생각에 그나마 다행이라면 다행이겠다 싶지만, 새로 취임한 국가 최고지도자의 리더십이 공개 오디션 시험받는 이때, 국가 보훈처가 주관한 거국적인 추모식이 그저 여느 대형 참사 장례식이나 추모식 풍경과 다를 바 없어 안타깝기 짝이 없다. 무엇보다 다시 똑같은 식으로 내년 4주기를 맞게 될까 염려스러워 분노와 슬픔을 뒤로하고 이참에 전몰장병에 대한 장례·추도·추모 의전 등에 대해 한번쯤 점검해 보고자 한다.

논의를 진전시키기 전에, 당국자들과 행사 오거나이즈 관련업계의 소위 기획전문가들이 청맹과니 상태이므로 먼저 교과서적이지만 글로벌 선진문명사회의 기본 접근방법론부터 소개하고자 한다. 모든 행사가 그렇지만 추모식 행사 역시 소통이 키워드다! 선제적인 스탠스에서 목표 인사들의 심리를 조정, 연출하기 위해 딱 맞을 처방을 고안, 기획하고 투약하는 것이다. 방법은 은유적인 메시지의 제시 → 공감 → 동의, 그리고 피드백, 즉 쌍방향 교통이다. 사용 테크닉은 음악 이미지, 시각 이미지, 비전 이미지다! 행사 기획이 아니라 행사 디자인이어야 한다. 마지막으로 최상의 디자인은 곧 품격이다.

추모에도 품격이 있어야

한국이 현대화하는 과정에서 관혼상제의 형식이 전통적인 것에서 많이 변질 개선되었다. 심각한 고민 없이 그때그때 즉흥적이거나 부지불식간에 형성된 의례를 맹목적으로 따라 하다 보니 그에 대한 의미를 설명하기가 궁색한 부분도 적지않다.

조선시대에는 국가에서 규범화한 오례(五禮: 吉禮, 嘉禮, 賓禮, 軍禮, 凶禮)가 있어 엄격하게 지켜졌지만, 아쉽게도 군례(軍禮)에 대한 구체적인 기술은 남아 있지 않다. 무사(武事)가 언제나 그렇듯 이는 어쩌면 군례가 일반 상례보다 그 형식면에서 매우 단순했기 때문일 수도 있다. 따라서 우리의 군례가 딱히 이렇다고 정해져 있지 않더라도,

현대의 보편적인 문명사회의 글로벌 상식에 따른다 해도 그다지 전통적인 것과 크게 다르지 않을 것이라 짐작할 수 있겠다. 분명한 것은 군례가 민간의 상례와 달리 상당히 절제되어 간소하고 엄숙했을 것이란 점이다.

그동안 필자가 누차 지적해 왔지만, 이번에도 추모 인사들 어느 누구 하나 집을 나서면서 제 돈으로 준비한 생화를 꽂거나 들고 나온 이가 없었다. 흰 국화꽃으로 장식한 제단에, 눈물겨운 조의가 진정 마음에 있는지조차 의심스러운 무표정 허례허식형 모드로 역시나 주최측에서 준비한 흰 국화꽃 조화(弔花)를 바쳤다.

'순종' '단념' '항복'을 의미하는 흰 꽃으로 무슨 이야기를 나누랴! '학생부군(學生府君)' 앞에나 놓일 법한 흰 꽃을? 용사에 대한 모독이다. 망자와 '소통'하여 그들의 이야기를 들어 주는 게 아니라, 지레 '고이 잠드소서' '할 말 없음'이다. 그럴 거면 뭣하러 왔느냐는 용사들의 원성이 들리는 듯하다. 울부짖는 비명이 들리는가? 잘못 들은 게다. 위로하고 보살펴 달라는 게 아니라 "나를 잊지 말고, 내가 흘린 피를 기억하라. 그리고 내가 목숨 바쳐 지킨 조국을 끝까지 지켜 내라!"는 용사들의 절규를 들었어야 했다.

게다가 하나같이 주최측에서 나눠 준 일본식 검정 리본을 달았다. 무엇보다 리본은 분명코 우리의 전통적인 예법이 아니다. 일본 것을 그대로 따라 하고 있다. 식민 문화 청산? 말로만 해왔던 게다. 대신 붉은 카네이션을 꽂거나 태극기 배지를 달았어야 했다. 무성의한 마음 준비의 실상을 북한의 김정은에게 있는 그대로 광고해대는 꼴이다.

추모비보다는 노래를 남겼어야

아무런 메시지도 없는 감상적인 음악. 장중한 진혼곡이 아닌, 〈해양가〉 〈바다로 가자〉가 아닌 웬 타령조의 〈가려나〉 〈비목〉류? 그

어정쩡한 모습으로 천안함 용사묘에 참배하고 있는 이명박 대통령. 세리머니에 빈약한 한국인의 전형적인 모습을 보여주고 있다. ⓒ세계일보

천안함 폭침 3주기를 맞아 대전 현충원의 천안함46용사묘역을 찾아 참배하고 있는 박근혜 대통령. 갖출 건 다 갖추었음에도 불구하고 오히려 소통이 안 되고 있다. 망자들과의 사이에 방탄 유리벽이 설치되어 있는 것 같다. 갑자기 우르르 몰려온 '높은' 양반들로 인해 당황해하고 어색해하는 망자들의 모습이 사진을 보는 이에게까지 전해진다. ⓒ청와대

저 눈물 짜내는 분위기 조성하기 위한 상투적인 멜랑콜리. 〈애국가〉전 4절을 부르는 정성으로 대신 마흔여섯 용사들에게 장중한 대형곡, 칸타타풍의 군악을 지어 초연 헌정하였어야 했다. 그것도 반드시 생음악으로. 가난한 나라이거나, 예술은 실황 공연이 정석이라는 개념이 없는 나라에서나 녹음된 음악을 틀어 준다.

1956년에 중국은 한국전쟁 참전 기념영화 《상감령(上甘嶺)》을 만들었다. 상감령은 철원 지역의 고지명이다. 그 영화의 주제곡이 바로 대합창곡 〈나의 조국(我的祖國)〉이다. 지금도 중국인들은 이 노래를 제2의 애국가처럼 즐겨 부른다. 예전에 후진타오 국가주석이 국빈으로 미국을 방문했을 때, 백악관 만찬에서 중국의 천재 피아니스트 랑랑(郞朗)이 연주한 그 곡이다.

반복되는 후진적 의례

회고가 아닌 라이브한 퍼포먼스여야 하는 자리에 웬 동영상? 도대체 어느 나라가 그런 자리에서 전자기기를 틀어대던가? 상업적 행사장에서나 써먹을 홍보 동영상을 아무 데서나 개념 없이 틀어대는 한국적 난센스! 결혼식장·장례식장·추모식장·예배당 등지에서 닥치는 대로 동영상을 돌려댄다. 그런 첨단기기에 의한 강제적 회고가 아니면 기억해 내지 못할 만큼 국민들이 아둔하단 말인가?

사진 좋아하는 어느 미개국에서나 있음직한 대형 초상들로 꾸민 추모단상도 단세포적이고 일차원적인 발상이다. 차라리 붉은 장미를 꽂은 마흔여섯 개의 수병 군모(軍帽)였으면 어땠을까 싶다. 또 미국은 물론 다른 모든 나라 대통령들의 헌화는 그 나라 국기를 연상케 하는 디자인이다. 당연히 한국 대통령의 헌화도 언제나 태극기의 4색을 넣은 모티프 구성, 또는 메시지 있는 유색 꽃으로 하였어야 했다. 단순한 사적 관계인의 추모식이 아니잖은가! 게다가 웬 여성 사회자?

부산 유엔군묘지를 찾아 무릎 꿇고 참배하는 한국전쟁 참전 터키 노병. ⓒ연합뉴스

부산 유엔군묘지를 찾아 무릎 꿇고 참배하는 한국전쟁 참전 터키 노병. ⓒ연합뉴스

천안함 용사묘에서 비를 맞으며 겸손히 낮은 자세로 비석을 잡고, 손을 뻗어 마음을 모아 기도하며 추모하는 미국의 ROTC 후보생들. 이들 중 3명은 한국전쟁에 참전했던 미군의 손자다. 사진을 보는 이의 손까지 끌어당긴다. ⓒ연합뉴스

고 이수현 의사의 묘소를 찾은 일본의 외교부 장관 오카다 가쓰야. 최대한 자세를 낮춘 상태에서 시계를 풀어 놓고 넉넉한 마음으로 망자와 대화를 나누고 있는 듯한 모습이다. 아무것도, 누구도 둘만의 대화를 방해하지 못한다. ⓒ연합뉴스

대부분의 한국 정치인들이 그렇듯 대전 현충원의 천안함 용사묘를 참배하는 대통령의 엉거주춤한 자세도 안타깝기 짝이 없었다. 확실하게 무릎을 꿇어 비석과 눈높이를 같이하였어야 했다. 묘지 참배는 묘지를 잘 돌보는지 아닌지를 시찰하러 가는 것이 아니라, 망자와 소통하기 위한 것임을 알지 못한 탓이다. 하여 지난날의 '높으신 분들의 둘러보기'를 고스란히 재현해 냈다. 제발이지 지금이라도 글로벌 정격 매너를 익혀 앞으로 있을 해외 순방에서는 망신당하는 일이 없기를 간곡히 바란다.

　대통령 뒤에 도열한 추모 인사들의 추모 리본도 흡사 가슴에 단 사격용 표지 같아 눈에 거슬린다. 비닐제 싸구려 공산품 이미지가 너절하게 나불거리는 리본으로 스스로를 물격화(物格化)시키는 바람에 진정성을 표출시키지 못하고 그저 요식행위로 비친다. 허튼소리 할까봐 뒤에 바짝 붙어 지켜보는 위압적인 '보디가드들' 때문에 감히 손을 잡거나 말을 건넬 수가 없다. 망자를 통해 망자의 이쪽 편에서 자신들을 바라보고 있는 이들(국민)과 소통해야 한다는 본질도 모르는 말 그대로 '현장 확인용 사진'이다.

　대통령의 추모사도 실은 필요 없는 요식적인 말밖에 되지 않는다. 가뜩이나 지금은 남북이 끝없는 말싸움중이다. 어느쪽도 귀담아듣지 않는다. 이럴 때에는 차라리 9·11테러 현장에서 오바마 대통령이 선보인 노(None) 공식 스피치처럼 침묵이었어야 했다. 침묵보다 더 무거운 메시지는 없다.

　행사를 위한 행사용 레퍼토리들. 예의 상투적이고 구태의연한 나열식 행사가 국민을 우울하게 만들었을 뿐, 신선한 감동을 이끌어 내려고민한 흔적이 전혀 보이지 않았다. 이전과 확연히 달라진 모습과 각오를 표현해 냈어야 했는데, 그저 규모나 추모 인원만 늘렸을 뿐이다. 후진국 내지는 개발도상국 시절의 촌스러운 모습이 그대로 확대된 느낌밖에 들지 않는다.

행사는 예산 많이 투입해서 요란하고 크게 해야 하고, 기념비 크게 세우면 무조건 잘하는 것으로 여기는 상투적인 생각도 이제는 좀 바꿔야 한다. 내키는 대로 이것저것 다 주워 걸친다고 품격 올라가는 것 아니다. 온갖 너절한 것들로 도배를 하는 바람에 인격(人格)은 간데없고 모조리 물격(物格)이 되고 말았다. 소통이 될 리가 없다. 소통은 인격끼리 하는 것이다. 품격은 절제에서 나온다. 더 많이 깎아낼수록 품격은 더 많이 올라간다. 그런 걸 명품이라 한다.

마지막으로 언론들도 상투적인 사진, 온갖 참혹한 사건이 일어날 때마다 울부짖는 유가족들의 모습을 찍어 내보는 일도 이제는 좀 자제했으면 한다. 그런 사진들로 국민들의 공감과 공분을 불러일으키는 것도 좋지만, 그런다고 유가족들의 상처가 아물고 위로가 되는 것 아니다. 그분들의 초상권도 좀 고려해 주었으면 한다. 한(恨)을 표현하는 것도, 분노를 표출시키는 것도 품격이 있어야 한다. 더불어 개개의 인격을 단순한 숫자 속에 매몰시켜 기호화 내지는 망각화시키는 아라비아숫자 '46' 대신 조금 불편하더라도 '마흔여섯'으로 배려해 주었으면 싶다. 그런 게 품격이다.

Tip 백 마디 말보다 강한 메시지, 사진 한 장

역사는 기록으로 남긴다? 소통은 언어로 한다? 당연한 말 같지만 이 또한 상투적인 고정관념이다. 지금은 이미지의 시대다. 사진 한 장이 그 어떤 기록보다 더 많은 이야기를 남기고, 꽃 한 송이, 배지 하나의 은유적인 메시지가 백 마디 말보다 더 강한 호소력을 지닌다. 2012년 4월, 97세를 일기로 사망한 프랑스 레지스탕스 영웅 레몽 오브라크의 장례식이 남긴 사진을 그 단적인 예로 들 수 있겠다.

이 사진에 무슨 설명이 더 필요하랴! 프랑스 삼색기에 싸인 레몽 오브라크의 관이 아주 간소한 나무 운구대에 실려 드넓은 광장 바닥에

쉿! 집중! 진정한 소통과 교감! 레몽 오브라크를 마주하고 조의를 표하는 사르코지 대통령. 이 사진에 무슨 설명이 더 필요하랴! 프랑스 삼색기로 싸인 레몽 오브라크의 관이 아주 간소한 나무 운구대에 실려 드넓은 광장 바닥에 고적하니 놓였다. 조문객들과 관 사이는 아주 먼 거리로 떨어져 있고, 프랑스 국민을 대표하여 조의를 표하는 사르코지 대통령의 위치도 멀어 망자의 조국 헌신에 대한 경외심이 그 거리만큼이나 크고 높음을 표현해 내고 있다. ⓒ연합뉴스(AP)

고적하니 놓였다. 조문객들과 관 사이는 아주 먼 거리로 떨어져 있고, 프랑스 국민을 대표하여 조의를 표하는 사르코지 대통령의 위치도 멀어 망자의 조국 헌신에 대한 경외심이 그 거리만큼이나 크고 높음을 표현해 내고 있다.

쉿! 집중! 인격(人格) 이외 다른 일체의 물격(物格)들은 삭제되고 없다. 꽃 한 송이조차도 여기서는 방해물일 뿐이다. '거두절미'란 이런 데 사용하는 말이겠다. 일대일의 대면! 이보다 더 인간적일 수 없는 연출! 시간마저 정지된 듯한 절대 침묵! 혼연일체! 사진을 보는 이들까지 동참하여 이쪽에 서 있는 듯한 착각에 빠진다. 진정한 소통이란 바로 이런 것이다. 최고 품격의 이미지를 잡아낸 사진기자의 안목! 흡사 여백의 미를 살린 동양화 한 폭을 보는 듯하다.

혹자는 이를 두고 그건 그들의 전통적인 관습일 뿐, 우리는 우리대로 하면 되지 굳이 서양을 따라 할 이유가 없다고 항변할 것이다. 당연한 말이다. 하지만 이같은 장례식 풍경이 유럽이나 프랑스에서도 일상적인 것이 아니다. 엄격한 국가의 의전임에도 불구하고 똑같은 장례식 이미지를 단 한번도 남긴 적이 없다. 바로 그것이 프랑스의 힘, 끊임없이 새로움을 추구하는 문화 창조의 역량이다. 왜 프랑스가 글로벌 매너의 중심에 서 있는가를 대변해 주고 있다. 저런 걸 두고 국가 브랜드 운운하는 것이다.

동서고금을 막론하고 오늘과 내일이 다르게 새로움을 추구하는 민족이 언제나 세계사를 주도해 왔다. 과연 한국에서 저런 식의 과감한 발상을 해낼 수 있는 역량이 나올까? 그리고 타성의 질긴 끈을 과감히 끊어내고 새롭고 낯선 그것을 수용할 배짱이 있을까? 아직까지 일제 근조 리본 하나 못 떼어내면서 문화 창조? 개혁이니 진보니 하지만 그게 거창한 것이 아니다. 해본 적이 없는 일을 해보는 것, 새로운 것에 도전하는 것이다. 버릴 줄 알고, 바꿀 줄 아는 것이다. 우리는 그걸 '용(勇)'이라 한다.

울지 마라! 분노하라! 그리고 침묵하라! 처참하게 찢겨진 함정을 세워 놓고 세세천년 그 앞에서 울고불고, 주먹을 치켜들고 분노의 고함을 모은다 해서 달라지는 것 없다. 만행의 증거? 어차피 그걸 저들이 인정할 리도 없다. 인정한다 한들 보상이라도 해줄까? 이번 3주기 추모식을 보고 북한 괴뢰들이 자신들이 저지른 짓에 반성이라도 할까? 아니면 거국적인 추모 행사에 겁이라도 먹었을까? 역시 그럴 리 없다. 속언에 '두고 보자는 놈 안 무섭다'고 했다. 오히려 그럴수록 더 기고만장해서 해마다 자신들의 공적을 재확인하고 즐길 것이다. 그러려고 한 짓이다.

무사(武事)에는 감정이 없다. 슬픔이 없다. 눈물이 없다. 변명도 없다. 필요 없다는 말이다. 승패만 있을 뿐이다. 용사는 울지 않는다. 피는 피로 되갚을 뿐. 마흔여섯! 아니다. 사백육십! 사천육백! 사만육천…!의 용사들이 그들의 뒤를 이어 사해를 피로 물들일 각오가 되어

9·11테러로 무너진 세계무역센터에서 나온 7.5톤의 고철을 녹여 뱃머리 부분으로 만든 '적지 상륙함' USS 뉴욕호. 명명식에는 9·11테러 희생자들의 유가족 등도 참석했다. 이만한 기념비가 어디 또 있으랴. ⓒ연합뉴스(AP)

있음을 적들에게 보여주어야 한다. 눈물이 아닌 침묵으로, 구호가 아닌 행동으로!

언제까지 한스럽게 눈물만 삼킬 것인가? 유가족들의 원통하고 애끓는 심정을 누가 모르랴마는 더 이상 눈물은 안 된다. 현충원이나 장충단은 애도하며 눈물 흘리는 곳이 아니다. 용사들이 흘린 피를 기억하고 기리는 곳이다. 그 어떤 죽음이든 군인으로 죽는 것은 영광된 죽음이다. 애도는 한번으로 족하다. 용사들을 영광되이 보내야 한다.

용사의 피는 눈물로 씻기지 않는다. 나라는 눈물로 지키는 것이 아니다. 피는 피로 덮을 뿐이다. 나라는 피로 지키는 것이다. 용사의 뜨거운 피로 지키는 것이다. 이제는 상(喪)을 걷어야 한다. 마흔여섯 용사들을 다시 바다로 돌려보내야 한다. 군통수권자인 대통령이 결단해야 한다.

'천안함'을 더 이상 부둣가에 두고 비 맞혀 붉은 눈물 흘리게 하지 마라. 이는 용사들에 대한 더없는 모욕이다. 슬픔과 분노를 넘어 무혼(武魂)으로 승화시켜야 한다! 9·11테러 후 미국은 참사 현장에서 나온 고철을 녹여 전함을 만들었다. 핵잠수함에만 주(州)의 이름을 붙이는 원칙까지 깨고 '뉴욕'이라 명명했다 한다. 삼국을 통일한 문무대왕은 스스로 바다의 용이 되었다. 마흔여섯 용사들의 피와 살과 뼈, 서해의 검은 뻘과 짜디짠 바닷물과 함께 '천안함'을 용광로에 넣고 뜨거운 불로 녹여내라!

그 녹인 쇳물로 가장 강력한 최신예 전함을 만들어 내라! 그리고 그 뱃머리에 마흔여섯 호국신들의 이름을 새겨넣어라! 훗날 다시 녹이고 만들고, 녹이고 만들어 항공모함으로 거듭 태어날 때까지!

마흔여섯 용사들이여, 성덕대왕신종처럼 천년이 흐른 후에도 '천안함'을 이끌고 만파신적을 불며 변함없이 대한의 바다를 수호하소서! 영원히 부활하는 불사의 군신(軍神)이 되어 대양을 지배하소서!

09 대한민국 지도자들은 왜 태극기 배지를 달지 않는가?

은유적 메시지 전달 도구 사용 매너 빵점 대한민국 | 브로치·배지·넥타이의 글로벌 정격 매너 | 넥타이는 사적(私的) 영역이 아니라 철저하게 공적(公的) 영역 | 맹목적 애국보다 글로벌 매너부터! | 정체불명의 브로치 대신 태극기 배지를 달아야! | 우호의 증표, 양국기 커플 배지

화합이니, 평화니, 자유니, 인류 공영이니 하는 말들은 먼저 떠드는 이가 장땡이다. 그렇다고 딱히 무슨 대가나 의무가 따르지도 않는다. 그런 걸 두고 어젠다(의제)를 선점한다고 하는 것이다. 반대로 컨디션(조건)은 먼저 내뱉는 이가 손해를 본다. 가령 가격이나 연봉 협상 같은 것은 먼저 제시하는 쪽이 불리하게 마련이다. 사장이 연봉이 얼마면 되겠느냐고 계속해서 물을 때, "회사를 위해 헌신하겠습니다!"만 반복하여 읊조리면서 힘겨루기를 한다. 연봉은 컨디션이고, 헌신은 어젠다이기 때문이다.

그런데 간혹 협상에선 어젠다도 아니고 조건도 아닌, 어젠다일 수도 있고 조건일 수도 있는 애매한 경우가 있을 수 있다. 이때에는 간접적인 수단을 써야 한다.

올브라이트 전 미국 국무장관은 그럴 경우 브로치를 사용했다. 1994년 이라크 언론이 자신을 '뱀'이라고 부르자 CNN 방송에 뱀 모양의 브로치를 달고 출연했다. 그래 난 뱀이다! 그래서 어쩔래? 이걸 말로 내뱉으면 품위 떨어지고 말싸움에 말려든다. 이후 러시아와의 협상에선 독수리 배지를, 북한 김정일을 만났을 때에는 성조기와 하트 배지를, 톡 쏘고 싶을 때에는 벌 모양의 배지를 달기도 했다. 조건이나 협박의 메시지를 은유적 표현, 즉 어젠다로 포장해서 먼저 던진 것이다.

어젠다를 선점함으로써 주인적 위치를 확보한 것이다. 그렇지만 말로 하지 않았기 때문에 책임질 일도 없다. 굳이 상대방이나 상대측 언론들이 시비를 건다 해도 "아, 그게 그런 의미가 있었나요?" 하고 능청을 떨면 그만이다.

다른 나라 대통령은 몰라도 미국 대통령의 일거수일투족은 세계인들의 관심 속에서 상세히 매스컴에 보도되고 있어 그 사진과 영상을 우리 대통령 못지않게 접한다. 한데 미국 대통령은 항상 성조기 배지를 달고 있다. 장관들이며 대선 후보들도 매한가지다. 그런 사진들을 허구한 날 보고서도 우리나라 대통령은 왜 태극기 배지를 안 다는지 아무도 의아해하지 않았다는 사실 자체가 차라리 신기하기만 하다. 그런 중에 여성 대통령이 등장하면서 엉뚱하게 그녀가 단 브로치에 국민들의 관심이 쏠리고 있다.

실은 이번에 취임한 박근혜 대통령뿐만 아니라 대한민국 역대 대통령 취임식에서 누구도 태극기 배지를 단 적이 없다. 취임식에서부터 지금까지 자신이 골랐다고 하는 호랑나비 등 몇 가지 브로치를 번갈아 달고 다닌다. 아마도 여느 운동선수들처럼 그것들을 자신의 호신부나 행운의 부적쯤으로 여기는 듯하다. 다른 모든 나라 대통령들은 자신의 나라 국기 배지를 달고 다니는데 유독 한국 대통령만은 달지 않는다. 당연히 대통령 후보 시절에도 단 적이 없다. 임기중 단 한번도 태극기 배지를 달지 않은 대통령이 대부분이고, 어쩌다 해외 순방 중에 한두 번 단 대통령은 있었다. 몰라서일까? 귀찮아서일까? 쑥스러운가? 부끄러운가? 이러고도 자랑스런 대한민국이라고 말할 수 있는가? 진지하게 한번 묻고 싶다.

처음부터 국기 배지를 달았으면 지금까지 모두가 다 달았을 테지만, 그러지 못하다 보니 안 다는 것이 전통인 양 굳어져 버렸다. 이 또한 관료주의적 사고의 한 병폐라 하겠다. 어쨌거나 그런 기본기초차 갖추지 못한 인사가 대통령에 오른다는 것 자체가 그만큼 한국사회가

성조기 배지를 달고 TV 토론에 나선 미국 대선 후보들. 무대 역시도 성조기를 모티프로 꾸며졌다. 한국의 어느 대통령 후보는 '사랑의 열매' 배지를 달고 나와 당선된 바 있다. ⓒ연합뉴스(AP)

국가관 부재의 한국 최고지도자들! 조지 부시 미국 대통령의 가슴엔 성조기 배지가 있지만 우리나라 대통령의 가슴엔 아무것도 달려 있지 않다. 다른 건 다 따라 하면서 배지는 왜 못 다는지? 혹여 태극기 배지를 다는 것이 부끄럽고 면구스러워서인가? ⓒ연합뉴스

이명박 서울시장을 맞은 마이클 블룸버그 뉴욕시장. 성조기 배지를 달고 있다. ⓒ서울시 제공－
연합뉴스

2013년 12월 31일 자정, 12년의 임기를 마치고 귀가하기 위해 지하철역으로 향하는 마이클 블
룸버그 전 뉴욕시장. 후임 시장 빌 드 블라지오 역시 성조기 배지를 달았고, 넥타이 또한 성조기
컬러 모드로 취임 연설을 하였다. ⓒ연합뉴스

국기 배지 패용의 모델 폼. 미국 영화에서는 대통령 연기하는 배우도 성조기 배지와 성조기를 디자인한 넥타이 등을 착용한다. 선진문명권에서는 어린아이도 그가 미국 대통령임을 금방 알아차린다.

허술하고 디테일하지 못하다는 방증일 것이다. 나름 열심히 일을 하면서도 어느 한구석엔 약점을 노출시켜 미워할 구실을 주고 있다. 아마 그래서 끊임없이 반쪽짜리 대통령만 만들어 내고 있는지도 모르겠다.

배지는 언제 사라졌나?

오늘날 한국에서 구성원 모두가 철저히 배지를 달고 다니기는 국회의원들밖에 없지만, 실은 70년대까지만 하더라도 은행원 등 대부분의 회사원들이 자사의 로고 배지를 달고 다녔었다. 학교에서도 모두가 교복과 교모를 착용하였는데, 당연히 모자에는 큼직한 학교 배지가 부착되어 있었다. 남녀 학생을 불문하고 교복 상의 칼라에는 보다 작은 배지를 달아야 했다.

문민 정부가 들어서면서 인권이니 하는 것을 부르짖자 관료적인 행태를 척결한다며 두발자율화·교복자율화와 함께 서서히 학교 배지까지 구시대의 유물로 사라져 갔다. 물론 관공서나 기업들의 로고 배지도 함께. 지금은 재벌기업 오너는 물론 대부분의 대기업 CEO들도 회사 로고 배지를 달고 다니지 않는다. 자기가 소속하여 있는 회사의 로고 배지를 다는 것이 언제부터인가 촌스럽게 여겨진 때문일까? 부끄러운가? 별로 홍보 효과도 없고, 그저 귀찮기만 한 것일까? 혹여 사라진 배지를 다시 달면 애국심·애사심이 되살아날까? 하여 필자는 이 글을 쓰기 위해 달포 전부터 이런저런 행사장에 태극기 배지를 달고 나가 보았다. 많은 사람들이 관심을 보였는데, 여러분들도 한번 달아 보기를 권한다. 기분이 결코 나쁘지 않을 것이다.

맹목적 애국보다 글로벌 매너부터

왜 "나는 대한민국의 국가원수다!"라고 당당하게 표현하지 못하는 것일까? 국기 배지 하나 다는 일이 그렇게 힘든 것인가? 전 세계에서 오바마 미국 대통령이 가장 철저하게 국기 배지를 달고 다닌다. 그는 평소 양복은 물론 겉옷 위에 입는 외투에도 배지 다는 것을 잊지 않는다. 심지어 국제회의에 참석해서도 다른 나라 정상들과 달리 행사용 배지를 달지 않고 성조기 배지를 고수한다. 그게 정격이다. 한 국가의 대통령이라면 당연히 그래야 한다. 국민이 대통령을 잊지 않듯 대통령 역시 한시도 국가를 대표한다는 생각을 잊지 않겠다는 각오이겠다. 작은 배지 하나로 이미지의 일관성을 유지하고 있는 것이다. 하나를 보면 열 가지를 안다고 했다. 그런 대통령을 어찌 국민이 신뢰하지 않겠는가? 선거 때 지지를 했든 안했든, 정치를 잘하고 못하고는 그 다음 문제다.

그런 자국기 배지를 단 정상들과 악수를 나누고서도 아무런 느낌을 받지 못하는 한국 대통령들의 지독한 무감각에 그저 아연할 뿐이다. 어째서 이 나라 대통령들은 하나같이 당달봉사란 말인가?

기실 태극기 배지 하나가 그 어떤 방패보다 더 큰 역할을 해낸다. 태극기 배지 달고 있는 대통령에게 아무리 반대자라 해도 대놓고 막말 못한다. 반대로 태극기 배지 달고는 결코 부정한 짓 못한다. 제 부모, 제 나라, 제 민족의 이름을 걸고 차마 부끄러운 짓 못하듯이. 더구나 요즘같이 독도·정신대·과거사 문제로 한일 간의 갈등이 심화되고 있는 시기에는 더욱 그렇다. 적어도 삼일절이나 광복절 등 특별한 날에는 정체불명의 브로치 대신 태극기 배지를 달고 나와 일본의 작태를 준엄히 꾸짖었어야 했다. 때로는 백 마디 말보다 배지 하나, 꽃 한 송이가 더 큰 울림을 줄 수도 있다. 청와대의 그 많은 비서진들과 장관들 중 대통령에게 태극기 배지 하나 달게 할 인물이 없단 말인가? 하긴 회의 때 대통령의 눈조차도 똑바로 쳐다보지 못한다는 사람들이 그 가슴에 뭐가 달려 있는지 알게 뭔가!

2013년 12월 31일, 연봉 없이 오히려 자신의 돈 6천억 원을 뉴욕시를 위해 사용한 마이클 블룸버그 뉴욕시장이 12년간의 임기를 마치고 지하철을 타고서 자신의 집으로 돌아갔다. 그리고 빌 드 블라지오 신임 시장 또한 지하철로 취임식장에 도착했다. 두 사람 모두 성조기 배지를 달고 있었다.

넥타이는 사적(私的) 영역이 아니라 철저하게 공적(公的) 영역

여성들의 브로치 못지않게 남성들은 넥타이를 어젠다 제시용 도구로 널리 애용한다. 혹시나 했지만 역시나였다. 이번 대통령 취임식에서 대통령은 물론 전직 대통령, 각료들 중 누구도 태극기 배지를 단 인사가 없었다. 넥타이 또한 중구난방이었다. 저 사람들이 과연 공(公)이 뭔지나 알까 하는 의구심마저 들었다. 오바마 대통령 취임식에 나온 전·현직 대통령과 부통령들은 성조기의 푸른색에 맞춘 넥타이를 매고 나와 유나이티드 국가다운 단합된 모습을 보여주었다. 중국의 지도부 인사들은 배지는 달지 않지만 대부분 붉은색 넥타이를 매는 것으로 일관되이 국가 이미지를 표현해 낸다.

글로벌 세계에서 자신의 주장을 강조하고 돋보여야 할 때에는 붉은색, 그리고 자기를 낮추고 상대를 높일 때에는 파란색, 보다 경쾌하게 나가고 싶을 땐 밝은 하늘색을 택하는 것이 정격이다. 이렇게 매고 나가면 모두들 그 은유적 메시지를 인식하기 때문에 가장 무난하다. 좀 더 확실하게 드러내고 싶으면 자국의 국기색과 문양을 본떠 디자인한 넥타이를 맨다. 따라서 한국 정치인이나 관료들의 넥타이는 붉은색과 파란색 두 가지 외에 선택의 여지가 없다. 제멋에 겨운 화려하고 현란한 곡선무늬 디자인은 금물이다. 비즈니스맨이라면 선과 면이 단순명료한 격자무늬, 혹은 비스듬한 줄무늬여야 하겠다. 경우에 따라 큰 프로젝트를 수주하러 가거나 측면 지원하러 해당 국가를 방문하는 총리나 장관이라면, 반대로 그 나라 국기색을 딴 넥타이를 매어 상대의 호

자국을 높이는 넥타이 컬러 코디의 모델 폼. 미 국무장관 존 케리와 이스라엘 총리 베냐민 네타냐후. ⓒ로이터

상대방 지향적 넥타이 컬러 코디의 글로벌 모델 폼. 베냐민 네타냐후 이스라엘 총리와 시진핑 중국 국가주석. ⓒ신화통신

상대국 국기를 형상화한 꽃꽂이로 후안 카를로스 스페인 국왕(왼쪽)을 환대하는 미첼 술레이만 레바논 대통령. ⓒ로이터

꽃꽂이 모델 폼. 인도-파키스탄 정상회동. ⓒ연합뉴스

감을 끌어내야 한다. 2002년 월드컵 때 히딩크 감독은 태극기 문양으로 디자인된 넥타이를 매고 나와 한국인들로부터 많은 호감을 산 적이 있다.

기업의 경우는 자기 회사나 파트너 회사의 로고색에 맞추면 된다. 합작 프로젝트 프리젠테이션에서는 프로젝트 엠블럼색에 맞추는 것이 기본이다. 신제품을 발표하는 경우에는 튀지 않게 그 배경색에 맞추어 상대적으로 제품이 부각되도록 해야 한다. 생뚱맞게 튀는 복장에 화끈한 유색 넥타이를 매고 나서는 것은 완전 난센스다. 제품을 자랑하러 나온 건지 자기 자랑하러 나온 건지 헷갈린다. 애플과 삼성전자의 신제품 발표회 사진을 비교해 보면 그 수준이 금방 드러난다. 그 차이가 곧 제품의 마진(영업이익)의 차이다.

간혹 나라마다 문화가 달라 어떤 특정색을 터부시하는 경우도 있다. 중국을 찾거나 중국인들을 맞이하면서 노란 황금색 넥타이를 매고 나가 상대를 불쾌하게 만드는 경우가 그 대표적인 예이다. 중국인에게 노란색은 황제의 색이기 때문에 누구나 피하는 금기색인 줄도 모르고 협상이나 환대를 한다고 하니 결과나 성과는 빤한 일이다. 글로벌 리더라면 글로벌 매너는 물론 로컬 문화와 매너까지 세심하게 파악하고 있어야 한다.

개념 없는 한국의 각계 지도자들

현재 이 나라의 대통령·총리·장관·재벌 오너·CEO·국회의원·교수 가운데 넥타이 하나 제대로 맬 줄 아는 사람 보기 드물다. 사정이 이렇다 보니 가는 곳마다에서 어이없는 실수를 연발하고 있음에도 누구 하나 눈치채질 못하고 있다. 서로 모르기는 마찬가지여서 고쳐지지 않은 채 여전히 반복되고 있다. 넥타이 하나 제대로 못 고르면서 그 나라 대형 프로젝트 수주 지원하러 나선 대통령·국무총리!

도와주러 간 건지 방해하러 간 건지 도통 구분이 안 된다. 근자에 겨우 김성환 전 외교통상부 장관이 넥타이를 적절하게 사용했을 뿐이다. 자신이 마치 조선시대의 청백리라도 되는 양 닳을 때까지 줄곧 한 가지 넥타이만을 고집했던 전 국무총리와 같은 관료는 글로벌 매너 빵점이다. 자신의 지조는 지켰다고 생각하겠지만 국가 이미지와 국익, 그로 인해 얼마나 많은 일자리가 날아갔는지 알 턱이 없다. 본인은 '명재상'으로 기억되고 싶다 했지만 아무래도 '어이없는 재상'으로 기억될 것 같다.

기본이 뭔지도 모르는 의전, 특별한 날임에도 불구하고 그날 기분에 따라 각기 다른 색의 넥타이를 매고 나오는 지도자들. 이게 대한민국의 현주소다. 수준이 이 정도이니 현충일이면 제 손으로 꽃 한 송이 사서 가슴, 곧 자기 마음에 달지 못하고, 주최측이 나누어 주는 일편단심 일제(日帝)의 유습인 비닐 근조 리본을 다는 것이겠다. 글로벌 주류사회에서 넥타이 등 액세서리의 코디는 자기 소관이 아니다. 철저히 자기가 속해 있는 회사나 기관의 매뉴얼을 따라야 한다.

왜 글로벌적 사고와 실천이 필요한가?

박근혜 대통령은 취임식부터 지금까지 요란한 옷만큼이나 다양한 브로치를 달고 다녔다. 언론에선 이를 두고 올브라이트 전 미국 국무장관의 브로치와 비교하기도 했지만, 실은 두 사람의 브로치는 완전히 격이 다르다. 올브라이트의 브로치는 분명한 메시지가 담겨 있었지만, 박대통령의 브로치는 도무지 어떤 메시지도 읽혀지지 않는 것이었다. 본인도 그것에 대해 아무런 언급이 없다. 그렇다면 그냥 제멋에 단 것이겠다.

한데 대통령이기에 그것이 '제멋'으로만 끝나지 않는다. 글로벌 오피니언 리더라면 그런 브로치 하나 예사로이 보아넘기지 않는다는 데 문제가 있다. 가령 정상회담에서 상대국 정상은 박대통령이 달고 나온 브로치에 대해 습관적으로 체크를 한다. 어라, 저 브로치가 무슨 모양이지? 그런데 무슨 메시지를 전달하려고 저걸 달았지? 아무리 머리를 굴려 봐도 그 의미를 알 수 없게 되면 그가 속으로 무슨 생각을 하겠는가? 이상한 여자? 게다가 올브라이트의 브로치는 보석류로 만든 명품인 반면, 박대통령의 브로치는 그 옷만큼이나 싼티가 난다. 이는 대통령 자신만의 품격이 떨어지는 것이 아니라 한국인 전체의 이미지, 국격에도 치명적이다.

관료나 지도자급 인사라면 넥타이는 물론 배지를 통해, 여성 관료라면 브로치를 통해 세계인들이 오해 없이 받아들일 수 있는 명확한 아이덴티티를 표출할 수 있어야 한다. 그럴 자신이 없으면 그냥 태극기 배지를 달아야 한다. 이 나라 공무원 교육기관에서는 왜 이런 기본기도 안 가르치는지 이해가 가지 않는다. 언제까지 스포츠선수들에게만 애국을 강요할 텐가? 태극기를 디자인해 만든 넥타이·핀·배지를 주한 외국 대사들이나 상공인들에게 품평을 받아 모든 공무원들에게 지참시키고, 고위직부터 솔선수범해야 할 것이다.

"까짓 배지, 넥타이 하나가 뭐 그리 대수라고!" 하고 불평할 수도 있다. 물론 그만 걸로 거창하게 자신의 국가관·애국심을 증명해 보이라는 것은 아니다. 다만 국가를 위해 봉사하는 엘리트라면 글로벌 무대에서 망신당하지 않을 만큼의 매너와 품격은 갖춰야 되지 않을까 해서다. 외빈을 접견해야 하는 고위공직자라면 하루에 열두 번이라도 넥타이를 바꿔 매는 수고를 마다하지 말아야 한다. 습관이 되면 그다지 어려운 일도 아니다. 화장실 나오면서 손 씻는 것처럼.

보통 사람들끼리야 서로 언짢거나 말거나 별것 아닐 수 있다. 그러나 상대가 그 나라의 고위관료이거나 유명인, 거래 혹은 합작 파트너, 국제적인 금융인일 경우라면 이야기가 달라진다. 디테일은 곧 신뢰. 그의 사소한 기분 하나에도 일의 성사 여부, 더하기 빼기에 엄청난 영향을 미치게 된다. 그리하여 적든 많든, 직접 혹은 간접적으로 그 결과는 국민에게 돌아간다. 따라서 지도자들의 일거수일투족, 차림새 하나하나에 관심을 두고 국격을 평가절하시키지 못하도록 질책하는 것은 국민의 권한이자 의무다.

재작년 전국경제인연합회 주최 '한·러기술자원협력 세미나'에서 있었던 실제 사례다. 당시 세미나는 서로의 의견차로 인해 준비 과정이 썩 매끄럽지 못했다고 한다. 그 실타래를 풀 수 있는 인물이 한국 기업의 러시아 진출 여부에 열쇠를 쥐고 있는 세르게이 벨리아코프 러시아 경제개발부 차관이었는데, 이 귀한 손님의 마음을 움직인 것은 단돈 5천 원짜리 양국기 배지였다. 배지를 받아든 벨리아코프 차관이 전경련 관계자들이 오히려 놀랄 정도로 큰 만족감을 표시하고, 세미나에서 열정적으로 러시아 개발 사업에 한국 기업들이 참여할 수 있는 방안에 대해 설명했다. 자칫 딱딱하게 흘러갈 수도 있었던 세미나의 분위기가 배지 하나로 바뀌게 된 것이다.

참고로 말로써 브로치 효과를 내는 수가 있는데, 이를 가장 효과적으로 써먹은 이가 바로 미국의 전 헤비급 권투 챔피언 무하마드 알리다. 그는 큰 게임을 앞두고 자신은 몇 회 때 상대를 KO시키겠노라고 공언함으로써 상대의 잠재의식을 조종하였는데, 머리 나쁜 상대 선수들이 여기에 곧잘 걸려들곤 하였다. '난 어쩌면 진짜 그 자식이 말한 몇 회 때 KO될지 몰라!'라는 강박증에 사로잡혀 실제로 그 몇 회 또는 그 직전 회에 KO당한 것이다. 덕분에 흥행대박! 알리의 인기와 몸값은 그의 예언대로 천정부지로 치솟았다.

Tip 우호의 증표(A token of friendship), 양국기 커플 배지

감동이란 굳이 거창한 무엇으로만 가능한 것이 아니다. 세계 최상류층 사교계의 총무(?)격인 모나코 국왕은 환대에 능수능란하기

필리핀 출장시 필리핀 국기 배색에 매칭시킨 넥타이 컬러 코디와 커플 국기 배지. KT의 해외마케팅담당 직원의 사례.

양국 커플 배지를 패용한 리센룽 싱가포르 총리 부처와 아무 의미 없는 사적 취향의 브로치를 단 박근혜 대통령. ⓒ청와대

로 정평이 나 있다. 그는 외국 정상을 맞이할 때면 종종 상대 국기와 모나코 국기로 만든 양국기 커플 배지를 단다. 그런 적극적인 호의와 배려심을 보임으로써 당초 양자간 기대 이상의 보다 친밀한 관계를 만들어 내는 것이다.

몇 푼 들이지 않고도 우의를 돈독히 할 수 있는 방법 중의 하나로 정부 관료는 물론 상공인들도 적극 활용해야 한다. 웃는 낯에 침 못 뱉는다고 했다. 상대를 환대해서 손해 볼 게 뭐 있으랴. 사소하고 시시한 일 같지만 배지 하나로 양국간의 친선·협상·조정·입찰·수주·합작 등에서 예상외의 좋은 결과를 얻어낼 수도 있다.

개인이나 단체의 해외 여행시 상대국 국기와 태극기의 커플 배지를 달고 가보라. 공항 출입국 심사와 세관 통관에서 차별 내지는 무시당하는 일 따윈 없을 것이다. 촌스럽게 선글라스나 색안경 쓴 채로 들어가다가 입국심사관에게 꼬치꼬치 심문당하거나, 세관 통관시 샘플 검색에 걸려 가방 다 까뒤집히는 망신당하고서 한국인이라 차별당했다고 분통 터뜨리지 말고! 또 현지에서 비자 연장 때, 이민국 관리 앞에서 선글라스 썼다가 공연히 불이익받지 말고!

한국에서 수입산 쇠고기 광우병 파동이 일기 시작한 2005년 3월 15일, 마리우스 그리니우스 주한 캐나다 대사가 국내 언론사 기자들과의 간담회 석상에 태극기-캐나다 국기 커플 배지를 달고 나와 신선한 충격을 준 적이 있다. 이같은 제스처 덕분이었을까, 광우병 사태의 원래 발원지국인 캐나다는 이후 언론의 초점에서 가볍게 사라져 희희낙락할(?) 수 있었다.

개성공단·남북이산가족상봉 등 남북간 실무회담에 나서는 양측 대표들은 각각 태극기와 인공기 배지를 달고 나온다. 이럴 경우 남한측에서 태극기와 인공기 커플 배지를 단다면, 한 수 위의 여유와 포용력을 대내외에 과시하는 것은 물론 회담을 보다 부드럽고 주도적으로 이끌어 나갈 수 있지 않을까?

10 대통령의 회의 자세가 발라야 선진문명국 된다

수첩공주와 수첩장관들의 적자생존법 I 우리말 받아쓰기 시험 치르는 국가 최고기관 I 웃겨도 너무 웃기는, 초등학생들보다 못한 국무위원들의 대통령 말씀 받아쓰기 I 선진문명국 기본 통용 회의 자세 조차 갖추지 못한 국가 최고기관 청와대 I 소통의 의미도 모르는 한국 리더들의 한계 I 오바마를 물먹인 받아쓰기 전문 한국 기자들 I 대한민국 고질병, 톱다운도 다운업도 아닌 중구난방식 업무 처리

김대중 대통령 시절, 성균관대학교 600주년을 축하하기 위해 400년 이상의 역사를 지닌 세계의 유수한 대학교 총장들이 방한하였다. 행사 후 청와대의 초청으로 한 시간가량 대통령과 차를 마시는 시간을 가진 것까지는 좋았는데, 그만 김대중 대통령 혼자서 50여 분간 장광설을 늘어놓는 바람에 모두들 꼼짝없이 앉아 강의만 듣고 나왔다고 한다.

당시를 회고하면 부끄럽고 민망해서 지금도 낯이 화끈거린다는 정범진 전 총장님은, 간혹 우리나라 지도자들의 경청할 줄 모르는 못된 버릇을 안타까워하셨다. 세계적인 석학들과 마주한 더없이 좋은 기회에 그분들의 얘기를 하나라도 더 들으려 하지 않고, 도리어 그 앞에서 제 자랑인지 강의인지 훈계인지를 혼자서 떠벌렸으니 그런 난센스도 다시없었다고 한다.

아무려나 문민 정부 이래로 이 나라 최고지도자들은 하나같이 자신이 최고로 똑똑해서 대통령이 된 줄 착각하고 있다. 해서 도통 아랫사람은 물론 다른 어떤 사람의 말도 귀담아들으려 하지 않는다. 자신이 지시하면 아랫사람은 무조건 실천해야 한단다. 그게 잘되면 소통이 잘되는 거라고 착각한다. 소통이 뭔지도 모르고 있음이다.

우방국·적대국 지도자들의 조소감인
대통령 주재 수석비서관회의

우리가 북한의 사진 한 장을 두고서 온갖 의미를 분석하듯이, 북한에서도 매일같이 남한의 신문들에 실린 사진을 보고서 나름대로의 분석을 할 것이다. 그들이 보기에 청와대 사진은 한마디로 웃긴다 하겠다. 크나큰 책상에 널찍이 벌려 앉아서 마이크에다 노트북까지 하나씩 차지하고들 있다. 남들이 보면 무슨 국제회의쯤으로 착각할 법한 모양새다. '수석'이 붙었다 한들 그래 봤자 비서들일 뿐이다. 허구한 날 한지붕 아래에서 얼굴 맞대고 지내는 한식구들끼리 새삼스레 무슨 거창한 의결이라도 하는 양 갖은 폼을 다 잡았다. 심지어 수석비서관회의에서 대통령이 정책을 발표하고 지시하는 일까지 벌어졌다. 결과적으로 내각(內閣)이 제 구실을 못하고 외각(外閣)으로 밀려나 책임장관 정치를 하는 건지 비서 정치를 하는 건지, 어느 게 내각이고 어느 게 외각인지 도통 구분이 안 될 때가 많아졌다. 하여 외각인 국무회의가 '내각'에서 결정된 사항을 추인하고 하달받는 기이한 모양새가 되고 말았다.

회의하는 광경은 황당하다 못해 괴기스럽기까지 하다. 감히 고개도 못 들고 그저 대통령의 지시 사항 받아쓰기에 여념이 없다. 대통령을 모시려면 귀만 있어야지 입이 있으면 안 된다는 듯 모조리 공업용 미싱으로 꿰매 놓은 모양이다. 비서는 곧 하인, 하인은 영혼이 없어야 한다고 철석같이 믿고 있는 듯하다. 교장선생님 훈시도 아니고, 대통령 혼자서 내내 얘기하자는 건지 참으로 난감하다. '회의(會議)'의 뜻도 모르고 앉아 있는 게다.

그 무엇보다도 부하 직원들 앞에서 국민을 대상으로 얘기하는 박대통령의 이상한 화법은 심각한 결례라 하겠다. 기자회견이나 대변인을 통해 공식적으로 할 말을 할 줄도 모른다. 시도때도없이 열리는 대통

2013년 4월 9일, '우리말 받아쓰기' 시험 보는 듯한 청와대 국무회의. 소통이 뭔지를 모르고 있다. ⓒ청와대

2013년 5월 14일, 박근혜 대통령이 청와대에서 열린 국무회의에서 인사말을 하고 있다. 언제나 같은 그림의 국무회의. 박대통령의 옷색과 국무위원들의 넥타이색만 바뀌었다. 아무도 박대통령을 주목하지 않는다. ⓒ청와대

장차관국정토론회? 토론하는 풍경을 연출해 내어야 함에도 불구하고 그냥 대통령 훈시를 받아 적는 척? ⓒ청와대

국무회의? 회의를 하는 건지, 받아쓰기 시험을 치르는 건지, 기자회견을 하는 건지 짐작이 안 간다. 대통령 모두발언이 그토록 중요한 내용이라면 연설문을 복사해서 나눠 줄 일이다. 마이크, 녹음 시설, 스크린, 노트북을 두고도 직접 받아쓰기한다? ⓒ청와대

이명박 대통령 스스로도 받아쓰기. ⓒ청와대

공무원연수원의 수업 풍경? 5월 14일, 청와대에서 열린 국무회의에서 명패를 차고 대통령의 모두발언을 일제히 받아 적고 있는 장관들. 국민들 억장 무너지게 하는 진풍경. ⓒ청와대

IT 강국의 창조적 혁신? 전 세계 초유의 한국적 금융통화위원회 회의 방식. 2014년 6월 12일. 마이크, 노트북, 명패, 너절한 셔츠 바람의 사진기자들. 문명의 이기를 너무 좋아하는 한국인들, 소통의 의미를 알 리가 없다. 벽에 걸린 그림이 정답이다. 실제로 인터넷 사진 검색 결과, 미국 연준(FRB) 등 선진국 중앙은행 회의에 (회의자료 숙제 제대로 안해 온 이들을 위해) 노트북이 동원되거나 언론사 기자들이 드나드는 곳은 한 군데도 없는 것으로 나타났다. 그들과 진정으로 글로벌 공조를 도모하려 한다면, 먼저 그들로부터 비웃음을 사지 않고 신뢰감을 확보하기 위해서라도 이같은 모습의 후진상은 당장에 시정해야 한다. ⓒ연합뉴스

가까이하기엔 너무 먼 대통령. 청와대식 외부인 초치 소통법. 엄청난 크기의 근접방지용 회의 탁자. ⓒ연합뉴스

령 주재 각종 회의 모두발언을 통해 흘리듯 얘기하는데 그 대상이 누구인지, 공식적인 대통령의 입장인지 도무지 애매하기만 하다. 그나마 국무회의도 아닌 수석비서관회의에서의 발언은 국민을 비서쯤으로 여긴다고 오해받기 십상인데다 어느 나라도 그걸 공식적으로 받아들이지 않는다. 격(格)도 모르고, 공(公)과 사(私)를 구분도 못하고 있음이다.

선진문명국 기본 통용 회의 자세조차 갖추지 못한 국가 최고기관 청와대

가장 먼저는 대통령의 회의 자세부터가 정격이 아니다. 등을 곧게 펴지 못하고 항상 구부정하다. 게다가 자라목을 하다 보니 상체가 자연히 앞으로 쏠린다. 해서 책상에 두 손을 가볍게 얹지 못하고, 두 팔꿈치까지 걸쳐서 책상에 상체를 기대는 모양새가 되고 만다. 다음은 화자(話者)를 향할 때 상체 몸통은 그대로 둔 채 고개만 돌려서 바라다본다. 그리고 수시로 두 손을 맞잡아 모으는 포즈를 취한다. 이는 '졌으니 제발 좀 봐주세요!' 하는 자세다. 더 심각한 문제는 도중에 두 손을 책상 아래로 내려놓는 버릇이 있다. 한국인들은 이를 다소곳한 몸가짐으로 여기지만, 글로벌 시각에서 보면 이는 항복 혹은 대화 포기를 선언하는 자세이다.

이렇듯 회의의 기본 자세조차 갖추지 못한 대통령과, 또 그 자리에 모인 다른 사람들까지도 대통령을 따라서 똑같은 모양새를 취하는 바람에 우스꽝스런 광경이 자연스럽게 펼쳐지고 있다. 어찌 청와대뿐이랴! 이 나라 모든 기관에서의 회의나 세미나에서의 자세가 이와 대동소이하다. 그러니 아무도 그게 이상하지 않은 게다. 적어도 '대 국민 언론보도용 사진' 촬영하는 포토세션에서만이라도 정격 자세를 잡아주면 좋으련마는 도무지 개념이 없다.

미국의 백악관이 옛날 건물이라 어쩔 수 없이 좁은 방에서 어깨 붙이고 회의하는 것 아니다. 일부러 그런 좁은 방에 몰아넣고 회의한다. 마찬가지로 영국 등 대다수 선진국 대통령궁이나 총리관저에서의 회의도 좁은 방에서 마이크나 노트북 없이 어깨 붙여 이마를 맞대고 서로의 눈을 바라다보면서 한다. 거추장스런 격식이나 도구 따윈 일체 없다. 계급장 떼고 대화와 소통에 모든 것을 집중한다. 대통령일지라도 그 자리에선 동등한 일개의 회의자일 뿐이다.

받아쓰기하러 모인 것을 어찌 회의라 할 수 있는가? 그럴 바에야 누구 한 사람이 대표로 받아 적어 돌려보면 될 것을. 카톡이나 메일도 있는데 뭣하러 다 불러모으나? 요즘은 초등학교 조회 시간 교장선생님 훈시도 화상으로 하고들 있다. 그 자리에서 받아쓰지 않으면 기억도 못할 아둔한 두뇌를 가진 인사들이 국가 최고기관에 모여 나랏일을 논의한다? 지나가는 소가 웃을 일이다. 허구한 날 이런 회의를 주재하면서 뭔가 공허한 느낌을 받지 못하는 박대통령의 무딘 감각도 어이없다.

노트북도 마이크도 없는 백악관 내 각종 회의

미국의 백악관 회의를 보면 우리나라의 반상회보다도 격식 없이 치러진다. 그냥 작은 방에 모여서 각자 소파나 의자에 편한 자세로 앉아 서로를 쳐다보며 격의 없이 회의에 임한다. 명패도 없고, 딱히 정해진 자리도 없다. 모르는 사람이 보면 누가 대통령인지조차 알 수 없을 정도다. 한국인들이 보기엔 그저 한담이나 나누는 줄로 오해하기 십상이다. 비서관회의뿐만이 아니다. 중차대한 세계사적 사건을 의논하는 모임이든, 국무회의든 그다지 다르지 않는 풍경이다. 설마하니 백악관이 모든 일들을 그런 식으로 가볍게 즉흥적으로 처리할까? 아니다. 실은 그 반대다. 이미 그 안건에 대해 각자가 사전에 며

칠 밤을 새워 가며 검토하고 피드백한 후, 수차의 개별 협의와 중간 조율한 내용을 전체 종합 토의를 거쳐 최종적으로 모여 머리를 맞대고 눈으로 소통하며 방향 설정하는 모임이다. 한국처럼 아무런 예습도 없이 회의에 나와 안건을 상정(실은 공표)하고, 받아쓰기 인증샷 찍기 위해 모이는 것이 아니란 말이다.

기실 받아쓰기하는 것도 그렇게 머리 처박고 하는 것이 아니다. 바른 자세를 취하고, 고개 또한 바로 세워야 한다. 그래야 장시간의 회의도 견뎌낼 수가 있다. 무엇보다도 화자(話者)에게로 상체를 틀어 상대의 눈을 주시해야 한다. 그래야 서로 소통이 되면서 진정성이 전달된다. 눈을 통해 강조된 주요점을 메모하는 것이 정격이다. 두어 번만 연습하면 시선을 화자에게 고정시켜 둔 채로 메모지를 보지 않고도 받아쓸 수 있다. 누군가가 말을 하면 그 사람의 눈을 바라보는 것이 기본! 그걸 '주목(注目)'이라 한다. 초등학생들도 다 아는 바이다. 말을 하는 상대에게서 눈을 떼는 행위는 그를 무시하는 처사다.

참고로 우리나라 제식 훈련 구령에 '차려!'가 있다. 이는 원래 영어의 'Attention!'이 '몸과 정신을 바로 차려'라는 의미의 일본어 'きをつけ(気を付け)'로 번역된 데서 비롯된 용어이다. 한데 대부분의 한국인들은 이 '차려'의 의미가 바로 '주목(注目)'임을 알지 못한 채 그저 부동 자세(直立) 모드로만 인식하고 있다. 이 어이없는 오류로 인해 우리는 '차려' 즉 'Attention'의 본래 목적(소통)을 잊어버렸다. 한국의 군사 문화가 소통을 방해하는 데 일조하고 있는 셈이다. 일본식 법률용어와 더불어 하루빨리 고쳐져야 할 군사용어 중의 하나다. 특히 신세대 병사 적응 문제 해결을 위한 병영 문화 혁신을 도모한다면!

수첩공주와 수첩장관들

대개의 선진국에서는 직위가 높아 갈수록 유머 또한 풍부해져

회의를 부드럽게 잘 이끌어 나간다. 당연히 높은 사람일수록 가까이 하기가 더 편한 사람이 된다. 하지만 상명하복에 철저한 한국의 조직 문화에선 직위가 높아 갈수록 점점 더 무뚝뚝(험악)해져 감히 바로 쳐다보기조차 어렵게 된다. 그런 걸 권위나 리더십으로 착각하고 있는 것이다. 그러니 제대로 소통이 될 리가 없다. 창의적인 회의는 애초에 불가능하다 하겠다.

새 정부 들어서 이전에 보지 못한, 글로벌 정격 매너와는 거리가 먼 이런저런 풍경들이 청와대의 새로운 관행으로 자리잡아 가고 있다. 그 중 받아쓰기는 아예 불문율처럼 굳어져 버렸다. 그래야 엄중하고 공손하며 품위 있는 것으로 여기는 듯하다. 마치 대통령의 금과옥조를 한 자라도 빠트렸다간 불경죄에 걸리기라도 하는 양 '박근혜 어록' 만들기 위해 모인 사람들 같다. 그야말로 적자생존! 적는 자만이 살아남는다? 북한의 김정일·김정은도 이같은 사진 남긴 적 없다. 설마 이런 게 소통이고 창조적 혁신은 아닐 것이다.

아무튼 대통령의 눈도 바로 못 쳐다보면서 무슨 일을 한단 말인가? 자동 마네킹처럼 받아쓰기밖에 할 줄 모르는 각료·비서관들 데리고 나라 살림을 어찌 꾸려 나갈는지? 이는 회의 주재자인 대통령의 책임이겠다. 내용이야 어찌되었건간에 사진에서나마 제대로 폼을 잡아 글로벌 망신이라도 좀 면했으면 한다. 도무지 회의의 ABC도 모르고 그런 사진을 찍히는 인사들이나, 그 따위 개망신 사진을 버젓이 내보내는 사진사들이나 한심하기는 매한가지겠다. 어디 가서 밤새움 과외라도 좀 받고 나왔으면 싶다. 벽돌 아무리 간다고 거울이 되지 않듯 만년 받아쓰기한들 국가 기강 바로 서지 않는다. 품격이 곧 기강이다. 대통령이 바로 서야 국격이 바로 선다.

소통의 의미도 모르는 한국 리더들의 한계

미 백악관 국무위원 및 보좌관 합동회의. 모두가 화자인 존 케리 국무장관을 주목하고 있다. ⓒ 백악관

마이크도 노트북도 없는 미 백악관 국무회의. 모두의 시선이 오바마 대통령에게로 향하고 있다. 받아쓰기하는 사람, 명패를 찬 사람은 한 명도 없다. ⓒ백악관

가족적인 분위기의 미 백악관 보좌관회의 모습. ⓒ백악관

백악관식 외부인 초치 소통법. ⓒ백악관

블라디미르 푸틴 대통령이 2014년 6월 21일 크렘린궁에서 국가안전보장회의를 열어 우크라인 문제를 논의하고 있다. 마이크·노트북 없어도 오히려 진정성이 있어 보인다. ⓒ이타르타스

주목! 영국 국무회의 포토세션. 명패도 마이크도 노트북도 없다. 설마 돈이 없어 노트북·마이크 설치하지 않았을까? ⓒ영국총리관저

서양이나 중국은 토론 문화가 발달해서 사람 행세하려면 공부 안하곤 못 배긴다. 해서 개인도 끊임없이 진보한다. 이에 비해 한국인들은 대부분 고등학교나 대학 졸업 무렵에 형성된 그릇의 크기에서 더 이상 커나가질 못한다. 공부를 안한다는 말이다. 그러니까 출세욕의 화신인 자들은 고시 패스한 후 단 한 권의 책도 심도 있게 읽으려 들지 않으면서 폭탄주 마셔 가며 인맥쌓기에 열중한다. 그게 스펙이다. 그릇이나 품격은 예전 그대로인 채 출세하려고 발버둥을 쳐대는 것이다.

　　진정한 토론 문화가 없다 보니, 이웃 중국인들의 시각에서 보면 한국인들의 지식은 넓지도 깊지도 못하고 그저 경박한 잡담 수준이다. 오죽하면 대통령 후보 TV 토론에 원고를 들고 나오겠는가? 대통령은 물론 정치인·장관·학자·재벌 오너 등등 대부분 지도자들의 품격도 한국인 평균에서 크게 나을 것이 없다. 오히려 책임감과 도덕성은 더 떨어져 망신당하지 않고 청문회 통과할 만한 인물을 찾기가 힘들다. 청문회 질문에 제대로 대답도 못하고 쩔쩔매는 여성 장관 후보를 두고 오히려 순진해서 그렇다고 두둔한다. 아무렴 그런 것들조차 우리 식이라고 우긴다면 할 말이 없지만.

　　너무 무서운 레이저 눈빛? 청와대 비서진들이나 각료들 사이에서 박근혜 대통령을 아무도 똑바로 쳐다보지 못한다는 말이 있다. 해서 대통령이 말을 시작하면 일제히 고개 숙이고 받아쓰는 척하는 것이겠다. 기실 한국인들은 그걸 권위나 리더십의 필수 요소인 줄 착각하기조차 하지만, 글로벌 매너에선 심각한 결함이다. 상대를 기죽이는 것을 리더십이라 하지 않는다. 소통의 달인은 자신이 말을 하면 모든 이들이 주목하게 만든다. 미국 버락 오바마 대통령의 리더십은 거기에서 나온다. 하여 오바마는 대화의 당사자가 되는 데 비해 한국의 대통령은 언제나 결정권자로서만 행세하려 든다. 상대의 시선을 끌어당기는 힘이 진짜 리더십이다.

2010년 11월 12일, 서울 G20 정상회의가 끝난 뒤 오바마 대통령이 기자회견을 가졌다. 여기저기서 손을 드는 기자들을 물리치고, 오바마는 "마지막 질문은 한국 기자에게 주도록 하겠습니다"라고 밝힌다. 그런데 단 한 명의 한국 기자도 손을 들지 않는다. 그러자 중국 CCTV의 루이청깡(芮成鋼)이 자리에서 일어나 "제가 전 아시아를 대표해서 질문하겠습니다"라고 말한다. 오바마가 한국 기자들에게 질의권을 주기로 하였음을 강조하며 완곡하게 거부한다. 그럼에도 한국 기자들의 물음이 없자, 루이청깡이 끝까지 나서서 "그러면 여기 있는 한국 친구들이 저에게 그들을 대표해서 질문하게 한다면 어떻겠습니까?"라고 묻는다.

입장이 난처해진 오바마는 아무 질문이라도 괜찮다며 한국 기자들에게 재차 독촉(?)한다. 황당하고 어색한 침묵이 흐르는 동안 한국 기자들은 내내 꿀먹은 벙어리였다. 결국 중국 기자가 한국 기자들을 대신하여 질문하는 어이없는 광경이 연출되고 말았다.

많은 언론들에서 박근혜 대통령 주재 국무회의나 비서관회의의 받아쓰기 행태를 비웃지만, 기자들 역시 받아쓰기밖에 할 줄 모른다는 결과를 낳고 만 것이다. 질문(의문)이 없다는 건 기자 정신이 없다는 것과도 일맥상통한다. 그냥 타이피스트인 게다. 그런가 하면 외국 유명 인사들이 한국에서의 기자회견을 이색적인 체험으로 받아들이기도 한다. 도무지 기자들이 받아쓰기에만 열중하느라 눈을 쳐다보지 않아 당혹스러웠다고 한다. 그럴 거면 이메일로 주고받고 말 일이지 뭣하러 왔느냐는 거다. 소통의 의미를 모르기는 기자들도 매한가지라는 말이다.

Tip 대한민국 고질병, 톱다운도 다운업도 아닌

중구난방식 업무 처리

　우리는 연초가 되면 대통령이 각 부처를 돌며 장관들로부터 업무 보고를 받는 풍경에 익숙하다. 하지만 이는 한국에서만 볼 수 있는 광경이다. 이런 식의 형식적인 업무부처 보고가 모든 기관에서 내리 닫이로 진행되고 있다. 그걸 준비한답시고 각 부처는 한바탕 홍역을 치른다. 1조 달러 무역대국에서 대통령 혼자만 시대착오적인 구습에 주저앉아 물귀신처럼 책임장관들의 일을 훼방해대는 전근대적인 전시행정의 표본이라 하겠다.

　실은 임명된 장관이 그냥 하던 일 하고 있으면 그만이지, 그 일상의 업무까지 일일이 대통령에게 보고할 필요는 없다. 다만 국가적인 중요한 안건이 생겼을 경우 그때그때 보고하면 그만인 게다. 대통령이라고 해서 각 부처의 일상적인 업무까지 보고받고 간섭하는 것은 '엄연히 같은 헌법기관인' 책임장관을 무시하는 처사다. 대통령은 그런 일상 업무가 아닌 따로 지시할 사항만 그때그때 지시하면 된다. 그것도 구두가 아닌 문서(Presidential Memorandum)로. 그래야 나중에 책임 소재가 분명해진다. 따라서 서양에서는 기본적으로 톱다운 방식으로 일을 한다.

　한국 역시 톱다운 방식임에도 불구하고 실질적인 내용을 들여다보면 그 반대로 하의상달(下意上達)이다. 이는 일본인들이 개발한 것으로 아래에서 올라온 품의나 내부 결재 문건을 위로 올려 결재하는 방식이다. 일견 매우 합리적이고 민주적으로 보인다. 덕분에 장(長)은 전문적인 지식 없이 공부를 안하고도 일을 할 수 있는 구조다. 그러다가 일이 잘못되면 아랫사람들에게 책임을 전가시킬 수 있다. 해서 대통령·장관·기관장·재벌 회장 할 것 없이 사건이 터지면 모조리 빠져나간다. 물론 일이 잘되면 공(功)은 오롯이 자기 것이다.

　미국 역시 능력이 없어도 장(長)을 해먹을 수 있는 구조다. 미국도 대선 때 공을 세운 사람들에게 한국처럼 논공행상이 돌아간다. 해서 비전문가들이 장관이나 대사 등등의 기관장을 맡는 경우가 종종 있다. 그렇지만 이 경우 그들은 얼굴마담으로 만족하고 실무에는 일체 관여하지 않는다. 대신 고품격 매너로 그 얼굴마담역을 철저히 해낸다. 그외 대부분의 실무에 능한 장(長)들은 반드시 직접 디렉티브(정책안, 업무지침)를 짠다. 그러기 위해 아랫사람은 물론 각계의 전문가들을 만나 열심히 의견을 청취한다. 당연히 아랫사람들보다 더 많이 노력하고, 더 많이 일한다. 여기서도 수혜자 부담 원칙이 철저히 적용되는 것이다.

이에 비해 한국의 장(長)들은 모든 걸 아랫사람들에게 시킨다. 명분은 하의상달이다. 그 핑계로 실무자나 정규 행정관을 자기 비서 부리듯 한다. 대신 비서에게는 하녀처럼 자신의 개인적·가정사적인 일들을 시킨다. 그러고는 자신은 골프·술·여자·접대·청탁·인맥쌓기에 열중한다. 해서 한국에서는 직급이 올라갈수록 누리는 건 많아지고, 일은 적게 하게 된다. 이런 구태가 사진 한 장으로 다 드러나고 있음을 한국인들만 모르고 있다. 예습도 없이 받아쓰기하는 수석 및 각료들, 그들이 자기 부처로 돌아가 똑같이 받아쓰기시킬 것은 빤한 이치겠다. 이 고질병을 고치지 못하면 한국은 영원히 선진국이 못 된다.

게다가 국무회의인지 비서관회의인지 구분도 안 되는 현재와 같은 대통령 주재 회의 내지는 토론을 과연 민주적이라 할 수 있을까?

그동안 일방적 구두 지시와 받아쓰기 행태의 한국 대통령이 주재하는 국무회의 내용과 형식을 따지고 들면 위헌적 불법행위 개연성 여부 논쟁도 가능하다. 나아가 이에 대해 헌법재판소 앞 위헌심판소송 및 국무회의상 구두 지시 금지 가처분 신청 대상이 될 수도 있지 않은가?

헌법상 국무회의 석상에서 대통령이 국무위원 일인 내지는 다수, 혹은 전체에 대하여 구두 지시를 할 수 있는 법적 근거가 있는지? 국무회의 존재의 의미는 의안으로 올라온 안건에 대해서 구성원 모두가 동등한 자격으로 토의하고 가부를 표결로 결정하는 게 원래의 취지가 아닌지? 따라서 구두 지시 자체가 위헌적 소송 대상 불법행위가 아닌지? 또 대통령이 업무상 지시를 하고 싶다면, 그 지시는 국무위원이 국무회의 석상에서가 아니고 각 부처의 장의 자격으로 각 부처가 의사 결정해야 할 개별 사안에 대해 정부조직법의 의사결정권한 전결권 규정상 상급자인 대통령에게 품의 올린 결재 요청 안건에 대해 서면으로만(각서 형식으로) 가능한 게 아닌지?

아무렴 민주국가에서 논쟁은 곧 정부의 활동이다. 따라서 정부는 실제로 논쟁을 형성하고, 논쟁에 활기를 불어넣어 각료들과 함께 토론 문화를 이끌어야 한다. 더불어 정부의 활동을 지속적으로 설명하며, 다수에 의한 어떤 결정이 내려져 받아들여지는 지점까지 논쟁을 이끌어야 한다는 말이다. 이렇게 토론을 형성하고 지휘하는 능력으로 정부의 정치적 진가를 규정하게 된다. 한국의 대통령처럼 통치자만이 쉴새없이 다양하고 독특한 안을 내놓고, 통치자만이 정책안을 설정하는 것은 엄격한 의미에서 민주주의라 할 수가 없는 것이다. 이처럼 진정한 토론 없이 통치자 혼자 고민하고 혼자 그림 그리는 것을 두고 달리 표현해서 '국정농단'이라고 한다.

이러한 혼선들의 한 예로 박근혜 대통령이 2014년 1월 7일, 새누리당 소속 국회의원과 원외(院外) 당협위원장 전원 초청 만찬회동에서 "의료·부동산 규제 풀어 줘야" 한다고 말한 적이 있다. 사실 의료·부동산 규제 완화, 철폐(행정규제 변경은 물론 추가적으로 필요한 법안 초안 작성과 대 국회 법률제개정 안건 상정까지)는 대통령이 관할하는 행정부 관할권 내(within her own jurisdiction)의 사항, 즉 내부 문제(In-house Matters)이므로 자기가 바로 대통령지시각서(Presidential Memorandum)를 작성, 해당 부처에 전달 시행케 하면 될 일이다. 다른 말로 언론에 발표할 성질의 사항이 아니란 거다. 얘기 대상자 번지

수가 틀린 것이다. 한국적 정규 그래머 학습 미필, 또는 온전한 매너 의식 부재 때문에 빚어진 난센스라 하겠다.

더하여 선거 때마다 나오는 단골 레퍼토리가 책임총리제이다. 한데 이는 대한민국헌법에 이미 명시되어 있다. "헌법 제82조 대통령의 국법상 행위는 문서로써 하며, 이 문서에는 국무총리와 관계 국무위원이 부서한다. 군사에 관한 것도 또한 같다." 즉 총리의 부서권이다. 얼핏 보면 그저 통과의례적인 조항 같지만, 이는 대통령의 전횡을 방지하기 위한 최후의 수단으로서 헌법 제정자들이 만들어 넣은 엄중한 조항이다. 쉽게 말해 총리의 사인 없이는 효력이 없다는 말이다. 이보다 막강한 권한이 어디 있단 말인가? 국무회의 때 머리 박고 대통령 모두발언 받아쓰기하지 않는, 똑바로 고개 들고 아닌 건 아니라고 할 수 있는 총리라야 이 조항이 효력을 발휘할 것이다.

11 가방을 직접 들고 다니는 여성 대통령

여성에게 핸드백은 신체의 일부이자 인격체의 일부 | 가방 메이커가 문제가 아니라 가방을 드는 것이 문제 | 최고지도자의 품격은 곧 그 나라의 이미지, 메이드인코리아의 단가, 부가가치에 영향 | 새마을 패션으로는 세계적 명품 절대 못 만든다 | 명품은 장인 혼자서 만드는 것이 아니다!

경기가 안 좋다고 하면서도 유독 명품 시장만은 예외라고 한다. 오히려 값을 더 올렸다고 하니 참 대단한 대한민국이라는 생각이 든다. 당연히 한국에서의 명품이란 곧 수입 유명 제품을 가리키는 말이다. 여성용 명품 중에서도 가장 대표적인 것은 아무래도 핸드백일 것이다.

한데 과연 한국인들이 명품을 좋아하는 것만큼 그에 어울리는 품격을 갖추었다고 할 수 있을까? 무슨 소리? 명품 사는 데에 무슨 자격? 하긴 그렇다. 그렇지만 잠시 명품을 갖고자 하는 심리를 뒤집어 보자. 혹 그 명품을 통해 자신의 모자라는 품격을 감추고 싶은 건 아닌지? 해서 급한 대로 명품을 움켜쥐었지만 기실 그 명품을 제대로 사용하는 법을 익히지 못한 건 아닌지? 하긴 천하의 명품이라 해도 그런 것까지 제품설명서에 기록해 놓지는 않았다. 아무렴 어련히 알아서 할까?

세일즈맨 대통령이 자랑스러운가?

언제부터인가 이명박 대통령이 한 손에 가방을 들고 해외 나들이를 해왔다. 아무렴 귀여운 외손녀가 사준 가방이니 애지중지할 수도 있겠다. 또 국민들에게 가방을 들고 나가는 모습을 보여서 열심히

전송 인사들 앞에서 아닌 밤중에 서류 가방 들고 출국하는 이명박 대통령. ⓒ 청와대

일하는 실무 대통령으로서의 이미지를 구축하고자 하는 의도도 있었을 것이다. 미처 생각 없는 대부분의 국민들도 그 모습을 보고서 그렇게 생각했을 듯하다.

하지만 세계인의 눈은? 어처구니없는 난센스다! 분명히 속으로 조소를 금치 못했을 것이다. 대기업 CEO 출신이라더니 어쩔 수 없는 모양, 아직도 출장 가는 이부장 혹은 이사장인 게다. 전 세계 어느 대통령이나 수상이 직접 서류 가방을 들고 다니던가? 전용 비행기는 있는데, 수행비서는 없는가? 아니면 비서에게도 맡기지 못할 만큼 국가의 존망이 달린 비밀스럽고 중요한 문서라도 들었나? 미국 대통령은 핵 가방도 직접 들고 다니지 않는데?

의전에서도 완전 낙제다. 대통령이 해외로 나가게 되면 출국장이나 환영장에 많은 관료와 유력 인사들이 나와 환송·환영하는 의전이 있게 마련이다. 이때 한 손에 가방 들고 악수? 사진발부터 빵점이다. 그곳에선 악수도 하지만, 때론 두 손을 맞잡고 흔들거나 두 팔로 껴안고 포옹도 해야 한다. 꽃다발도 받아야 한다. 또 의장대 사열도 빠지지 않는다. 때문에 대통령의 두 손은 언제나 비어 있어 자유로워야 한다.

여성에게 핸드백은 신체의 일부

부창부수라 했던가? 대통령 영부인 역시 가방 때문에 실수를 연발했다. 파티 자리도 아닌데 핸드백을 직접 들고 방문국의 퍼스트레이디와 맞상대를 하고 다녔다. 역시나 수행비서가 없었나? 그러다

핸드백 처리 개념 없는 김윤옥 여사. 몽골 국빈 방문중 하지드 수렌볼러르마 여사와의 대담. 수행비서에게 맡기거나 상대방과의 반대쪽, 곧 엉덩이 오른쪽 소파 위에 놓았어야 했다. ©청와대

제 집에서 직접 가방 들고 다니는 대통령. 부총리와 비서실장까지 명패를 달고 다니는 난센스. 인격보다 물격(가방, 명패, 보안 규정)을 더 신뢰하는 나라 대한민국! 박대통령을 모르는 외국인이 이 사진을 보면 가방 든 여성을 비서로 알 것이다. ©청와대

가 일본 방문중 일왕 부처와의 접견시, 그리고 몽골 국빈 방문중 영부인끼리의 만남에서 자신의 핸드백을 신발 옆 바닥에 놓아두는 끔찍한 실수까지! 그렇게 선진한국의 품격을 땅바닥까지 떨어트리고도 눈치조차 채지 못하니 한심한 노릇이다.

한국인을 제외한 거의 대부분의 문명국민들은 핸드백을 신체의 일부, 인격체의 일부로 간주한다. 귀걸이나 목걸이와 같이 여긴다고 생각하면 쉽게 이해가 갈 것이다. 보통의 여인들도 핸드백을 바닥에 내려놓지 않는다. 그런데 일국의 퍼스트레이디가? 상상도 못할 일이다. 그 사진을 본 그 나라 국민들은 어떤 생각을 품었을까? 코리아가 지금 물건은 잘 만들어 많이들 내다팔고 있지만 바탕은 순 상것들로구먼! 혹여 그 핸드백을 만든 장인이 예의 사진을 보았다면 부르르 몸을 떨었을 것이다.

아무쪼록 수행비서를 데리고 다닐 만한 위치에 있는 사람이라면 대통령이든 CEO이든 가방을 직접 들고 사진 찍히는 일일랑은 없어야 한다. 세계의 어느 대통령이나 영부인도 가방을 직접 들고 다니지 않는다. 촌놈이란 소리 듣기 십상이다. 큰 여행 가방이라면 당연히 바닥에 둘 수밖에 없겠지만, 그 정도 위치에 있는 인사라면 직접 끌고 다닐 리가 없다.

어쩔 수 없는 경우 핸드백을 들고서 접견할 적에는 앉은 의자의 엉덩이 뒤쪽(상대의 반대쪽)에 두는 것이 상식이다. 단 국빈 만찬과 같은 파티에 참석할 때에는 작은 핸드백을 지참하기도 한다. 이 경우 만약을 대비한 립스틱이나 손수건 같은 간단한 도구만 넣은 아주 작은 것으로, 여차하면 손목에 걸거나 겨드랑이에 끼고 두 손을 자유롭게 사용할 수 있는 정도의 크기여야 한다. 그렇다고 해서 회의·사무·공무에 핸드백을 들고 나오는 건 금기다.

명품은 장인 혼자서 만드는 것이 아니다

박근혜 대통령 당선인이 들고 다니는 가방을 두고 타조가죽입네, 가격이 이백만 원이나 합네 하며 화제가 되었었다. 일부러 중소기업 제품을 골랐다고 대변인이 해명을 하여 의미를 부여한 것도 좋지만, 언뜻 보아도 고급스러워 보이진 않는다. 기실 그것을 가방이라 해야 할지, 핸드백이라 해야 할지? 가난한 나라 대통령이어서 서류 가방을 겸한 핸드백인가? 아무튼 가방을 직접 들고 다니는 건 품격에 맞지 않다. 세계를 주도하는 리더, 독일의 여장부 메르켈 총리를 기억해 보라! 그가 언제 가방을 들고 다닌 적이 있던가? 연로하여 손에 힘이 없어 핸드백을 팔에 걸고 다니는 엘리자베스 여왕을 흉내낼 일이 아니다.

국제사회는 한국을 이미 선진국으로 인식하고 있어 과거처럼 그런 실수를 애교로 봐주지 않는다. 박근혜 당선인도 예전에 싱가포르 리셴룽 총리와 대담할 적에 가방을 바닥에 놓은 적이 있다. 이후에도 줄곧 색깔만 바뀐 같은 모양의 타조가죽 가방을 들고 다녔다. 미국 방문시 오바마 대통령과의 백악관 회동에서도 가방을 바닥에 내려놓았고, 중국 국빈 방문중에도 역시 그러했다. 아마도 예의 복장과 가방은 임기 내내 고집하기로 작정한 모양이다. 이를 두고서 개인적인 취향이라고 주장할 수도 있다. 하지만 최고지도자가 되는 순간 사적인 것이란 있을 수 없다.

더구나 그 가방에 무슨 대단한 국가적인 비밀이라도 있는지 제작자나 디자이너에게 입도 벙긋 못하게 하고 있다. 아니면 일반인들이 대통령과 같은 가방을 들고 다니지 못하도록 하기 위함인가?

중소기업 제품이라도 질만 좋다면 명품이 될 수 있다는 건 지나치게 순진한 생각이다. 대기업이 만들어 비싸고 고급스럽다 해서 반드시 명품이 되는 것도 아니다. 품격을 아는 나라에서 만들어져 품격 높은 사람들이 사용할 때 비로소 명품이 된다. 새마을 패션으로는 세계적인 명품 절대 못 만든다. 최고지도자의 품격은 곧 그 나라의 이미지, 상품의 단가, 부가가치에 영향을 미친다. 안에서야 중소기업·영세상인 등 세세하게 챙겨야겠지만, 밖에 나갈 때에는 항상 국가 전체의 이미지를 고려해야 한다. 창조경제를 부르짖지만 실제로는 70년대식 개발경제 마인드를 못 벗어나는 것 같아 안타깝기만 하다.

입장 한번 바꿔 보자. 만약 한국을 찾는 외국 정상이 박대통령처럼 큰 가방을 들고 비행기에서 내린다면 우리는 어떤 느낌을 받을까? 미국 대통령이 그랬다면 필시 미국산 소고기·쌀·자동차 수입 등을 독려하려 왔거나, 주한미군의 방위비 분담 증액 청구 혹은 재래식 무기를 강매하러 왔다고 지레짐작할 것이다. 또 후진국 정상이라면 뭘(원조) 좀 담아 가려고 왔나 보다 할 것이다.

아무렴 큰 가방 들고 찾아오는 한국 대통령을 보고서 그 속에 자기네에게 줄 선물 가득 담아 왔으리라고 생각하는 국민이 있을까? 가방든 세일즈 외교 대통령! 완전 한국적 코미디라 하겠다.

2014년 8월에 방한한 프란치스코 교황이 낡은 서류가방을 손수 들고 다닌다며, 한국 언론들에서 감동적인 기사로 대서특필하였다. 그러나 교황이 공식 행사나 공공 장소에 그 가방을 들고 나온 예는 없다. 사적인 곳에서만 들었다. 설령 그 검은 가방을 직접 들고 입국 비행기를 내린다 해도 사람들은 설마 그 속에 청구서며 계약서, 상품 카탈로그가 들어 있다고는 생각지 않을 테다. 평화와 구원, 안녕과 위안의 말씀을 가득 담아 왔으려니 하고 믿을 것이다.

12 소 잃고도 외양간 못 고치는 대한민국

오렌지 주스로 성추문 예방한다? I 성추문이 공직자 윤리 의식? 해당 그룹 사회의 매너와 품격의 문제 I 한국 남자들은 술만 먹으면 모조리 짐승남인가? I 섹스도 매너! '외교 특강'보다 '글로벌 매너 특강'부터 먼저! I 청와대부터 먼저 바뀌어야!

성추문으로 국제통화기금(IMF) 총재직에서 불명예 퇴진한 도미니크 스트로스 칸(64세)의 이야기를 담은 영화가 2013년 칸 국제영화제에서 상영되었다고 한다. 그는 2011년 5월 뉴욕의 한 호텔에서 여종업원을 성폭행한 혐의로 체포되면서 IMF 총재직에서 물러났고, 프랑스 사회당 대통령 후보군에서도 낙마했으며, 아내와는 지난해 결별했다고 한다. 윤창중이 한국으로 얼른 도망해 온 것도 아마 칸에게서 선험적 지혜를 얻었기 때문일 것이다.

성추문도 품격이 있다면 의아해할 사람이 많겠다. 요즈음 같아서는 어쩌면 한국 남성들의 로망은 이몽룡이 아니라 변사또일는지도 모른다는 생각조차 든다. 많은 한국인들은 섹스를 권력이나 금력의 부산물쯤으로 여기지만, 실은 섹스도 매너다. 남녀 간의 즐김의 도구이기 전에 먼저 소통의 수단이다. 따라서 인간행위의 그 어떤 것보다도 매너와 품격을 요한다.

아무튼 선진국들에서도 성추문은 끊임없이 터져 나온다. 하지만 그 대부분이 당사자의 망신으로 끝나고, 그 파장 또한 당사자 개인에게 한정된다. 성추문을 그 사회의 윤리 의식의 문제라기보다 개인의 품격 문제로 보기 때문이다. 그에 비해 한국에서의 성추문은 너무도 치졸하고 역겨워서 대부분 망신으론 성에 차지 않아 패가망신시킨다.

품격이 떨어지는 정도가 아니라 아예 없다 보니 단순히 추문으로 끝날 사건도 성범죄로 치닫는 경우가 많다. 그리고 그때마다 사회 문제, 집단 윤리 운운하다가 국격에까지 영향을 미친다. 물론 동서양의 도덕 기준과 관용의 차이도 있지만, 여기에도 엄연히 품격의 차이가 존재함을 부인하긴 어렵겠다.

아직도 술 핑계대는 짐승남들?

환자가 눈이 아프다고 하자 눈을 파내고, 다리가 아프다고 하자 다리를 잘라내는 의사가 있다고 하자. 이 얼마나 편한 발상인가? 다시는 아플 일이 없겠다. 이런 우화와도 같은 일이 실제 한국사회에서 예사로이 일어나고 있다.

'윤창중 사건' 이후 첫 해외 순방에 나선 정홍원 국무총리의 태국 방문길에 여성 인턴이나 가이드를 찾아볼 수 없었다고 한다. 뉴스에 따르면 '제2차 아시아·태평양 물 정상회의' 참석을 위해 태국을 방문한 정총리의 공식 일정을 지원하는 인턴 3명도 모두 남성이라고 한다. 더욱이 19일에 열린 치앙마이 태국 한인대표들과의 오찬간담회에서는 술 대신 오렌지 주스로 건배를 하였고, 20일 방콕의 동포간담회에서도 오렌지 주스였다.

술 안 마시면 그런 일 안 생긴다? 아무렴 소를 안 키우면 소 잃을 일도 없겠다. 집 나간 소가 웃을 일이다. '윤창중 사건'이 황당하고 치졸하기는 유례를 찾아보기 쉽지 않지만, 그에 대처하는 한국 정부의 자세 또한 구태에서 조금도 벗어나지 못하고 있어 안타깝다. 미국에서의 망신을 태국에까지 연장해서 홍보해대는 꼴이니 하는 말이다. 아무려면 이 삼엄한 판국에 술 마시고 그런 일 저지를 배짱 좋은 친구가 또 있으랴? 게다가 윤창중 사건이 반드시 술 때문에 생긴 일인가? 그날 술을 마신 인사가 윤창중밖에 없었나? 중동의 회교 국가들처럼 미국이 술을 팔지 않았더라면 윤창중이 절대 그럴 리가 없다? 그러니까 모든 죄를 술에다 뒤집어씌운다? 샴페인도 아닌 오렌지 주스로 건배하는 사진을 보고서 태국인들은 물론 세계인들은 무슨 생각을 하였을까? 한국 남자들은 술만 마시면 모조리 짐승이 되니 절대로 술을 마시게 하면 안 된다!

아씨의 안색을 살펴서 지레 설설 기는 머슴의 지혜로운 처신인가? 중고생들 수학 여행 가는 것도 아닌데 남녀칠세부동석에다 금주령? 만약 그래도 안 되면 거세령이라도 내릴 겐가? 수행원들, 아니 대한민국 남성들을 도매금으로 잠재적 성범죄자로 국제 공인받고 싶은 겐가? 나라 망신을 애써 찾아서 당하고 있다. 제발이지 먼저 품격을 보고 사람을 뽑을 일이다. 그도 여의치 못하면 차제에 품격이나 제대로

'제2차 아시아·태평양 물 정상회의' 참석차 태국을 방문중인 정홍원 국무총리가 19일 오후 치앙마이 샹그릴라호텔에서 가진 치앙마이 태국 한인대표들과의 오찬간담회를 가졌다. 오렌지 주스로 일본 조폭식 오버더테이블 건배를 하면서 그나마 눈맞춤도 못하고 있다. 아무렴 한국인들끼리 한국식으로 노는 데 무슨 상관이느냐고 항변할 수도 있다. 하지만 지금은 글로벌 시대다. 우리끼리만이란 있을 수 없다. 세계의 누군가가 보고 있고, 국내에서도 이미 글로벌적 안목을 지닌 사람들이 적지않다. 그들은 스쳐가는 사진 한 장도 예사로이 넘기지 않는다. ⓒ뉴시스

박근혜 대통령이 5월 21일 오후 청와대 영빈관에서 주최한 재외 공관장 부부 초청 만찬. 상대와
는 눈맞춤도 못한 채 술잔에 절하는 굽신 건배를 피차간 똑같이 하고 있다. 이게 한 나라의 최고
지도자와 외교를 담당하는 수장의 글로벌 매너 수준이다. 게다가 한국의 모든 회의는 물론 파티
에까지 빠지지 않고 내거는 홍보용 플래카드와 스크린. 자화자찬? 국민계몽? 전시행정의 중독
일 뿐이다! ©청와대

가르치고 배울 일이다.

상황 파악 제대로 못하는 지도자들

박근혜 대통령이 21일 재외 공관장들을 대상으로 한 첫 간담
회와 청와대 초청 만찬을 가졌다. '국정 운영 방향 공유를 위한 간담
회'로 정부를 대표해 외국에 나가 있거나, 곧 부임하는 재외 공관장
들이 박근혜 정부의 국정철학을 제대로 이해하고, 이를 국제사회에 전
파할 수 있도록 대통령과 관련 수석이 직접 설명하는 자리였다고 한
다. 그런데 박대통령이 이 자리에서 "재외 공관은 한국에서 오는 손님
대접에만 치중하고, 교민들의 애로 사항엔 적극적이지 않다는 비판이
많았다"며, "앞으로 재외 공관은 본국의 손님을 맞는 일보다 본연의

임무에 충실해서 다시는 이런 비판이 나오지 않기를 바란다." 그리고 "재외 국민이나 동포들의 어려움을 도와주지 않는 재외 공관은 존재 이유가 없다"고 일침을 놓아 듣는 이들을 무색하게 만들었다. 교민에 대한 서비스 개선을 강조한 모양이나 어쩐지 듣기에 어색한 감이 없지 않다.

윤창중 사건을 당하고도 그 사건의 본질을 깨닫지 못했거나, 비켜가는 듯한 느낌이 든다. 설마하니 그동안 공관장들의 잘못된 업무 관행 때문에 윤창중 사건 같은 것이 터졌다고 생각하는 건 아닐 테지만, 아무래도 본말을 흐트리는 듯한 훈시라 하겠다.

아무려면 공관장들이 그동안 본연의 임무도 망각한 채 그러고 싶어서 그러했을까? 물론 출세를 바라는 극히 일부 몰지각한 공관장들도 있을 것이다. 하지만 대부분의 공관장들은 어쩔 수 없이 본국의 국회의원들이며 관료들의 시종 노릇을 한 게다. 윤창중도 그렇게 모셔야 할 인물 중의 하나가 아니던가? 그들은 갑(甲)이고 공관장들은 그들의 을(乙)도 아닌 밥임을, 그러지 않았다가는 무슨 꼴을 당할는지 수차례 전임 대통령의 특사로 해외 각처를 다녀 본 대통령이 모를 리 없을 터이다. 그런 한국의 갑(甲) 아닌 갑(甲)들이 공관 활동비 예산의 절반 정도는 그렇게 다 갉아먹었다 해도 지나치지 않을 것이다. 그들을 모시기 위해 시간과 노력은 물론 밥값·술값까지 다 빠져나간다. 심지어 못된 손님 시중들다 여자까지 챙겨 주는 바람에 영수증 처리 못해 개인 돈까지 착취당한 적도 있을 것이다.

이런 일을 감시해야 할 기자들도 기실 공관원 괴롭혔다는 비난에서 그다지 자유롭지 못했다고 할 수 있다. 예전엔 대통령 해외 순방에 따라 나가는 걸 휴가로 여기는 관행이 없지 않았다. 함께 따라간 돈 많은 기업인들이 1차, 2차 밥값·술값에다 거마비까지 두둑하게 챙겨 주던 호시절도 있었다. 그래야 기사를 호의적으로 써주고, 웬만한 실수는 눈감아 주었으니 말이다. 아마도 윤창중도 기자 시절 그런 경험이 없지 않았을 게다.

공관장들에겐 그럴 힘이 없다

그 자리에서 대통령이 그런 주문을 하기 전에, 먼저 지난 미국 방문 때 금간 바가지 들고 나갔다가 나라 망신시킨 일부터 사과하였어야 했다. 자신이 직접 간택한 대변인이 저지른 추문이었으니 말이다. 그로 인해 일선 외교관들이 얼마나 맥이 빠졌겠는가. 그런 다음 "그동안 본국의 몰염치한 손님 아닌 손님들 때문에 많이 시달렸을 것이다. 이제부터는 절대 그러지 못하게 할 테니 본연의 임무에 충실해 주길 바란다. 만약 이후에 그런 일이 또 있으면 공관에 파견 나가 있는 국정원 직원더러 철저히 보고게 해서 응분의 책임을 묻도록 하겠다. 그럼에도 불구하고 시정이 안 되면 여러분들이 청와대 비서실로 직접 전화해 달라"고 하였어야 했다.

이번 일을 거울삼아 외양간 제대로 고치고 CC카메라까지 설치해서 소도둑들이 얼씬도 못하게 할 테니, 여러분은 열심히 농사일에 전념하기 바란다고 하였어야 했다는 말이다. 그런데 외양간 시스템은 그대로 놓아둔 채 소들이 야위었느니 어쩌느니 하고 나무랐으니 과연 훈시대로 바뀔는지 신뢰가 안 간다.

더구나 국정철학 '공유' 간담회의 주최자, 즉 호스트격인 대통령이 일방적인 훈시로 20여 분을 소요한 뒤, 철학 공유에 필수불가결한 상호 주파수 맞추기 위한 질문도 받지 않고 곧바로 퇴장해 버렸다. 이어 막말 표현 그대로 깐 이마 또 깐다고 청와대 수석들의 줄특강이 이어졌다. 스크린에는 '재외공관장회의'라는 자막이 띄워져 있었다. 그런데 이게 무슨 회의인가? 언제부터 청와대가 외교관들의 교육까지 담당했던가? 저물녘 부인까지 대동한 만찬 자리에서 또다시 마주친 촌티나는 벽면 스크린이 그 현실을 대변해 주는 듯하다.

청와대부터 먼저 바뀌어야

격려받아야 할 자리에서 힘들게 일한 죄밖에 없는 공관장들이 애꿎은 소리를 들은 것 같아 안쓰러운 마음이 든다. 저녁 무렵엔 정상적인 대화 소통이 좀처럼 불가능할 엄청나게 큰 테이블에서 부부 동반 만찬까지 있었다고 한다. 다들 내심으로 대통령의 하드웨어·소프트웨어 수준에 실소를 금치 못하다가 그만 가슴에 대못 하나씩이 박혔겠다. 일이 이렇게 되지 않으려면, 당연히 비서관들이 나서서 대통령의 '낮' 발언의 요지를 사전에 다듬고 점검해서 오해의 소지를 없앴어야 했다. 그리고 '밤' 식탁테이블은 미 백악관에서 벤치마킹하여 작은 기침 소리도 바로 들릴 만큼의 소통형 최소 사이즈로 바꾸었어야 했다. 아무튼 국정이 언제 제 궤도에 올라설는지 참으로 답답하고 막막하기만 하다.

그에 앞서 공항에서부터 현지 공관원의 도움을 받아야 할 정도의 수준밖에 안 되는 국회의원이나 관료라면 뭣하러 외유를 나가는지, 또 나가서 무슨 대단한 성과물을 가져올 수 있을는지 의아스럽기 짝이 없다. 금배지 달기 전에 그 정도의 글로벌 내공은 갖추었어야 하지 않은가? 그게 자신이 없어서 떼지어 몰려 나가는 겐가? 그럴 바에야 가만히 들어앉아 있는 게 오히려 국익에 도움이 되겠다. 염치가 남았다면 소리소문 없이 여행이나 다녀오든지.

이 나라에서는 무슨 사건이 터질 때마다 지도층 인사들의 보다 높은 도덕 수준을 주문하지만, 그게 다 공허한 구호임을 국민들도 이제는 모르지 않는다. 나아지기는커녕 오히려 갈수록 더 저급해지고만 있으니 말이다. 하긴 개인, 그것도 권력을 지닌 자의 양심이나 도덕 수준을 무엇으로 증명하고 가늠하랴? 차라리 그 위치에 걸맞은 '매너 수준'을 요구하는 것이 보다 합리적일 것이다. 청와대의 외교 특강보다 '글로벌 매너 특강'이 더 시급하지 않을까 싶다.

13 대통령 가슴의 검정 리본도 일제시대 유물

이미지가 곧 품격 I. 야스쿠니 신사에 참배하는 일본 각료들의 가슴에 단 리본과 앙상블 I 사소하지만 결코 사소할 수 없는 것들 I 싸구려 일본식 리본 대신 목련꽃 코사지를 달았어야! I 잘 짖는 대변인 백 명보다 유능한 코디네이터 한 명이 수만 배나 더 값진 일을 해낼 수도! I 죽어서도 차별받는 대한민국 국군

　　우리가 일상생활에서 사용하는 용어나 행동 방식 중에는 알게 모르게 지난 일제강점기의 식민 잔재를 승계하고 있는 것들이 많다. 그 중에는 순수한 일본 문화도 있지만, 서양 문화를 일본이 먼저 받아들여 일본식으로 개조한 것들도 많다. 그것들을 우리가 아무 생각 없이 지금까지 답습하고 있는 것이다. '근조용 위생마스크'와 '국민계몽용 또는 근조용 리본'이 그 대표적인 예라 하겠다.

　　코사지(코르사주, corsage)란 결혼식·기념식 같은 행사 때에 여성이 머리나 옷에 다는 꽃, 혹은 꽃장식을 말한다. 물론 서양에서 유래된 것으로 우리에게 약간 생소하기는 하다. 그렇지만 옛 신라 화랑들이 머리에 즐겨 꽃을 꽂았었고, 과거에 급제하면 어사화를 꽂았으며, 또 전통적으로 풍물놀이를 할 때 고깔에 오색 지화(紙花)를 다는 것으로 보아 현대라고 해서 굳이 어색해할 필요는 없을 것 같다. 꽃을 싫어하는 민족이 어디 있으랴. 아무튼 개화기 일본에서 이를 받아들여 리본으로 대신함으로써 지금까지 일본과 한국에서 줄곧 사용하고 있다.

　　해마다 치러지는 '고(故) 육영수 여사 ○○주기 추도식'과 '고(故) 김대중 대통령 ○주기 추모식'에서는 여전히 이 검정 일제 리본이 등장하는데, 묘하게도 '독도는 우리 땅'을 빌미로 같은 날 야스쿠니 신사에 참배하는 일본 각료들의 가슴에 단 리본과 앙상블을 이루고 있어

쓸쓸하다. 이러니 세계인들의 눈에는 한국 문화가 일본 문화의 아류로 비치는 게 아닌가?

세계 속의 한국이라는 주도적인 진화를 위해 우리는 이제 이러한 일상적인 것들을 제대로 파악해서 지난날의 유산들을 계승도 하고, 또 때로는 과감히 청산도 해야 한다. 예전에 '국민학교'를 '초등학교'로 바꾼 것처럼 '일제 리본 추방 운동'이라도 벌여야 할까? 전국의 명산 정상마다 박아 놓은 일제시대 측량용 쇠말뚝은 민족정기 운운하며 다 뽑아내면서 가슴에 달린 리본 하나 못 떼어내서야 말이 되는가! 굳이 일제의 잔재가 아니라 하더라도 리본 자체가 조잡하고 거추장스러우며 세련되어 보이지도 않을뿐더러 흡사 초등학생이 숙제 검사에서 '검(檢)'자 도장받는 꼴 같으니 하는 말이다. 그런 것 달지 않았다 하여 그 행사의 의미나 명칭을 모르거나, 달리 오해할 정도로 미개한 국민 한 명도 없다는 말이다. 더구나 구태여 무얼 새로이 만들어 달자는 것이 아니라 그냥 달지 말자는 거다. 전혀 힘들거나 어려운 일도 아니다. 당장 지도층에서부터 솔선해야 할 일이다.

추도식(追悼式)? 추모식(追慕式)?

더욱 안타깝고 한심한 것은 아직도 많은 사람들이 추도(mourning)와 추모(cherishing the memory)를 구분치 못하고 있다는 사실이다. 박근혜 의원과 박지만 씨가 단 리본에는 분명 '근도(謹悼)'라고 선명하게 인쇄되어 있다. 추도(追悼)는 고인의 죽음을 슬퍼하고 위로하는 것을 말한다. 하여 장례의 다른 말로 쓰이기도 하고, 따로 교회 같은 곳에서 그 가족들을 위로하며 애도(哀悼)의 모임을 가질 때 사용하는 말이다. 비슷한 말인 듯하지만 '추모(追慕)'란 엄연히 그와 다른 뜻이다. 고인을 그리워하고 기린다는 의미이다. 한데 38년이 지난 지금도 애도하고 추도(追悼)한다? 설마 그날 그 리본? 기일(忌日)이

고(故) 육영수 여사의 추모식. 동작동 국립현충원. 글자까지 적힌 너저분한 일제 근조 리본. ©데일리안

2012년 8월 김대중 전 대통령 서거 3주기 추모식에서 근조 리본을 달고 침통하게 앉아 있는 이희호·권양숙 여사 ©연합뉴스

근조 리본을 달고 야스쿠니 신사에 참배하는 일본 의원들. ⓒ연합뉴스

묵념의 기본 자세. 두 손을 모아서 기도하듯 해야. 두 팔을 주욱 내리면 서구인들에게 무신론자 내지 악마를 연상시킬 수 있다. 탄자니아 미대사관 직원 참사 기념비에 헌화하고 묵념하는 전·현직 미국 대통령. ⓒ백악관

라면 '근도(謹悼)'가 아니라 '근모
(謹慕)'라야 한다.

뭐 까짓, 관습적으로 서로 혼
용해서 쓰이기도 한다고 둘러댄
다면 굳이 다시 우길 생각도 없지
만, 어느 게 맞다 틀리다 할 것 없
이 이참에 근조 리본뿐만 아니라
일체의 리본 다는 관습이 없어졌
으면 싶다. 그냥 깔끔하게 맨가슴
으로 추모하든지, 아니면 세계인
누구나가 보아도 금방 알아차릴

고 육영수 여사를 기리는 정품격 소통 매너
목련꽃 코사지. ⓒ글로벌리더십아카데미

수 있는 코사지나 고인을 연상케 하는 어떤 상징을 브로치로 만들어
달고 나왔으면 한다.

주인 의식 부재에서 온 한국 리더들의 몽매함

더더욱 한심한 일은, 그 '근도(謹悼)' 리본의 다른 한쪽 가지
에 '故육영수여사○○주기추도식'이라고 인쇄되어 있다는 것이다. 당
연한 건데 그게 무슨 문제? 오자라도 있나? 물론 없다. 문제는 이 리
본을 다른 사람도 아닌 박근혜·박지만이 달고 있다는 데 있다. 무슨
말인가 하면 이 두 사람은 육영수 여사의 딸과 아들이다. 그러니까 자
신들의 어머니 묘소에 기일을 맞아 추모하러 왔다. 언제나처럼 전몰
용사를 기리는 의전 행사로 현충원에 참배하러 온 게 아니다. 남의 추
도식이나 추모식에 참례하러 온 것이 아니라 자신의 부모 묘소에 추
모하러 왔다는 말이다.

다시 말해 이 두 사람은 초대받아 온 손님(guest)도 아니고, 주빈도
귀빈도 아니다. 바로 이 모임의 주인(host), 곧 제주(祭主)다. 그 호스

트가 게스트처럼 맨 앞 귀빈석에 앉아 있고, 혹여 모를까봐(누가?) 행사의 내용을 알리기 위해 주최측(?)이 나누어 준 계몽용 리본을 달고 있다니 왠지 어색하지 않은가? 자신들의 어머니를 남이 지칭하듯 '아무개 여사'라고 인쇄된 리본을 달고 있으니 아이러니컬할밖에. 제 부모 제사 지내면서 지방에 고인의 이름을 써붙이는 꼴이다. 아무렴 그 리본 안 단다고 해서 누가 호스트를 몰라보겠는가. 추모식의 호스트면 스스로가 좌장이 되어 마주 서서 함께 해준 추모객들에게 일일이 감사의 말로 환대해야 하지 않은가?

자신이 호스트임에도 불구하고 초대받은 귀빈들과 더불어 리본을 달고 앉았다가, 순서에 따라 나아가 향을 사르고 묵념하고 방명록에 사인하고 가버린다? 난센스다. 싸구려 리본 대신 목련꽃 코사지를 달고 아침 일찍 나와 추모객들을 맞았어야 했다. 적어도 이날만은 다른 일정 잡지 말고 마지막 추모객이 돌아갈 때까지 지켰어야 했다. 정히 박근혜 의원이 공적인 일로 바쁘다면 다른 가족 누군가가 그렇게 하였어야 했다. 그런 게 소통이고, 그런 게 진정성이다.

추도(追悼)·추모(追慕)·근조(謹弔)·근도(謹悼)·근모(謹慕)·숭모(崇慕)·애도(哀悼)·조문(弔問)·조위(弔慰) 등 아무렴 고인의 죽음을 슬퍼하고 기리는 용어를 바르게 쓰는 것도 중요하지만, 초등학생도 아닌데 굳이 그런 용어가 인쇄된 계몽용 리본을 단다는 것도 유치하기 짝이 없다. 정히 꽃 대신 리본 코사지를 달려면 그냥 깔끔하게 검정 혹은 하양 리본을 나름의 모양으로 접어서 다는 게 낫겠다. 그리고 이왕 고인이 좋아했거나, 고인의 이미지를 떠올리는 색깔이나 형상의 리본이면 더 좋겠다.

또한 한국의 추모식은 하나같이 의자에 줄지어 앉아서 치르는데, 이는 예(禮)가 아니다. 휠체어에 탈 정도가 아니면 모두가 서서 행하는 것이 옳다. 그러기 위해선 너저분한 들러리 행사들을 철저히 털어내어 추모 자체만 짧고 엄숙하게 디자인해야 한다.

현충일 추모 행사에 나온 엘리자베스 영국 여왕. ⓒBBC

서울국립현충원 고(故) 육영수 묘소에 헌화하러 온 어린이(8세). 가슴에 태극기 배지와 목련꽃 코사지를 달고, 목련꽃 대신 가시를 제거한 흰 장미꽃을 헌화했다. 2013년 10월 26일. ⓒ글로벌리더십아카데미

영국의 윌리엄 왕세손과 케이트 미들턴 왕세손 빈이 뉴질랜드를 방문, 블렌하임 세이모어 광장 전쟁기념비에 헌화하고 있다. 2014년 4월 10일 ⓒ로이터

묵념의 글로벌 정격 모델 폼. 서울국립현충원 충혼탑에 헌화 후 두 손을 모으고 묵념하는 어린이. 2013년 10월 26일. ⓒ글로벌리더십아카데미

이미지는 품격이다

매해 8월 15일에는 고(故) 육영수 여사를 기리는 행사가, 그리고 10월 26일이면 박근혜 대통령 가족과 친지는 물론 수많은 정관계 인사들이 현충원을 찾는다. 정말이지 이제 다시는 '追悼'라고 인쇄된 예의 그 싸구려 일제식 검정 리본을 보지 않았으면 한다. 해마다 벌이는 천편일률적인 행사, 똑같은 사진, 바뀐 것이라곤 겨우 리본의 숫자뿐! 감동이 있을 리 없다. 대신 평소에 고인이 좋아했고, 또 그걸 보면 국민 모두가 학(鶴) 같았던 생전의 기품 있는 모습을 떠올리게 하는 목련꽃 코사지를 만들어 가슴에 달고 나왔으면 한다. 고작 현장에서 달아 주는 똑같은 싸구려가 아닌 참배자 각자가 마련한 코사지여야 할 것이다. 더하여 그 가족들은 행사장에서가 아니라 집을 나설 때부터 달고 나와야 한다.

문화란 처음부터 거창한 사건이나 거대 담론에서 창달되는 것만은 아니다. 어찌 알겠는가. 어버이날 카네이션을 달아 드리는 풍습도 그리 오래지 않은 시기 서양의 한 교회에서 어느 여인이 자신의 어머니를 기리기 위해 카네이션을 나누어 준 데서 비롯된 것처럼, 모든 한국인의 추도식·추모식에도 근조 리본 대신 하얀 목련꽃을 가슴에 꽂게 되는지. 그 딸이 어머니를 생각하면서 직접 만든 목련꽃 코사지. 여분이 있으면 함께한 사람들과 나누면 감동이 더하지 않겠는가.

추도식과 추모식, 호스트와 게스트를 구분하지 못할 만큼 디테일하지도 성숙되지도 못한 문화 수준. 역사가 신화가 되지 못하고, 추모객이 줄어드는 만큼이나 기억에서도 희미해져 가고 있는 이유가 아니겠는가. 신화는 가꿀수록 아름다워지고 커진다.

지도자의 모든 언행이나 치장은 곧바로 국격(國格)으로 직결된다. 나랏일을 하는 지도자라 하여 거창한 일만 중시하고, 작은 일에 관심을 둘 겨를이 없다 해서는 그 소견이 너무 짧다 하겠다. 세상을 바꾸는 거대한 변화도 언제나 사소한 것에서부터 시작된다. 작지만 상징적인 것부터 챙기지 못하는 리더에게 역시나 큰일인들 제대로 해내리라는 기대 못한다. 지도자에게 사소한 것이란 없다. 스스로 챙길 수준이 안 되면 전문 코디네이터라도 곁에 두어야 할 것이다. 잘 짖는 대변인 백 명보다 유능한 코디네이터 한 명이 수만 배 더 값진 일을 해낼 수도 있다.

이제 한국인들도 올림픽의 웬만한 종목에서 금메달을 땄다 하여 호들갑스럽게 감격해하지 않는다. 새로운 종목이나, 뭔가 이야기가 있어야 감동을 받는다. 정치도 마찬가지이다. 거창한 개발 프로젝트, 좀 더 업그레이드된 정책, 선심성 구호 등의 상투적인 약속엔 아무런 감동도 못 받는다. 오히려 작지만 진정성이 보일 때 사람들은 감동한다. 아무렴 논리보다는 감정에, 이성보다는 감성에 치우치는 민족이 한국인 아니던가.

2014년 4월 25일, 우리나라를 찾은 오바마 대통령이 4월 16일 '세월호'가 침몰하던 날 백악관에 게양했던 성조기와 함께 어린 목련 묘목 한 그루를 단원고에 전달하면서 "세월호 사고로 목숨을 잃은 수백 명의 학생들과 선생님들을 애도하며 희생된 학생 대다수가 공부하던 단원고등학교에 백악관의 목련 묘목을 바친다"는 위로의 뜻을 전하였다. 아울러 "봄마다 아름답게 부활하는 목련의 의미를 학생들과 함께 나누고 싶다"고도 했다.

백악관에서 가장 오래된 나무로 알려진 이 목련은, 미국의 제7대 대통령인 앤드류 잭슨이 먼저 세상을 떠난 부인 레이첼을 기리기 위해 백악관 뜰에 심은 것이다. 잭슨 대통령은 1829년 3월에 취임하였는데, 레이첼은 그 직전인 1828년 12월에 숨져 퍼스트레이디가 되지 못하였다. 하여 잭슨 대통령이 고향 테네시를 떠나면서 레이첼과 함께 살았던 집에서 목련 싹을 가져와 백악관 남쪽 뜰에 심었다 한다. 1965년, 박정희 전 대통령 부부가 미국을 방문하였을 때에는 육영수 여사가 백악관 뒤쪽에 한국산 목련을 심었었다.

목련은 숭고한 정신과, 또 우애라는 꽃말을 지니고 있다. 그러니까 애도의 뜻과 함께 한국과 미국의 각별한 우정을 강조하는 의미를 담은 목련 묘목인 것이다.

이미지를 디자인할 줄 모르면 정치 못한다.

관록의 시대는 진즉에 끝났다. 더불어 계몽의 시대도 끝났다. 정치는 예술이다. 시대를 읽을 줄 아는 리더라면 굳이 운동화 신고 시장통 쓸고 다니며 표 구걸하지 않는다. 빈곤한 상상력으로 너나 나나 별 차이도 없는 정책 개발한다고 머리 싸매지 말고, 문학·예술·역사·철학 등 인문학적 소양부터 갖추어야 할 것이다. 명품은 기술만으로 만들어지지 않는다. 명품은 좇아다니며 팔지 않는다. 명품은 시대를 관통한다. 품격이 명품을 만든다.

Tip 죽어서도 차별받는 대한민국 국군

상식적이고 당연한 일이 이 땅에서는 미담(美談)이 되는 일이 종종 있다. 2013년 11월 25일, 한국전쟁 때 소위로 참전했으며 베트남전쟁 당시 초대 주월남 한국군 사령관을 지낸 채명신 예비역 중장이 별세했다. 5.16혁명에 가담했으나 유신에 동참하지 않는 바람에 중장으로 예편하여 여러 나라 대사를 역임했다. 평생 알뜰한 권력에의 유혹을 뿌리치고 오로지 군인다운 삶을 살아온 그는, 유언대로 장군묘역 대신 국립서울현충원 사병묘역 전장의 형제들 곁에 잠들어 국민들을 감동케 했다.

고인은 지난 5월 JTBC 〈뉴스콘서트〉 출연 당시 베트남전쟁에 참전한 전우들에 대한 예우를 당부하면서, "군인들이 개인의 권력과 소원과 명예, 이러한 욕심에서 우러나온 군에서는 국민이 안 싸운다"는 말을 남겼었다. 사실 최첨단 무기를 많이 가졌다고, 군사 수가 많다

2013년 11월 5일 오후 런던 국방부 청사에서 열린 한국전 참전 기념비 기공식에 참석, 영국식 현충 코사지 포피를 단 박근혜 대통령. ⓒ청와대

영국식 근조법. 현충월간중 추모 코사지 포피(개양귀비꽃)를 달고 중동에 전투기를 팔러 간 캐머런 영국 총리. 중국 방문에서는 아편전쟁을 연상시킨다 하여 논란이 된 적이 있다. [조선일보]

고, 혹독하게 훈련시킨다고 해서 강군(强軍)이 되는 것은 아니다. 상하가 똘똘 뭉쳐 하나가 될 때, 국민이 군(軍)을 신뢰하여 군민(軍民)이 하나가 될 때 진정한 강군이 된다. 자신의 마지막까지 강군을 위해 바친 고인의 무혼(武魂)에 무한한 존경을 보낸다.

군(軍)은 하나다!

한국인들은 풍수에 대한 믿음 혹은 미신이 강해서 묘를 쓸 때 명당을 따지며, 후손들의 발복(發福)을 바란다. 고 채명신 장군 사병묘역 안장을 통해 이제 우리 국민들도 국립묘지에 장군묘역이 따로 있으며, 그 계급만큼이나 넓고 호화로운 위쪽 명당(?)이 자리하고 있음을 알게 되었다. 어찌 장군뿐이랴. 장교와 '졸병'묘역도 따로 구분되어 있다. 솔직히 얘기하자면 선진문명사회에선 있을 수 없는 비인격적인 차별임에도 불구하고 한국에서는 이를 예우라고 한다.

인격이 먼저다!

어느 선진국의 국립묘지가 한국처럼 계급별로 차등 예우하던가? 제대하면 모두가 민간인이다. 목숨에도 등급이 있고, 계급이 있나? 진시황(秦始皇)의 군대도 아닌데, 지하에 묻혀서도 생전의 계급대로 싸우란 말인가? 장군·장교·사병묘역을 굳이 나누는 것까지는 편의상 그럴 수 있다 하더라도 위치와 평수까지 차등 대우하는 것은 전근대적인 처사라 하겠다. 무명 용사 기념비 주변으로 계급 구분 없이 차례차례 안장하는 것이 상식이겠다. 채명신 장군도 비록 말씀은 남기지 않았지만 분명 그러기를 바라고 사병묘역에 묻어 달라 하신 게다. 관련기관이 이를 못해 낸다면 국가인권위원회라도 나서야겠다.

미국의 경우, 워싱턴에서 그리 멀지않은 곳에 알링턴 국립묘지가 있다. 대통령이 때마다 헌화하는 곳도 이곳 무명 용사묘다. 그리고 땅이 워낙 넓어서 각 주마다 한두 곳씩 국립묘지가 조성되어 있는데, 실은 군인묘지라 하겠다. 징병제가 아닌 모병제인데다 전통적으로 군인을 명예롭게 여기기 때문에 모두가 존중한다. 해서 군인으로 복무했던 사람이라면 누구나 사후 그곳에 묻힐 수 있지만, 굳이 우리처럼 계급별로 우대하거나 차별한다는 얘기는 들어 보지 못했다.

요즘도 그러는지 알 수 없으나, 구소련 시절 청춘남녀가 결혼식을 올리고 나면 곧장 국립묘지로 달려가 무명 용사묘에 헌화를 하는 관습이 있었다. 그들에게 진 빚을 잊지 않고 기억하기 때문이다. 어찌 구소련뿐이겠는가. 어느 나라 어느 국민 할 것 없이 무명 용사묘나 그 기념비를 가장 신성하게 여긴다. 해서 어느 나라든 국립묘지는 무명 용사를 위한 추모비가 가장 중심에 자리잡고 있다.

여기서 논의를 좀 더 진전시켜 보자.

우리나라 국립묘지엔 독립투사 및 군인 전사자는 물론 전직 대통령, 장성, 한국전쟁 참전 용사들, 월남전 참전 용사들, 순직한 경찰관과 소방관, 민주화 유공자 등등 이런저런 자격을 지닌 사람들이 묻힌다. 저마다 공(公)이 있다고, 좋은 게 좋다고 정권 바뀔 때마다 조금씩 느슨해져 왔다. 해서 전쟁이 없는 시기임에도 불구하고 국립묘지가 점점 늘어나고 있다. 그나마 이제는 묘지도 모자라 납골묘로 안치하고 있는 실정이다.

초심으로 돌아가자면, 국립묘지란 진정한 전쟁 영웅과 군인 전사자(戰死者)만 모시는 것이 원칙이겠다. 전직 군인이면 누구나 들어가는 군인 공동묘지와는 구분이 되어야 한다는 말이다. 조금 더 넓히자면, 전쟁중 다친 후유증으로 사망한 전상자(戰傷者)와 사고사(事故死)든 병사(病死)든 현직 군인으로서 사망한 자까지겠다. 그렇지만 갖가지 이유로 전쟁을 직접 경험하지도 않은 퇴역 직업군인들까지 현충원에 안장하는 것은 상식논리상 무리라는 생각이 든다. 전장에서 운좋게 살아남아 천수를 다 누리고 가는 사람을 현충원에 모시는 것 역시 어색하기는 마찬가지다. 기실 자기 대신 죽어간 전우들이 있었기에 그분들의 영예 또한 더욱 빛나지 않았던가? 따지고 보면 먼저 간 전우와 부하들이 받아야 할 영예까지 대신 누리고 간 셈이 아닌가? 결코 충분할 수는 없지만 공을 세운 만큼 나름의 대우와 혜택을 받아 가며 여생을 살지 않았나? 물론 그분들의 공로와 헌신을 무시하거나 명예를 폄하하려는 건 아니다. 전사자들에 비하면 상대적으로 그렇다는 말이다.

상식과 양심, 그리고 염치의 문제다.

휴전 60주년 즈음해서 한국전쟁 당시 전사한 장병들의 유해 발굴이 본격적으로 진행되고 있다. 아직도 이 나라 산천엔 십수만의 국군 유해가 흩어져 있다. 대부분 이미 진토가 되어 설령 뼛조각 몇 개 찾는다 한들 제 이름을 되찾을 가능성은 거의 없다. 말 그대로 무명 용사다. 그들의 목숨 빚에 우리가 지금 이렇게 살고 있는 것이다. 그들에 비하면 지난날 참전했다는 이유만으로, 공을 세웠다는 이유만으로, 장군이었다는 이유만으로 전사자들과 함께 묻힌다는 것은 아무래도 격이 맞지 않다. 규정이 그렇다 해도 사양하는 게 도리겠다.

아무렴 목숨을 아끼지 않고 전장을 누볐던 역전의 용사들이 까짓 제 주검 묻힐 묏자리 평수에 연연하랴! 혹여 "아직도 수많은 전우와 부하들이 산천에 버려져 있는데, 내가 무슨 염치로 국립묘지에 나란히 묻힐 수 있겠나. 차라리 내 뼛가루를 전사한 전우들의 묘지에 뿌려 다오. 잔디가 되어 그들을 지키겠다!" "전우들이 죽어간 ○○고지에 뿌려 다오!" "휴전선에 뿌려 다오. 넋이나마 통일이 되는 그날까지 죽은 무명 용사들과 함께하겠다!"라며 국립묘지에 묻히기조차 사양하는 진정한 군인이 나오길 기대해 본다.

"군대 가서 썩는다"는 등 반(反)군사적인 언행을 서슴지 않았던 고(故) 노무현 전 대통령은 자신의 고향 땅에 묻혔다. 그외에 그다지 명예롭다고 할 수 없거나 병역 미필한 전 대통령까지, 또 5년마다 나오는 대통령이 나중에 모두 현충원으로 가겠다고 한다면? 이제라도 국립묘지에 관한 규정을 재정비해서 명실상부 신성한 국립묘지가 되도록 했으면 한다. 더불어 국립현충원이 아닌 퇴역군인들을 위한 군인묘지, 경찰묘지, 의인(義人)들을 위한 별도의 국립 혹은 도립묘지를 조성하는 방안도 연구했으면 싶다. 물론 그마저도 최대한이 아니고 최소한으로. 미국처럼 국토가 그리 넓지 않으니 말이다.

프랑스 드골 전 대통령은 자신이 죽으면 대통령을 비롯한 현직 각료들은 장례식에 참석하지 못하게 했다. 대신 참전 용사들에겐 참배를 허용한다는 유언을 남기고, 고향 콜롱베의 공동묘지에 묻힌 딸 곁으로 갔다. 하여 유언대로 대통령과 정치인들은 장례식에 참석치 않고, 자신들의 집무실에서 묵념을 올렸다. 아무렴 훌륭한 위인이라면 굳이 아무 데에 묻힌들 사람들의 존경심이 덜해지겠는가? 중국의 저우언라이(周恩來)는 그 유골분을 비행기로 중국 산하에, 덩샤오핑(鄧小平)은 남중국해에 뿌렸다. 건국 영웅인 두 사람은 바바오산(八寶山) 혁명묘지에 묻히기를 마다했다.

5년마다 나오는 한국 대통령들을 굳이 동작동 현충원에 안장하는 것도 다시 고려해 봐야 할 문제다. 사실 드골이나 노무현처럼 고향 땅에 묻히는 것이 더 바람직하지 않을까? 고향 사람들이니까 역사적 평가와 상관없이 따뜻하게 보살펴 주지 않겠는가?

무슨 거창한 일만이 개혁이 아니다. 상식적인 일이 상식대로 행해지도록 하는 것이 곧 개혁이다. 훌륭한 인재가 배출되면 그 학교가 명문이듯, 위인이 잠들면 그곳이 곧 명당이다. 무덤 없다고 해서 지워질 이름이라면 미련을 가질 일이 아니다. 금석(金石)에다 새긴들 무슨 의미가 있으랴. 백골이 진토가 되어 산천에 흩어진, 이름표도 계급장도 잃어버린 무명 용사들 앞에 차마 염치 없고 면목 없는 일이겠다.

14 지도자의 자격, 교양으로 검증해야

방명록으로 본 대한민국의 국격(國格) | 기본도 갖추지 못한 한국의 리더들 | 어눌한 말씨, 유치한 글씨, 싸구려 수성펜으로 나라 망신 | 교양 부족한 대선 후보는 끌어내려야! | 무지무치(無知無恥), 감도 안 되는 리더들이 자신의 모자람을 순진한 척, 때묻지 않은 척 위선을 떨며 젊은이들을 유혹! | 음악으로 세계적 어젠다 던지기

5·16군사혁명 후, 박정희 국가재건최고회의 의장이 지방 순시차 영남의 어느 마을에 도착했을 때의 일이라고 한다. 그가 온다고 하자 마을의 촌로 선비들께서 모두 나와 커다란 상에 지필묵을 펼쳐 놓고 박정희를 맞았다. 예전엔 텃세 겸 인물의 문식(文識)을 그렇게 시험했었다. 일순 당황한 박정희였지만 물러설 순 없는 일, 하여 그 앞에 나란히 놓여 있는 붓 중에서 가장 굵은 것을 집어들고 먹을 듬뿍 적신 다음 꾹 눌러, 말 그대로 대문짝만하게 가운데 '中'에다가 마음 '心' 그러니까 충성 '忠'자를 쓰고서 붓을 내려놓았다.

당연히 볼품없는 글씨였지만, 잔뜩 기대하고 지켜보던 노선비들이 털털하게 웃으면서 그만한 배포면 한 나라를 맡아도 되겠다며 고개를 끄덕였다는 일화가 있다. 이후 박정희는 당시의 부끄러웠던 경험을 잊지 않고, 훌륭한 스승을 모셔다가 열심히 서예를 익혀 한글 서체로는 독보적인 경지를 이루었다. 박정희뿐 아니라 김종필·김영삼·김대중 등 당대 대부분 지도자들은 기본적으로 서예를 익혔었다.

어눌한 말씨, 유치한 글씨, 나라 망신

그런데 언제부터인가 이 나라 지도자들에게서 그런 품격을 찾

아볼 수가 없게 되었다. 이곳저곳 방명록에 남긴 글씨들을 보면 유치하기 짝이 없어 국민들의 얼굴이 절로 붉혀진다. 한참 전 이명박 대통령의 '~읍니다'나, 안철수 후보의 '꿈니다' 등 글씨는 고사하고 맞춤법까지! 도대체 그 정도의 위치에 오를 때까지, 그 긴 세월 동안 무슨 공부를 하면서 교양을 쌓아 왔는지 한심하기 이를 데 없다. 당일 그곳에 오는 도중 차 안에서라도 한번쯤 연습을 해봤어야 했다.

하나를 보면 열을 알 수 있다 했다. 비록 사소한 것일지라도 스스로 문화를 창조하거나 선도해 본 적이 없는 얼치기 엘리트 정치인들. 자신의 재능을 드러내어 남들과 차별화할 수 있는 절호의 기회를 놓쳐버리고, 오히려 보통 사람보다 지식이나 상식, 문화적 소양이 부족한 그저 그런 인간임을 증명하고 만다. 그러고도 리더이고 싶은가?

수성펜의 싸구려 품격

가장 기초적인 것마저도 제대로 갖추지 못하는 주최측, 그리고 그러한 곳을 찾아가면서 도무지 준비라곤 없는 무성의한 지도자들도 한심하긴 마찬가지이다. 맨 먼저는 필기구다. 적어도 서너 가지 종류는 갖춰 놓아야 하는데, 장례식장을 비롯해서 이 나라 어느곳에서나 싸구려 수성펜 하나만 달랑 놓여 있다. 먹물과 몇 자루의 붓, 아니면 최소한 붓펜이라도 놓여 있어야 한다. 특히 공식적인 외교 사절들이 찾는 곳에는 반드시 최고급 만년필을 항상 준비해 두어야 한다. 비록 그가 익숙한 자기의 펜을 꺼내어 쓴다 하더라도 말이다. 그게 예의다.

지성인이라면 그런 자리에 갈 때 만년필이나 붓펜 등 자기만의 필기구를 지참하는 것이 기본이다. 그곳에 놓여 있는 수성펜을 집어드는 그 순간 자신의 품격이 바닥으로 내동댕이쳐진다는 사실을 알아야 한다. 출석부 사인하듯, 부조금 장부 기입하듯 해서야 무슨 격조를 운운하겠는가. 아무렴 귀찮게 뭐 그런 걸 가지고 품격이니 인격이니를

필기구 선택 방향에 따라 감동을 주는 휘호가 되기도 하고, 진정성이 크게 의심되는 휘호가 되기도 한다. 지성인이라면 이런 자리에 갈 때 만년필이나 붓펜 등 자기만의 필기구를 지참하는 것이 기본이다. 그곳에 놓여 있는 수성펜을 집어드는 그 순간 자신의 품격이 바닥으로 내동댕이쳐진다는 사실을 알아야 한다. ⓒ연합뉴스

이명박 대통령의 매직펜 휘호. 전쟁중도 아닌데 식상한 핀트 어긋난 문구로. 대부분 인사들이 생각 없이 저지르고 있는 실수, 민원서식 빈칸채우기식의 '2010. 4. 27'은 큰 흠결이다. 생략은 금기! '2010년 4월 27일'이어야 한다. ⓒ연합뉴스

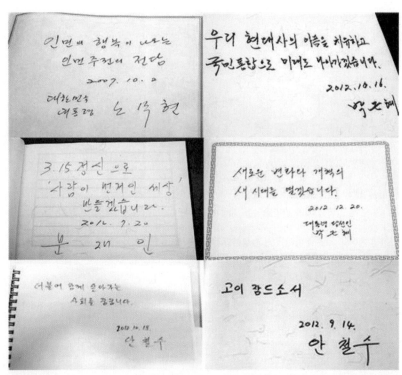

글자를 크게 쓰는 것만이 휘호가 아니다. 상하좌우의 여백 개념이 부족한데다 전체 구도를 잡을 틈도 없이, 국민들의 예상 반응을 머릿속에 그려 보는 필터링 절차 없이 성급히 바로 써나갔다. 수준 미달의 문법과 문장, 문단 개념도 희박한 것으로 보여 역시 구조 의식과 형식미 개념이 전무함을 짐작할 수 있겠다. 서구와 중국 기준으로는 국가 지도자는커녕 일반 사회 소그룹 지도자 감도 안 되는 사회적 소통 불가능한 인격체 리더십 모습이다. 한국이 글로벌 선진문명사회에서 우습게 대해지는 근본적인 이유다.

따지느냐는 사람에겐 달리 할 말이 없지만. 이 나라에서 명품이 안 나오는 이유가 딴 데 있는 것이 아니다. 명품은 기술만으로 만들 수 있는 것이 아니라 품격으로 만들어지기 때문이다. 품격을 모르니 명품의 가치를 알 턱이 없다.

기본도 갖추지 못한 한국의 리더들

다음으로 방명록에 남기는 글귀가 감동은 고사하고 유치하기 짝이 없다는 점이다. 최고지도자나 지금 대선에 나선 후보들이나 방명록에 남긴 글들이 하나같이 자기 각오를 증명이라도 하듯 딱딱하기 그지없다. 참으로 답답하고 한심하고 이기적인 인생들이라 하겠다. 도무지 운치나 격조, 여유, 타인에 대한 배려라곤 낌새조차 보이지 않는다. 방명록이 무슨 모범답안이나 반성문 쓰는 곳이던가? 감회나 덕담을 보태라고 펴놓은 것이지.

　　지난달 14일, 안철수 원장이 광주 5·18묘역을 방문하여 수성펜으로 '고이 잠드소서'란 짧은 글을 남겼다. 지극히 초등학생적이어서 인문학적 소양 '전혀 없음'이 그대로 드러난다. 기실 이 상투적인 말도 논리적으로 모순임을 알지 못하고 있다. 고이 잠들라고 남길 거면 아예 찾지를 말았어야 했다. 왜들 찾아와서 잠든 영혼들을 깨우나? 게다가 성과 이름을 띄어 쓰는 실수까지. 역시 '경험 없음'이겠다. 문재인 후보와 안철수 후보는 공히 제 이름을 지나치게 크게 쓰고 있어 자만심과 과시욕에 들뜬 심리 상태를 보여주고 있다. 제 이름 크게 쓴다고 큰사람 되는 것 아니다. 모두 같은 크기로 고르게, 경우에 따라서는 작게 써야 한다.

　　또 지난 유세중에 박근혜 후보도 4·19묘역을 참배하였는데, 전과는 달리 수성펜이 아닌 붓펜으로 글을 남겨 격조를 높였다. 크기도 고르고 전체적으로 안정되어 '경험 많음'이 엿보인다. 하지만 아직 부족하다. 대부분 인사들이 생각 없이 저지르고 있는 실수, 민원서식 빈칸 채우기식의 '2012. 10. 16'은 큰 흠결이다. 근자에는 서예작품에서도 이런 경우를 가끔 보는데 창피당하기 전에 얼른 내다버려야 한다. 생략은 금기! '2012년 10월 16일'이어야 했다. 품격이란 그런 거다.

　　김대중 대통령과 노무현 대통령은 취임식날 국립현충원을 참배해서 방명록에 이름만 썼다. 명단만으로 빽빽이 채워서 많은 사람이 찾았다는 증명으로 흡족해할 것이 아니라, 두고두고 기억하고 보관하고

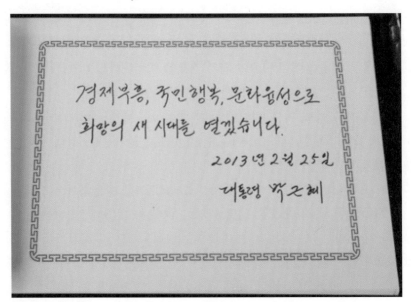

격식을 제대로 갖춘 방명록 휘호. 아쉽게도 필기구가 싸구려 수성펜이다. ⓒ공동취재단

싶은 방명록이어야겠다. 그러니 행세깨나 하는 사람이라면 당연히 그 이름값(名色)에 어울리는 덕담을 남겨야 할 것이다. 글씨까지 훌륭하면 금상첨화겠다. 초등학생 수준의 필력으로 한 나라를 대표하는 최고지도자가 되겠다고 나서다니! 외교는 무슨 외교? 정나미 떨어지는 품격으로 남의 나라 방문해서 개무시 개망신당할 걸 생각하면 등골에서 식은땀이 난다.

최고지도자의 글씨는 국격(國格)이다

2006년, 미국을 방문한 중국의 후진타오(胡錦濤) 국가주석은 백악관의 푸대접과 부시 대통령의 결례를 나무라는 의미로 두보(杜甫)의 시 〈망악(望嶽)〉의 마지막 구절, "언젠가는 반드시 태산 꼭대기에 올라 뭇 산들을 굽어보리라(會當凌絶頂 一覽衆山小)"를 읊는 것으로 오찬 건배 답사를 대신하였다. 최고지도자의 통분에 찬 메시지에 전 중국 국민들이 끓어오르는 분노를 삭이면서 굴기(掘起)의 각오를 다졌었다.

평소 공부가 모자라 내공이 부족한 최고지도자라면, 궁여지책으로라도 국내외 온갖 곳을 방문한다는 가정하에 그에 걸맞은 한시(韓詩)·한시(漢詩)·영시(英詩)·속담·사자성어·명언경구 등을 망라한 공책 한 권 정도는 가지고 다녀야 한다. 당연히 보통 사람이라 해도 혹여 그런 경우를 대비해서 수첩에 그때그때 행사에 적당한 사자성어나 시(詩) 몇 구절 정도는 적어넣고 다니면 천박한 건배사보다는 나을 것이다. 그래야 어디 가서든 사람 대접받는다.

옛말에 "글(文)로는 마음을 평하고, 행위(武)로는 덕을 살핀다(文而評心 武而觀德)"고 하였다. 아무튼 요즈음 대선 후보들의 방명록 글씨들을 보니 어쩌면 그렇듯 말씨와 똑같은지 쓴웃음이 나온다. 그 속인들 뭐가 그리 다를까. 필치야 하루아침에 느는 것이 아니니 그렇다 치더라도 격식이나마 제대로 갖추면 좋으련마는, 그 무지무치(無知無恥)함에 할 말을 잃는다. 깜도 안 되는 지도자들이 자신의 모자람을 순진한 척, 때묻지 않은 척 위선을 떨고 있다. 젊은이들이 뭘 보고 배우란 말인가.

어디 글씨뿐이랴. 제발이지 대선중 인터뷰나 TV 토론시 후보자의 공약 정책과 논문 표절·다운계약서 등만 검증할 것이 아니라, 전문 지식은 물론 문학·예술·철학·취미·운동·센스·순발력·유머 등 지성인이면 당연히 갖춰야 할 소양도 함께 검증했으면 싶다. 온전한 인격체로서 어느 정도의 내공을 쌓았는지 시험하여 그에 미치지 못하는 후보는 호되게 망신을 줘서 끌어내려야 마땅하다. 지도자의 교양 부족은 국익을 크게 해치기 때문이다.

Tip 음악으로 세계적 어젠다 던지기

제2차 세계대전이 한창이던 1941년 8월 10일, 뉴펀들랜드 아르젠치아만에서 영국의 군함 프린스오브웨일즈호와 미국의 순양함 오거스타호가 만났다. 그곳에서 윈스턴 처칠 영국 총리와 프랭클린 D. 루즈벨트 미국 대통령은 8개항의 합의를 도출해 내었다. 이른바 〈대서양헌장〉이다. 전쟁이 끝나면 세계를 어떻게 재편하고 질서를 잡아 나아가야 할지에 대한 합의다.

　　이 두 사람은 또 프린스오브웨일즈호 선상에서 예배를 드렸는데, 그때 불렀던 찬송가가 438장 〈예부터 도움되시고〉였다.

　　이 찬송은 1708년에 윌리엄 크로프트가 작곡을 하고, 1719년 아이작 왓츠 목사가 〈시편〉 90편의 '모세의 기도'를 바탕으로 작사한 것이다. 이 곡은 그후 두 음악가에게 영감을 주었는데, 한 사람은 게오르크 프리드리히 헨델로 성가 〈오, 주 찬양하라〉의 모티프가 되었고, 다른 한 사람은 요한 세바스티안 바흐로 〈E플랫장조 둔주곡〉이 그것이다.

　　이같이 중량감 있게 스토리텔링이 되는 곡을 오바마 대통령과 같은 세계 주요국 지도자가 한국을 방문했을 때 청와대 만찬에서 연주하면 의미심장한 메시지를 주게 된다. 한반도를 중심으로 한 동북아의 새 질서를 논의하는 마당에 3백 년이나 된 음악으로 세계적인 어젠다를 던져 관심을 끌어내는 것이다. 무엇보다 한국의 대통령도 이제 그만한 그릇이 된다는 은유적인 메시지가 될 수 있다.

　　무작정 '우리 것은 좋은 것'이라고 한복·한식·전통주·국악만을 고집하는 촌스러운 짓은 이제 그만해야 한다. 일편단심 전통 문화 자랑은 바람직한 소통 매너가 아니다. 메시지 전달 도구로도 적합치 못하다. 이 곡을 국악기들로 연주하는 것도 좋은 방법일 테다. 이때 마이크며 라우드 스피커는 절대 금물이다. 100퍼센트 생음악이어야 한다. 서양의 오케스트라 편성처럼 출연자 수를 늘리면 된다.

15 글로벌 지도자는 무엇으로 소통하는가?

지도자에겐 사소한 고집도 범죄일 수 있다 | 근조용 리본은 일제시대 국민계몽용 싸구려 코사지 | 빈곤한 상상력에 메시지도 감동도 없이 숙제하듯 해치우는 판에 박힌 의전, 식민지 문화 식민지 품격에서 탈피해야 | 품격으로 소통하고 승부할 줄 알아야! | 오바마의 위대한 침묵과 아웅산 수지의 장미 | 헌화, 흰 꽃이냐 붉은 꽃이냐?

21년 만에 노벨상 수상 수락 연설을 위해 스웨덴을 방문했던 아웅산 수지 여사의 유럽 5개국 순방은 가는 곳마다에서 화제를 낳았다. 그는 특별히 꽃을 좋아하여 머리에 꽂아 멋을 내기로 유명하다. 런던에서 달라이 라마를 만날 때 '존경'의 의미로 꽂은 흰색 장미와, 특히 모교인 옥스퍼드대학과 프랑스 올랑드 대통령을 방문할 때 꽂은 노란 장미는 그 중 압권이라 하겠다. 노란 장미는 질투라는 꽃말도 있지만, 대개는 '우정' '진실'이라는 의미로 통한다. 그 어떤 미사여구보다 몇 송이 장미로써 그 나라 국민의 마음을 사로잡은 것이다. 당연히 정계와 언론계는 물론 사교계에 화제가 되었을 뿐 아니라, 그녀와 함께 만찬이나 오찬을 하고자 하는 최상류층 인사들이 줄을 이었다. 이후 파리의 명예시민으로 극진한 환대를 받으며 유럽 순방을 무사히 마쳤다.

몇 년 전 6·15남북공동성명을 기념하는 행사에서 북한측 인사들이 광주 5·18묘역을 참배한 적이 있다. 물론 그 속내를 모르는 바 아니나, 아무튼 공산 독재치하의 북한대표가 민주화 항쟁으로 희생된 시민들의 묘역을 참배한다는 것은 참으로 아이러니한 일이었다. 그런데 이들이 그곳으로 내려가기 전 남한 주최측에 미리 화환을 준비해 줄 것을 부탁하였는데, 막상 준비된 꽃다발을 받아든 북측 인사들의 얼굴이 흙빛으로 변하고 말았단다. 붉은색도 흰색도 아닌 알록달록 졸업식용 무지개 꽃다발이었기 때문이다. 어쩔 수 없이 그 꽃다발을 들고 헌화하러 들어가는 그들의 얼굴이 난감함과 천박함에 대한 경멸로 일그러졌다.

근조용 리본의 유래와 국민계몽

호국보훈의 달, 6월이 갔다. 유달리 국가적인 추모 행사가 많은 달이었다. 지금은 찾아볼 수 없지만 필자가 국민학교에 들어갈 무렵엔 왼쪽 가슴에 이름표와 흰 손수건을 달고 다녔었다. 당시에는 대부분의 아이들이 콧물을 흘렸었다. 그후로도 온갖 날이나 행사를 기념하는 리본을 달기 위해 직접 만들거나 문방구를 들락거렸었다. 하여 지금은 전 세계에서 오직 한국과 일본만이 가슴에 근조용 코사지로 검정 리본을 단다. 그것도 단체로.

메이지 유신 이전의 일본은 사무라이를 제외한 일반 백성들 거의가 글을 몰랐을 만큼 미개한 나라였다. 이런 국민들이 어느 날 갑자기 문명사회로 진입하게 되면서 국민계몽운동이 일어나게 되는데, 그때 꽃 대신 생각해 낸 것이 바로 리본이다. 'OO의 날' '불조심' '축 결혼' 등등. 이름표처럼 가슴에 달고 다니게 해서 그날, 그 일의 목적과 의미를 각인시켰던 것이다. 근조 리본도 이같은 목적에서 생겨났다. 머리띠나 리본을 다는 것만으로는 어리석은 백성들이 그 의미를 모를까봐서 친절하게 글자까지 써넣어야 했다. 일본식 집단주의·획일주의·편의주의·실용주의의 소산이 매뉴얼로 굳어져 지금까지 내려온 것이다.

지난 6월 29일, 제2연평해전 10주기 기념식에 처음으로 대통령이 참석하였다. 늦어도 한참 늦었지만 그나마 다행한 일이었다. 무엇보다 그 자리에서 이명박 대통령이 여섯 전몰 용사들의 이름을 '한 명 한

명 일일이' 불러 주었다 하니 더욱 그렇다. 이날 유가족들과 여당 정치인들이 대거 참석하였는데, 하나같이 왼쪽 가슴에 똑같은 리본을 달고 있었다. 자세히 보니 그 리본이 의문스럽다. 흐느끼는 유가족들을 보면서는 당연히 추모식인 줄 알았는데, 그 리본의 모양새는 분명 무궁화꽃을 단 밝은색이다. 역시나 혹여 누가 모를까봐 '제2연평해전' '기념'이란 인쇄 글자까지 선명하다. 그런데 모두 검정 양복에 검정 넥타이! 도무지 웃어야 할지 울어야 할지 감이 잡히지 않는다.

물론 그 조잡하기 짝이 없는 싸구려 리본마저도 아무나 달 수 있는 건 아니다. 어느 행사장 할 것 없이 맨 앞줄에 앉을 수 있는 귀빈(?)들만의 특권(?)이다. 그걸 다는 순간 다른 대중들과 차별화된 대우가 따른다. 한국에서는 이런 싸구려 비닐 리본조차도 계급장이나 훈장 같은 기능을 한다. 부시맨의 콜라병처럼 우리가 버리는 폐품도 아프리카 오지 미개한 부족에게는 특별한 물건이 될 수 있듯이.

식민지 문화, 식민지 품격

대한민국이 아직도 생화 몇 송이 살 형편이 못 되는 가난한 나라던가? 아낄 걸 아껴야지 배울 만큼 배운 사람들이, 다 큰 어른들이, 재벌 패밀리들이, 고위급 지도자들이 그날 그런 자리에 왜 왔는지 모를까봐 큰 글씨로 인쇄된 리본을 가슴에 달고 갓 입학한 유치원생들처럼 나란히 줄지어 서 있거나 앉아 있는 모습을 보고 있자니, 과연 이 민족이 어디로 가고 있는지 막막하고 깜깜해서 현기증이 난다. 도무지 저 사람들이 저 위치에 오를 때까지 뭘 보고 배우고, 뭘 생각했는지 기가 막힐 뿐이다.

식민지 교육의 특징은 객관식 교육이다. OX 아니면 사지선다형이다. 주관식은 스스로 사고하게 만들기 때문에 절대 금물이다. 묻는 말에만 "예" "아니오"로 답하고, 넷 중에선 하나만을 선택하라는 거다.

가령 점심으로 치킨·햄버거·피자·스테이크가 있으니, 이 중에서 하나를 고르라는 게다. 이때 만약 "전 이것들은 싫고, 김칫국이나 된장국에" 어쩌고 했다가는 당장 싸대기 맞고 쫓겨나 굶어야 한다. 가르쳐 준 대로, 시키는 대로만 하라는 게다. 우리 교육이 철학을 가르치지 못하는 이유다.

2만 불을 넘어 선진사회로 진입하고 있는 대한민국이 아직도 일제가 달아 준 계몽 리본을 엄숙한 국가 행사에 사용하고 있다니! 한국인이 왜 이렇게 단순 무지해졌는지, 왜 다양성을 못 받아들이고 흑백 논리에 매몰되어 그저 남 따라 편가르기·떼짓기에 익숙해졌는지 이제 짐작이 갈 것이다. 당장 모든 학교 교육을 주관식으로 바꾸지 않으면, 저 지긋지긋한 피지배 식민지 근성에서 영원히 해방될 수 없을 것이다. 리본을 볼 때마다 진정성은 고사하고 손기정의 일장기가 자꾸 떠오른다. 일본의 한계가 곧 한국의 한계가 아닐까 하는 불길한 예감과 함께 낙인처럼.

국민계몽 그만하고 근조 리본부터 추방해야

언제부터인가 근조용 꽃으로 한국에서는 대부분 흰색 국화를 사용하고 있는데, 이는 전통적인 우리의 장례 문화에서 소복을 입어 자연스레 유래한 것으로 무난한 선택이라 하겠다. 그러니까 선비의 절개니 뭐니 하는 특별한 의미 없이 그저 친숙한 흰 꽃이어서 바치는 것이다. 그렇지만 전통적으로 상여를 오색 지화(紙花)로 장식했던 걸 보면, 구태여 흰색 조화(弔花)만을 고집할 것도 아니다. 그럼에도 불구하고 이왕 관습화된 대로 흰 국화꽃을 고집하겠다면 그에 걸맞은 이유와 의미·이야기를 만들어 내어야 할 것이다.

하여 전몰 장병이나 순국지사 등 호국영령들을 기리는 추모식에서는 조금 달리 생각할 필요가 있다. 물론 그분들의 애국적 희생을 거국적으로 기린다는 의미에서 무궁화로 코사지한 의도를 모르는 바는 아니다. 그렇지만 광복절이나 개천절 기념 코사지인 줄로 착각하게 만드는 이번 것은 아무래도 상투적이어서 국가주의 혹은 전체주의적 냄새가 어색하게 풍긴다. 성숙된 민주사회라면 무턱대고 애국이란 구호 아래 집단기억 속으로 밀어넣을 것이 아니라, 그 한 사람 한 사람에 대한 피의 기억을 되새겨야 할 것이다. 하여 좀 더 디테일한 배려가 있었어야 했다.

이런 날, 특별히 유럽에서는 붉은 아네모네를 들거나 꽂고 나온다. 셰익스피어의 장편 서사시 〈비너스와 아도니스〉에서, 비너스가 사랑한 아도니스가 사냥을 나갔다가 멧돼지의 엄니에 사타구니가 찔려 죽게 되는데, 이때 흘린 피가 아네모네(바람꽃)로 피어났다는 신화에서 죽음과 부활의 의미를 담게 되었다고 한다. 하여 전쟁을 소재로 한 문학작품 속에 아네모네가 자주 등장한다.

또 중세 십자군원정 때, 이탈리아 피사대성당의 움베르토가 성지로부터 가져온 흙을 덮은 순교자의 무덤에서 전에 보지 못한 피같이 붉은 꽃이 피어났다고 한다. 그 흙 속에 아네모네의 알뿌리가 섞여 왔던 것이다. 사람들은 이것을 순교자의 피가 되살아난 '기적의 꽃'이라 믿어 유럽에 널리 퍼지게 되었다 등등.

이러한 유래 때문인지 대개의 국가들에서는 전몰 용사를 기릴 때에 붉은색의 장미나 카네이션을 바친다. 조국을 위해 그들이 흘린 피를 잊지 않고 기억한다는 의미를 담고 있기 때문이다. 하여 G7 등 정상회의 때 모인 세계의 정상들이 개최국 국립묘지 무명 용사의 묘나 기념탑에 헌화할 때 차례로 붉은 카네이션을 바치는 것이다. 사회주의 국가들만 붉은 꽃을 바치는 것이 아니다. 대표적으로 영국을 비롯한 영연방 국가들은 11월 11일이 현충일이다. 영국에서는 약 한 달 전부터 전 국민이 추모 행사를 가지는데, 왕족은 물론 총리·각료 등은 말할 것도 없고, 스포츠 스타·배우·일반인 모두가 가슴에 빨간 포피(개양귀비꽃) 조화를 달고 다닌다. 제1차 세계대전 때 참호 주변에 피어 있는 이 꽃들을 보며 병사들이 위안을 삼았다는 데서 전몰 장병의 상징이 되었다.

때로는 그 나라 국기나 양국 국기를 본뜬 화환을 바치는 경우도 있다. 흰색 꽃은 순결함을 의미하기 때문에 결혼식에서나 주로 사용한다. 동시에 체념과 순종의 느낌을 주어서 자칫 용감하게 싸우다 간 전사들에 대한 조롱으로 비칠 수도 있기 때문에 피한다. 항복의 표시로 왜 흰색의 기(旗)나 손수건을 흔드는지 생각해 보면 짐작이 갈 것이다. 일본과 한국만 흰 꽃을 바친다. 한국이 진즉에 해방되었다고는 하지만, 피식민 지배의 관성이 남아 부지불식간에 일본의 관습을 따르고 있는 것일 테다.

현충원이라는 공간은 순국 용사들을 기억(memorial)하기 위한 곳이지, 추도(mourning)·위무(console)하자고 마련된 곳이 아니다. 죽어서 억울하지 않은 이가 어디 있으랴마는 그분들이 죽어서도 바라는 건 조국을 위해 용감하게 피흘렸다는 사실을 기억하고 잊지 말아 달라는 것이지, 자신의 억울한 죽음과 한을 달래어 달라는 것이 아니란 말이다. 함께 슬픔을 나누고 위로하기 위해서라면 한두 해로 족한 일, 연년마다 챙길 일은 아니지 않은가. 그분들이 목숨 바쳐 지키고자 했던 조국·민족·후손들이 아직도 안녕하고, 그게 누구 덕분인지 잊지 않고 있음을 증명하고자 그날을 기리는 것이 아니겠는가.

같은 'memorial'을 두고도 유독 이 한 많은 민족은 단순히 한풀이의 의미로 이해하고 있는 게다. 해서 위령비와 기념비, 일반 장례식과 추모식을 구분도 못하고서 무턱대고 흰색 화환을 바치는 것은 아닌지? 우리끼리의 약속 혹은 관습이라고 고집할 일만은 아니지 않은가. 오직 붉은 피의 기억만이 그분들의 희생을 영광스럽게, 그리고 헛되지 않게 할 뿐이다. 그 간절한 염원이 무명 용사의 무덤에 붉은 꽃으로 피어나는 거다. 지금 거국적으로 6·25전쟁 전사자들의 유해를

알링턴 국립묘지 무명 용사묘에 성조기를 형상화한 화환을 바치는 오바마 대통령. ⓒ백악관

존 바이든 미 부통령의 파나마 방문시 미국 성조기에 맞춘 헌화 화환 컬러 배색의 모델 폼. 파나마 국기색과도 앙상블을 이루었다. 굳이 누가 바친다는 글귀가 적힌 너저분한 리본 같은 건 달지 않는다. 유치함은 품격을 떨어뜨린다. ⓒ백악관

나치 유대인 수용소를 찾아 희생자들을 기리는 메르켈 총리. 독일 국기를 이미지화한 화환을 바쳤다. 2013년 8월 22일. ⓒ연합뉴스(AP)

2014년 6월 20일, 한국 대통령으로서는 최초로 투르크메니스탄을 찾은 박근혜 대통령이 투르크메니스탄 독립기념탑을 방문, 헌화한 뒤 묵념하고 있다. 정장이 아닌 사적 취향의 국가 지도자 복장. ⓒ청와대

발굴, 수습하고 있다. 혹여 들판이나 산골짜기를 지나다 한 떨기 붉은 꽃을 보거든 어느 무명 용사가 그곳에 잠들었을지도 모른다는 생각으로 잠시 걸음을 멈춰 주길 바란다. 아이들에게도 그런 이야기를 들려주어야 할 것이다. 아름다운 마음이란 그런 작은 것에서부터 싹튼다.

지도자에겐 사소한 고집도 범죄일 수 있다

"남이야 그런다 해도 우린 우리 식대로 하면 된다" "아무렴 어떠냐" "뭐 그런 사소한 걸 가지고" "까짓 마음이 중요하지 형식이 뭐 그리 중요하냐" "그거야 각자의 취향이지" 등 편의주의·실용주의를 들먹이며 대범한 척 얼버무리고 넘어갈 수도 있겠으나 그건 전적으로 스스로의 무지와 몰상식함, 그리고 번거로움의 회피, 게으름에 대한 변명일 뿐이다. 특히 공적인 일에 종사하는 지도자에게는 이런 변명이 용납될 수 없다. 직무 유기를 넘어 자격 미달로서, 그로 인한 실수는 곧 범죄다. 개인적으로야 사소할는지 모르지만, 공인으로서 권력과 결부되면 고집은 곧바로 독선·독재가 될 수 있기 때문이다.

지도자의 품격은 곧 국격이다.

그들의 언행, 일거수일투족뿐만이 아니라 그들이 입은 옷이며 넥타이·귀걸이·목걸이 하나도 단순히 제 취향대로만 멋을 부릴 수 없다는 말이다. 그럴듯한 정책이나 정치적 결단만이 지도자의 역할이 아니다. 사소한 행동거지 하나하나에 그 자신은 물론 국가의 품격이 가늠되고, 그것은 곧바로 국익에 연결되기 때문이다. 연예인이나 스포츠 스타들이 만들어 내는 한류가 곧 국격인 양 착각하지 말란 말이다.

소통을 중시하는 글로벌 시대에는 과거의 전통적인 예법이 때로는 걸림돌이 될 수도 있다. 형식적인 의례보다 이야기가 있는, 우리끼리만이 아닌 세계인 모두가 공감할 수 있는 매너로 다듬거나 받아들여야 한다. 너와 나를 구분짓기 위한 예(禮)가 아닌 소통을 위한 예(禮)

가 되어야 한다는 말이다. 지나친 자기 것의 고집은 또 하나의 쇄국이 될 수 있음이다. 그런 사소한 습관조차 바꾸지 못할 정도의 소견으로 무슨 개혁이니 문화 창조니 하는 말을 입에 담는가. 부지불식간에 형성된 의미 및 연원 불명의 어쭙잖은 매너들을 글로벌한 품격으로 고쳐 나가야 한다.

거국적 거창함에 감격해하던 시절 지난 지 한참 되었다. 작지만 진정성이 밴 정성과 배려, 개인적이지만 직접적이고 인간적인 그런 것에 감동하고 소중히 여길 줄 알아야 한다. 그런 기본도 없는데다 머리 쓸 생각조차 못하니 소통한답시고 저들끼리 만나 봐야 국민들 혈압만 올린다. 그러다 뻑하면 국민과 직접 소통한다며 장외투쟁·삭발·단식·촛불집회·불법점거·집단농성을 벌이고, 그것이 곧 정치적인 파워인 양 떠벌린다. 무식해야 용감할 수 있다던가. 없는 것만도 못한 학습 불능의 삼류들임에도 정작 자신들은 일류인 줄 착각하고 있는 게다.

빈곤한 상상력에 메시지도 감동도 없이 숙제하듯 해치우는 판에 박힌 의전. 지난 일 아쉽다고 돌이켜 본들 무슨 소용 있으랴마는 내년을 기약하며 제2연평해전 10주기 기념 행사를 글로벌적으로 다시 디자인해 보자. 만약 그 자리에 대통령이 가시 달린 여섯 송이의 붉은 장미 다발을 들고 나섰더라면 어땠을까? 굳이 연설을 하지 않았어도 그 어떤 장광설보다 강한 메시지를 북한을 비롯한 전 세계에 전달할 수 있었을 것이다. 누가 쉰목소리의 연설 내용을 기억하겠는가? 하지만 그 여섯 송이 장미의 붉은빛은 평생을 잊지 못할 것이다. 언제든 붉은 장미를 볼 때마다 그 대통령과 그 용사들을 떠올릴 것이기에 말이다. 글로벌 시대, 품격으로 소통하고 승부할 줄 알아야 한다.

세계와 소통할 줄 아는 지도자라면

저마다 대통령이 되어 보겠노라고 나서는 출정식 모양새가 감동은 고사하고 악센트 하나 없이 헛헛하다. 일회용 당명에 일회용 포장 끈으로 만든 로고, 역시나 어린이날 리본 수준의 일회용 이니셜풍선. 가벼움과 조잡함이 끝이 없다. 자기 PR이나 변명이 곧 소통인 줄 착각하고 있으니 감동이 있을 리 없다. 하나를 보고 열을 짐작한다고 했다. 제발이지 그런 자리에서라도 진정성과 창의성, 그리고 선도적 차별성을 좀 보여주길 바란다. 그런 것이 품격의 리더십이고, 글로벌 리더십이다.

언감생심 수치 여사처럼 스스로 신화를 만들어 나갈 정도는 아니더라도, 그나마 방 안에 앉았어도 세계를 내다보고 있다는 낌새라도 보여야 구중궁궐에 들어가서도 세상을 똑바로 보고 바른 정치를 할 것이라 여겨 국민들이 또 못 이기는 척 속아 주지 않겠는가. 품격 없는 야망은 욕심일 뿐, 품격이 뭔지를 모르니 예의염치를 알 턱이 없고, 부끄러운 짓을 부끄럽지 않게 해치우는 게다.

국민은 더 이상 유치원 코흘리개, 골목대장, 우물 안 개구리 수준의 지도자를 원치 않는다. 대중을 설득해야 할 목소리에 자신이 없어 미사여구로 포장한 자서전으로 유혹하고, 고작 주머니 불룩 명함 넣고서 온갖 행사장 찾아다니느라 동서남북을 못 가리는가 하면, 빨간색·파란색·노란색 조끼 걸치고 떼지어 시장판 누비고, 유행 따라 젊은이들 꽁무니 좇아다니며 비굴한 미소로 비위 맞춰 표 구걸할 줄밖에 모르는 그렇고 그런 소대장급·통반장급·현장감독급 수준의 지도자들에 이젠 넌더리가 났다는 말이다.

칼 빼들고 앞장서 적진을 누비는 장수는 한참 하수다. 초패왕 항우가 그랬다. 옛날 신라 화랑들은 꽃 한 송이 머리에 꽂음으로써 목숨 바치기를 마다하지 않는 수백 수천의 낭도들을 불러모았다. 비록 작은 것일망정 스스로 문화를 선도해 표가 절로 따라오게 해보란 말이다. 진정한 고수는 내공으로 승부한다. 이미지로 승부한다. 예나 지금이나.

Tip 오바마의 위대한 침묵과 아웅산 수지의 장미

2011년 1월 12일, 버락 오바마 미국 대통령은 애리조나 총기 난사 사건의 희생자들을 기리는 연설에서의 '51초 침묵'으로 미국민은 물론 전 세계인들에게 감동적인 인상을 남겼다. 희생자 중 9·11테러가 발생한 날 태어나 '미국의 희망의 얼굴'로 선정된 크리스티나 그린을 추모하는 대목에서였다. 희생자 한 사람, 한 사람의 이름을 차례로 불러 나가다가 마지막으로 가장 어린 크리스티나를 언급하고는 더 이상 말을 잇지 못해 침묵으로 감정을 제어하는 모습은 다른 어떤 연설보다도 우렁차고 감격적인 메시지였다.

장미 몇 송이로 대중들과의 소통을 이끌어 내어 자신의 메시지를 정확하게 전달했을 뿐 아니라, 유럽 주류층들의 마음을 사로잡아 그들의 지지를 이끌어 낸 아웅산 수지 여사. 한참 후진국인 미얀마의 국격을 단숨에 수십 등급 업그레이드시킨 것은 물론 다이애나 왕세자비 이후 가장 품격 있는 '세기의 여인'으로 떠올랐다. 비록 경제 수준으로야 비할 바가 못 되지만, 그 품격에서는 프랑스와 급을 같이할 정도임을 만천하에 드러내 보인 것이다. 그동안 미얀마 군사 정권이 왜 저 가냘픈 여인을 두려워하고, 또 감히 어쩌지 못해 그토록 오랫동안 자택에 연금시킬 수밖에 없었는지가 여실히 드러난 사건이었다.

이런 것이 바로 지도자가 갖춰야 할 자질이자 요건이며, 또한 의무이기도 하다. 작년에 대통령 특사 자격으로 유럽 5개국을 순방하며 새마을 패션으로 국내 신문만 요란하게 도배했던 한국의 박근혜, 빌게이츠를 만나러 간다며 출발하기 한참 전부터 야단법석을 떨다가 결국 사진 한 장도 못 찍고 돌아온 안철수와 비교해 보면 그 내공의 차이가 어느 정도인지 가히 짐작할 수 있을 것이다. 기나긴 연금 상태에서도 국민은 물론 세계와 소통하며 사랑받아 온 수치 여사. 민생 탐방 외에는 소통하는 법을 몰라 절반 이상의 국민들로부터 외면을 당하는

23년 만에 유럽의회에서 사하로프 인권상을 수령하게 된 미얀마 아웅산 수지 여사의 글로벌 정품격 모델 폼. 미얀마 국기와 의상. 유로기와 꽃 코사지의 완벽한 앙상블. 강연을 의뢰받으면 사전에 무대 배경을 체크해서 복장을 매치시키는 것은 글로벌 매너의 기본이다. ⓒ연합뉴스(AP)

완전히 다물지 않은 입술과 미소, 붉은 손잡음, 양국 국기의 흰색 바탕에서의 완벽한 눈맞춤, 유로기의 별과 노란 장미, 앙상블이란 이런 데에 쓰라고 만든 말 같다. 어지간한 정상들의 만남에선 이런 사진이 나오지 않는다. 연습을 한다 해도 이처럼은 힘들다. 그 순간을 잡아내는 사진, 역시 로이터이니까 이런 사진이 나온 게다. 로이터이니까 그 각도에 자리잡을 수 있고, 또 수백 컷 가운데서 이렇게 완벽한 사진을 골라내는 안목을 지닌 게다. 대개 이런 국제적인 사진들은 로이터 사진들이 정격 정품이다. 아무튼 모두들 대단한 내공이다. 수치 여사가 옥스퍼드대학을 그냥 나온 것이 아님을 알 수 있다. 우리네 지도자들과 비교하면 너무 부러운 모습이다. 자존심 상하더라도 배울 건 배워야 한다. ⓒ로이터

영국의 현충일. 더 보탤 것도 뺄 것도 없다. 품격이란 이런 것이다. ⓒBBC

2013년 7월 27일, 한국전쟁 정전 60주년 기념식 헌화. 성조기를 이미지화하였다. 멀리 공사장 배경은 국기들로 가려 완벽한 무대를 연출해 내었다. 아끼지 않은 화환들. 이를 보는 한국인들이 넉넉함과 진정성을 느끼기에 충분하다. 너절한 구호가 적힌 휘장이나 헌화자의 신분 과시용 리본도 없다. ⓒ백악관

박근혜. 이는 단지 그들 부친의 후광만으로 비교될 수 없는 차이, 즉 품격의 차이에 있음을 알 수 있겠다.

　오매불망 라디오나 텔레비전·SNS·청춘콘서트·개콘 수준의 오락 프로에 나가 천박하게 망가지고, 계급장 떼고 막장 혹은 끝장 토론을 해야 마치 소통인 줄로만 알고 있는 한국의 지도자들이나 국민들 중에 수치 여사의 '노란 장미'가 주는 의미를 제대로 이해한 사람이 과연 몇이나 될까? 그리고 저 사진 한 장을 보고서 정신이 살짝 나간 한 여인네의 애교나 멋부림이 아닌 '세기의 사진'임을 알아차릴 만한 감각을 지닌 인물이 과연 있기나 한가? 우리는 언제쯤이면 저같이 멋진 명품 사진을 남길 수 있을까? 저런 최상급의 글로벌한 지도자를 가진 미얀마의 장밋빛 미래가 '진실'로 부럽고 기대가 된다.

Tip 헌화, 흰 꽃이냐 붉은 꽃이냐?

　"한국전쟁은 무승부가 아니라 한국의 승리였다. 5천만 명의 한국인들이 누리는 자유, 활발한 민주주의, 그리고 세계에서 가장 역동적인 경제는 한국이 전쟁에서 승리한 데 따른 유업(legacy)이다. 억압과 빈곤에 빠져 있는 북한과 극명한 대조를 이루고 있다. 역사는 어떻게 수십 년의 냉전 기간 동안 자유국가들이 하나로 뭉쳤는지, 어떻게 전쟁을 이겼는지를 기억할 것이다. 여기 미국에서는 어떤 전쟁도 잊혀지지 않는다. 한국의 안전보장에 대한 미국의 약속과 헌신은 결코 약화되지 않을 것이며, 아시아·태평양 지역에 걸친 미국의 동맹은 평화와 안보·번영을 위한 세력으로 유지될 것이다."

　"60년 전에 전쟁은 멈췄지만, 대한민국은 아직도 세계 유일의 분단국가로 남아 있습니다. 이 땅에 또다시 전쟁의 비극이 일어나서는 안 될 것입니다. 더 이상 전쟁으로 많은 젊은이들이 희생되지 않아야 합니다. 먼 이국땅에서 대한민국의 자유와 평화를 위해 목숨을 바치신 참전 용사분들의 헌신과 용기에 대한민국 대통령으로서 깊은 조의를 표합니다."

앞의 글은 2013년 7월 27일 오전 10시, 워싱턴DC 내 한국전쟁 참전 기념공원에서 성대하게 열린 정전 60주년 기념식에서 오바마 대통령이 헌화와 경례에 이어 피력해 나간 기념사의 일부이다. 그리고 뒤의 글은 7월 22일 부산 유엔군묘지를 찾은 대한민국 대통령의 유엔 참전 용사 추모사의 일부이다. 같은 사안을 두고 한쪽에서는 기념식을, 한쪽에서는 추모식을 열었다.

한국 대통령의 추모사에는 피해 의식·패배 의식 같은 것이 묻어난다. 한국은 언제까지 용사들의 죽음만 애도하고 있을 텐가? 군통수권자의 자세가 아니다. 용사들에겐 그런 표현 쓰지 않는다. 젊은이가 국가의 안위를 위해 피를 바치지 않으면 누가 바치랴! 애도하고 위로할 것이 아니라, 자랑스럽고 영광되게 그들의 용기와 희생을 기리고 승리를 기념하는 것이 바른 자세다.

이날 박근혜 대통령도 기념비에 헌화를 했다. 언제나처럼 국화꽃이다. 둥그렇게 큰 노란색 하얀색의 화환 한가운데 백합꽃들이 꽂혔다. 그냥 부잣집 장례식에서나 볼 만한 조문용 화환과 다를 바가 없다. 그리고 대통령이 무덤을 돌아보며 흰 국화꽃 한 송이를 바치는 사진이 실렸는데, 언제나처럼 글로벌 정품격 자세라 하기엔 미흡하다. 엉거주춤 허리만 굽혀 이삭줍기하는 모양새로 진정으로 추모하는 느낌을 연출해 내지 못하고 있다.

흰 국화는 선비(文士)의 꽃이지 용사의 꽃이 아니다.

무인은 전통적으로 흰 옷을 입지 않는다. 해서 흰 갑옷이 없는 게다. 대부분 붉은색 계통이다. 전 세계 국기들 중 붉은색이 많은 이유가 거기에 있다. 점잖은 말로야 용기·열정 등을 상징한다고 하는데,

2013년 7월 22일, 취임 후 처음으로 부산을 방문한 박근혜 대통령이 남구 대연동 소재 유엔기념공원을 찾아 유엔 참전 용사묘역에 참배하고 있다. 아무런 의미 전달 없는 화환 코디에 고개까지 숙이고 있다. 고개를 바로 들고 당당하게 헌화한 다음 정식으로 묵념을 올려야 한다. 게다가 마치 연예인 스캔들 취재하듯 빙 에워싸 사진 찍어대는 셔츠 바람의 기자들. 소란스러운 카메라 셔터 소음에 엄숙함과 경건함을 찾아볼 수가 없다. 카메라 렌즈가 사진을 보는 이의 면상을 조준 사격하는 듯한 불쾌감을 주는 품격 제로 사진. 주최측은 사전에 포토라인을 정해 놓았어야 했다. ⓒ청와대

차마 눈 뜨고 못 볼 광경. 2013년 5월 30일, 수원시 프랑스군 참전기념비 새단장. 무조건 흰 국화꽃으로 한국식 강요. 몰려든 사진기자들. 인증샷 남기기 위한 요식행위. 부산스럽고 조잡하기 이를 데 없는 광경에 그만 욕지기가 치밀어 오른다. 흡사 아군(기자)들끼리 서로 마주 보고 총을 쏘아대는 것 같은 광경을 연출한 최악의 사진이다. 이런 행사를 취재하려면 기자들도 정장 차림을 하는 것이 기본적인 매너다. 그렇게만 해도 사진의 품격이 확 달라진다. ⓒ수원시 제공-연합뉴스

그게 바로 피이고 투쟁이고 전쟁이다. 다들 나라를 지키기 위해 언제든 피흘리는 걸 두려워하지 않는다는 의지의 상징이다.

생물 중 최고의 집단사회를 이루고 사는 개미들을 보라. 여왕개미, 일개미, 그리고 병정개미가 따로 있다. 병정개미는 자신이 병정개미인 것을 후회하지 않는다. 마찬가지로 군인은 자신이 군인이 된 것을 후회하지 않는다. 자신의 피와 목숨을 바쳐 조국과 자신이 속한 공동체를 지켜낸 것에 후회가 따를 리 없다. 군인에겐 억울하고 한스러운 죽음이란 없다. 따라서 죽은 용사들이 안타까워 눈물을 흘리며, 그들의 영혼을 위로한다는 것은 그들에 대한 모욕이다.

그들은 영웅들이다.

자신이 조국을 위해, 인류평화를 위해, 아니 설령 불의하다 해도 국가의 부름에 응해 기꺼이 목숨 바친 일을 자랑스럽게 기억해 달라는 거다. 억울하게 희생당한 사람들이 아니다. 자랑스럽게 나아가 싸우다 죽었다. 그러니 위로가 아니라 존경하고 기억해 달라는 거다. 이 땅을 지켜냈으니 우리는 승리한 거다. 그러니 우리를 영웅으로 칭송해 달라는 거다. 그런데 거기에다 대고 위로한답시고 흰 꽃이나 바치고, 청승맞은 퍼포먼스나 펼치고 있다니!

평화를 사랑한다고 전쟁이 물러가던가? 전쟁을 혐오한다고 평화가 찾아오던가? 평화는 주어지는 것이 아니라 쟁취하는 것이다. 해서 전쟁과 평화는 동전의 앞뒷면이다.

그리고 흰 옷, 흰 꽃밖에 모르는 민족에게서 무슨 문화 창조인가? 편의주의, 개성 무시, 천편일률적인 관습과 사고밖에 더하겠는가? 억울하게 죽은, 해서 한맺힌 죽음, 혹은 평소 흰 꽃을 사랑하던 고인, 원 없이 다 누리고 간 망자에게는 흰 꽃을 바치는 것도 이해가 된다. 호사 한번 못 누려 보고 고생고생하다 간, 출세도 못해 본 망자에겐 차라리 오색 꽃이 격에 맞겠다. 그래서 꽃상여가 아니던가? 저승길이나마 꽃가마 한번 타 보라고! 우리네 조상들은 그렇게 명복(冥福)을 빌었다. 하지만 전몰 용사에겐 붉은 꽃이어야 한다.

 아무렴 전몰 용사에게 항복을 의미하는 흰 꽃을 바치는 건 그들을 모욕하는 것이다. 우리는 절대 그게 아니라고 항변해도 세계인들은 그런 인식으로 바라본다. 그게 글로벌 코드다. 한국과 일본을 제외한 나라에선 붉은 꽃을 바친다. 전통도 중요하고 이왕의 관습도 좋지만, 적어도 공적인 행사에서는 글로벌 매너에 맞춰서 세계인들과 소통하는 데 걸림이 없었으면 한다. 이색적인 문화를 고집하는 조심스럽고 까탈스런 한국인이 아닌, 언제든 편안하게 서로 소통이 되는 한국인으로 인식되어야만 글로벌 주류에 합류할 수 있다.

16 세계 유일의 허리 굽히는 의장대

우리가 이 땅의 주인인가? | 허리 굽히고 고개 숙이는 대한민국 전통의장대 | 왕의 호위무사 의장대는 손님맞이 시녀가 아니다 | 사열의 의미도 모르는 군통수권자 | 지나친 공손은 국격을 떨어트린다 | 당당해야 제값 받는다 | 전통은 지키되 국격(國格)은 높아야! | 조선시대 국왕 시위부대 무예청(武藝廳) | 척계광(戚繼光)의 6기(六技), 4백여 년 만에 중국으로 돌아갈 수 있을까?

인도와 파키스탄 국경 초소에서 양국의 초병들이 경쟁적으로 벌이는 씩씩하고 현란한 교대식 연출은 관광객들의 볼거리로 널리 소문이 나 있다. 그렇지만 한반도 판문점에서는 그런 의식 없이 양쪽 군인들이 서로 마주 서서 째려보기만 한다. 한데 남한의 병사들은 언제나 검은색 선글라스를 쓰고 있다. 사실 햇빛 때문이라면 남면한 북한 병사들부터 써야 하는데도 말이다. 감정 소통으로 인한 불필요한 충돌을 막기 위해서라지만, 속사정인즉슨 남한의 여린 병사들이 도무지 북한군들과의 눈싸움에서 견뎌나질 못하기 때문일 것이다.

고개 숙이는 세계 유일의 의장대

공항이나 청와대에서 외국의 총리나 대통령을 맞이하는 국방부 전통의장대가 있다. 역시 예전에 어느 대통령의 명으로 만든 것이다. 다른 국군의장대와 달리 구군복을 입고 국가 의전을 행하며, 한국의 전통 문화를 알리는 데 크게 기여하고 있다. 그런데 이들의 예법에 치명적인 문제가 있다. 귀빈을 맞이할 때 허리나 고개를 숙여 사열을 받는 것이다. 세계 어디의 군례(軍禮)에도 이와 같은 경우는 없다. 이는 현대만이 아니라 고대의 예법에도 없던 일로 자칫 자랑이 아니라

박근혜 대통령의 취임식 만찬장에서 허리 굽혀 '어서 옵쇼!'를 하고 있는 국방부 전통의장대. 그 나라의 최고 씩씩한 군인들을 뽑아 접객업소 도우미처럼 부려먹고 있어 나라 망신을 자초하고 있다. ⓒ연합뉴스

존 케리 미국 국무장관이 성남 서울공항을 통해 입국하고 있다. 성 김 주한 미국 대사(왼쪽부터), 존 케리 국무장관, 문승현 외교부 북미국 심의관. 사열 대신 '어서 옵쇼!'를 하고 있다. 똑바로 서 서 주시하고 있는 미국측 경호원들과 대비를 이루고 있다. 주인 의식이 뭔지를 모르는 소치이 다. ⓒ연합뉴스

세계 어느 나라 의장대도 허리를 굽히거나 눈을 내리깔지 않는다. 유독 우리나라 전통의장대만 고개를 숙여 눈맞춤을 피하고 있다. '어서 옵쇼!'가 곧 사열인 줄 아는 그 대통령에 그 의장대. ⓒ연합뉴스

버락 오바마 미국 대통령이 오산 미군 공군기지에 도착해 전통의장대를 사열하고 있다. 의장대가 고개를 숙이는 이상한 사열. ⓒ연합뉴스

나라 망신이다.

조선의 《국조오례의(國朝五禮儀)》에 〈군례(軍禮)〉가 있듯이 예전에는 매우 중요하게 여겼었다. 비록 세세하게 경례 동작의 설명까지는 남기지 않았지만, 《효종실록》을 보면 임금이 "군중(軍中)의 예(禮)에 갑옷 입은 군사는 본래 몸을 굽혀 절하는 법이 없다. 어가가 지날 때 두 손을 맞잡고 몸을 편 채 꿇어앉아서 단지 경건하게 대기하는 예만 행해야 할 것이다"라며 흐트러진 군례를 질책하고 다잡는 모습이 보인다. 당시 왕의 행렬을 지켜보며 대기하던 군사들도 어가가 지날 때에 일반 백성들처럼 무릎을 꿇고 엎드렸던 모양이다. 그렇지만 그마저도 함께 행진하는 군사나 왕의 호위무사들을 말하는 것은 아니다. 또 왕이 정식으로 열무(閱武)할 때에는 무릎조차 꿇지 않았을 것이다.

의장대는 그 나라 군을 대표해서 상대국 군통수권자에게 환영의 예를 표하고 사열을 받기 위해 공항에 나가는 것이지만, 형식적으로는 대통령의 근접 호위부대. 그런데 고개를 숙이다니! 그래 가지고서야 호위가 될 턱이 없고, 위신이 설 턱이 없다.

지나친 공손은 국격을 떨어트린다

어느 나라 할 것 없이 군사(무사)로서 무장을 갖춘 경우에는 예를 생략하는 것이 기본이다. 하여 언제나 군례는 문인이나 일반인들의 그것들과 달리했다. 상례(常禮)와 군례(軍禮)도 구분 못하고, 전통적인 것이면 무조건 공손하게 굽히거나 숙여야겠거니 하는 바보스런 발상이 도무지 어디서 나온 것인지 모르겠다. 더구나 왕의 최측근 시위부대라면? 국가 의전을 백화점 개점할 때의 손님맞이와 같은 것으로 여기는 건 아닌지?

예로부터 대개의 선진국에서는 허리를 굽히거나 고개를 숙여 눈을 내리깔면 노예로 본다. 복종의 의미이다. 지금이야 노예가 없지만, 아무튼 하인 이하로 멸시한다. 전통적인 우리의 예법으로 호감을 얻고자 하는 건 좋지만, 그렇다고 비굴해 보일 필요는 없지 않은가. 복종의 표시로 사열을 받는 것이 아니다. 그러니 사열한 귀빈들 역시 그 모습에서 신기하고 재미있다는 것 외에 달리 무슨 인상을 받았겠는가.

허리 굽힘은 당당하면서 절도가 있어야 하는 무인들의 예법에선 있을 수 없는 일로 수치이자 굴욕이다. 경례하는 순간조차 화살이나 총알이 날아와도 눈썹 하나 까딱하지 않는 담력과 패기로 무장되어 있어야 한다는 말이다. 이는 자신들의 주군에게도 마찬가지이다. 심지어 포로에게도 무릎 꿇을 것은 강요할망정 허리를 굽히거나 머리를 조아리게 하지는 않았다. 그만큼 군사(무사)로서의 자존심과 예는 서로 존중했던 것이다.

지금도 세계의 모든 나라에서 제복을 입은 군인이나 경찰은 고개를 숙이는 대신 팔과 손을 들어올려 경례를 하고, 총칼을 들었을 경우에는 그것을 받들어 세움으로써 예를 표하고 있다. 전통의장대라 해도 그들 역시 군인(무사)이다. 비록 복식이야 전통적이라 해도 사열이나 경례 동작은 현대식을 따라도 무방할 것이다. 글로벌적 시각에선 고개 숙이지 않는다 해서 불경하다 하지 않는다. 오히려 소통을 가로막는 고개 숙임 인사법을 더 어색하게 여길 것이다.

어디 전통의장대뿐이랴. 유네스코 세계무형문화유산으로 지정된 한국의 '종묘제례' 중에 행하는 무무(武舞) 또한 그 고증에 문제가 있어 보인다. 중간중간 허리를 깊숙이 굽혀 절하는 모양새는 전혀 이치에 맞지 않는 동작이라 하겠다. 문무(文舞)라면 모르겠으나 무무(武舞)에서는 가당찮다. 무(武)가 뭔지, 군례가 뭔지도 모르는 사람들이 어림짐작으로 복원했기 때문이리라.

전통은 지키되 국격(國格)은 갖춰야

중국 방문중 의장대를 사열하고 있는 노무현 대통령. 사열의 의미도 모르고 앞만 보며 걸어가고 있다. ⓒ연합뉴스

이명박 대통령이 베이징 인민대회당에서 열린 공식 환영식에서 후진타오 중국 국가주석과 의장 대를 사열하고 있다. 사열은 눈맞춤이어야 하는데도 불구하고 이명박 대통령은 외면하고 있다. ⓒ연합뉴스

이명박 대통령이 쿠알라룸푸르 국회의사당에서 열린 공식 환영식에서 인도네시아 의장대를 사열하고 있다. 멍하니 앞만 보고서 걸어가고 있다. ⓒ연합뉴스

허리 굽히지 않고 고개 숙이지 않는 의장대의 모델 폼. 영국 버킹검 의장대. 굽히거나 숙이려다가는 모자가 데굴데굴 굴러 폭소가 터질는지도 모른다. ⓒ백악관

그런가 하면 조선시대 모화관(慕華館)에서 중국 사신을 맞이했던 것처럼 옛 복식을 한 문무백관들이 도열하여 외국 귀빈을 맞이하는 행사도 자주 있다. 이때 문무백관들 모두가 허리를 굽혀 절을 하는데, 이 역시 재고할 필요가 있다. 설사 과거엔 그랬다 할지라도 지금은 시대가 다르다. 굳이 전제군주 시절의 인사법으로 손님맞이할 것까지야 없지 않은가. 따라서 이 경우 바른 자세에서 두 손을 맞잡아 올리거나 한 손 읍례로 당당하게 귀빈을 맞이하는 것이 국격을 낮추지 않는 예법이 아니겠는가. 그렇다 한들 다른 어느 나라 사람들이 이를 두고 예에 어긋난다고 하지는 않을 것이다.

　　굽신거림은 동방예의지국이어서가 아니라 오랜 사대로 인한 주인 의식 부재, 종복의 타성이다.

　　전통 문화를 오늘에 되살리는 뜻은 반드시 그 우수함을 자랑코자 하는 것만은 아니다. 그를 통해 우리가 온전히 이 땅의 주인임을 되새기고자 하는 목적이 더 크다. 더구나 무(武)에는 승패만 있을 뿐 타협은 없다. 하여 나라를 빼앗길망정 팔아먹지는 못한다. 고려 무신들이 끝까지 원(元)에 저항했던 것도 그 때문이다. 병자호란 때 제대로 한 번 싸워 보지도 않고 항복한 것이나, 역시나 제대로 한번 싸워 보지도 않고 나라를 일본에 팔아먹은 것은 모두 문신(文臣)들이었다.

　　주인 의식은 곧 무(武)의 정신이다. 주인 의식 없는 자들이 국민의 종복이 되겠다고 나서는 바람에 대한민국이 오늘날 이 모양 이 꼴인 게다.

　　하나 더 바란다면, 전통의장대라 하여 그 복장을 너무 예스럽게 할 것까지야 없지 않을까 싶다. 콩나물처럼 가느다란 키에 지나치게 크고 무거운 전립, 축 늘어진 비단 구군복. 전체적으로 어깨가 처져 원래 보이고자 했던 절도나 씩씩함을 찾아볼 수가 없다. 하여 모든 걸 고증에 따를 것이 아니라, 요즈음 유행하는 사극에서처럼 융통성을 발휘해 조금은 개량을 해도 무방하지 않을까 싶다.

이왕 전통 문화의 깊은 멋을 보여주더라도 현대적 세련미를 가미해서 어색해 보이지 않았으면 하는 욕심이다. 지금의 수문장이나 전통 의장대 복식도 긴 역사 속 어느 한 시기의 형태일 뿐, 고조선시대부터 줄곧 입어 온 것이 아니기에 하는 말이다. 게다가 지금의 국군의장대 역시 다른 일반 군인들의 복장보다 더 멋을 내고 있지 않은가. 굳이 원형의 완벽한 재현이라면 따로 다른 행사를 통해서 하면 된다. 전통도 혁신을 통해서만 생기를 이어갈 수 있다.

흔히들 문화가, 디자인이 경쟁력이라고 한다. 하지만 그 어떤 것도 품격이 없으면 결코 경쟁력을 지닐 수 없다. 차라리 아니함만 못한 경우도 많다. 대한민국 제일의 관문인 공항에서부터, 대표하는 청와대에서부터 지레 허리 굽히고 고개 숙여 코리아를 하인국으로 평가절하하는 일은 없어야 한다. 허세 부릴 필요도 없지만, 지나치게 공손할 이유도 없다. 대한민국도 이젠 있는 그대로 당당해도 된다. 그래야 주인 대접받는다. 국방부는 의장대 본연의 임무와 군인 정신에 대해 다시 한번 되새겨야 할 것이다. 국가인권위원회는 굽신거려야 하는 젊은 의장대원들의 인격 및 인권에 대해, 그리고 국가브랜드위원회는 이로 인한 국가의 이미지 손상에 깊이 고민하고 개선에 나서야 할 것이다.

Tip 조선시대 국왕 시위부대 무예청(武藝廳)

조선시대 무예청(武藝廳)이란 훈련도감(訓鍊都監) 소속 기구로서, 조선 군사들 중 최고의 기예를 가진 자들을 가려뽑아 궁궐의 수비와 왕의 시위(侍衛)를 맡긴 기구였다. 지금으로 치면 대통령 경호처와 같은 조직이다. 국방부 전통의장대와 경복궁 수문장 교대식도 조선시대라면 모두 이 무예청의 업무였을 터다.

훈련도감에는 따로 별기군(別技軍)이 있었다. 마병(馬兵)과 보병(步兵) 및 그 족속 중에서 힘이 세고, 신체가 건장하며, 기예에 뛰어난 자

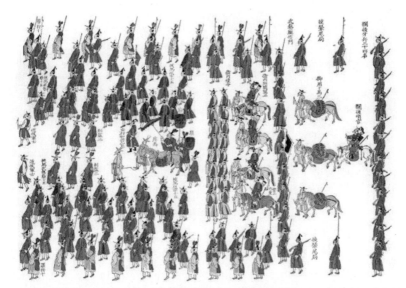

〈반차도(班次圖)〉 중 일부분으로 정조(正祖)의 측근에서 호위하는 무예청 무사(別監)들의 모습을 확인할 수 있다. 임금은 그리지 않는다. 호위군사들의 자세가 발라 도도하고 위풍당당하다. [이미지 출처: 한영우 지음, 《반차도로 따라가는 정조의 화성행차》(부분)]

2013년 10월, 문화재보호재단 주최로 경복궁에서 치러진 〈첩종(疊鐘)〉에서 조선 전기의 진법(陣法) 오행진(五行陣)을 재현하고 있는 궁궐호위군. ⓒ한국무예신문

2013년 10월, 경복궁. 문화재보호재단이 주최한 〈첩종(疊鐘)〉에서 무예 십팔기를 시연하고 있다. ⓒ한국무예신문

2013년 10월, 경복궁. 문화재보호재단이 주최한 〈첩종(疊鐘)〉에서 무예 십팔기를 시연하고 있다. ⓒ한국무예신문

를 따로 선발하였다. 모두 조선의 국기(國技)인 십팔기(十八技) 전 종목에 능한 이들로서, 때로는 훈련도감·금위영·어영청·총융청에 무예 교련관으로 파견되기도 하였다. 별기군의 자제들은 일찍부터 대년군(待年軍)에 들어가 무예를 익혀 나중에 별기군으로 편입되어 세습되기도 했다.

이 별기군 중에서도 출중한 자들은 왕의 재가를 받아 무예청에 들어갔는데, 이들을 '무예별감(武藝別監)' 또는 줄여서 '무감(武監)'이라 칭하였다. 대령무예청(待令武藝廳)·가대령무예청(假待令武藝廳)은 모두 붉은 군복에 칼을 차고 시위(侍衛)하였다. 나머지 문무예청(門武藝廳) 무감들은 홍철릭(紅天翼)을 입고 황초립(黃草笠)을 썼으며, 모자 위에 호수(虎鬚)를 달았다.

정조 다음으로 즉위한 순조(純祖)가 지은 《순제고(純齋稿)》에서는, 무예별감이란 임진왜란 때 선조(宣祖)를 호위했던 10명의 훈련도감 무사들에게 선조가 피난길에서 돌아와 그 노고를 치하하여 붙여 준 이름이라고 밝히면서, 무예청의 창시자를 선조라 일컫고 있다. 이에 따르면 무예청 무사들을 십팔기로 훈련시켰는데, 그 중 본국검(本國劍)과 월도(月刀)를 장기로 익혔다고 기록하였다.

창덕궁과 창경궁의 모습을 그린 〈동궐도(東闕圖)〉에는 무예청의 모습이 구체적으로 그려져 있다. 무예청 옆에 통장청(統長廳)이 있고, 약간 남쪽으로 별감방(別監房)의 모습이 보이는데, 별감과 통장 모두 무예청 소속의 직제이므로 이 부근 일대가 무예청 건물이라고 볼 수 있다. 무예청 바로 북쪽에는 낮은 단을 쌓은 공터와 군물고(軍物庫)가 보이는데, 이곳에서 무예를 수련하고, 병장기를 보관했던 것으로 여겨진다. 지금의 창덕궁 낙선재 앞마당이다.

경복궁을 살펴보면, 건춘문(建春門) 부근에 별감방과 별군직청(別軍職廳)이 보인다. 별감방은 무예별감들의 공간이었던 것으로 보이며, 별군직이란 효종의 세자 시절 청나라의 압력에 의해 중국 심양으로 갔을 때 이를 호송한 여덟 명의 무사들의 노고를 기려서 만든 직책으로서, 무예청과 마찬가지로 왕의 근접 호위를 맡았다.

지금 서울 경복궁에서 행해지고 있는 '수문장 교대식'은 사실 역사적 고증으로 보면 약간은 억지스러운 것이다. 원래 궁궐을 순찰하고 문을 지키는 것은 모두 문무예청(門武藝廳)이 하던 것으로, 지금처럼 요란하게 교대식을 치른 적이 없었을 것이다. 상식적으로 생각해 봐도 그냥 조용히 언제 교대했는지도 모르게 보초가 바뀌었을 법하다. 예전에 어느 대통령이 영국을 다녀와서 우리도 영국 근위병처럼 그런 것을 하나 만들어 보라고 하는 바람에 급작스레 만들어진 관광 상품이다. 하지만 세계는 지금 문화전쟁의 시대, 없는 것도 만들어 내는 판국이다. 그러니 이왕지사 조선시대의 무예청을 복원하여 역사적 사실에 부합시키고, 더불어 그들의 무예 시연도 함께 펼친다면 한결 역동적인 관광 상품이 되지 않겠는가.

궁궐 기와집 위주의 정적(靜的) 전통 문화에 식상한 터에 동적(動的)인 문화 상품으로 민족의 진취적 역동성을 대내외에 과시할 수 있었으면 더없이 좋겠다. 2013년 10월 한 달간 매주 토·일요일마다 조선 전기 왕이 종을 쳐서 궁궐 호위군사들을 비상 소집하여 사열하던 '첩종(疊鐘)' 행사에서 진법과 무예 시연을 함께하여 좋은 반응을 얻었다. 상설화된다면 대한민국을 대표하는 역사문화관광 상품이 되고도 남음이 있다 하겠다. 이런 게 문화 융성, 창조경제, 창조관광이다. 먼저 제 나라 국기(國技)부터 바로 세워야겠다.

Tip 척계광(戚繼光)의 6기(六技),
4백여 년 만에 중국으로 돌아갈 수 있을까?

2014년 4월 28일, 중국의 시진핑(習近平) 국가주석이 신장(新疆) 위구르자치구 카스(喀什)지구 내 공안국 산하 파출소를 시찰하는 자리에서 경찰봉을 보고는 "왜구(倭寇)를 격퇴한 명(明)의 장수 척계광(戚繼光, 1528~1588)이 떠올랐다"면서, "5명이나 7명씩 대나무 창을 이용해 왜구들이 접근하지 못하게 한 뒤에, 방패를 든 병사들이 앞으로 나아가 격살했다"고 하였다. 시진핑 국가주석이 일본의 기를 꺾기 위해 얼마나 고심하고 있는지를 내비친 사건이라 하겠다.

척계광(戚繼光)의 《기효신서(紀效新書)》는 임진왜란 때 조선에 수입되었다.

명대(明代) 해상무역의 봉쇄로 인해 명과 조선의 해안에 왜구들의 노략질이 극심했었다. 고려말의 이성계처럼 척계광 역시 지금의 저장성(浙江省)과 푸젠성(福建省) 일대에서 왜구를 물리치는 일에 큰 공을 세운 장수로 중국인들의 존경을 받고 있다. 그의 사후 1592년 도요토미 히데요시(豊臣秀吉)는 정명가도(征明假道)를 요구하며 조선을 침략했다. 이른바 중국에선 만력위국조선전쟁(萬曆爲國朝鮮戰爭)이라 일컫는 임진왜란(壬辰倭亂)이다. 당시 무비(武備)에 소홀했던 조선은 제대로 싸워 보지도 못하고, 선조(宣祖)가 한성(漢城)을 버리고 의주(義州)까지 피난을 가서야 겨우 명(明)의 구원군을 맞게 된다.

1953년에 제독(提督) 이여송(李如松)이 조선으로 건너와 평양에서 왜군을 대파하자, 선조가 제독의 영을 직접 찾아 공을 치하하는 자리에서 "지난 전투는 실패했는데, 이번엔 이겼으니 어찌된 일인가?"고 묻자, 이여송이 "앞서 온 북장(北將) 조승훈(祖承訓)은 여진족을 방어하는 전법을 익혔기 때문에 전쟁에 불리하였으나, 지금 제가 와서 사용한 병법은 곧 왜적을 방어했던 척장군(戚將軍)의 《기효신서(紀效新書)》에 의거하였기 때문에 전승(全勝)할 수가 있었습니다"라고 답하였다. 북방의 여진족은 기마병인데 비해 남방의 왜구들은 보병이었기 때문에 전술이 달랐던 것이다. 이여송 제독은 척법(戚法)으로 훈련된 남방의 저장군(浙江軍)을 이끌고 왔기 때문에 왜군을 효과적으로 격퇴시킬 수 있었던 것이다.

EBS 〈영상무예도보통지〉에서 척계광의 원앙진을 재현하고 있는 전통무예십팔기보존회원들. 임진왜란 때 명조(明朝) 연합군이 왜군을 격살하는 장면.

EBS 〈영상무예도보통지〉에서 척계광의 원앙진을 재현하고 있는 전통무예십팔기보존회원들. 조선 후기 군제는 사수(射手)·포수(砲手)·살수(殺手)로 구성된 삼수병(三手兵)제였다. 여기서 살수병이 곧 십팔기군이다.

이에 선조가 그 《기효신서》를 좀 보자고 하였으나, 이여송이 군사 기밀이라며 거절한다. 하여 선조는 역관(譯官)에게 몰래 영을 내려 이여송 휘하를 매수해 그 비급을 구한다. 그러고는 유성룡(柳成龍)에게 책을 보이며 해독하게 하였으나 군사(軍事)를 모르는 그도 알 길이 없었다. 토론을 거듭한 끝에 병학과 천문지리에 밝은 유생(儒生) 한교(韓嶠)를 추천받는다. 그렇지만 그 역시도 해독을 하지 못했다.

그렇게 고심하던 차에 이여송 휘하의 참장(參將) 낙상지(駱尚志)가 의리가 있어 유성룡에게 "우리 명군이 돌아가면 조선이 홀로 어찌 지키겠소? 그러니 명군이 돌아가기 전에 기회를 봐서 군사 조련법을 배우는 것이 어떻겠소" 하고 권한다. 이에 유성룡이 서둘러 한교를 낭관(郎官)으로 삼고 70명의 날랜 군사를 모집하여, 낙상지 휘하 병사 10명을 교관으로 삼아 밤낮으로 창(槍)·검(劍)·낭선(狼筅)을 익혔다. 그리고 다시 이들이 조선군에 척법(戚法)을 가르쳐 왜적들과 싸웠다.

이후 계속해서 조선군은 척계광의 사(射, 궁수)·포(砲, 총포수)·감(砍, 창검수)의 삼수기법(三手技法)을 배우고, 1595년에는 명의 유격장군(遊擊將軍) 호대수(胡大受)에게서 직접 삼수군(三手軍)이 훈련을 받는다. 한교 역시 유격장군 허국위(許國威)에게 창법(槍法)·패법(牌法)·선법(筅法) 등을 물어 척계광의 살수제보(殺手諸譜)를 번역하였다. 전쟁이 끝난 후 이를 따로 모아 책으로 편찬하니, 그것이 바로 우리나라 최초의 무예서(武藝書) 《무예제보(武藝諸譜)》다.

이렇게 해서 척계광의 무예가 임진왜란중에 조선군에 전해지게 되었다. 《기효신서》에는 사법(射法)을 비롯해 창(槍)·당파(鐺鈀)·낭선(狼筅)·등패(籘牌)·곤(棍)·권법(拳法)이 실려 있는데, 중국 병장무예서로는 유일하게 남아 지금까지 전해져 온다. 그리고 이 책에는 왜구가 떨어뜨리고 간 수첩에 기록된 검법(長刀)까지 참고로 실어 놓았는데, 조선에서는 이를 쌍수도(雙手道)란 이름으로 체계화하였다.

조선 광해군(光海君) 때 후금(後金)이 북방에서 발기하자, 그에 대비하여 권법(拳法)·월도(月刀)·협도곤(挾刀棍)·왜검(倭劍)으로 《무예제보번역속집(武藝諸譜飜譯續集)》을 펴냈으며, 인조(仁祖) 때 병자호란(丙子胡亂)으로 청(淸)에 항복하게 된다. 이후 효종(孝宗)이 북벌(北伐)을 준비하다 요절해 버렸으나, 조선 조정은 북방의 기마병을 상대하기 위해 긴 병장기(兵仗器)를 다루는 기예를 꾸준히 개발해 나갔다. 숙종(肅宗) 때에는 군교(軍校) 김체건(金體乾)이 사신을 따라 왜(倭)에 건너가 검보(劍譜)를 구해 와서 왜검(倭劍)과 교전(交戰)으로 체계화하였다.

영조(英祖) 때 사도세자(思悼世子)가 섭정(攝政)할 무렵 그동안 정립된 무예 18가지와 기예(騎藝) 4가지를 완성하여 《무예신보(武藝新譜)》를 펴낸다. 조선의 국기 '십팔기(十八技)'란 이름은 여기서부터 시작된다. 십팔기는 장창(長槍)·죽장창(竹長槍)·기창(旗槍)·당파(鐺鈀)·낭선(狼筅)·쌍수도(雙手刀)·예도(銳刀)·왜검(倭劍)·교전(交戰)·제독검(提督劍)·본국검(本國劍)·쌍검(雙劍)·월도(月刀)·협도(挾刀)·등패(籐牌)·권법(拳法)·곤봉(棍棒)·편곤(鞭棍)을 다루는 18가지 기예라는 뜻으로 무예십팔반(武藝十八般)이라고도 불렸다.

참고로 중국에는 '십팔기'란 용어가 없다. 대신 십팔반무예(十八般武藝)란 용어가 《수호지(水滸誌)》에 처음 등장하는데, 이후 중국에서는 각기 다른 18가지의 병장기를 나열하는 용어로써 사용되었다. 게다가 문헌마다 그 종류도 일정치 않다.

사도세자의 아들 정조(正祖)가 이 모든 과정을 한 권의 통지로 펴내게 한 것이 바로 현존하는 세계 유일의 고대종합병장무예서 《무예도보통지(武藝圖譜通志)》이다. 2백여 년에 걸친 국가적인 사업으로 완성한 진정한 의미에서의 국기(國技)이다. 이후 조선에선 군사를 훈련시킴은 물론 무과(武科) 시험과목이었다.

십팔기에는 신라 황창랑(黃昌郎) 고사가 그 연기(緣起)가 되는 본국검(本國劍)을 비롯한 한국 전래 무예 9기, 중국 척계광의 6기, 일본

검법 3기로 이루어졌다. 그리고 이를 말 위에서도 할 수 있게 하였다. 특히 예도(銳刀)는 우리가 잃어버렸다가 중국 모원의(茅元儀)의 《무비지(武備志)》를 통해 되찾은 고대 검법이다. 그는 이러한 사연을 밝히고 '조선세법(朝鮮勢法)'이라 이름 붙였는데, 이후 모든 중국 검법의 모태가 되었다.

전 세계에는 온갖 무술(武術)이 전하지만, 국가에서 만든 군사무예로서 남은 것은 십팔기가 유일하다. 임진왜란과 병자호란으로 한반도에서 동양 3국이 대규모 국제전을 치른 결과로 남은 것으로서, '동양무예의 정화'라 할 수 있다. 더불어 우리 역사를 통틀어 동양 3국의 문화를 우리가 주체적이고 주도적으로 정립한 것은 무예 십팔기가 유일무이하다.

하지만 어느 국가든 멸망하게 되면 그 왕조를 지키던 무예도 함께 말살시키거나 멸실되게 마련이다. 그 때문에 십팔기 이외에 세계 어디에도 군사무예가 남아 있지 않다. 당연히 중국에도 현재 척계광의 책 《기효신서》만이 전해질 뿐 무예 실기는 멸실되어 전하지 않는다. 소림사 등에서 전해지는 수많은 중국 무술은 민간에서 전해지는 호신술일 뿐이다.

물론 한국도 구한말(舊韓末) 갑오경장 때 구식군대(舊式軍隊)가 해산되면서 십팔기도 사라지고, 그 대신 일제식민지 교육의 일환으로 군(軍)·관(官)·경(警)·학교에 유도와 검도가 무도(武道) 과목으로 채택되고, 시중에서는 일본 유학생들에 의해 가라테(空手道)가 수입되어 지금까지 전해지고 있다. 1965년에 이 가라테는 태권도(跆拳道)로 개명하여 스포츠화되었다.

요행히 십팔기는 오공(晤空) 윤명덕(尹明德), 해범(海帆) 김광석(金光錫)의 계보로 그 실기가 간신히 전해져 지금은 (사)전통무예십팔기보존회가 전승 보급하고 있다. 아무렴 이토록 귀중한 세계의 문화유

산인 십팔기의 실기가 지금까지 온전하게 전해지고 있음은 기적적인
일이라 하겠다.

이번에 중국의 시진핑 국가주석이 언급한 척계광의 격법(擊法)은,
낭선·등패·장창·당파를 가진 12명의 병사들이 한 조를 이루어 2열
로 진을 짜서 왜구를 척살하던 진법(陣法)으로 원앙진(鴛鴦陣)이라 부
른다. 낭선은 대나무 끝에 창을 꽂고 가지마다 독을 묻힌 날카로운 철
편(鐵片)들을 달아 장도(長刀)를 든 왜구의 접근을 방해하고, 그 좌우
에 표창(鏢槍)과 등패, 그리고 요도(腰刀)로 무장한 등패수가 공격과
방어를 하면 뒤에 있던 장창수와 당파수가 그 틈새를 뛰쳐나가 적을
무찌르는 격법이다.

아무튼 임진왜란은 역사상 중국이 일본과 벌인 첫 전쟁이며, 승리
한 전쟁이다. 더구나 명조(明朝) 연합군이 왜적을 물리친 전쟁으로 4
백여 년이 지난 오늘의 한·중·일 간의 과거사 및 영토분쟁의 갈등을
생각하면 감회가 새롭다. 그리고 그 과정에 동양 3국의 군사무예 정
수가 조선에 고스란히 남아 지금까지 전해지고 있다.

이처럼 끊임없이 서로 주고받기를 거듭하면서 소멸, 변질, 창조되
어 가는 것이 문화의 속성이다. 아무렴 지난날 공자묘(孔子墓)에 제사
지내는 법을 잃어버렸던 중국이 한국에 남아 있는 제례법을 가져간
적이 있다. 또 얼마 전에는 한국전쟁중 전몰한 중국군 유해를 돌려 주
었다. 그리고 2014년 5월 29일, 중국측이 산시(陝西)성 시안(西安)에
서 항일공조의 의미를 되새기기 위해 '광복군 제2지대 표지석'을 세
워 주었다.

만약 중국인들이 그토록 추앙하는 척계광의 무예6기의 원형이 한
국에 고스란히 남아 있다는 사실을 알면 무척 놀라고 반가워할 것이
다. 해서 시진핑 국가주석의 방한 때 척계광의 무예 시연을 보여준다
면 자신이 한 역사적 언급을 한국이 실증해 보이게 되는 것이니 더없

이 기꺼운 일이 되겠다. 그리고 이참에 그 기예까지 중국에 되돌려 준다면 또 하나의 기쁜 선물이 될 것이다. 진실로 문화 교류란 이런 것이다.

더불어 멀리는 420여 년 전 중국이 일본으로부터 한국을 구해 준 은혜를 잊지 않고 기억하고 있음을, 가까이는 '안중근기념관'과 '광복군 제2지대 표지석'을 건립해 준 데 대한 답례가 되는 것은 물론 과거사 문제 등으로 갈등을 불러일으키고 있는 일본 아베 정권에 대한 무언의 경고가 된다. 나아가 중국이 한 번 더 남북 통일에 힘써 줄 것을 부탁하는 은유적 메시지도 되겠다. 두 정상이 만나 거친 말로 일본을 성토하는 것보다 훨씬 품위 있고 무겁다. 이런 게 역사와 문화를 외교적으로 이용하는 창조적 솔루션이다.

(2014년 5월, 청와대에 두 차례에 걸쳐 위 내용의 제안서를 보냈으나 성사되지 못했다. 아니나 다를까 7월 4일, 국빈 방문한 시진핑 국가주석은 서울대 강연에서 "임진왜란이 발발했을 때 양국 국민들은 전쟁터로 함께 향했다"며, "역사상 위태로울 때 양국이 서로 도우면서 고통을 함께 극복했다"고 말하였다.)

17 국제회의에서 어글리 코리언 때빼고 품격을 높여야

대외경제정책연구원 주최 〈국제콘퍼런스 '유라시아 시대의 국제 협력'〉 참관기 I 습관적 요식행위 한국의 국제회의 I 아마추어적 소국 근성으로 공적쌓기에 집착 I 대통령 주재 받아쓰기 국무회의 같은 국제회의 I 공명심보다 실리 실속을 챙겨야!

　　한국인에게 KTX는 빠른 기차의 개념이지만, 기실 프랑스의 TGV는 항공기의 연장선상에서 바퀴 달린 비행기의 개념으로 설계 및 제작하여 운행되고 있다. 그러다 보니 한국인들은 이 비행기의 속성을 무시하는 바람에 매번 사고를 유발하고 있는 것이다.

　2013년, 한국의 국제회의 개최 건수가 세계 3위였다고 한다. 그만큼 한국이 글로벌화되었다는 객관적인 자료로 삼을 수 있겠다지만, 과연 내용면에서도 그 의미를 자신할 수 있을까?

　OECD 회원국이며 G20 당사자국인 대한민국의 국제회의 품격, 글로벌 매너 수준은 어느 정도일까? 때마침 서울에서 열리는 '유라시아 시대의 국제 협력'이란 주제의 국제콘퍼런스가 있어 살펴보았다. 이 국제회의는 지난번 러시아 상트페테르부르크 G20 정상회의 때, 한국의 박근혜 대통령과 러시아 푸틴 대통령 간의 정상회담시 박대통령이 회담 흐름의 주도자로 나서면서까지 푸틴 대통령에게 특별히 협조 요청한, 국가간 정상회담의 주요 의제로까지 이례적으로 다루어진 내용의 콘퍼런스였기에 나름 기대를 품고 참관했다.

2013 International Conference
Global Cooperation in the Era of Eurasia

October 18, 2013 / The Shilla Hotel Seoul, Korea

그러나 아뿔싸! 결론적으로 전체적인 수준은 마치 미국 서브프라임 모기지 금융 사고 때의 불량채권을 모아 놓은 듯한 느낌을 지울 수가 없었다. 국제회의라기보다는 국내회의의 연장선이라고 보는 것이 더 정확했다고 할 정도였다. 이는 어찌 보면 한국의 고질적인 사고 만연 고속철 문제에 비유될 정도로 유사한 문제점들을 모조리 노출한 후진적 국제회의의 한 전형이라 하겠다. 아무튼 국내회의에 제3국인 몇 명 초청하고 외국어를 가미시켜 국제회의로 둔갑시키는, 한국적 과시형 내지는 생색용의 여느 국제회의와 별반 다르지 않았다.

한국형 국제회의의 문제점들

A 회의 시작 전의 간이 리셉션이 빠졌다. 회의 시작이 9시면 8시 30분 무렵부터 로비에 커피며 홍차, 데운 우유, 미네랄워터, 크루아상 등을 준비해 두어 회의 참석자들이 서로 담소를 나눌 수 있도록 했어야 한다. 음료가 없다는 건 손님을 인격체가 아닌 자리를 메우는 도구로 여기는 것으로 모욕이 아닐 수 없다. 아마도 이날은 대통령이 참석하여 보안검색팀이 로비를 점령하는 바람에 생략한 모양이었다. 결국 오전 11시 10분 휴식 시간에 이미 식어 버린 크루아상과 쿠키, 그리고 커피를 마셔야 했다.

B 사회자 선정에도 문제가 많았다. 회의 참석자들이 맨 처음 대하는 사람이 MC다. 다른 말로 회의의 얼굴이다. 우선 핑크-레드빛의 복장부터가 점잖은 국제회의에 맞지 않았다. 자기가 주인공인 줄 착각하지 않았나 싶을 정도다. 식순을 맡은 이들 중에 외국의 전직 대통령도 있음을, 즉 미리 국제회의의 품격에 대한 언질을 주었어야 했다.

더구나 박근혜 대통령까지 참가하여 모두 기조 발표란 아주 중요한 식순을 맡는 국제회의라면 당연히 블랙 포멀 정장이었어야 한다. 게 다가 국제회의 경험이 부족한 탓인지 줄곧 목소리 톤이 높아 흥분해 있는 듯한 인상을 주었다. 그러다 대통령이 입장하자 옥타브가 더욱 올라가 마치 인기 연예인이 등장하는 듯, 선거유세장 입장하는 듯 소 개하는 바람에 참석자들을 움찔 놀라게 만들었다. 그리고 영어의 억 양이나 음색이 비행기 스튜어디스의 안내방송과 너무도 흡사하여 듣 는 이가 갑자기 멀미가 날 것만 같았다.

대통령까지 참석할 유라시아 관련 국제회의라면 성균관 관장 가문 에 러시아 대사를 지낸 이인호 교수 정도를 사회자로 모셨어야 한다. 77세의 허연 반백 머리에 러시아어 동시 사용으로, 또 낮은 톤으로 클래식하게 사회를 봤으면 푸틴 대통령이 나중에 보고받았을 때 크게 감탄해할 만큼 회의 분위기에 무게감이 더해졌을 것이다.

C 박대통령의 입장 대목 또한 대형 사고에 가까웠다. 역시나 캐주 얼한 유니폼 복장이 거대 지역의 다국간 정책 어젠다를 아주 심도 있 게 다루는 본건 아카데믹한 국제회의에 부적절했다. 또한 입장하면 서 예의 버릇인 목 까닥 인사법으로 격을 떨어뜨렸다. 이어 착석하기 전에 주요 인사들과 악수도 하지 않았으며, 연설 첫머리에 주요 참석 자들을 호명하는 관례적인 인사도 없었다. 이에 앞서 반기문 유엔 사 무총장의 짧은 축하 영상 메시지에서도 주요 참석자들을 빠트리지 않 고 거명하였는데, 이는 설사 국제회의가 아니더라도 어떤 모임에서건 인간적 교감을 쌓아 가기 위한 당연한 의례다. 그런 게 진짜 로비이고 외빈을 대하는 립 서비스 대목이어서 중요 식순을 맡아, 즉 모두 기조 연설자로 참여하는 대통령의 첫째 의무라 할 수 있다. 한데 박대통령 은 에티켓 정도의 기본적인 매너를 무시했으니 일의 우선순위(중요도) 도 몰랐다고 해야겠다. 이는 곧 대통령 자신이 이미 콘퍼런스에 대해

유라시아 국제콘퍼런스에 입장하는 박근혜 대통령. 박대통령을 모르는 외국인이 이 사진을 본다면 호텔 직원이 참가자들을 안내하는 줄로 오인하기 십상이겠다. 신라호텔에서. ⓒ청와대

별로 기대하는 것이 없음을 내비친 것이다. 푸틴 대통령이 나중에라도 공식 의사록(proceedings)을 통해 러시아측 중요 참석자들의 호명이 빠졌다는 사실을 보고받았을 때, 그러지 않아도 내성적인 그의 얼굴빛이 어떻게 변하게 될까? 이어 한국으로 돌아오는 불이익의 파장폭(magnitude)은?

D 행사 엠블럼도 졸속과 무성의가 묻어나 무창조경제를 대변했다. 상징성 부족에다 협력(Cooperation)이 주제임에도 불구하고 그 이미지를 제대로 표현해 내지 못하고 있다. 회의 문건의 매 페이지마다 장식으로 들어간 세계지도(지구본)의 구도는 물론 센터링조차 잘못되었다. 명색이 '유라시아'라면 당연히 북반구가 잘 보이는 위치에서 바라보고 그려진 지도였어야 한다. 그리고 이왕지사 참석자 당사국들이 잘 보이게 센터링했어야 한다. 사소한 것 같지만 이런 부주의로 가뜩이나 외교적인 합당한 예우 문제에 민감할 VIP 참석자들을 공연히 언짢게 할 필요가 없다는 말이다.

역시나 표지의 'Korea' 표기는 뺐어야 한다. 이런 게 소국 근성으로 맹목적 애국심 내지는 국수주의 코리아 이미지를 만들어 낸다. 날짜 표기 역시 유럽식이 아닌 '미국'식이어서 참석자들의 심사를 본의 아니게 거북하게 만들고 있다. 일자를 먼저 표기했어야 한다. 표지 제목에서 'Eurasia'란 단어만 글자 크기까지 키워 붉은색으로 강조하였는데, 이 역시 아마추어적이어서 소국 근성을 유감없이 드러내었다. 행사 프로그램 책자가 쓸데없이 두껍고 무거워 역시 촌티가 난다. 빤질빤질한 아트지가 무성의를 그대로 드러내고 있다. 차라리 쓸데없이 들어가 부피를 늘린 기네스북 기록감인 물경 34쪽에 이르는 메모 페이지를 없애거나 줄여서 그 돈으로 종이의 질을 높였어야 한다.

또 연설대 상단부에 엄청난 크기의(미학적 디멘젼으로 재구성하지 않은) 행사용 엠블럼 복제판이 덧씌워져 발표자의 얼굴에 시선이 집중되는 것을 방해하고 있다. 흡사 인터넷 동영상 돌발 배너 광고 같아 아주 지저분했다. 프로그램북과 스테이지 PPT 화면의 시각(時刻)도 군대식(17:30)이 아닌 a.m./p.m.으로 표기했어야 한다. 그리고 명색이 국제회의라면 참석자 당사국들의 각 나라 환영 인사말을 알파벳순으로 열거한, 참석자 당사국들에 대한 호감을 나타내는 환영 현수막을 내걸어 회의장에 접근해 오는 대목에서부터 회의장 내까지 연하여 분위기를 고취시켰어야 한다. 그런 게 성의 표시이다.

E 일단 엄청난 식순에 놀랐다. 아무리 콘퍼런스라지만 하루 만에 이 정도의 산만한 주제를 다 다룬다? 아니나 다를까 토론을 3, 4분에 마치라는 주문까지! 완전 모욕이다. 나열된 해외 참석자들의 면면을 살펴보니 대부분 현역이 아닌 한가한 퇴역들이고, 현직이라 해도 비중 있는 인사인 듯해 보이지 않는다. 일반석 참가자들 중에도 외국인은 거의 눈에 띄지 않고, 외국 정보기관원 같은 필을 주는 인사 역시 전무해 보이는 한눈에도 일목요연 영양가 없는 들러리 인사들이다.

오래전부터 준비해 온 회의가 아니라 오합지졸 모아다 졸속으로 개최한 요식행위로서의 국제회의임을 금방 알아차리고도 남았다.

F 행사장의 실내 무대 스크린 등에도 디테일하지 못함이 곳곳에서 드러난다. 먼저 레터링(lettering) 글씨는 상업적 분위기가 물씬 나는 MS워드식 글자체가 아닌 슬라브민족 내지 무슬림 문화권에서 좋아할 만한 클래식한 글자체를 골랐어야 한다. 역시나 'Korea'는 뺐어야 한다. 중앙과 좌우 3개의 스크린 화면 모두에 동일한 이미지가 뜰 적엔 머리에 쥐가 날 듯했다. 무성의·진부함으로 국제회의의 품격에 한참 미달이다. 참석자들에게 심리적으로 하루 종일 영향을 미치고, 통제할 수 있는 극히 귀중한 요소를 완전히 망쳐 버렸다. 또 실내조명은 무대와 앞쪽만 환하고, 나머지는 어두웠다. 회의장 전체 구석구석까지 밝게 해야 정상이다. 오소리 굴에서는 품격이 나오지 않는다. 밝은 샹들리에 조명이 왜 고급한 자리에 있었겠는가? 좌우 2개의 똑같은 영상은 IT기기 사용 강박증에 걸린 듯해 보였다. 하나만으로도 충분한 것을 이벤트업체의 매출 증대를 위해 2개씩이나 설치했다고밖에 볼 수 없었다.

G 드디어 현오석 부총리의 개회사. 역시 무감각이 대형 사고를 불렀다. 돌궐(투르크) 지도자의 비문을 인용하는 난센스! 유라시아에서 돌궐의 침략을 직간접으로 받지 않은 민족이 있었던가? 외국인 참석자들이 결코 기분 좋을 리 없었을 것이다. 이어 이홍구 전 총리의 축사 역시 대략 난감이다. 명패와 넥타이를 삐딱하게 달고 나와 완전 망가진 노인네 분위기 연출로 갑자기 긴장감이 사라진다. 한국의 노년층 참석자들은 반드시 옆사람에게 자신의 매무시를 체크해 달라고 부탁하는 습관을 들여야 한다. 역시 이홍구 전 총리의 '실크로드' 언급은 심히 부적절했다. 실크로드는 그날의 유라시아라는 주제와의 심리

조작에 아무런 상관이 없다. 어차피 주 타깃은 러시아인데, 왜 중국의 기분을 맞추는 정신없는 짓을 하는지?

H 다시 하는 말이지만 박대통령은 기조 발표 연설 첫대목에서 주요 참석자들을 일일이 거명하면서 눈을 맞추고 방긋했어야 한다. 특히 지난번 푸틴과의 정상회담에서 언급된 '특사'로 온 인사 내지는 그에 준해 참석한 사람을 겨냥해서.

박대통령의 기조 발표 제목, '유라시아·동북아 협력 비전과 한국의 역할'에서 역시나 '한국'은 뺐어야 한다. 이는 굳이 안해도 될 말로 중국측 참석자가 동의하지 않았을 것이다(러시아 특사분 내지 그 대역도 역시). 그러지 않아도 어차피 이번 콘퍼런스에 참석한 다른 나라 참석자들의 기조 발표와 토론하는 과정에서 제시될 것이고, 그게 훨씬 자연스럽다. 콘퍼런스를 개최한 목적 또한 그게 아니던가? 해서 그것이 국제회의의 성과로 나타나고, 언론에서 포커스로 다루어져야 정상이다. 대통령은 그저 의례적인 몇 마디의 덕담으로 말문만 열어주면 되는 것이다. 정작 스포트라이트를 받고, 언론에 하이라이트로 띄워지는 것은 멀리서 온 해외 참석자들의 몫이어야 한다.

무엇보다 박대통령의 연설 내용에서 결정적으로 중요한 것이 빠졌다. 푸틴에게 던지는 메시지, 바로 '시베리아'다. 러시아인들에게 시베리아란, 한국인들이 생각하는 극동 지방이 아니라 우랄산맥 동쪽에서부터 극동까지를 말한다. 러시아의 절반에 해당하는 엄청나게 방대하기 짝이 없는 면적이다. 전통적으로 러시아인들에겐 우랄산맥에서부터(시베리아) 개발해야 한다는 염원 내지는 사명감 같은 것이 있다. 해서 만약 박대통령이 '시베리아'란 말만 꺼냈어도 푸틴이 번쩍하고 정신이 들어 실마리를 쉽게 풀어 나갈 수 있었을 것이다.

게다가 박대통령의 연설문은 논리 비약이 너무 심했다. '실크로드 익스프레스' '창조경제' 등 대부분이 미성취 존립 기반 가정하에서 실현 가능성이 희박한 주장들로 연결고리가 부실한, 근거 논리(rationale) 부재의 허황된 주장에 가깝다. 게다가 그 모든 것들을 '신뢰 프로세스'로 연결시키다니! 그러니까 북한의 김정은이 동의, 허락하지 않는 한 모든 게 다 헛것이라는 거다!

모처럼 의미 있는 준세계적인 스케일의 화두(Significant Global Agenda)로써 거대 지역 문제 담론에 시야를 크게 여는(New Horizons and Perspectives, Exploring) 새로운 착상의 메시지를 던졌어야 한다. 가령 저개발 지역에서 인류가 지향해 나아가야 할 선진문명의 모습, 사회 성장 단계를 단박에 점핑 이동(Shift)시키는 그러한 어젠다를 제시하였어야 했다는 말이다. 상품이 아닌 사회 성장, 아프리카에서 현생 인류가 최초로 출현했듯이, 이제부터 유라시아의 초원과 사막이 새로운 21세기 문명을 창출해 내는 요람의 역할을 해내야 한다는 메시지를!

그런데 대통령의 연설은 너무 길고, 큰 획의 실마리를 던지는 게 아니라 지나치게 잡다하고 구체적인 제안들을 나열하는 바람에 기조 발표 존재 의의가 흐려져 버렸다. 그마저도 제시인지 지시인지 구분이 안 되었다. 흡사 참석자 모두가 대통령 자신의 구두 지시를 받아쓰기 하러 온 국무회의 위원쯤으로 착각한 듯했다. 비록 사전에 짜고 치는 고스톱이라 해도 콘퍼런스를 통해 도출되는 모양새를 갖추어야 마땅할 사안 하나하나를 모조리 미리 다 발표해 버렸으니, 결국 대통령 자신이 던지는 발표물을 군말없이 훑어보고 오늘 내로 추인하라는 식이다. 대통령 기조 발표를 위해 마련된 국제콘퍼런스였던 셈이다.

이처럼 국제회의 감각이 없다 보니 단하의 청중과 상호 소통, 교감, 박수 유도에 너무 무지한 모습을 보였다(박수 중간 1회, 끝 1회, 모두 총2회). 국제적 기준으로는 완전 실패작이다. 게다가 여기에 감히 MC가 쓸데없는 부연 멘트까지. 아직도 70년대 개도국 수준에 머물러 있다고 하겠다.

│ 오찬 연설에 나선 한승수 전 총리 역시 교수 출신답게 진지한 연설을 지루하게 끝냈다. 점심을 앞두고 누가 심각하게 귀기울여 들을 것이라 여기는지? 점심은 VIP는 영빈관으로 옮겨 식사를 하고 일반 관전자들에게는 도시락을 제공하였는데, 문제는 로비(약식 스탠딩 뷔페의 경우)나 별도의 연회실이 아닌 회의장 내 앉은자리에서의 식사였다. 학창 시절 교실에서 도시락 까먹던 저개발국 시절을 거쳐 온 세대로서야 있을 법한 풍경이지만, 국제회의장에서 도시락 오찬이라? G20 당사자국 체면 다 구겼다. 식사를 마치자마자 바로 진행된 오후 기조 발표들과 토론들, 반찬 냄새 가득한 회의장에 들어선 VIP를 비롯한 외국 관전자들이 속으로 얼마나 황당했을까? 어느 때부터인가 한국은 무슨 회의를 할 때마다 일반 관전자들에게까지 끼니를 제공하는 관습이 생겼는데, 이는 지나친 인심이라 하겠다. 혹여 강제 동원한 관전자들에 대한 대접 때문에 생긴 관행이 아닌지 의심스럽다. 오찬은 각자가 해결하게 하는 것이 옳다. 정히 접대하려면 로비에서의 간단한 뷔페나 다과 정도면 충분하다. 그리고 오찬 연설(그것도 2명씩이나!) 더하기 VIP 식사자리 영빈관으로의 이동 시간, 돌아오는 시간, 중간에 화장실 이용 시간 포함 총 1시간 15분(흡연 시간 미산입)! 글로벌 선진문명권에선 이런 살인적인(?) 짬밥형 시간 배분은 존재하지 않는다. 한국에서도 방자나 향단이 계층에게나 적용되는 상스러움 그 자체로, 얼굴이 뜨거워져 회의장으로 속속 반쯤 뛰어 들어오는 듯한 외국인 VIP들과 눈을 마주칠 수 없을 정도로 창피하였다. 코리아 수퍼 디스카운트!

그외에도 외국인 초청 연사의 감동적 연설에 박수치는 법, 연사가 내려올 때 악수 및 덕담 나누는 법, 사회자로부터 발언권 매끄럽게 이어받는 법, 복수의 연사 내지는 패널 토의자로서 연단에 올랐을 때 발언자를 경청하는 법, 연사들의 책자 및 가방·코트 처리법, 포럼 전후의 스킨십 요령, 청중의 환호에 응하는 세리머니 등의 미세 매너에선

2013년 9월 러시아 상트페테르부르크 G20 정상회의. 역시나 상대와의 눈맞춤 없이 일방적으로 자기 주장을 장황하게 펼치고 있다. 정상회담은 실무회의가 아니다. 설득보다는 소통에 중심을 둬야 한다. 호텔 벨보이를 연상케 하는 복장에 양말색도 문제다. ⓒ청와대

정품격 정상회담 모델 폼. 물론 회담 내내 이런 자세는 아니다. 포토세션에서는 단 한번이라도 이런 폼을 잡아 줘야 한다. 정상회담이라지만 기실 그 내용은 이미 사전에 실무팀들에 의해 조율을 마쳤다. 정상의 역할은 그 마지막 순간에 만나 이렇게 인증샷 남기는 것이다. ⓒ백악관

정품격 매너를 찾아볼 수가 없었다. 테이블 매너와 마찬가지로 각종 국제회의에 나서는 한국의 지도자들은 공통적으로 이런 연기력이 현저하게 떨어져 사적 감정을 그대로 노출하고 만다. 그런 그들이 국제협상에서 국익을 제대로 지켜낸다는 건 기대 난망이겠다.

헛된 실적주의보다 실리 실속을!

아무리 이번 콘퍼런스가 러시아 푸틴 대통령의 방한을 앞두고 졸속으로 기획된 것이라 할지라도 적어도 형식적으로나마 국제회의다운 모습은 유지하였어야 했다. 회의장에 러시아 대사관 직원들의 움직임이 없는 것으로 보아 약속했던 푸틴의 '특사' 자격 실세 인물은 오지 않았던 것 같다. 회의 수준이 이 정도라면 차라리 안 온 것이 다행이겠다. 봉황을 보자면서 철지난 잡새들만 모았으니 '유라시아' 국제회의가 된장형 촌극으로 끝날 수밖에! 제대로 준비된 영양가 있는 국제회의라면, 저녁에 해외 참석자들과 국내 기업인들이 서로 사업상 정보를 교환하도록 인적 네트워크를 만들어 주는 별도의 리셉션을 마련해 주었어야 한다.

아니나 다를까 필자의 지레짐작을 증명이나 하듯이 그날 모든 신문엔 박대통령의 연설문을 그대로 받아쓰기 내지는 요약한 기사만 올리고, 콘퍼런스 자체의 성격이나 내용·결과·참석자에 대한 언급은 일체 없었다. 그러니까 박대통령의 '유라시아 협력 선언' 공적을 추인하기 위한 국제콘퍼런스였던 셈이다. 모든 건 내가 다 기획하고 국제콘퍼런스에서 확인까지 하였으니, 푸틴 당신은 한국에 와 도장만 찍고 가면 된다? 참으로 낭만적인 발상이다. 러시아가 그렇게 만만하던가? 과연 그런 성급함·공명심·소영웅주의가 세계 최상급 리더인 푸틴 대통령에게도 통할 수 있을까? 11월 방한하는 푸틴 대통령과의 정상회담 주요 의제로 내세울 박대통령의 유라시아 이니셔티브에 대한 사전 상세 공개 언론 플레이, 한국 대통령이 미리 과제물을 던지고 러시아 대통령이 답안을 준비해 직접 들고 정상회담하러 오라는 모양새다. 과연 러시아측에서 탐탁해할까?

거래나 협상에선 먼저 몸이 단 쪽이 지거나 손해를 보는 것은 당연지사! 적어도 형식적이나마 먼저 푸틴의 입을 통해, 그것도 서울에서 '유라시아 협력'이 나오도록 물밑에서 은근히 작업을 하였어야 했다. 그 정도는 되어야 외교 수준 운운할 정도가 된다 하겠다. 북한을 의식해서라도 그렇게 하였어야 했다. 어느 게 더 고단수고 고품격인지는 삼척동자도 알 것이다. 기껏 불러다 '한국은 안 돼!'라는 인상만 심어 준 것 같은 국제회의! 어차피 당장 실현 가능한 일도 아니니 이 참에 먼저 선언적 공적이나 챙기자고 기획된 것 같은 느낌을 지울 수가 없었다.

아무렴 이번 국제콘퍼런스를 보면서 벌써부터 박대통령이 가마 타는 맛을 들인 것 같아 이번 정권도 별수없지 않을까 싶어 적잖이 염려스럽다. 모든 걸 대통령 자신이 다 해야 한다는 강박증이 가마태워돌리기를 자초한 것이겠다. 어쨌거나 이 나라 대통령들은 왜 대통령만 되고 나면 세상만사 모르는 게 없는 전지전능한 똑똑이가 되는지 알다가도 모를 일이다.

18 만만한 나라 대한민국, 개망신에 개무시, 개착각!

한국의 위상은 현직 대통령의 공으로 만들어진 것이 아니다 | 영국 국빈 방문한 박근혜 대통령 전용기 공항 출국 전 재검색 망신 | 설익은 세일즈우먼, 한국 외교가 불안하다 | 푸틴은 왜 한국을 개무시 하는가? | 먹을 게 없으면 놀거리라도 있어야! | 외국어보다 중요한 건 교섭 매너 | 김영삼 대통령이 자금성 동문으로 들어간 까닭은?

존 F. 케네디 대통령의 서거 50주기를 맞아 미국에서 새삼스레 케네디에 대한 재조명이 일었다. 기실 케네디 가문은 미국에서 그다지 명망 있던 가문은 아니었다. 하여 재클린과 결혼해서 신분 상승을 꾀하였고, 마침내 미국 제35대 대통령에 올랐다. 그렇지만 당시의 기준으로 보면 상당히 진보적이고, 미국 주류 상류층에서 볼 때에는 시건방졌던 것도 사실이다. 다행인지 불행인지 임기중 암살되는 바람에 세월 지나 그의 흠은 털리어 나가고 아쉬움만 남아 지난날의 영광에 대한 향수를 불러일으키는 아이콘으로 떠오르고 있다.

전 세계에서 미국인 다음으로 케네디를 좋아하는 국민이 일본인들일 것이다. 오히려 미국인들보다 더 좋아하는 것 같다. 아마도 상원의원 시절 일본을 방문했을 때의 일화 때문일 터이다. 패전국으로서 미국에 대한 증오가 살벌하게 남아 있던 시절, 주변에서 위험하다며 극구 말렸지만 케네디는 일본을 방문하였었다. 그리고 기세 좋게 와세다대학의 강당에서 강연을 하였다. 강연을 마치자 학생들이 "양키 고홈!"을 외쳐댔다. 그러자 문을 나가려던 케네디가 돌아서 다시금 연단에 섰다. 갑작스런 상황에 학생들이 일순 긴장한 가운데 케네디가 와세다대학의 교가를 부르기 시작했다. 그러자 강당의 모든 학생들이 자리에서 일어나 함께 교가를 따라 부르지 않을 수가 없었다. 비록 사전에 준비된 각본이었겠지만 승부사다운 케네디의 진면목을 보여준 사건이라 하겠다.

대통령 수행단 공항 재검색, 글로벌 망신 대한민국

2013년 11월 7일, 영국 국빈 방문을 마친 박근혜 대통령은 벨기에와 EU 정상회담을 위해 오전 10시 50분 히드로 공항을 떠날 예정이었다. 그런데 간략한 수속을 마치고 대통령 전용기에 오르려던 수행단은 갑자기 나타난 영국 경찰들의 제지를 받았다. 일반 여행객에 준하는 공항 검색을 해야겠다는 것이었다. 해서 가방에 있는 개인 노트북이며 휴대폰·패드 등을 모두 꺼내고, 허리띠를 풀고 구두까지 벗게 하는 수모를 당했다. 입국 당시에는 하지 않았던 검색을 오히려 출국 과정에서, 그것도 재검색을? 우리측에서 강력하게 항의를 해보았지만 속수무책으로 당했다. 덕분에 45분이나 지연! 벨기에에서의 다음 일정이 줄줄이 차질을 빚었다. 한마디로 개망신을 당한 것이다. 영국 공항경찰이 괜히 그랬을까? 더구나 국빈 방문한 대통령 전용기를! 뭔가 한국측의 집단적 매너 실례에 대한 보복이었을 게다. 그걸 모르니 다음에 또 당할 수밖에 없을 것이다.

같은 달 3일, 우리나라를 공식 방문한 블라디미르 푸틴 러시아 대통령. 아니나 다를까 언제나처럼 지각 입국에다 당초 이틀이었던 방문 일정도 일방적으로 하루로 줄였다. 안하무인! 외교적 결례를 넘어 굴욕을 안겨 주고는, 강남(베트남) 갔다가 시베리아로 돌아가는 철새처럼 잠시 쉬었다가는 날아가 버렸다. 더구나 푸틴 대통령은 박근혜 대통령과의 한러정상회담 일정이 이날 오후 1시에 시작됨에도 불구하고 40분이나 늦게 나타났다. 호텔 앞에 도열해 환영 행사를 벌이던 대한삼보연맹 회원 30여 명과 일일이 악수하고 노닥거리다가 지각을 한 것이다. 결국 이날 오찬 행사에 초청된 러시아 관련기업 인사와 은

행장, 광역지방자치단체장, 전직 대사를 포함한 학계전문가, 그리고 언론계 인사, 정부 및 청와대 관계자 등 80여 명의 VIP들의 배를 쫄쫄 굶겼다가 만찬 아닌 오찬을 하게 했다.

세계의 지도자들 중 최상급의 매너를 지닌 그가 그런 결례를 모를 리 없을 터! 다분히 의도적으로 무시한 것이겠다. 그럼에도 한국으로선 그같은 수모가 인과응보에 사필귀정이라고 말할 수밖에 없음이 사진 한 장으로 증명된다. 이미 지난 상트페테르부르크 G20 정상회의에서 확인한 만큼 푸틴 대통령은 한국은 물론 박근혜 대통령에 대해서도 그다지 호감이 없다. 동영상에서 본 정상회동에서의 푸틴의 동작에는 무관심과 흥미 없음이 그대로 내비치고 있다. 초조해진 박대통령은 그가 현관에 도착하자마자 급하게 걸어 나가 악수를 하며 맞았다. 제자리에서 느긋하게 기다렸어야 했다. 더구나 이번 만남이 처음이 아니니 악수가 아니라 비주(볼키스)를 하였어야 했다. 그럼으로써 한국이 이제 글로벌 매너로 편하게 소통할 수 있는 나라임을 국제사회에 공표하였어야 했다. 이후 박대통령의 동작 역시 필요 이상으로 커지면서 초조한 심리 상태를 여지없이 드러내었다.

푸틴은 왜 한국을 개무시하는가?

정상간의 건배 후, 좌우와 건배하는 사진이다. 예의 박대통령의 차이나풍 복장은 그 자리에 어울리는 정장이라고 보기 힘들다. 푸틴 대통령 역시 그냥 건성으로 팔만 뻗어 잔을 부딪치고 있다. 그럼에도 맨 오른쪽 세르게이 러시아 외무장관은 분위기에 휩쓸리지 않고 본분대로 정품격 FM 건배를 하고 있다. 반면 맨 왼쪽 한국의 현오석 부총리의 건배 자세는 말 그대로 '굴욕'이어서 대한민국의 품격 수준을 고스란히 대변하고 있다. 왼손이 몸을 한 바퀴 돌아올 정도로 수퍼을(乙) 굽신남. 상대와는 눈도 못 맞춘 채 잔을 쳐다보고 있다. 러시아 외무장관처럼 대통령의 실수나 모자람을 곁에서 보완해 주기는커녕 오히려 그림을 완전히 망가뜨리고 있다. 글로벌 무대에서 겸손 모드는 곧 하인 모드란 사실도 모르는 한국의 부총리. 미국 박사 학력에 세계은행 요직 등 화려한 한국식 해외 경력이 얼마나 무용지물인지를 웅변해 주고 있다. 어찌 현오석 부총리뿐이었겠나? 다른 전·현직 대통령·총리·부총리·장관·대사들도 다 그랬다. 남북정상회담 때 김정일에게도 그렇게 굽신 건배했었다.

겸손하게 자신을 낮추고 굽혀 예를 갖추었으니 상대도 호감을 갖고 잘 봐주겠지? 한마디로 완전 개착각이다. 선진사회에서 이 굽신 모드는 곧 하인 모드다. 비즈니스 세계에선 하인 혹은 짐승격으로 여겨 대화나 소통의 상대로 여기지 않는다. 하인과 함께 한 상에서 식사하는 주인? 하인과 함께 춤을? 점잖은 사람이라면 주변의 눈이 무서워서라도 그렇게 못 논다. 그저 국가간·기업간의 피치 못할 업무적인 파

박근혜 대통령과 푸틴 러시아 대통령이 13일 청와대 오찬에서 세르게이 러시아 외무장관(오른쪽), 현오석 부총리(왼쪽)와 건배하고 있다. 대국과 소국, 당당함과 굴욕이 적나라하게 대비되고 있다. ⓒ청와대기자단 제공−경향신문

트너라 마지못해 상대해 주는 것이다. 인격체가 아니라 일벌레, 즉 일하는 짐승격으로 보기 때문에 일이 끝나면 인간관계 역시 끝난다. 결코 친구가 되지 못한다는 말이다. 퇴임한 한국의 전직 장관·총리·대통령이 글로벌 무대에서 한국을 위해서건 국제사회를 위해서건 할 수 있는 일이 전혀 없음도 이 때문이다. 이처럼 몸에 밴 피식민 근성 내지는 사대 근성으로 글로벌 무대에서 한국인들은 제 스스로 비굴해져 굴욕을 초래해 놓고서도 오히려 상대가 건방지다거나, 인종차별 혹은 약소국이라 괄시한다고 여긴다. 원인을 제대로 모르니 대책이 있을 리 없을 터, 언제까지나 당하고 사는 수밖에 없겠다.

지금 이 시간 우리의 산업전사들이 글로벌 무대에서 피터지게 싸우고 있다. 그들에게 힘을 보태어 주지는 못할망정 맥빠지게 하지는 말아야 하지 않겠는가? 제발이지 대통령·총리·장관·기관장·의원·CEO가 되면, 취임 전 적어도 보름 정도는 강제적이고 강도 높은 글로벌 매너 연수를 시켜 국격(國格)과 사격(社格)을 깎아내리는 일이 없도록 해야겠다. 그러지 않고서는 창조경제든 창조경영이든 모두가 공염불이다.

먹을 게 없으면 놀거리라도 있어야

북극곰은 수 킬로미터 밖의 먹이 냄새도 놓치는 법이 없다. 청와대에 구미를 돋우는 게 없자 중간에서 고의적으로 해찰을 부려 지각한 것일 터이다. 먹을 게 없으면 놀거리라도 있어야 하는데 그것도 아니다. KGB 출신의 푸틴 대통령이 마초처럼 건들거렸지만, 속으로는 이 모든 것을 빤히 계산하고 제멋대로 휘저어 벼이삭 몇 알 챙기고는 재미없다며 그날로 날아가 버렸다.

그가 한국을 개무시한 적이 이번이 처음이 아님에도 불구하고, 불행히도 이 나라에는 그를 케어할 만한 내공을 지닌 지도자나 인물이 없어 번번이 당하고만 있는 것이다. 북극곰이 한국의 굽신남 골통 샌님들과 무슨 재미로 놀겠는가. 베트남에는 있는데 한국에는 없는, 다시 말하면 그와 맞장떠서 밤 새워 술잔 2,30개 깨가며 술 마시고 재미있게 놀아 줄 맷집 좋은 술상무가 없다는 거다. 그걸 고상한 표현으로 북극곰의 생리를 잘 아는 러시아 전문가가 없다고 하는 거다. 참고로 베트남 고위관료들은 거의 대부분이 구소련 유학파들이다. 그만큼 함께 마시고 놀아 줄 친구들이 많다는 말이다.

기실 푸틴 같은 인물이야말로 다루기 쉽고, 친구되기 쉬운 상대다. 북극곰은 자기보다 약한 놈은 철저하게 짓밟아 자신의 위상을 확인시킨다. 대신 강자에겐 분명하게 엎드리고, 강자로서 대우한다. 그리고 냉정하게 달리 생각해 보면 한국과의 정치적·경제적 관계가 그다지 긴밀하지 않은 러시아이기에, 어쩌면 한국을 그 품격 수준만큼 있는 그대로 솔직하게 대하고 있다고 볼 수도 있겠다.

아무튼 이번 일로 그동안 요란했던 박대통령의 해외 순방 세일즈 외교 성과 운운의 실체가 얼마나 허구에 가까운지, 박대통령이 외쳐대는 실크로드 익스프레스, 유라시아, 하나의 대륙, 창조의 대륙, 평화의 대륙이란 구호가 얼마나 허망할 수 있는지, 그 땅의 주인인 러시아측에서 보면 얼마나 가소롭고 어이없는 일인지 확인한 게 소득이라면 소득이겠다.

설익은 세일즈우먼, 한국 외교가 불안하다

중국의 위협에 화들짝 놀란 일본. 11월 14일, 케네디 전 대통령의 딸이 주일 미 대사로 부임하자 전례 없는 환대에 일본 열도가 들떠 야단법석이다. 더구나 11월 22일은 케네디 대통령 서거 50주기. 양국에서의 케네디 추모 열기가 역시나 전례 없이 불타오르는 미일 밀월관계에 기름을 부었다.

역시 같은 시기 18일, 양제츠 중국 국무위원이 3중전회 결과의 설명차 한국을 다녀갔다. 30명의 수행단을 대동하고 청와대를 방문하였는데, 아무래도 한국측의 응대가 소홀한 것 같아 내심으로 '아차!' 싶어지니 등골에 식은땀이 났다. 사실 중국 국무위원이면 웬만한 나라의 정상보다도 영향력이 더 크다. 한데 청와대에서는 '식사 대접도 없으면서 하얀 식탁보가 깔린 테이블'에서의 실무회의 말고는 달리 환대한 흔적이 보이지 않는다.

불과 몇 달 전 박대통령은 중국 국빈으로 초대되어 솔직히 분에 넘치는 극진한 환대를 받았다. 그랬다면 이후 청와대를 찾는 중국 고위직이나 유력 인사들에겐 격(格)을 따지지 말고 과분하게 대접하는 게 인간적 정리겠다. 더구나 체면과 콴시를 중시하는 중국인들이 아닌가. 기실 실무회의라고 해봤자 중국은 체제상 당에서 결정된 사항 외엔 일체 말하지 않는다. 이미 다 알려진 얘기의 반복일 뿐이다. 그러니 커다란 회의 탁자에 뭉쳐 둘러앉는 실무회의 전에 각 개인을 위한 일인용 소파들이 배설된 공식 접견실에서 양측이 격식 있게 회동하는 사진 촬영도 하고, 함께 온 수행원들과도 일일이 대화하고 덕담을 나누는 넉넉함을 보였어야 했다.

공식적인 의전대로만 고집할 것이 아니라 그런 격(格)조차 무시하고, 마치 시진핑 국가주석이 직접 온 것처럼 말 그대로 파격적인 대우를 해주더라는 소문이 중국에 퍼져 나가도록 피드백하였어야 했다. 그래야 다들 한국을 찾고 싶을 것이 아니겠는가? 정히 격(格)에 안 어울린다면 비공개·비공식 연회를 열어서라도 인간적인 교감과 소통을 하였어야 했다. 중국어도 자신 있겠다 마이크 잡고 중국 노래인들 못 부르랴. 기실 그런 게 진짜 외교다. 위기가 닥쳐 봐야 개인적인 신뢰가 얼마나 중요한지 알겠지만 그땐 이미 늦다.

외국어보다 중요한 건 교섭 매너

아무튼 지난 봄 존 케리 미국 국무장관의 방한과는 너무 다른 초라한 환대다. 혹여 그동안 미국·중국·프랑스·영국·러시아 등의 강대국 정상들을 만나면서 자고(自高)해 오만해지지는 않았는지 염려가 될 정도다. 한국 대통령에 대한 그같은 환대(?)는 사실 그동안 국회의원 등 정당인을 제외한 한국민 전체가 줄기차게 쌓아 온 경제적 위상 덕분이지 현 대통령 개인의 몇 개월 업적 때문이 아니다. 따라서 박대통령은 그같은 환대를 즐기고 우쭐해할 것이 아니라, 현재의 한국 위상을 자신의 능력으로 한 단계 더 밀어올려야 할 의무가 있음을 잊어서는 안 된다.

미국의 고(故) 레이건 대통령이나 아들 부시 대통령이 똑똑해서 대통령이 되고, 연임까지 했던 건 아니다. 상대를 환대하고 함께 놀 줄 아는 재주가 남달랐기 때문이다. 놀 줄 모르는 대통령, 원칙과 신뢰

러시아 상트페테르부르크 G20 정상회의 야외음악회에서 메르켈에게 담요를 덮어 주는 푸틴. 정장의 모델 폼 독일 메르켈 총리가 푸틴 대통령으로부터 진정성 있는 인격적 환대 케어를 받고 있다. ⓒAP−뉴시스

를 아무 때나 적용하고 고집하는 외교 때문에 이러다가 한국이 글로벌 왕따가 되는 건 아닌지 슬슬 불안해진다. 똑똑하다고 훌륭할 순 없다. 뛰어난 외교는 내 식이 아닌 상대방 지향적인 순발력과 유연성에서 나온다. 외국어 몇 개 할 줄 안다고 해서, 큰 가방 들고 전용 비행기로 무작정 세계를 돌아다닌다고 해서 세일즈 외교 되는 것 아니다. 글로벌 비즈니스 매너 없이 나서면 오히려 훼방 놓는 꼴이 되고야 만다. 어설픈 외국어 능통자, 어설픈 외교 대통령이 우물 안 자기 생각 전횡으로 저지르는 왕따형 한국 외교가 되어서는 안 될 것이다. 유라시아 익스프레스? 신(新)실크로드? 외교든 세일즈든 글로벌 교섭 문화의 기본기부터 먼저 익히고 볼 일이다.

Tip 김영삼 대통령이 자금성 동문으로 들어간 까닭은?

1994년 3월, 김영삼 대통령이 중국을 국빈 방문하여 장쩌민(江澤民) 국가주석과 정상회담을 가졌다. 장쩌민 국가주석은 김영삼 대통령에게 한국이 가진 172개의 기술을 이전해 달라며 빼곡히 적힌 명세서를 내밀었다. 우쭐해진 김대통령은 그 자리에서 호쾌(?)하게 허락해 버렸다. 중국이 그동안 얼마나 철저히 준비해 왔는지도 모르고 아차하는 순간에 당하고 만 것이다.

그러고는 김대통령이 자금성 관광을 나섰다. 일행을 태운 차가 자금성의 정문(남문)이 아닌 동문 앞에 멈추었고, 모두들 그 문으로 들어가서 구경 잘하고 나왔다. 국내 언론은 물론 지식인 누구도 이에 대해 아무런 이의를 달지 않았다.

닉슨 등 다른 나라 정상들은 남문으로 들어갔는데, 왜 유독 한국 대통령만은 동문으로 모셨을까? 특별한 대우?

자금성 동쪽 담벼락엔 해자(垓字)가 개울처럼 나 있는데, 당시에는 거의 시궁창이나 다름없이 지저분했다. 그쪽 동네 역시 그랬다. 대통령 일행이 그 시궁창 같은 개울을 넘어 동문으로 들어간 것이다. 왜? 전통적으로 중국은 속국·오랑캐국·조공국 사신들의 자금성 출입을 남문이 아닌 동쪽 샛문으로 한정하였었기 때문이다. 해서 김영삼 대통령을 그 문으로 들여보낸 것이다. 이 엄청난 굴욕적인 사건(?)에 대하여 한국 지도자는 물론 수행단 누구도 사전·사후 인식조차 하지 못했다.

과연 그랬던 중국이 지금은 한국을 달리 생각할까? 반대로 지금이라고 해서 한국인들은 누천년의 타성을 벗어던지고 글로벌적 시각에서 중국을 있는 그대로 바라볼 수 있을까? 무식하면 용감할 수 있다고 한다. 아무렴 제 분수도 모르고 주제 파악도 못하는 사람의 세계관에선 구경만 잘했으면 됐지, 까짓 남문이면 어떻고 동문이면 어떠랴! 하여 제 스스로는 감히 자주적인 생각도 못하면서 입으로만 자주독립을 외치고 있는 것이겠다.

그런가 하면 1995년 11월 한국을 찾은 장쩌민 국가주석은 청와대 비공개 정상회담에서 "일본군이 난징에서 대학살을 저지르는 것을 나는 어렸을 적에 직접 봤다. 그런데도 일본은 그런 일이 없었다고 딱 잡아뗀다"고 했다. 회담 뒤 기자회견에서 김영삼 대통령은 일본의 망언과 관련해 "버르장머리를 고쳐 놓겠다"고 호언했다. 덕분에 정권말 외환 위기를 맞아 일본에 손을 벌렸지만 싸늘하게 외면당하였다.

사대 근성에 찌들어 글로벌 시대를 맞은 자신의 현실에 대한 뼈아픈 성찰 없이 그저 타성에 떠밀려 살아온 뇌(腦)가 없는 지도자와 국민. 상대방 및 제3자에 대한 인식 불능 한국인의 사려 깊지 못함, 그리고 그로 인해 당할 수밖에 없는 혹독한 형벌(?)을 보여준 대표적인 사례일 터이다.

19 국격은 조급증으로 만들어지지 않는다

왜 조선의 수도는 한성(漢城)인가? | 조선 왕릉은 왜 경기도에만 있을까? | 어찌할 수 없는 철없음, 착각, 경박스러움, 안하무인, 막무가내 소국 근성 | 상식과 체통 사이에서 흔들리는 한국인들 | 진정한 동방예의지국, 동방의 등불이 되려면 우리 스스로 인식을 전환해야! | 선비와 사무라이, 뒤바뀐 국민성? | 그레이스 켈리, 박근혜, 평리위안

조선 건국 후 중국 천자의 재가를 받아 정통성을 세우고자 하였으나, 오랑캐라 하여 이성계를 조선의 왕으로 호락호락 인정해 주지 않아 무던히 애간장을 태웠었다. 해서 꾀를 낸 게 바로 한양 천도다. 개경(開京)에서 남경(한양)으로 옮기면서 수도를 '중국(漢)에 속한 작은 마을(城)'이란 뜻을 담은 '한성(漢城)'이라 하여 스스로 중국의 일개 성(城)으로 격하시켰다. 개경 역시 개성으로 낮춰 이 나라엔 경(京)이 없음을 알렸다. 철저하게 신하의 나라가 된 것이다. 그리고 한성의 각 성문에다 '인의예지신(仁義禮智信)'자를 넣어 유학을 신봉하는 예의지국으로서 대명(大明)을 섬기고 따를 것을 맹세하고서야 겨우 천자의 재가를 받아 내었다. 해방 후 대한민국이 미국식 민주주의를 받아들인 것과 같다 하겠다. 원(元) 대신 일본이고, 명(明) 대신 미국인 게다. 최영이 김구, 이성계는 이승만이 되겠고, 세종이 박정희면 세조는 전두환쯤 되려나? 이를 두고 역사는 반복된다고 할 수도 있겠고, 새 왕조나 나라가 세워지는 과정이 대개 그렇다고 볼 수도 있겠다.

1910년 일제 총독부가 한성부(漢城府)로 불리어 오던 것을 경성부(京城府)로 개칭하였는데, 이를 두고 한국인들은 일제가 고의로 격하시켰다고 분개하지만 오히려 격상으로 보는 것이 맞겠다. 기실 대한제국이 탄생할 때 오경(五京)을 복원하였어야 했다. 아무튼 지금도

대다수 중국인들은 습관적으로 한국을 '朝鮮'이라 하고, 서울을 '漢城'이라 한다. 지난번 박대통령의 중국 국빈 방문 때에 시진핑 국가주석도 분명 '챠오센(朝鮮)'이라 하였다. 일본인들이 '조센(朝鮮)'이라 하면 거품을 물면서도, 중국인들이 그렇게 칭하는 것에 대해서는 오히려 친근해하니 아이러니다.

역사를 제대로 이해하려면 행간을 읽을 줄 알아야

조선시대 중국에 사신으로 간 벼슬아치 중 황제에게 잘 보여 허울뿐인 벼슬 하나 하사받아 오면 마치 황제의 흠차대신이라도 되는 양 위세를 부렸다. 때로는 정승 부럽지 않은 권세를 휘두른 역관(譯官)들도 있었다. 이들 친중파를 통해 중국은 녹봉 한푼 주지 않고도 조선 조정을 감시하고 통제할 수 있었다.

그 옛날 어느 중국 고대 문헌에 "동방에 예의를 아는 오랑캐가 있었더라"고 한 구절의 그 오랑캐가 바로 우리라고 자의적으로 해석하여, 지금까지 천년을 넘게 '동방예의지국'이란 별호를 제 스스로 목에 걸고서 으쓱해하고 있다. 하여 그 목걸이에 맞추려고 공자를 제 시조인 양 받들며 길들인 강아지처럼 중국에 순종해 왔다.

또 그리 멀지 않은 때 주요한 선생이 인도의 타고르가 한국을 위해 〈동방의 등불〉이란 시를 써 주었다며 애국적 사기를 치는 바람에 우리는 진짜 그렇게 고상한 영혼을 지닌 순하디 순한, 착하디 착한 민족인 줄로 착각하고서 그 시를 한쪽 귀걸이로 달고 살았다. 이와 짝을 이루는 시가 윤동주의 〈서시〉쯤 되겠다.

몸에 밴 사대(事大)

대한제국 말기 고종의 밀명을 받은 이준 열사가 헤이그 만국평

화회의에서 열강을 상대로 일본의 무도함에 대한 하소연을 시도한 이래 이제까지 한국의 외교는 항상 그 기조를 유지해 왔다. 누천년 동안 중국에, 그리고 지금은 미국에 의존하고 있다. 물론 약소국의 외교란 그럴 수밖에 없는 면도 있지만, 대한민국은 지나치게 강대국에 기댄 사대 외교로 일관해 왔다고 볼 수 있다.

군이 먼 예를 들지 않아도 지난 이명박 정부에서 천안함 폭침, 연평도 포격만 해도 같은 형제한테 얻어맞고서 "쟤가 때렸어요!"라며 동네방네 울고 다녔다. 하지만 뭐 그렇게 주변 나라들이 역성을 들어 줘본들 달라진 건 하나도 없었다. 일본의 역사 교과서 날조, 정신대, 독도 문제도 그저 미국한테 매달려 하소연하며 미국이 어떻게 해주기를 오매불망 매달리고 있다. 해서 광고를 해도 미국에다 한다. 반정부 시위조차 국내에서는 성에 차지 않는지 요즈음은 미국으로 떼지어 원정을 간다.

이판사판 막장 신사대주의! 2014년 2월 22일 오후, 미국 워싱턴 링컨기념관 앞에서 재미 한국인들이 집회를 벌이고 있다. 앞에 군복을 입은 사람들이 해병전우회 등 단체들이고, 뒤로 '워싱턴 사람사는세상'이 '부정선거 대가를 치르게 하겠다'는 현수막을 들고서 집회를 하고 있다. ⓒ 경향신문

그런가 하면 한국을 찾아온 외국의 유명 인사(특히 미국인)들은 거의 예외 없이 매스컴과의 인터뷰가 있다. 그리고 언제나처럼 역겨울 정도로 상투적인 질문과 상투적인 대답이 대담의 끝머리를 장식한다. 한국에 대해 어떻게 생각하느냐며 엎드려 절받기식 대답을 강요하는 질문이다. 물론 당연히 빤한 찬사를 바라고 한 질문이니 그 자리에서 대놓고 한국을 흉볼 이는 없겠다. 그런데 그걸 가지고 누가 한국, 한국 문화, 한국 제품에 대해 칭찬했다거나 호감을 보였다며 반색을 한다.

한국을 방문한 정치인들도 그런 대답을 강요당하기 일쑤다. 북한의 무도함에 대해, 일본의 부당함에 대해 한 말씀 구걸하는 게 기실 초청의 목적인 게다. 진정성이 있을 리 없는 허례적인 덕담, 실은 자화자찬에 삶의 의미를 두고 희열을 느끼는 가련한 민족이다. 주인 의식 부재, 사대 근성의 발로겠다.

소국 근성 버리려면 무게감부터 지녀야

2013년 9월 6일, 러시아 상트페테르부르크 G20 정상회의에 참석한 박근혜 대통령이 앙겔라 메르켈 독일 총리와의 정상회담에서 "일본은 역사를 바라보면서 미래지향적 관계를 발전할 수 있도록 해주기를 바란다. 일본은 동북아의 공동 번영과 평화를 위해 협력해 나갈 중요한 이웃"이라고 말하였다. 박대통령은 이번 G20 정상회의를 앞두고 아베 신조(安倍晉三) 총리의 정상회담 제안을 뿌리쳤었다. 그러면서 과거사 반성에 적극적인 독일을 상대로 일본의 과오를 지적했다. 그에 앞서 아베 총리와 조우한 박대통령은 가볍게 인사만 나누었다고 한다.

박대통령은 앞서 5월 한미정상회담에서는 "과거의 일을 정직하게 인정하지 않으면 미래가 없다"고 한데 이어, 미 의회 연설에서는 "과거사를 직시해야 한다"고 강조하였다. 6월 한중정상회담 때에는 시진핑(習近平) 국가주석과 채택한 '미래 비전 공동 성명'에 역사 인식에 대한 부분을 명시해 일본의 반발을 산 바 있다.

반면에 G20에 함께 참석한 시진핑 중국 국가주석은, 첫 접촉을 가진 아베 신조 일본 총리에게 "일본은 마땅히 역사를 똑바로 보고 미래를 대하는 정신의 기초 위에서 양국간 갈등을 해결해야 한다"고 대놓고 말하였다.

할 말은 하는 대통령? 주권국가라면 당당하게 나서서 일본의 잘못을 당사자에게 직접 꾸짖었어야 했다. 이웃간의 다툼을 직접적인 이해당사국도 아닌 미국·중국·독일의 지도자들을 만난 자리에서 꺼내어 지지·응원을 애걸하는 약소국의 사대적 외교는 이제 지양해야 할 때가 되었다. 이는 스스로 해결할 능력이 없는 약소국임을 세계 만방에 선전하는 꼴이다. 아무런 실익도 없고, 국격마저 디스카운트시키는 결과만 초래할 뿐이다. 정히 하려면 소리 소문 안 나게 조용히 지지를 부탁했어야 한다. 그리고 일본 총리의 회담 제의를 무조건 뿌리칠 것이 아니라, 만나서 당당하게 할 말을 하는 것이 정도(正道)다. 열 번 백번이라도 그렇게 해야 한다.

독일 메르켈 총리의 입장을 고려해서도 그런 말은 꺼내지 말았어야 한다. 그들은 그들 나름대로 일본과의 이해관계가 있으므로 굳이 남의 나라간의 역사 논쟁에 휘말릴 이유가 없겠다. 게다가 그로 인해 덩달아 자신들의 아픈 과거사가 자꾸 거론되는 것을 좋아할 리가 없다. 그냥 들어 주는 척할 뿐인 게다. 매사를 그런 식으로 상대방 입장 따위 고려치 않고 막무가내로 떼를 쓰거나 감정적으로 처리해서야 문제 해결이 될 턱이 없다. 번지수가 틀린 것이다. 그런 귀한 시간을 주변머리 긁는 데 쓸 순 없다는 말이다.

심지어 아베 신조 일본 총리의 야스쿠니 신사 참배에 대해 장관의 기자회견이나 대변인 논평을 통하지 않고 대통령이 직접 수석비서관 회의 모두 발언을 통해 흘리듯 비난했다. 같은 사안을 두고 중국은 이

미국 내 한인 여성 커뮤니티 사이트인 '미시USA' 회원이 주도하여 〈뉴욕타임스〉에 게재한 세월호 참사 관련 정부 비판 광고. [인터넷 화면 캡처]

에 대해 외교부장, 주일대사, 외교부 대변인, 주미대사, 주유엔대사의 연이은 기자회견으로 당당하게, 그리고 줄기차게 항의를 하고 있다. 또 박대통령의 취임 후 처음 열린 2014년 신년 기자회견에서 일본 기자들에겐 질문할 기회도 주지 않았다. 일본이 그렇게 두려운가?

그런가 하면 2013년 11월 23일 자 〈뉴욕타임스(NYT)〉는, 지난 9월 30일 방한한 척 헤이글 미국 국방 장관이 박대통령을 예방한 자리에서 미국의 아시아 중심 전략과 관련해 박대통령에게 일본과의 관계 개선을 위해 노력해 줄 것을 특별히 당부했다가 "강철 같은 박대통령은 대답 대신 일본이 과거 한국에 안겨 준 상처의 치유에 성의를 보이지 않고 있다고 '강의'를 했으며, 미국이 일본이 (반성하는) 행동을 하도록 압박해야 한다고 요구하는 것으로 면담이 끝났다"고 전했다. 그리고 헤이글 장관이 "놀랐다, 정중한 외교 세계에서 서울 접견은 다소 충격이었다"고 한 말도 전했다. 이에 대해 한 소식통은 "워싱턴의 기류 변화는 박대통령의 의중을 확인한 미국의 반응이 무엇인지 보여주는 것"이라며, "한국 정부의 강경 태도를 한일 갈등의 원인으로 간접 지목한 셈"이라고 말하였다.

웬만큼의 국제 감각을 지닌 사람이라면 이 기사를 읽고서 "아이쿠, 한국 외교 끝났구나!"며 절로 탄식하였을 것이다. 사실 여부가 문제가 아니다. 헤이글 장관이나 오바마 대통령은 그렇다 치더라도 그

허리 굽히고, 고개 숙이고, 팔을 뻗고, 눈 깔고 한국식(실은 일본 조폭식) 오버더테이블 건배를 강요하는 김관진 국방장관. 마지못해 엉거주춤 일어나 건배하는 헤이글 미 국방장관. 양복 끝이 접시에 닿을까봐 왼손으로 여미고 있다. 총체적 어글리 코리아 굴욕 건배. ©청와대기자단 제공—경향신문

NYT 기사를 본 미국의 모든 연방정부 공무원들은 "뭐? 우리 장관을 앉혀 놓고 강의를 해?"라며 분개를 금치 못했을 것이기 때문이다. 그 여파가 한미 간의 정치나 군사 분야에서 끝나지 않을 것임은 불문가지! 아베 총리와 일본인들이 쾌재를 불렀을 테다.

이처럼 박대통령은 외국 정상들과의 회담 때 지나치게 자기 주장을 설파하는 데 열중한다. 상대의 의견을 들어 주는 자세가 아니다. 혹여라도 "잠깐만요!"를 남발해서 생떼 쓰는 고집스런 여성 지도자란 이미지를 국제사회에 남긴 건 아닌지 염려스럽다. 그래 가지고는 외국 정상들과 진정한 소통을 이루었다고 보기 힘들다. 자칫 큰 나라에 애걸하며 매달리는 소국 근성으로 비칠 수도 있다. 대국이든 소국이든 대범하면서도 동등하게 상대를 존중하고 배려하는, 무게감 있는 자세가 아쉽다.

체통은 주인 의식에서 나온다

김치나 막걸리도 일본에서 알아 주는 바람에 바람을 탔다. 만약 일본인들이 막걸리를 마셔 주지 않았다면 아직도 하층민의 노가다 술로 푸대접받고 있을 것임은 불문가지겠다. 싸이의 말춤도 처음엔 뜨악하다가 미국에서 뜨니까 그제야 반색을 하며 세계 제패 어쩌고저쩌고 난리법석을 떨었다.

왜 스스로는 자신이 없는 걸까?

다시 강조하지만 대한민국은 세계 10위의 무역대국이다. 무역대국도 대국이다. 언제까지 개도국·후진국·약소국 어리광으로 강대국 치맛자락 붙들고 살아갈 수는 없다. 지금같이 번영을 누릴 때야말로 묵은 식민사대 근성의 때를 벗겨내고 바로 설 기회다. 가벼움이나 조급증으론 국격을 높일 수 없다. 아무렴 남대문의 정식 이름은 숭례문(崇禮門)이며, 경복궁의 중문(中門)은 흥례문(興禮門)이다. 이왕 진정한 동방예의지국, 동방의 등불이 되고자 한다면 여유를 가지고 온화하게, 그러면서도 당당하게 대국다운 풍모를 가꿔 나가야 할 것이다.

Tip 선비와 사무라이, 뒤바뀐 국민성?

당사국이 도와 달라고 사정한 것도 아닌데, 일본 쓰나미 피해자들을 위해 성금 모아 보낸다고 때아닌 구세군까지 등장하여 요란을 떨다가 독도 문제가 불거지자 은혜를 모른다는 둥, 뒤통수 맞았다는 둥, 성금 모금 중단하겠다는 둥 야단법석을 떨었었다. 심지어 자신이 구세주라도 되는 양 일본을 돕지 않겠다고 호언하여 유명세를 탄 사람까지 있었다. 정작 당사국인 일본은 그저 그러려니 하건마는 이웃나라 한국이 더 오두방정이다. 한국인이 과연 은근과 끈기를 자랑하는 웅녀의 자손이 맞는지 의아스럽다.

그깟 한국인들 성금 없다고 복구를 못하거나 굶어죽을 것도 아닌데, 괜히 저희들끼리 난리라고 일본은 눈도 꿈쩍 않았다. 남이야 답답해 발을 구르든 말든 상관 안한다. 자신의 흉한 모습을 남에게 보이기 싫어하는 폐쇄적 국민성도 한몫했다. 죽든 살든 모든 건 자기네들 매뉴얼대로 진행할 뿐이다. 외국의 구조대조차 그다지 탐탁해하지 않는 것도 실은 그들 매뉴얼 진행에 도움은커녕 오히려 거추장스럽게 방해만 될 뿐이기 때문이다. 비록 이재민 신세이지만 질 떨어지는 조악한 외국 구호품 사용하기가 내키지 않는 것이다. 그저 예의상 딱히 거절하기 뭣해서 받아 준 것뿐이다.

독도 문제 역시 쓰나미든, 성금이든, 방사능이든, 당장 총리가 바뀌든 상관없이 이미 오래전부터 진행되던 대로 나가는 것뿐이다. 원자력발전소 사고에서 보듯이 없는 매뉴얼은 만들어 가면서 나아가는 것이 일본이다. 그 끝이 절벽이라 해도 매뉴얼대로 따라가는 것이 일본의 국민성이다. 누구 책임? 아무도 책임지지 않는다. 굳이 책임이라면 매뉴얼의 책임인 것이다. 그렇다면 매뉴얼을 만든 사람? 아니다. 그도 매뉴얼대로 매뉴얼을 만든 것뿐이다. 그게 일본이다.

물론 독도를 그네들의 역사 교과서에 명기했다 한들 독도가 원래 자기네 땅도 아니고, 또 결코 자기네 땅이 될 수 없음을 모르는 멍청한 일본인은 아무도 없다. 교과서가 아니라, 일본 헌법에 못박아도 별수 없다는 것 다 안다. 러시아·중국에 뺨 맞고 만만한 한국에 분풀이하는 것이다. 식민배상금 물기 싫어 납북자 핑계대고 북일 수교 안하는 일본이다. 한국 통일에 대비해 숟가락 얹을 명분을 축적하는 것이겠다. 일본인만 아는 게 아니라 세계인들도 다 안다. 그럼에도 일본은 매뉴얼대로 진행할 뿐이고, 한국인들은 그때마다 펄펄 뛴다. 정작 일본이 독도영유권 주장할 빌미를 갖다 바친 한국의 전 대통령이 누구인지 다 알면서도 거기에 대해서는 입도 벙긋 안한다.

한국인은 감정이 격해지면 물불을 못 가리고, 공사(公私)를 구분 못한다. 그게 일본과 한국의 다른 점이다. 일본은 있어도 일본인은 없다. 반면에 한국인은 있어도 한국은 없다. 해서 일본인이 무서운 게 아니라 일본이 무서운 것이다. 한국인은 무서워도 한국은 만만한 게다. 매뉴얼 대 감정의 대립. 어차피 이기고 지고 할 성질의 것이 아니다. 쓸데없이 에너지 쏟아 낭비하는 쪽만 지치게 된다.

설마하니 쓰나미 피해 복구에 국민 성금까지 모아 주었으니 저들도 양심이 있으면 독도를 자기네 땅이라 우기지 않을 것이라는 갸륵한 생각을 했단 말인가? 성금 몇 푼으로 일본의 양심을 사겠다? 돈이면 뭐든지 할 수 있다는 한국인적 발상의 소산인가? 세계사에서 조선 이외에 양심을 가졌던 나라를 본 적이 있는가? 임진왜란·병자호란·한일합병·북한 도발 등, 그렇게 당하고도 아직도 양심이란 말을 입에 담는가? '양심'이란 사(私)지 공(公)이 아니다. 국가의 양심이란, 곧 '비겁'이자 '어리석음'일 뿐이다. 터럭 한올만큼의 양심을 국가가 가진다면 그건 곧 재앙이다.

공격은 변칙적이어서 상대의 허를 찔러야 하지만, 유리한 위치에서의 방어라면 굳이 상대의 움직임에 일일이 부산을 떨 필요가 없다. 그러니 그때마다 쓸데없이 욕하고 주먹 쥘 일이 아니라, 똑같이 매뉴얼을 만들어 내미는 것이 가장 효율적이다. 어차피 일본도 더 이상 예전의 일본이 아니다. 몸은 늙고 칼은 녹슬어 칼집에서 빼지도 못하는 사무라이다. 그저 매뉴얼대로 썩은 칼을 겨누는 것일 뿐이다. 겁먹지 말고, 열받지 말고 그들의 망언 수위가 한 단계씩 올라갈 때마다 독도에 해병대를 주둔시키고 점점 요새화시켜 나가면 된다. 그리고 독도가 좁으니 울릉도에 잠수함 및 미사일 기지를 세워 군항으로 만들고. 어차피 러시아 등 강대국들 눈치에 그런 일 없이는 울릉도와 독도에 군사 시설 짓기도 쉽지 않은데, 이보다 좋은 구실이 또 어디 있겠나? 이런 기회를 놓치면 지도자가 아니다.

Tip 그레이스 켈리, 박근혜, 펑리위안

　간만에 품격 있는 영화가 한국에 수입되었으나 짐작대로 그다지 큰 호응을 얻지 못한 채 종영되었다. 2014년 칸 국제영화제 개막작인 〈그레이스 오브 모나코〉다. 그레이스 켈리에 관한 동화적인 스토리가 너무나도 잘 알려진 터라 국내 영화광들에게 그다지 호기심을 불러일으키지 못한 모양이다.

　모나코공국. 지중해의 프랑스와 이탈리아 국경 사이에 낀 작은 소도시로 바티칸시국 다음으로, 세계 두번째로 작은 나라다. 관광·카지노·F1·우표 등으로 먹고 사는 나라로서 세금도 군대도 없다. 이런 작은 나라가 큰 나라 사이에 끼여 존속할 수 있었던 힘은 어디서 나올까? 〈그레이스 오브 모나코〉가 그 일면을 살짝 보여주고 있다.

　하지만 한국인들이 이 영화를 즐기기엔 정서적으로 여의치 않다. 매너와 품격에 관심 없는 이에겐 그저 그런 영화에 지나지 않기 때문이다. 가령 도입부 파티에서 쟁쟁한 신사들 사이에서 그레이스가 담배를 입에 물고 라이터를 켜는 장면이 나온다. 그레이스가 무시당하고 있음을 보여주는 장면이지만 한국 관객들은 무심코 넘어간다. 숙녀가 담배를 꺼내 물면 곁에 있는 신사가 자동적으로 라이터를 꺼내 불을 붙여 주는 것이 기본적 매너이기 때문이다. 아무렴 그런 무시 속에 그레이스는 고품격 매너와 고급 프랑스어를 배워 명실상부한 왕비로서의 품격을 갖추어 나간다. 그러다가 제2차 세계대전 후, 프랑스의 드골 대통령이 모나코를 합병하려는 야욕을 드러내자 그레이스 왕비가 나서서 무력화시킨다는 스토리이다.

　군대도 없는 인구 고작 2만 5천 남짓한 모나코의 힘은 바로 품격이다. 글로벌 최상의 품격으로 글로벌 최상류층들과의 인적 네트워크를 구축해 나가는 것이다. 영화에서 보듯 그들이 강대국 프랑스를 상대하는 매너, 강대국과의 일대일 협상이 얼마나 무의미한지, 그리고 그

모나코왕 알베르 2세가 푸틴 대통령의 간곡한 요청으로 평창을 밀어내고 소치를 당첨시켜 준 대가로 제정러시아 차르의 여름별장 강에서 함께 낚시를 즐기고 있다. ⓒ러시아대통령궁

소국 근성 극복의 모델 쏨. 캐나다의 폴 마틴 총리가 세계 강대국으로 부상하는 중국의 후진타오 국가주석을 마치 자신의 동생처럼(?) 어깨를 두드리며 격려해 주고 있다. 2005년 11월 18일, 부산 APEC 정상회의중. ⓒ연합뉴스

소국 근성 극복의 모델 폼. 멕시코의 빈센테 폭스 대통령도 세계 최강대국 미국의 조지 부시 대통령과 역시 대국 캐나다의 총리를 뒷짐 양반 자세로 마치 자신의 부하처럼 대하며(?) 인솔해 가고 있다. ⓒ백악관

걸 타개하기 위해 다자간 회의를 이용하는 지혜는 작금의 대한민국이 꼭 배워야 할 것이기도 하다. 왜냐하면 다자간 회의에선 아무리 큰 강대국이라 해도 한 표밖에 되지 않기 때문이다. 하여 그레이스는 세계적십자회의 개최 카드로 드골을 회원의 한 명으로 초대해서 배신(?)을 때리는 걸로 영화를 마감한다.

물론 그러한 매너와 솔루션은 스스로 주인 역할을 해본 경험 없인 불가능한 일이겠다. 북한 핵 문제를 해결하기 위해 만든 6자회담에서 한국이 주도권을 쥐지 못하는 것도 그 때문이다. 하여 한국의 정치지도자들이 꼭 봤으면 하는 영화 중의 하나다. 작금의 위안부·독도·과거사 문제로 거품 물고 열불 내는 것만이 능사가 아니다. 일본이 그러지 못하도록 해결책을 찾아내는 것이 지도자가 할 일이다. 껄끄러운 일본을 어떻게 다루어야 할지, 이 영화를 통해 힌트를 얻을 수 있을 것이다.

그레이스의 아들인 지금의 국왕 알베르 2세 또한 현재 세계 최상급의 매너를 지닌 신사로 IOC위원이기도 하다. 그가 한국을 방문한 적이 있기는 하지만, 한국 정부는 물론 언론에서도 전혀 다루어 주지 않아 국민들은 그가 한국을 다녀간 사실조차도 모른다. 작은 나라 국왕이라 무시하지만, 기실 그는 국제 사교계의 마당발로 IOC위원 중 똘똘한 급 20명 정도는 움직일 정도로 막강한 파워를 지니고 있다. 지난날 평창과 소치가 동계올림픽 개최를 두고 경쟁할 때, 그가 러시아 편에 서는 바람에 한국이 고배를 마셨다.

현재 모나코에서 일하고 있는 친구가 있는데, 한국인으로서 그곳에 산다는 게 말할 수 없이 주눅 드는 일이라고 한다. 왜냐하면 모나코 상류층뿐만 아니라 시민 전체가 유럽 최고의 매너를 갖추고 있어 그들에게 인정받고 동화되는 것은 거의 불가능할 뿐 아니라 스스로 굴욕감을 느낄 때가 많단다. 충분히 그럴 것이라 동의하는데, 그 친구 왈 "그럼에도 불구하고 이제 한국에 가서는 도저히 못살 것 같다"고

도무지 정장 개념이 없는 대통령과 그 직원들의 시진핑 국가주석 응대 실수. 한국측 여성 도움 직원의 복장이 공적 개념이 없는 캐주얼 차림이다. 국가경영을 책임지는 자들의 긴장감 없는 근무 태도, 지도자의 안이함과 무능을 드러내 보이고 있는 위험(?)한 사진. ⓒ청와대

인도 국빈 방문시 이명박 대통령을 수행한 나경원 의원. 국경일 리셉션 참석시 한국식 어글리 악수법. 엉뚱한 컬러 핸드백에 치마 아닌 바지 차림. ⓒ청와대

해서 한바탕 웃은 적이 있다.

2014년 7월 3일, 시진핑 중국 국가주석 부부가 한국을 국빈 방문한다고 하자 예의 허접한 언론들과 여성 강사들이 나서서 시진핑의 부인 펑리위안 여사와 박근혜 대통령의 패션 대결을 부추기고 나섰다. 한마디로 철없고 치졸한 생각이다. 물론 실없는 호사가들이 품평을 할 수는 있겠지만 대놓고 패션으로 경쟁을 하라니? 월드컵 예선전이라도 치르라는 건가? 굳이 이런 데까지 소국 근성·하인 근성을 드러내어야 할까? 아무렴 그렇게 해서 박근혜 대통령이 펑리위안 여사를 이겼다고 해서 무슨 이익이 있을까?

국빈으로 초대했으면 어떻게 하면 더 품격 있게 환대할 수 있을지를 고민하고, 오히려 손님이 더 돋보이도록 배려하는 게 기본적인 상식이다. 그러면서 상대에 비해 지나치게 격이 떨어지지 않으면서도 앙상블을 이뤄 서로 소통하고 교감할 수 있는 정장을 조언하는 게 예의겠다. 그런 게 주인다운 생각이다.

참고로 박근혜 대통령은 패션에서 다른 어느 여성 지도자들과도 비교 불가능하다. 어떤 옷을 입느냐가 문제가 아니라 그 옷을 소화해 내느냐 못해 내느냐가 더 중요한 일이다. 박대통령의 생뚱맞은 패션도 문제이지만, 근본적으로 바른 자세가 안 되기 때문에 아무리 그럴듯한 옷을 입어도 그 격을 제대로 살려낼 수가 없다. 박대통령은 평소 무슨 건강 체조를 한다고 하는데, 어떤 특정 동작을 너무 오래 하는 바람에 자라목에 가슴이 오그라든 것이 아닐까 짐작된다. 철우경지세(鐵牛耕地勢)로 가슴을 펴고, 자세를 교정할 필요가 있다.

상대적으로 펑리위안 여사는 자세가 바르고 당당하다. 품격은 패션에서 나오는 게 아니라 바른 자세에서 나온다. 제 눈에는 뭣밖에 안 보인다고 이런 초보적인 이치도 모르는 삼류 이미지 메이킹 강사들이 아부성 헛소리로 국민들을 우롱하고 있다.

20 은근과 끈기는 어디 가고 한(恨)만 남았나?

한(恨)의 현대판 모드 스트레스 | 스트레스는 매너 부족에서 온다 | 가장 중요한 문화 코드 글로벌 매너 | '빨리빨리'는 열등감에서 나온 강박증 | 때와 장소도 못 가리는 충동적 애국심은 소국 근성 | 은근과 끈기를 되살려 점잖은 세계 시민 되어야! | 사대(事大)의 명암, 사대 현실이 열어 주는 새 지평선

TV에서 사육장 내에서의 극심한 스트레스로 인해 이상행동을 보이는 돼지나 닭 등의 가축이며 야생동물들을 보여주면서 동물학대를 고발하는 예가 있다. 계속해서 한 곳을 왔다갔다하는 동작을 끝없이 반복하는가 하면 제 꼬리나 다리를 뜯어먹기도 하고, 심한 경우 제 새끼를 잡아먹기도 한다. 가끔은 작금의 한국 정치판과 시민단체들의 말꼬리 물고 늘어지기, 멱살잡이를 보고 있노라면 흡사 야생동물 집단사육장 같다는 생각이 들 때가 있다.

사실 한국인만큼 잘 참고 잘 견디는 민족도 드물다. 조선 5백년이 그랬고, 일제 36년이 그랬다. 동물농장인 북한의 예를 봐도 그렇듯이, 반세기가 넘는 동안 저토록 독재에 억압당하고도 군말 없이 잘 견디고 있지 않은가? 하긴 유사 이래로 자유를 누려 본 적이 없으니 '자유'니 '인권'이니 하는 단어조차 이해 못할 것이다.

반면에 한국인만큼 '스트레스'란 말을 애용하는 민족도 지구상에 다시없을 것이다. 그리고 그 스트레스를 푼다며 발광을 해대는데, 그게 어쩌면 한류의 본색이 아닐까 하는 생각도 해본다. '학대와 고진감래' '성춘향'이 한국 드라마의 영원한 바이블코드이듯이.

기실 스트레스를 많이 받는다는 건 한국인들이 남에게 그만큼 스트레스를 많이 준다는 것일 터이다. 그게 갑을(甲乙) 문화에서 생겨난

것인지는 모르겠으나 어쨌든 그만큼 타인과 소통할 줄 모른다는 것, 상대에 대한 인식 및 배려심 부족, 다시 말해 매너가 부족하다는 말이겠다. 결국 몸에 밴 피식민 지배 근성으로 꾹 참기는 하지만, 그게 어느 순간 엉뚱한 방향으로 터져 나온다. 해서 자기가 받은 스트레스 내지는 한(恨)스러움을 그 당사자가 아닌 주변의 다른 엉뚱한 사람들에게 폭발, 전가시킨다. 불특정 다수를 향한 변태적 스트레스의 연쇄 반응. 다들 그렇게 살다 보니 이제는 매사에 습관화된 반사적 스트레스 반응을 보인다.

한국인들은 흔히 입버릇처럼 스트레스는 풀고 욕망은 절제해야 한다고들 하지만, 기실 스트레스든 욕망이든 둘 다 절제해야 할 성질의 것이다. 절제란 그저 참을 수 있는 데까지 '꾹 참고 견디는' 것이 아니라 지혜롭게 삭이고 푸는 것을 말한다. 그러고 보면 한국인에게 가장 부족한 게 바로 이 절제가 아닌가 싶다.

'한(恨)'의 현대판 모드 '스트레스'

필자가 글로벌 매너를 꺼내들자 주변의 많은 사람들이 스트레스 반응을 보이기 시작했다. 그것이 우리의 전통이 아닌 글로벌(서구 것)이라며 지레 알레르기 반응을 일으킨 것이다. 기실 매너의 궁극적 목표가 상호 소통을 통한 인간 존엄성의 추구다. 그렇다면 내 것 네 것을 따질 이유가 없을 터, 그만 일로 스트레스를 받을 일이 아니지 않은가? 오히려 불필요한 충돌을 방지해 주기 때문에 스트레스를 줄여 주는 것이 에티켓이고 매너가 아닌가?

한 예로 예전에 한국은 차는 우측, 사람은 좌측 통행을 했었다. 자동차 운전대가 일본식(우측)에서 미국식으로 바뀌는 바람에 그렇게 되었다. 처음엔 혼란스러웠겠지만 차츰 익숙해지자 그게 당연하게 되어 버렸다. 수년 전 이를 바로잡아 사람도 우측 통행을 하자고 바꿨지만 아직 제대로 지켜지지 못하고 우왕좌왕 엉키는 바람에 스트레스를 받고 있는 중이다. 이처럼 매너(습관, 에티켓)란 순식간에 다 바꾸기가 어렵다. 다만 이 책의 주요 타깃 독자인, 글로벌 무대에서 뛰어야 하는 상위 1% 리더들만이라도 우선적으로 익혀 세계와 소통해야 할 것이다.

첨단기술·선진제도·영어·와인·골프·디자인·오페라 등등 다른 건 모두 빨리빨리 따라 배우자면서 왜 유독 글로벌 매너는 귀찮아할까? 영어만 잘하면 외국인과 소통 잘할 수 있다던가? 반기문 유엔 사무총장과 김용 세계은행 총재가 영어를 잘해서 그 자리에 올랐나? 뭘 배우던 그에 따른 매너까지 배워야 실은 제대로 배웠다 할 수 있겠다. 그 매너 속에 그 정신과 가치가 녹아 있기 때문이다. 그걸 빠트리고 못 배웠으니 골프처럼 LPGA 우승하고도 오히려 어글리 코리언의 이미지만 남겨 코리아 디스카운트당하는 것이다.

그리고 '문화 코드'란 단어도 글로벌 화두로 자주 회자되고 있다. 다른 나라의 문화 코드를 읽을 줄 알아야 한다며 각종 교양 강좌가 한창이다. 기실 문화 코드 중 가장 기본이 바로 매너다. 인격체로서의 소통 도구이니 말이다. 모든 나라 언어를 다 습득할 수 없어 영어를 먼저 익히듯이, 각국의 로컬 매너를 다 익힐 수 없으니 그 중 가장 널리 통용되고 품격 높은 글로벌 매너부터 익히자는 것이다.

애국도 지혜롭게 고품격으로!

상당수 외국인들이 'SAMSUNG'이 한국 기업인 줄 모른다고 한다. 코리아를 앞세우는 것이 글로벌 경영에 오히려 방해가 되기 때문에 전략적으로 국적을 앞세우지 않았다. 그게 한국 기업인지 아닌지 못 알아본다고 해서 장사하는 데 무슨 문제? 그렇다고 해서 삼성이 비애국적인 기업이라 할 수 있는가? 만약 삼성이 '한국산'을 앞세웠다면, 아무리 기술력이 세계 최고라 해도 지금처럼 글로벌 프리미엄급으로 대접받지 못했을 것이다.

싸이의 '말춤'에 한민족이 원래 기마민족이었다거나, 탈춤에서 나왔다느니 하는 애국적 사족 달지 않았다. 거스 히딩크 감독이 언제 네덜란드 문화 홍보대사 맡은 적도 없을 뿐 아니라, 도리어 애써 한국과 한국 문화에 관심을 보이는 척했다. 분명 한국 같았으면 그런 절호의 기회를 놓칠 수 없다며 국가적 지원을 해야 한다는 등 법석을 떨었을 것이다. 하지만 네덜란드 정부는 물론 시민단체 하나 나서지 않고 있다. 그럼에도 불구하고 진정성은 더 있어 보인다. 덕분에 아쉽고 궁금해진 한국인들만 네덜란드를 찾고 있다.

국가 대표선수라 하여 국가를 위해서 나가 싸운다? 아니다. 이제 그런 생각과 부담에서 벗어나야 한다. 그냥 저 좋아서, 저를 위해서 뛰어야 한다. 그렇다고 그를 비애국자라 하지 않는다. 누구를 위해서 메달을 땄든 그걸로 된 거다. 무작정 떼지어 고래고래 '대한민국!'을 외쳐댈 것이 아니라, 이제는 보다 은근하게 은유적이고 간접적으로 우리 문화를 알리되 때로는 냉정하게 객관적으로 바라볼 수 있어야 한다. 그래야 실리를 놓치지 않는다.

위대한 문화 유산? 석굴암이나 반가사유상이 세계 최고라 한들, 그렇게 해서 우리 문화의 우수성을 홍보했다 한들, 그들이 그걸 보고 한국인을 대하는 태도가 달라질까? 이집트 유적지와 박물관 둘러보고 나자 갑자기 지금의 이집트 국민이 위대해 보이던가? 아무리 훌륭해도 유산은 유산이고, 사람은 사람일 뿐이다. 역사는 역사고, 현실은 현실일 뿐이라는 말이다.

한국 전통 문화의 위대함? 아무렴 자기 문화는 원칙적으로 그 나라 사람들이 아끼고 사랑하는 것이 맞다. 그렇다고 남들까지 알아 달라고 안달하는 건 오버다. 우리 음식이 아무리 맛있다고 다른 나라 사람에게 강요할 수 없듯이. 최고지도자가 남의 나라에까지 가서 직접 한복을 입고 홍보모델로 나서는 것 역시 오버센스다. 따지고 보면 그건 무례고 몰염치다. 그러라고 자리 깔아 준 게 아니다. 이는 외빈을 위해 정성껏 차려 놓은 잔칫상의 술이나 음식 마다하고 제 나라에서 가져온 소주·불고기·비빔밥·김치 꺼내 놓고 먹는 거와 크게 다를 바 없다 하겠다. 그렇게 대통령이 직접 한식 세계화까지? 물론 미얀마의 아웅산 수지처럼 박대통령이 한복을 평상복으로 입고 다녔다면야 뭐라 할 사람 없겠다. 고(故) 육영수 여사도 평소 한복을 더 많이 입었었다.

'우리 것'이 곧 세계적? 우리 문화를 세계에 알려야 한다는 강박증에서 이젠 벗어나야 한다는 말이다. 열등감에 대한 보상이라도 받아야겠다는 듯, 자기 문화의 우수성을 남에게 확인시키려 드는 조급증을 이제는 제발 버려야 한다. 엎드려 절받기다. 그마저도 우리끼리야 애국심의 발로(증명)라고 자화자찬하겠지만, 그런 과정을 다 거친 선진시민들은 그렇게 보아 주지 않는다. 소국 근성, 피식민 근성, 사대 근성으로 본다. '한국은 아직 멀었어!'라고 생각할 뿐이다. 해외 순방하는 박대통령에게 중요한 건 한복이 아니라 그 나라 문화를 존중하는 것이다.

'빨리빨리'는 열등감에서 나온 강박증

후진국 사람들은 사고가 대체로 단선적이어서 흥분을 잘한다. 때문에 이런 나라는 압제적인 지도자가 아니면 효과적으로 다스릴 수가 없다. 감정적인데다가 합리적인 사고 능력이 부족하기 때문에 설득이 어렵고, 선동에 약하다. 해서 언제나 카리스마를 지닌 선동가가 권력을 잡게 된다. 반대로 선진국 사람들은 냉정하고 복선적이어서 여간해서는 흥분하거나 부화뇌동하지 않는다. 해서 선동가 대신 실적이 검증된, 예측 가능한 설명적인 지도자를 선택한다.

때와 장소도 못 가리는 애국심은 지난 런던올림픽 한일 축구전에서의 독도 세리머니와 같이 어글리 코리아의 이미지만 심어 줄 뿐이다. 이제까지의 무작정 애국주의는 글로벌 무대에서 그릇된 국가주의로 오인받기 십상이다. 입에 거품 물고 길길이 뛰는 것만이 애국이 아니다. 이제는 오히려 '코리아'를 뒤로 슬그머니 돌리고, 시민 개개인이 짐짓 조용하고 은근하게 제자리에서 제 분수에 맞는 소양과 품격을 길러 나가는 것이 진정한 애국이겠다. 편협한 국가주의 내지는 소국 근성에서 나오는 충동적 애국심이 아니라 대국적 세계관을 통한 자기 완성, 인간 존엄성 확보가 진정한 개인주의이고 애국이겠다. 그게 선진문명권 주류사회에 들기 위한 자격이다.

문화를 지나치게 즉물적으로 남의 나라와 비교하려 드는 것 자체가 어리석은 일이고, 유·무형의 문화를 국민소득처럼 비교하려 드는 것도 우습다. 하지만 고작 2만 불의 나라가 5,6만 불 선진국민들과 억지로 어깨를 나란히 하겠다고 목을 빼들고 뒤꿈치를 들어올리는 꼴 또한 우습기는 마찬가지겠다. 가상하다만 그들 눈에는 가소롭고 가련하고 불쌍할 뿐이겠다. 모든 건 때가 있는 법! 서두르지 말고 숙성될 때까지 진득이 기다려야 한다. 진정 중요한 것은 국민소득·전통 문화·유물·유적·첨단기술·노벨상·올림픽 금메달 순위가 아니고 사람이다. 사람다운 사람, 품격 있는 인격체, 경계 없는 유아독존(唯我獨尊)이다. 그렇게 되면 세계인들이 친구가 되고자 스스로 찾아와 한국 문화를 함께 즐기게 될 것이다.

글로벌 무대로 나아가려면 패러다임을 바꿔야

60년대 먹고 살기 힘들던 시절, 박정희 대통령이 서독을 방문하여 파독 광부들에게 준비해 간 선물들을 나누어 주었다. 1인당 당시의 한국 담배 3갑, 그리고 삼립크림빵 1개씩. 최근 파독 광부 초청 사기 사건으로 한국에 왔다가 곤란에 처한 그분들이 이 삼립크림빵을 먹어 보고는 "50년 전과 똑같은 맛!"이라며 감회에 젖었다고 한다. 가슴 찡한 이야기이지만, 어쩐지 지금의 한국인들 역시 50년 전의 그 패러다임에 갇혀 있는 건 아닐까 하는 생각이 든다.

아니나 다를까 2014년 3월의 박근혜 대통령 독일 방문 역시 지난날 박정희 대통령에 대한 회고지향적이었다. 간호사·광부·차관·과학기술 등등 한강의 기적은 독일의 도움 없인 불가능했을 만큼 한국은 독일에게 많은 빚을 졌다. 그랬다면 이번 대통령 방문에 그에 대한 고마움의 표시가 당연히 있어야 했다. 말로만이 아닌 행동으로 드러나는 피드백이어야 했다. 서양인들은 한국인들처럼 돌아서면 잊어버리지 않는다. 언제까지나 대를 물려 가며 그걸 전하고 기다린다. 도서관이든 기념관이든 하나쯤은 지어 주어야 했다. 그리고 한국의 어느 거리나 광장에 독일을 기리는 이름을 붙여 주고, 서울에 근사한 독일문화원도 새로이 지어 주고, 또 두 나라가 함께 공동으로 세계평화와 복지에 기여할 수 있는 재단도 만들자고 종자돈을 내놓았어야 했다. 고도성장의 주축으로서 그만큼 혜택을 누린 대기업들도 이에 적극 나섰어야 했다. 아무렴 독일이 뭐 그런 게 아쉬울까? 분명 그 열 배로 되돌아올 게다.

그런데도 여전히 지난날의 후진국 마인드로, 맨손 맨입으로 도와 달라는 말만 남발하고 왔다. 은혜를 잊지 않는 민족임을 증명해야 또 도와주고 싶은 마음이 날 것 아닌가? 언젠가 한국이 독일보다 잘살게 되면 그때 도와줄 건가? 돕자는 것이 아니라 피드백해야 한다는 말이다. 한국인들은 아직도 제 포지션을 모르고, 주제 파악을 못하고 있구나 하고 속으로 혀를 찼겠다.

세계는 한국을 더 이상 개발도상국으로 보지 않는다.

원조 또는 특혜를 주고, 무매너를 애써 참아 주며 철들 때까지 기다려 주어야 하는 나라가 아니다. 당장은 글로벌 비즈니스 무대에서 치열하게 경쟁하고 견제해야 할 나라로, 그리고 머잖아 인류의 공동

번영과 복지에 관심을 가지고 자신들과 함께 세계를 이끌어 갈 파트너 '큰바위 얼굴'로 성장하길 기대하고 있다. 은근과 끈기를 되살려 점잖은 세계 시민이 되어야 진정한 주류가 될 수 있다. 한(恨)바이러스를 극복해야 가능하다.

Tip 사대(事大)의 명암, 사대 현실이 열어 주는 새 지평선

한국인들에게는 역사책만큼이나 무겁게 짓누르는, 터부시하는 단어가 있다. 사대(事大)! 오죽했으면 '사대주의(事大主義)'라는 거창한 용어까지 생겨났을까. 식민 지배당한 거야 세상 물정 모르고 빈둥대다가 힘이 없어 당했으니 분하고 억울할 뿐이겠지만, 이 사대는 그렇지가 않다. 자발성이 있기 때문에 못내 언짢다. 한국사의 아킬레스건이다.

일제가 식민 지배 논리를 앞세우기 위해 한국이 누천년 중국의 속국으로서 사대를 해왔다며 열등감과 자격지심을 뒤집어씌웠다고는 하지만, 실은 한국인 스스로 그 굴레에 말려든 감도 없지 않다. 소위 식민사관이란 거다. 게다가 북한이 주체사상 어쩌고 하면서 남한이 미국의 앞잡이라며 줄곧 존심을 긁어 왔는데, 이에 동조하는 철부지들이 바로 종북좌파겠다. 그렇다고 너희도 중국에 붙어 연명하고 있지 않느냐고 같이 삿대질할 수도 없는 일이니 참으로 난감하다.

필자 역시 그동안 애국 시민들의 존심을 긁어 가며 사대 근성·소국 근성을 들먹였지만, 기실 사대를 무조건 부정적으로 보진 않는다. 사실 사대가 나쁜 것도 아니며, 부끄러워할 이유도 없다. '동물의 왕국'이나 인간 세상이나 힘의 논리에 있어서는 한치의 다름이 있을 수 없다. 현재 전 세계에서 작든 크든 사대 안하고 사는 나라가 몇이나 되나?

지난 대선 때 순진한 청춘들을 모아 놓고 자신을 "약자에겐 약하지만, 강자에겐 한없이 강한 사람"이라며 너절한 자랑을 늘어놓던 후보가 있었는데, 그런 말을 곧이곧대로 믿으면 자칫 인생 망가지는 수가 있다. 실은 '저보다 잘난 놈, 남 잘되는 것 두고 못 본다'는 말의 위선적 표현으로 이해하면 된다. 물론 그런 말을 하는 당사자 자신도 그 사실을 전혀 모른다. 그러니까 주제 파악 못하고 나라를 말아먹겠다고 나선 것이겠다. 기실 강자에겐 약하고, 약자에겐 강한 것이 자연의 법칙. 강국 옆에 붙은 작은 나라가 사대하지 않으면? 작금의 대한민국처럼 주변에 모조리 수퍼갑(甲)들만 득실거리는데, 사대 대신 거역(拒逆)하고 역린(逆鱗)해서 자존심을 지키겠다? 더구나 약육강식의 정글, 글로벌 비즈니스 세계라면? 말 그대로 밥이다.

실제로 이 민족이 사대를 잘해서 나라를 구한 적이 한두 번이던가? 당(唐)의 힘을 빌린 신라의 삼국 통일, 명(明)의 지원으로 임진왜란 승리, 미국 덕분에 해방되고 한국전쟁 승리하고 아시아에서 모범적인 민주국가가 되지 않았나? 사대 없는 외교가 있다든가? 일본 역시 지금껏 미국을 상대로 한국과 사대 경쟁을 해오고 있지 않았나? 그러니 이왕 사대를 하려면 철저하게, 교묘하게, 은근하게, 그리고 지혜롭게 하자는 거다. 당연히 사대할 상대를 잘 고르는 것이 무엇보다 중요한 일. 미련하면 북한이나 쿠바 꼴 난다.

문제는 그 근성(根性)과 그로 인한 열등감과 자괴감이다.

맹목적 사대, 백골이 진토가 되도록 일편단심 고집스런 한국의 사대. 중국으로부터 과거제도를 도입한 고려 중기 이후 중국에 대한 초지일관 사대를 마치 선비(文士)들의 지조인 양하다가 그만 민족의 웅지(武雄)를 뿌리째 말려 버린 것이겠다. 조선 당파 싸움도 따지고 보면 사대 싸움이겠다. 누가 더 사대적인가를 내걸고 사대부(文臣)들끼리 밥그릇 싸움한 것 아닌가? 무신(武臣)들은 생리적으로 사대를 못한다. 해서 공을 세운 장수는 물론 왕이라 해도 무골(武骨)이면 죽이거나 내쫓지 않았던가?

사대가 오래 지속되다 보면 의타심이 생겨나고, 책임감과 공(公)에 대한 개념을 상실하고 만다. 강대국의 보호 아래 주어진 현실에 안주하여 변화를 거부하고, 안빈낙도를 꿈꾸며 제 잇속만 잘 챙기면 된다. 그러나 얻는 게 있으면 반드시 잃는 게 있기 마련. 그게 세상 이치겠다. 결국 시대의 변화와 흐름에 능동적으로 대처하지 못하고, 국제 정세에 어두워 돌이킬 수 없는 낭패를 당하게 된다. 현실 감각이 떨어지고 스스로 생각하는 능력, 해결하고자 하는 의지를 상실한 채 문화 창조의 활력을 잃고 결국 변방의 속국으로 전락하고 만다. 뒤늦게 사대의 무서움을 알아차리고 되돌려 보려고 몸부림치는 작금의 일본이 그 대표적인 케이스겠다. 만만한 한국과의 갈등을 조장하지만, 그마저도 실은 미국을 두고 벌이는 사대 경쟁이다. 김대중 정부의 햇볕정책, 노무현 정부의 굴욕적인 남북정상회담, 그리고 그 주변머리 머릿니들의

미용사들의 재능기부 무료봉사? 뻑하면 삭발식! 글로벌 시대의 대한민국 품격? 2013년 11월 6일, 통합진보당 의원단이 6일 국회의사당 앞에서 열린 통합진보당사수결의대회에서 위헌정당 해산심판 청구에 항의하며 삭발식을 하고 있다. 백여 년 전 단발령을 거부하던 조상들과 삭발로 항의하는 이들과는 무슨 인과관계가 있을까? 삭발의 의미란 원래 개과천선이 아니던가? 언제까지 이같이 빈곤한 상상력이 되풀이되는 상투적인 퍼포먼스를 봐야 하는지! ⓒ데일리안

한국 민주주의의 밑천? 대한민국 공격(公格)의 현주소! 2013년 무덥던 여름 내내 시청 앞 서울 광장에서 천막 노숙한 김한길 민주통합당 대표. 투쟁 혹은 투정? 낭만 혹은 주접? 끊을 수 없는 후진적 한국병, 전시행정, 전시해외순방, 전시봉사, 전시투쟁. 드라마나 현실이나 모조리 막장 품격이다. "국민과 함께 가겠습니다!"라고 외치지만 정작 이들과 함께 가고 싶은 국민이 얼마나 될지 의아스럽다. ⓒ연합뉴스

긁어댐도 따지고 보면 모두 사대 근성에서 비롯된 것이겠다. 미국이라는 믿는 구석이 없었다면 과연 그럴 수 있었을까? 실상은 주인 의식 부재다. 문(文)은 주인을 가리지 않는다. 한국의 보수가 사대를 고수하고, 진보가 주체를 주창하는 기형적 행태를 보이는 것도 그 때문이겠다.

품격을 잃으면 사람은 한없이 비겁해지고, 뻔뻔해질 수 있다. 막살게 된다는 말이다.

세계로 힘차게 뻗어 나아가는 이때, 변화를 거부하는 한국의 일부 찌질한 부류들의 과거사 혹은 현대사 논쟁 멱살잡이도 어쩌면 사대 근성 때문은 아닐는지. 기실 그들은 진보주의자도 아니다. 그냥 가장자리로 밀려난, 해서 다시 본류에 뛰어들기를 포기한 채 미래로 나아가기를 거부하고 있는 것이겠다. 그렇다고 자기 부정할 용기도 없다. 자신이 누구보다 의로운데도 불구하고 이렇게 못 가진 건 모두 이승만 때문에! 미국 때문에! 박정희 때문에! 그 딸 때문에! 교과서 때문에! 삼성 때문에! 강남 부자들 때문에! 왜 김일성 때문이라고는 한번도 생각해 보지 않는지? 결국 자신의 무능함에 대한 분노, 열등의 원인을 과거사와 그 과거사의 주연들, 그리고 성공한 주변인들에게로 돌리고자 하는 한(恨)의 표출이다.

그렇게라도 자신을 그 적(?)들과 대치시킴으로써 신분 상승한 듯한 착각에서 희열을 얻는다. 그리고 그 허상에 현혹되어 자신을 교주로 떠받드는 똘마니들을 데리고 약자 편에 서면 무조건 정의인 양 의혈단 행세하며 시빗거리를 찾아 팔뚝질을 해댄다. 실상은 별볼일없어진 자신의 삶에 대한 보상이라도 뜯어 내려는 타락한 이상주의자, 최고권력에 대들어 박해받는 것 외엔 자신의 희생을 바칠 길이 없는 붉은 성직자들, 낙오로 배알이 뒤틀린 식자(識者), 밑천 없이 신분 상승을 꿈꾸는 기회주의자, 시비와 투쟁을 직업으로 삼은 쭉정이 민주투사들, 한국형 기식(寄食)조폭이라 하겠다.

뻑하면 큰방 두고 천막 노숙, 삭발, 단식 투쟁하는 정치인들. 바쁜 경제인들 불러서 떼지어 들러리 세우는 대통령 해외 순방. 최고지도자의 국위 선양 해외 패션쇼에 넋나간 국민들. 변함 없는 70년대 프레임 그대로다. 흑백사진으로 뽑아 새마을기념관이나 근현대사박물관에 걸어 놓아도 잘 어울릴 듯하다.

그렇게 한 많은 민족! 그 한(恨)의 뿌리는 사대 근성이라 하겠다. 정(情)이니 한(恨)이니 하는 것도 모두 근성이다. 감정(忄, 心), 즉 사적(私的) 영역이다. 사대는 공(公)이지만, 근성은 사(私)이다.

개성과 다양성, 심지어 발칙함까지 존중받는 시대에 국민대통합을 부르짖는 건 실은 난센스다. 공(公)에는 갈등이 없다. 공(公) 없인 통합 없다. 공(公)이 바로 서면 갈등이니 화합이니 하는 말 굳이 필요 없어진다. 공(公) 안에서는 토론과 논쟁이 조정을 통해 조화를 이루지만, 사(私) 안에서는 갈등과 분파로 귀결된다.

지금 이 땅에서는 사(私)가 공(公)을 앞서고 있다. 공(公)도 모르면서 공당(公黨)·공인(公人) 운운 조선 선비들 흉내내며 당파 싸움하는 국회의원들이 그 좋은 예다. '타락한 이념'을 내걸고 이략(利略)을 좇는 사당(私黨)패들이다. 입으로는 '창조' '진보'를 외치지만, 정작 대부분의 에너지를 수구적 당파 싸움에 다 쏟아붓는 어리석음도 그 때문이다.

품격(品格) 없이는 공격(公格)도 없다.

유사 이래의 풍요 속에 한국사회는 보편적 가치 추구에 대한 신뢰 없이 오직 개인의 이기적인 삶만 추구하는 풍조가 만연해져 버렸다. 사교육 앞에 공교육이 무너지는 것도 제 자식만 잘 가르치겠다는 욕심에서 비롯된 일이겠다. 아무렴 한국인에게 가장 부족한 것이 바로 이 공(公)의 의식이다. 공공의 의식 없이는 절대 선진사회로 못 올라간다. 먼저 공사(公私)를 구분하는 글로벌 마인드부터 길러야 한다. 거기서부터 품(品)과 격(格)을 보는 안목이 생긴다. 세상을 바로 보는 분별심이 생긴다.

사대를 하더라도 품격은 있어야 한다.

다시 6자회담. 세계 역사상 이보다 더 지독한 사대의 굴레가 어디 또 있었던가? 피할 수 없다면 차라리 적극적으로 맞부딪쳐야 한다. 기실 전쟁을 혐오한다는 평화주의자들이 가장 지독한 사대주의자들이며, 사대를 부끄러워해서는 결코 사대의 굴레에서 벗어날 수 없다는 두 역설을 명심해서 이왕지사 부디 현명한 사대로 기필코 우리 세대가 남북 통일을 해내어야 한다. 덩샤오핑(鄧小平)은 흑묘백묘론(黑猫白猫論)으로 중국을 개혁 개방으로 이끌었다. 사대든 주체든 어쨌든 잘살아 보고자 하는 일이겠다. 그 길만이 사대 근성을 떨쳐내는 길이다.

한국은 품질경영·기술경영을 넘어 이젠 품격경영의 시대로 접어들고 있다. 글로벌 마인드로 세상을 보는 시야를 넓히고, 글로벌 매너로 세계의 리더들과 천하를 논할 수 있는 소통 능력·협상 능력을 키워나가는 일이 그 무엇보다도 시급한 일이다.

제II부

위기 탈출, 새 국부 창조의 기본기

상위 1%를 위한 고품격 비즈니스 실전 매너

Upper Classes' Manners Requisite for

Their Global Business Games

신사와 숙녀! 정품격 모델 폼으로 어린 숙녀를 환대하고 있는 블라디미르 푸틴 러시아 대통령. 숙녀를 오른쪽에 앉히고 케어하는 것이 정격이다. ⓒ로이터

　　어린이라 할지라도 성인과 동등한 대우를 하는 푸틴 대통령과 소아암 환자 소냐 양(8세). 한국인들이 자칫 오만불손하다고 무작정 오해하기 쉬운 푸틴 대통령의 '영웅 본색'을 보여주는 사진이다. 러시아 국가 지도자와 어린 국민의 사회 교섭 문화의 내공을 보여주는 정품격 모델 폼. 두 사람 모두 정장에 리본으로 앙상블을 이뤘다. 어린이의 두 손이 테이블 위에 바르게 올려져 있고, 자세 또한 바르다. 의자 높이도 불편함이 없도록 조정되었다.

　　만약 이러한 경우라면 대한민국의 대통령은 어떤 매너로 어린아이를 맞을까? 이 사진 앞에서 대한민국을 동방예의지국이라고 자신 있게 일컬을 수 있을까? 대한민국은 러시아를 몰라도 너무 모른다. 세계를 몰라도 너무 모른다. 고수에겐 세상의 그 어떤 적보다도 단 한 명의 고수가 더 두려운 법이다. 푸틴 대통령이 대한민국에 자신과 맞장뜰 만한, 혹은 그 이상의 글로벌 매너 내공을 지닌 인물이 있다는 소문만 들었어도 방한중 그토록 무례한 행동을 범하지는 않았을 것이다. 청와대에 위의 사진처럼 우아하게 함께 밥먹어 줄 사람만 있었어도 지각하지 않았을 것이라는 말이다. 아무렴 이런 게 정품격 사진이다. 대한민국에서도 하루빨리 이만한 사진이 나와야 한다. 이 책이 추구하는 목표이기도 하다.

요즈음 악전고투 끝에 그나마 운이 좋아 성공한 한국의 오피니언 리더들과 실전 경험 전무한 강사들까지 너나없이 나서서 젊은이들에게 "좋아하는 일, 해외에서 찾아라!" "신흥 지역을 노려라"며 멘토링을 하고 있다. 누가 그걸 모르랴! 문제는 젊은이나 중소기업인들이 세계로 나아가는 구체적인 방법을 누구도 제시해 주지 못하고 있다는 사실이다. 그저 우리보다 후진국에 가면 쉽게 성공할 수 있을 것이란 안일한 헛소리를 무책임하게 내뱉고 있다. 또 중국 시장에 진출하려면 '콴시(關係)'가 중요하니 그걸 잘 이용해야 한다고 역설한다. 아무렴 콴시(인적 네트워크)가 중요하지 않은 나라가 있던가? 그러면서도 정작 그 콴시를 엮어내는 실질적인 방법은 얘기해 주지 못하고 있다.

게다가 왜 허구한 날 만만한 후진국이고 개발도상국인가? 이왕지사 선진국에 진출해서 글로벌 비즈니스계의 주류들과 함께 일해야 하지 않겠는가? 세계의 건설 현장을 누비던 노가다세대, 인건비 싼 후진국을 전전하며 공장 돌리고 있는 기성세대보다는 한걸음 더 진일보하여 세계 대도시 빌딩숲을 헤집고 다니는 오피니언 리더로 살아가야 하지 않겠는가? 삼성전자처럼 대륙의 중심 선진시장, 글로벌 본선무대에서 일류들과 당당히 겨루며 함께 살아가야 하지 않겠는가? 그래야 설령 실패를 하더라도 배울 게 있지 않겠는가? 아무렴 젊은이들더러 후진국에 진출하라고 벤처사업 권장하는 것은 아닐 터이다.

그리고 온갖 분야 전문가들이 글로벌 경영 전략, 국가 이미지 혹은 디자인 전략에 관한 수없이 많은 아이디어를 나열하고 있지만 정작 그것들을 담을 수 있는 그릇, 하나로 꿰어 재창조 가능케 할 구체적이고 실천적인 도구를 제시하지 못하고 있다. 그것이 바로 글로벌 소통 매너다.

한국의 국민소득이 2만 불을 넘어선 이래 경제전문가들은 한목소리로 4만 불을 달성하려면 서비스산업을 선진국 수준으로 육성하지 않으면 안 된다고 주창해 왔다. 제조업, 즉 땀과 기술만으로는 4만 불을 달성할 수 없다는 말이겠다. 결국 서비스산업을 발전시켜 부가가치를 높여야 된다는 말인데, 문제는 이 서비스산업이 정부가 적극 지원한다고 하루아침에 육성되지 않는다는 데 있다. 문화와 품격이 받쳐 주지 않으면 언제까지나 공염불, 지난 이명박 정부의 자원 외교, 한식 세계화 사업처럼 밑 빠진 독에 물 붓기가 될 수밖에 없다. 글로벌 소통 도구, 고품격 교섭 문화, 사회 문화적 교감 능력 없인 이윤 창출, 부가가치 증폭이 불가능하기 때문이다.

특히나 고부가가치 서비스산업인 금융업은 위험부담도 큰 만큼 신뢰를 최고로 중시한다. 그렇다면 그 신뢰를 무엇으로 판단하고 구축할 것인가? 매너 없인 서비스산업 선진화 없다. 한국이 글로벌 금융 무대에 발도 못 디디는 건 바로 그 때문이다.

한국의 고도성장을 이끈 가장 큰 요인으로 남다른 교육열을 꼽지만, 진즉부터 질적인 변화가 요구되어 왔다. 하지만 구체적인 방법론을 찾지 못한 채 그 관성을 멈추지 못하고 교육망국론으로까지 치닫고 있다. 초고층 빌딩 높이 경쟁하듯 막가파식 학벌 경쟁! 그 지나침이 글로벌 시대에 오히려 짐이 되고 있다. 시험기계들이 서비스산업을? 상상조차 잘 안 된다. 조기유학이나 어학연수가 글로벌 교육이 아니다. 하버드대학을 졸업하고도 글로벌 무대에 발도 제대로 못 디며 보고 국내로 쫓겨 들어오고 있지 않은가? 사회성 혹은 시민성이란 세상과 소통할 줄 아는 능력이다. 진정한 글로벌 교육이란 스펙쌓기가 아니라 품격 교육, 즉 매너 교육이다. 고품격의 서비스산업을 지향하려면 고품격의 글로벌 매너 교육이 반드시 선행되어야 한다. 한국이 2만 불대를 좀처럼 넘어서지 못하는 가장 근본적인 이유가 바로 여기에 있다.

아직도 대부분의 한국인들은 대화만이 소통인 줄로 알고 있다. 하여 어떤 경영자는 혁신의 마지막 퍼즐이 소통이라며 경청을 강조하기도 한다. 그러나 대화나 경청은 수많은 소통 도구 중의 하나일 뿐, 진정한 소통은 매너에서 나온다. 매너 없인 혁신 없다.

제II부는 글로벌 비즈니스 무대에서 살아남기 위한 실전 매너를 다루었다.

'글로벌 매너'라고는 하지만 기실 딱히 정해진 것은 없다. 또 국제적으로 통용되는 용어도 아니다. 세계화와 더불어 수년 전부터 우리의 국내 통용 한국식(로컬) 매너와 구분짓기 위해 자연스레 사용하고 있다. 보다 정확하게 표현하자면 '글로벌 선진문명사회권에서 공통적으로 통용되는 비즈니스 매너'가 되겠다. 그러니까 '전 세계 글로벌 사회에서 현재 통용되고 있는 선진 매너'를 가리키는 말이다. 임상적으로는 유럽 등 서구사회의 일반적인, 중국 본토와 글로벌 화교사회 중상층에서도 같이 행해지는 정규 비즈니스 교섭 문화다.

글로벌 비즈니스에서 매너가 잘못되면 첫인상부터 구기게 되고, 인맥 형성에 무리가 많다. 그리하여 현안 입찰 수주에서 떨어지기 쉽고, 난관 돌파가 어렵게 된다. 왜냐하면 글로벌 비즈니스 매너는 인사치레가 아니고 비즈니스 상대방과는 물론 비즈니스 그 자체, 즉 비즈니스 각 요소와의 긴밀한 소통이기 때문이다.

하여 때로는 지나칠 정도로 엄격하다고 불평할 수도 있겠으나, 기실 그만큼 디테일하지 않고서는 결코 글로벌 큰물에서 놀 수가 없음을 명심해야 한다. 그동안 배운 국내 사교 모임 에티켓 수준의 매너, CS 강사들에 의한 처세술 수준의 성공 전략은 다 잊고 글로벌 비즈니스 전사로서 갖춰야 할 정품격 매너의 기본기부터 철저하게 익혀 나가야 할 것이다. 낭만적이고 사적인 한국적 감성 취향으로 포장된 에티켓을 비즈니스 매너인 양 착각하고 글로벌 무대에 올랐다간 바로 죽음이다. 그곳은 철저하게 계산되고 다듬어진 고품격 매너로 승부하는 전장(戰場)터다.

21

글로벌 매너의 목표는 창조적 비즈니스 협상력 배양!

리걸 마인드, 소통의 상상력과 솔루션을 창출해 내는 휴먼인터페이스! | 유대인 변호사는 이기는 법을 안다 | 영미법적 사고만이 글로벌 무대에서 살아남아 | 한국적 로컬 마인드의 본질과 그 한계 | 한국 정치나 국제업무 취급 로펌이 삼류를 못 벗어나는 이유 | 글로벌 무대는 살판 아니면 죽을판 | 글로벌 비즈니스 매너의 목표는 창조적 비즈니스 협상력 배양 | 글로벌 비즈니스 세계에서 '원-원'은 철부지!

글로벌 매너 부재 때문에 한국의 대외관계는 거의 모든 일에서 사고가 터진다. 이때 현실에 대한 정확한 인식이 있어야 사고 처리가 가능한데, 그러기 위해서는 인간적 신뢰가 비즈니스에 우선한다는 사실부터 인식해야 한다. 해서 매너가 없으면 불가능하다. 매너가 있으면 깨어진 것도 도로 붙이기가 가능하다. 왜냐하면 매너란 인간적 신뢰를 구축하는 도구이기 때문이다. 그런 다음 구체적 해결책을 찾아내야 하는데, 그러려면 창조적 상상력이 있어야 한다. 하지만 한국인들은 이것 또한 부재 상태다. 현장의 직접적인 경험으론 한계가 있을 수밖에 없는 일. 결국 간접적인 경험으로 상상을 키워야 하는데 한국인들은 그런 훈련을 거의 받지 못했다.

리걸 마인드, 소통의 상상력과 솔루션을 창출해 내는 휴먼인터페이스!

예전에 〈하버드대학의 공부벌레들〉이란 미국 드라마가 있었다. 그 드라마에 나오는 하버드 법대의 공부 방식은 한국과는 사뭇 다르다. 육법전서와 예상문제 모범답안 족보 달달 외우기만 하면 되는 한국식이 아니다. 영미법은 철저하게 판례를 기초로 하고 있다. 하여 그때마다 모든 케이스(판례)를 다 찾아 읽어 그곳에서 구체적인 진실, 즉 법을 찾아내야 한다. 몽상적 상상력이 아니라 방대한 현실 사례에서 나온 실증적 연구, 모두가 현실에서 일어날 수 있는 일들, 수많은 시행착오를 거치면서 대안을 만들어 내는 훈련을 하는 것이다. 그런 법적인 소양, 법을 만들어 내는 상상력, 즉 '리걸 마인드(Legal Mind)'를 키우기 위해 코피 쏟으며 밤을 새우는 것이다.

비즈니스 세계에서 벌어지는 오만 가지 일에 대한 판례를 모두 섭렵해야만 사건에 대처하고 해결할 수 있는 능력이 생긴다. 리걸 마인드 없인 불가능한 일이라 하겠다. 그런데 전 세계에서 상상력이 가장 풍부한 변호사는 유대인 변호사들이다. 그들은 초등학교 때부터 그런 훈련을 받아왔다. 가능한 변수에 대한 탐색, 그리고 해법찾기! 《탈무드》가 바로 그 교과서이다. 유대인 변호사들이 창의적인 소송 전략을 짜내는 데 능한 이유가 거기에 있다.

유대인 변호사라면 어떻게 할까?

예를 하나 만들어 보자. 2002년 6월 13일, 훈련중인 미군 장갑차에 한국의 여학생 신효순·심미선 양이 희생당한 사건이 있었다. 이에 수많은 국민들이 미국의 사과를 받아내려 촛불시위를 벌인 사건이 있었는데, 만약 그 사건을 유대인 변호사에게 맡겼더라면 어떻게 했을까?

그 유대인 변호사는 틀림없이 미국에서 좌파 성향의 판사가 있는 연방법원에다 소송을 제기할 것이다. 이때 소송 피고는 사건을 일으킨 바로 그 장갑차다. 그게 무슨 소리냐? 물건이 어찌 소송의 당사자가 될 수 있느냐? 바로 그거다. 아주 오래전 마차를 상대로 소송을 제기한 판례가 있었다. 따라서 이 소송은 받아들여질 것이고, 이미 그것만으로도 전 세계 토픽감이다. 하여 먼저 이 사건에 대한 세계인의 관심을 유도해 낸다. 그런 다음 그 장갑차의 관리책임자인 중대장을, 다음으론 주한미군 최고책임자인 미8군사령관을 공동피고인으로! 이렇게 한 발짝 한 발짝 미 대통령을 향해 전진하는 것이다. 미국법에는 소송이 성립되면 피고는 반드시 법정에 서게 되어 있다. 사건의 진실이나 승패와 상관없이 대통령이 법정에 선다는 건 있을 수 없는 일! 결국 어느 선에서 타협하자고 나올 수밖에 없다.

유대인 변호사는 이기는 법을 안다

자, 이런 리걸 마인드로 애플사와 삼성전자 간의 스마트폰 라운드 모서리 특허 분쟁에 대한 해결책을 찾아보자.

유대인 변호사라면 LA·뉴욕 한국교민사회 슈퍼나 백화점을 다 뒤졌을 것이다. 그러다가 식품 코너에서 한국으로부터 온 작은 캔 하나를 발견한다. 샘표식품에서 나온 깻잎 통조림이다. 중동 근로자나 LA와 뉴욕 교민들을 위해 개발한 제품이다. 제품 출시 연도 및 미국 수입 연도 확인 후 샘표식품과 협상하거나 아예 회사를 사버린다. 그런 다음 이 깻잎 통조림 디자인을 도용했다며 애플사를 제소하거나, 둥

애플의 삼성 특허 침해 분쟁에 깻잎 통조림 솔루션 제시하는 한국 네티즌 집단지성의 힘! [샘표식품 이벤트 홍보 화면 캡처]

근 모서리는 한국의 일상적인 디자인으로서 문명화된 인간이라면 누구나의 보편적인 생각에서 나올 수 있는 디자인이라고 주장한다. 크기까지 비슷해서 일반화(generalization) 요건도 충족시키고 있다. 결국 애플사의 아이폰이 한국의 어느 식품회사 캔의 디자인을 베꼈다더라는 뉴스가 전 세계에 퍼져 나갈 것이고, 사건의 진실이나 소송의 결과와 상관없이 그 자체만으로도 망신이다. 이기거나 지거나 결말이 나면 더 망신이겠다.

따라서 애플사는 서둘러 고소 취하하는 것은 물론 거기에다 덤으로 애플사의 시장점유율 하락까지! 유대인 변호사가 만약 지금이라도 이 캔을 본다면 바로 이 회사를 찾아 애플사를 상대로 어마어마한 돈을 뜯어낼 수 있다며 당장 고소하자고 덤빌 게다.

영미법적 사고만이 글로벌 무대에서 살아남아!

한국 사람들에게 이런 제안을 하면 모두들 예외 없이 말도 안 되는 이야기라며 코웃음칠 것이다. 하지만 이는 장난이 아니다. 실전이다. 말이 되건 안 되건 이기는 게 목적이다. 비즈니스 매너엔 체면이란 없다! 글로벌 비즈니스 세계에서 살아남으려면 이처럼 철저하게 영미법적인 사고를 가져야 한다.

참고로 영미법에서 판사의 역할은 구체적인 법의 진실을 추구하는 것이 아니다. 피고와 원고 간의 소송 진행만 맡을 뿐이다. 권투경기 주심처럼 어느쪽의 법적 논리가 맞는지 손들어 주는 것이다. 진리보다 말싸움에서 이기는 것, 따라서 우기고 논점을 부각시켜 '이거다!'라고 주장해서 타당하면 손들어 준다. 그러니 한국의 형사소송법적 OX 마인드로는 미국에서의 민사소송에서 절대 이길 수가 없다. 유대인 변호사라면 승소 가능한 논점을 잘 집어낼 것이다. 삼성전자 휴대전화기의 둥근 모서리가 "특허 침해를 했느냐, 안했느냐"로 말려들 것이 아니라, "이거 특허 아니네!"로 판을 뒤집는 논리를 제시할 것이다. 리걸 마인드에서만이 이런 창의적인 전략이 즉각적으로 가능하다.

열린 사고, 글로벌 마인드로 창조경영을!

중국의 덩샤오핑(鄧小平)은 직접 남방 시찰로 현장 탐색한 다음 광둥성을 시험적으로 개방하여 그 가능성을 테스트하였다. 이런 게 입법 기술이다. 4대강 개발 역시 이처럼 가장 오염이 심한 영산강부터 먼저 시행해서 그 결과를 보고 나머지 강으로 확대하였어야 했다. 결과가 좋다면 다음 정권에서도 안할 수가 없을 게다. 한국의 어린이집에 국가가 지원하였을 적에 과연 그 지원이 어린이들에게 돌아가는지를 특정 지역을 정해 먼저 시뮬레이션하고서 전국적으로 확대하였어야 했다.

진주의료원 분쟁도 가령 병원을 반으로 나누어 철저히 분리회계하되 반은 노조에게, 반은 비노조에게 운영을 맡겨 1년 후 재정과 만족도를 평가하되 만약 노조측이 우등하면 도지사가 물러나고, 그 반대이면 손해액을 노조원들이 변상하라는 제안을 한다. 상대의 억지를 강압으로 맞설 것이 아니라 이처럼 논리적으로, 체계적으로 항복시켰어야 한다.

이런 게 리걸 마인드다. 글로벌 매너란 글로벌 마인드로 세상을 보는 시야와 시각, 상대방에 대한 인식, 그리고 소통 능력을 키우는 것이다. 거기에다 리걸 마인드까지 갖추면 솔루션을 쉬이 창출해 내는 휴먼인터페이스가 가능해진다. 그게 광의의 매너다. 글로벌 비즈니스 매너의 목표는 이같은 창조적 비즈니스 협상력 배양이다!

리걸 마인드라야 창조적 솔루션 창출!

기업경영뿐만 아니라 국가경영에서도 가장 중요한 것이 바로 이런 리걸 마인드다. 그래야 창조경영, 창조경제가 가능해진다. "마누라 빼고 다 바꾸자!"던 삼성그룹 이건희 회장의 구호도 바로 이런 창의적인 사고를 요구한 것이겠다. 하지만 한국의 변호사·관료·의원·대통령은 이게 안 되는 바람에 허구한 날 엉터리 법만 만들어 내는 것이다. 리걸 마인드가 없으니 입법 능력, 입법 기술이 형편없다 못해 아예 없는 것이다. 법무사나 대서방 주인이라도 육법전서 놓고 소송할 수 있는 한국적 실정법하에서의 변호사는 자격증 하나로 돈 거저먹는 거나 다름없다 하겠다. 게다가 로비나 전관예우로 성공 보너스까지 챙기는 건 강도와 다름없는 법도둑이라 하겠다. 한국 정치나 국제업무 취급 로펌이 삼류를 못 벗어나는 이유다.

'악법도 법이다!'를 신주처럼 받드는 한국적 실정법 마인드로는 영미법적 유연한 사고를 지니기 쉽지 않다. 그러니 상식과 염치만으로도 충분히 타협할 수 있는 문제조차 "법대로 해!"라며 끊임없는 충돌과 갈등을 유발시키고 있는 것이다. 결국 객관식 사고, 수동적 행위, 책임 회피에 젖어 매사에 법과 규정을 들이대며 그 틀을 벗어나지 못하고 정해진 울타리 안에 안주하려 든다. 하여 법망에만 걸리지 않으면 무슨 짓을 해도 괜찮다는 자폐적 부정을 서슴없이 저지르는 것이다.

그러다 보니 숫자에 밝은 사람일수록 숫자에서 못 벗어나고, 법에 밝은 사람일수록 법의 테두리를 벗어나는 사고를 하지 못한다. 관료나 공무원에게 아무리 변화·혁신·도전·창조를 강요해도 쇠귀에 경 읽기인 이유가 여기에 있다. 한국인의 이 고질병, 쇄국적 사고 방식을 치유하지 않고는 선진 주류사회로의 편입이 불가능하다.

한국적 로컬 마인드의 본질과 그 한계

여름 휴가를 마치고 온 박대통령이 "국무위원들은 각 부처가 가진 문제점을 바로잡고, 공무원들이 과거에 안주하지 않고, 과거의 잘못된 관행을 고치는 것을 두려워하지 않고, 새 변화와 도전에 적극 나서 개혁에 동참할 수 있도록 해 달라"고 주문하며, 또 "세계를 상대로 외교력을 넓히며, 경제를 살리는 데 혼신의 노력을 다하는 대한민국의 세일즈 외교 대통령으로 새로운 도전에 나서려고 한다"고 했다. 그러면서 '새로운 도전' 네 차례, '새로운 변화'를 무려 여섯 차례나 반복해서 강조했다 한다. 오죽 답답했으면 그렇게 닦달해댔을까마는, 대통령 본인에게야 새로운 도전이고 변화일 수도 있겠으나 국민들에겐 귀가 따가운 상투적 구호일 뿐이겠다. 솔루션 창출 불가능한 관료들에게서 결과물이 나올 리 만무한 일. 날이 갈수록 갑갑증만 더해 갈 것 같다.

최근 미국 오바마 대통령은 국제무역위원회(ITC) 판결로 예고된 애플사의 삼성전자 특허 침해제품 수입금지 처분에 대해 거부권을 행사했다. 유대인 변호사라면 거부권 행사를 기정사실로 하고 선제적 대응을 하였을 것이다.

리걸 마인드적인 열린 사고에서 창조적 솔루션 창출이 보다 쉬울 것은 불문가지겠다. 매사에 실정법·규정·규칙을 들이대며 칸막이치기, 최고존엄자의 말씀 받아쓰기에 습관이 된 한국적 고루한 사고로는 글로벌 무대에서 살아남기가 그만큼 힘든 것이다. 이번 정권은 원칙을 강조하면서 동시에 창조를 강요하고 있다. 얼핏 모순이다. '원칙대로!' '법대로!'란 칸막이에서 창조가 나올 리 없다. 창조란 원칙과 틀을 깨는 데서 나오기에 말이다. 이대로라면 '창조경제'는 5년짜리 메아리에 그칠 공산이 크다 하겠다.

Tip 글로벌 비즈니스 세계에서 '윈-윈'은 철부지!

한국의 남사당패 놀이 가운데 외줄타기가 있다. 이를 두고 '살판' '죽을판'이란 말이 나왔다. 글로벌 본선무대가 바로 이 외줄타기와 똑같다고 하겠다. 대충으로는 바로 떨어져 죽는다. 100% 아니면 다 죽는다. 정규 비즈니스 주체자 외에 특히 사회 초년생이나 하위의 단순기능직은 모두 '죽을판'이다.

모 대기업 사원 교육 프로그램을 보니 '윈-윈' 전략이 어쩌고 하는 강의 제목이 있어 참으로 어이없어 한 일이 있다.

'윈-윈'이라니? 우리 사회에 언제부터인가 이런 얼핏 그럴싸한 용어가 아무런 거리낌 없이 유통되고 있지만 실은 허상이자 위선에 불과하다. 글로벌 실전 경험이 전무한 날라리 강사들이 그게 무슨 대단히 민주적이고 지혜로운 전략인 양 떠벌리고 다니는 게다. 그 말에 현혹된 철부지들이 애용하는 용어겠다.

글로벌 비즈니스 협상에서 '윈-윈'이란 있을 수 없다. 전심전력으로 철저하게 싸워서 이겨야 한다. 전인적으로 성품을 다해 소통하고 리드해서 마지막 1베이시스포인트(0.01%) 단위까지 악착같이 이익을 추구해야 한다. 혹여 승자의 자비라면 모르겠지만 패자의 '윈-윈'은 없다. 당장 기억에서 지워야 할 용어다.

한국은 1조 달러의 무역대국이다. 상당수의 한국인들이 세계 상위 3% 이내에 들 만큼 이미 상류층이다. 따라서 1조 달러의 코리아 위상을 등에 업고 할 수 있는 일이 무한히 많다. 한국이란 국가 브랜드를 차용해서 얼마든지 창의적인 비즈니스를 해낼 수 있다는 말이다. 그럼에도 불구하고 그저 월급쟁이적인 열등감에 갇혀 날아오를 생각을 못하고 있다. 글로벌 매너를 익히지 못해 자신감이 없기 때문이다. 매너만이 그 잠재력을 발휘시킬 수 있다.

22 비즈니스, 상대방 인식에서부터 시작한다

초대받지 못하는 한국의 지도자들 I 자국민도 이해 못하는 '그랜드 바겐' '신뢰 프로세스' I '왜곡'이란 단어를 모르는 일본인들을 향해 '역사 왜곡' I 다이내믹을 깡패(gangsters)를 연상시키는 단어로 여기는 서구인들을 향해 '다이내믹 코리아' I 공양미 3백 석만으로는 심봉사 눈 못 뜬다 I 자기 생각만 하는 사람은 문명인이 아니다! I 서구 교섭 문화의 주요 개념, 멍에에 대한 오해와 진실 I 테이블·핸드백·손 뒤로 숨지 마라!

눈뜬 심봉사, 심청이를 알아보았을까? 보는 것도 어린 시절에 배워야 가능하다는 사실이 연구 결과 밝혀졌다고 한다. 미국 캘리포니아대학의 아이온 파인 박사팀은 40년 전, 그러니까 세 살 때 시력을 잃고 눈이 멀어 버린 마이클 메이의 시력을 각막 줄기세포 이식수술을 통해 회복시켜 사물의 빛깔이며 형태·움직임 등을 정상적으로 볼 수 있게 하였다. 그런데 문제는 메이가 사람의 얼굴과 표정을 알아보는 데 어려움을 겪는다는 것이다. 아마도 사람 얼굴, 즉 감정 표현을 알아볼 때 기능하는 뇌의 특정 영역이 이미 다른 용도로 쓰였을 가능성이 크다고 한다.

글로벌 매너 역시 마찬가지이다. 일찍이 배우지 못한 사람은 대통령이 되어서도 그런 게 있는 줄을, 그리고 남들이 하는 것을 보고도 그게 뭔지를 깨닫지 못한다.

지난 정부 때, 인도 원자력발전소 수주 지원차 이명박 대통령이 국빈 자격으로 인도를 방문한 바 있다. 대통령 내외는 물론 딸과 외손녀까지 대동한 방문이었다 한데 이때의 대통령 가족은 물론 함께 수행한 여성 인사의 복장이 하나들같이 하층민 매너를 벗어나지 못해 이미지 다 구겼었다.

인도는 우리가 아는 것처럼 그렇게 간단한 후진국이 아니다. 상류층 사람들의 매너와 품격은 세계 최고 수준이다. 대통령 가족 방문 행사에 영접 나온 인도 사람들은 물론하고 동원된 아이들조차 긴소매 정장을 하였는데, 한국의 대통령 가족들은 반소매, 상의 미착용에 미국 하층민 원조 힙합 스타일 복장이었다. 인도가 어떤 나라인지 전혀 공부하지 않고 일가족 해외 관광하듯 간 것이다.

아무튼 반드시 그 때문이라고는 확인할 수 없겠지만, 결과적으로 원전 수주가 프랑스로 넘어가 버렸다. 어쩌면 그 원인이 대통령 일행들의 어글리 코리언 매너 때문은 아니었을까? 아슬아슬한 경쟁 구도에서는 이런 사소한 매너 하나가 승패를 좌우하는 것이 비즈니스 세계에선 흔한 일이기에 말이다.

당달봉사 어글리 코리언

한국인의 습성 중 가장 나쁜 것이 바로 상대에 대한 인식이 전혀 없다는 점이다. 이게 표면에 노출되면서, 서양인·중국인 비즈니스 고수들에게 간파되면서 글로벌 무대에서 바로 어글리 코리언으로 비쳐지고 그에 응당한 대접을 받고 만다.

상대방 인식 부족은 한국인의 고질적인 병폐다. 항상 자기 수준에서 세상을 바라본다. 우물 안 세계관을 상대방, 심지어 외국인들에게도 무차별적으로 적용한다. 자기를 존중할 줄 모르기 때문에 상대를 존중할 줄도 모른다. 당연히 상대로부터 자신이 존중을 받았는지 무시를 당했는지조차 깨닫지 못하는 경우가 비일비재하다.

전두환 전 대통령은 주변 경호원을 부를 때 항상 이름을 불렀다고 한다. 이름이 생각나지 않으면 옆의 비서관에게 물어서 불렀다. 그 외 다른 대통령들은 거의 대부분 "어이!" 또는 "거기!"로 통칭하여 돌아보면 손가락으로 불렀다. 경호원을 인격체로 보지 않고 짐승 내지 도구로 본 것이다.

얼마 전 예술의전당에서 전국 음대가 참여하는 오케스트라 축제가 있었다. 곡이 연주될 때마다 자막에 '베르디의 ○○○' 등등으로 소개하는데, 모조리 작곡자의 퍼스트네임이 빠졌다. 공연이 끝날 때까지 모든 곡을 그런 식으로 소개했다. 도대체 '베르디'는 세상에 단 한 사람밖에 없던가? 아무렴 그렇다 한들 어느 베르디인 줄 모르는 관객이 있으랴마는! 만약 유럽에서 이런 일이 있었다간 최소한 책임자 몇 명은 그날로 해고다. 그런데 한국에선 아무런 문제없이 요란한 박수와 함께 공연이 끝났다. 물론 야단치는 관객은 단 한 명도 없었다. 이게 대한민국 최고지성들의 음악 전당인 '예술의전당' 글로벌 매너 수준이다. 그래 놓고 점잖은 클래식 연주회를 감상하려면 정장을 갖추는 것이 에티켓이라고들 한다. 그러니까 에티켓은 아는데 매너는 빵점이란 얘기다.

상대방 존중은 올바른 칭호부터

사람이라면 당연히 이름이 있다. 아무리 길더라도 정확하게 다 부르고, 다 적어야 한다. 주세페 베르디여야 하고, 버락 오바마여야 한다. 한국에서 하듯 귀찮이즘으로 박통·전통·YS·DJ·MB는 천박함 그 자체이다. 아무리 빨리빨리·대충대충을 좋아하는 국민이지만 적어도 인격체의 호칭만은 그러면 안 된다. 더구나 글자로 명기할 때에는 철저히 본래의 성명을 빠짐없이 챙겨야 한다.

흔한 국제 세미나에서 내외빈을 소개할 때에도 한국인들은 실수를 많이 한다. 참가한 사람보다는 정치인이나 관료 소개하는 데 더 열중하다 보니 정작 참가자에 대해서는 소홀하다. 벼슬 높은 순서대로 몇 사람 소개하다가 "이하 내외빈 여러분"으로 땡처리하는 경우가 많고, 또 이러한 경우를 대수롭지 않은 일로 여기는데 이를 고치지 않으면

일본 하급 사무라이 내지는 상인들의 나쁜 악습을 배운 한국인들의 입 꽉다물기 혹은 삐죽거리기. 입장이 곤란해지자 상대방의 눈길을 자신의 눈에서 다른 곳, 즉 입으로 돌려 난감함을 피하기 위한 무의식적인 동작이다. 그렇지만 아무런 실익 없이 어설픈 속내만 드러내어 이미지만 다구기게 된다. 한국 스타들이 글로벌 광고 모델이 못 되는 치명적인 이유 가운데 하나다. 글로벌 무대에선 이런 표정으론 동정을 받기는커녕 오히려 상대방의 잔인한 폭력성만 유발시킨다. 한국인 모두가 고쳐야 할 습관으로 평소 어떤 난감한 상황에서도 이렇게 속내를 드러내보이지 않는 훈련을 해야 한다. 그게 내공이다.

한국은 언제까지나 삼류 취급받을 수밖에 없다. 지루해하더라도 누구 한 명 빠짐없이 성명과 직책을 또박또박 호명해 줘야 한다. 해당 인사를 찾아 눈까지 바라보며 호명하면 금상첨화 이상인 화룡점정이겠다.

다시 초대받지 못하는 손님

대화에서도 상대를 인식해야 한다. 가령 미국 방문에서 버락 오바마 대통령이 박근혜 대통령에 대하여 "할 말은 하는 지도자. 직설적이다"고 하였지만, 이는 곧 일방적으로 자기 주장을 내세워 집요하게 떼를 써서 무례하다는 외교상의 완곡한 표현이다. 이를 한국인들은 칭찬하는 말인 줄 알고 기고만장해 있다. 또 이번 중국 방문에서도 "잠깐만요!"를 남발해 상대방에게 즉답을 받아내려 채근했는데, 이는 상대방이 곤란해하는 입장을 전혀 고려치 않고 자기 목적만 달성하려는 것으로 외교상으로도 무매너에 해당한다.

더구나 중국은 집단지도체제이기 때문에 내부 검토를 거치지 않고는 누구도 그 자리에서 즉답을 못한다는 사실을 몰랐거나, 이를 대수롭지 않게 여긴 것이다. 예전에 김대중 전 대통령이 김정일에게 그러했고, 노무현 전 대통령도 부시 대통령에게 평화협정 운운하며 기자회견장에서 떼를 쓰다 망신당한 적이 있다.

상대가 대답을 하지 않으면 조용히 따로 특사를 보내는 등 외교 경로를 통해 끈질기게 설득하였어야 했다. 그렇지 않으면 눈치가 없는 사람이거나 막무가내인 못말릴 사람으로 인식될 때가 많다. 열심히 일한다는 이미지를 구축해서 국민들의 지지를 받고, 또 그러기 위해선 당장의 성과를 들고 가야 한다는 조급증 때문에 집요하게 찰거머리처럼 따지고 드는 대통령으로 인상을 남기면, 앞으로 잔여 임기 내내 국제사회에서 기피 대상이 되어 다시는 초대받지 못할 것이다.

[참고] 정통 외교영어 행간 뉘앙스 읽는 법

창의적인 해법이	innovative	참, 딱하게 되어 버렸군요.
놀라운 뉴스다	surprising	깼다, 깨! 불쾌하기까지 하다.
건설적인 대화가	constructive	상호 의견 충돌이 있었다.
솔직한 대화가	frankly	피차간에 고성이 오갔다.

익힌 오리고기 AI 위험 없어요! 대한가정의학회와 대한의사협회가 AI가 한창 위세를 떨치는 2014년 1월 26일 서울 당주동의 한 오리요리 전문점에서 '오리고기, 닭고기 익혀 드시면 안전합니다' 캠페인을 가졌다. 위생 개념 제로 국민계몽? 완전 난센스다. 병원 내 환자들의 병균균으로 오염된 가운으로 식탁을 위협. 그것도 병원 직원용 구내식당도 아닌 시내 일반 대중음식점에서. 자기 입장, 자기 주장만 생각하고 상대방과 객관적 제3자에 대한 인식 불능 한국인의 고질병. 이 사진을 보고 시민들이 오리고기를 먹고 싶은 마음이 오히려 싹 가시지 않을까 싶다. 이왕 도우려면 평상복에다 유명인들 모셔다가 함께 식사하는 장면을 내보내든지, 만약 환자가 생기면 책임지고 무료로 치료해 주는 것은 물론 사망시 거액의 보상금까지 지급하겠다고 하는 것이 진정성 있는 홍보가 되겠다. (참석자 중 인요한 교수만이 의사 가운이 아닌 흰색 점퍼를 입었다.) 한국에선 언제부터인가 입원 환자들이 환자복을 입은 채로 병원 밖을 어슬렁거리는 광경을 흔히 볼 수 있게 되었다. 모두 다 나일론 환자들인가? 만약 병원 쓰레기를 동네 일반 쓰레기통에 버리면 당장 고발이 들어갈 것이다. 의사든 요리사든 가운은 근무 공간 내에서만 입어야 한다. 환자의 병세는 그토록 세심하게 살피는 분들이 이 사진이 나가면 상대(국민)가 어떤 기분으로 받아들일지를 왜 살피지 못하는지 안타깝다. ⓒ연합뉴스

제멋에 겨운 글로벌 선전 문구 '다이내믹 코리아'

2002년 월드컵 축구에서 한국이 4강에 진출했던 그 무렵, 한국이 좀 잘나간다 싶을 때 우리는 '다이내믹 코리아'를 외쳤었다. 사전대로 '역동적인 한국'으로 여겨 자랑스러워하지만, 서구 사람들은 다이내믹을 깡패(gangsters)를 연상시키는 단어로 여긴다. 그러니까 세계 무역질서를 흩뜨리면서 이익을 걷어가는 한국으로 여긴다는 말이다. 그런가 하면 한국에선 쉼없이 역사 교과서 왜곡으로 일본을 성토해대지만, 정작 일본에서는 '왜곡'이란 단어를 쓰지 않아 일본 국민들은 한국인들이 왜 그러는지 이해조차 못하고 오히려 억지 부린다고 생각한다.

탈북하여 남한에서 사는 사람들이 가장 힘들어 하는 것이 영어(외래어)다. 그 바람에 학교 공부를 중도에 포기하는 학생들도 적지않다. 북한에선 그만큼 영어를 싫어한다. 정상회담에서 김정일이 김대중 대통령의 말을 8할밖에 못 알아듣겠다고 짜증을 낸 것도 그 때문이겠다. 노무현 대통령은 '로드 맵'을 애용했었다. 한데 이명박 대통령은 한국인은 물론 미국인들에게도 생소한 '그랜드 바겐'을 북한에 제시했었다. 역시나 이번 박근혜 대통령은 '한반도 신뢰 프로세스'란 걸 들고 나왔다. 대답조차 없는 것은 당연한 일이겠다.

자기 생각만 하는 사람은 문명인이 아니다

글로벌 비즈니스 무대에서 한국인들이 가장 많이 저지르는 실수가 엘리베이터 탈 때 인사할 줄 모르는 것, 복도 지날 때 한쪽 옆으로 붙어서 가지 않는 것, 그리고 가장 중요한 실수는 문을 열고 나갈 때 뒤를 돌아보지 않는다는 점이다. 혹여 뒤따라오는 사람이 자칫 벌컥 열렸다 닫히는 문에 부딪힐 수 있기 때문에 서구인들은 문고리를 잡을 때면 뒤돌아보는 게 습관화되어 있다. 이같이 남을 인식하고 배려하지 않는 실수는 한번만 저질러도 그 동네에서의 비즈니스는 끝장이다.

박찬호 선수가 미국 LA다저스팀에 들어갔을 때, 그가 룸을 비운 사이 누군가가 자신의 비싼 옷을 갈기갈기 찢어 놓았기에 동양인이라 약올리는 줄 알고 화를 내었다고 했다. 실은 그게 신입선수 환영 신고식이었다. 남의 나라에서 자기도 모르는 일이 일어났으면 그게 무슨 일인지 달리 생각해야 하는데, 한국인들은 지레 자기 식으로 단정해 화부터 내고 보는 것이다.

예전에 한국의 어느 정부기관이 어떤 안건에 대해 나라의 크기와 비중이 코끼리와 생쥐 격인 인도와 방글라데시를 한꺼번에 발표하여 인도의 항의를 받고 난리친 사고가 있었다. 또 언젠가는 서울시가 '서울은 멕시코시티보다 공기가 좋습니다'란 홍보 문구를 내걸었다가 주한 멕시코대사관의 거센 항의를 받은 적도 있었다. 백여 년 전 노예로 팔려왔던 노예국이 감히! 상대방에 대한 인식 부재로 그게 무슨 문제냐며 자기 식 기준으로 판단하기 때문에 한국인들은 대외관계에서 매사에 이같은 어이없는 사고를 낸다.

박근혜 정권 인수위 시절 프랑스·베트남 등의 주한대사들이 당선자를 축하차 예방했다가 헛걸음친 일도 상대방 인식 부족에서 일어난 사고다. 외교상의 중대한 실수였지만 한국인들은 뭐 그럴 수 있는 일이며, 그건 잘못 알고 찾아온 그들의 실수일 뿐이라며 그냥 넘어갔다. 의전담당이 약속을 정할 때 장소를 확실하게 알려 주었어야 했지만, 대한민국 국민이 다 아는 사실이니 알아서 찾아오리라 생각한 거다. 이런 사고(事故, 思考)라면 글로벌 비즈니스 세계에선 바로 아웃이다. 매사를 제로베이스에서, 상대방 입장에서 배려하는 습관이 몸에 배어야 한다.

마지막으로 한국 사람들의 상대방에 대한 인식 부족은 인사말에서도 나타난다. 중국인들에게 감사 표현할 적에 "씨에 씨에!"라고만 하는데, 이것은 그냥 상것들의 인사법이다. 반드시 "씨에 씨에, 니이!" 또는 "씨에 씨에, 닌!"이라고 해야 한다. 프랑스어로는: "메르씨, 마담!" "메르씨, 무슈!"로 상대방에 대한 호칭을 붙여야 한다. 영어에는 "땡큐!"에 '유'가 이미 들어 있지만, 이때에는 뒤에 상대의 이름이나 직책을 붙여 주면 남들과 차별화된다. 우리말이라 하더라도 그냥 건성으로 "안녕!"이나 "안녕하세요!" 하는 것보다 "안녕, 김진숙 씨!"라거나 "안녕하세요, 김교수님!"이 훨씬 더 상대를 인식하고 있다는 느낌이 든다. 여기서 좀 더 나아가 이름이나 직위를 앞으로 당겨 "김교수님, 안녕하세요!"라고 하면, 상대방은 반드시 쳐다보고 인사하기 마련이다. 이처럼 상투적인 인사 하나로도 상대에게 자기를 매너 있는, 무시해서는 안 될 사람으로 강하게 인식시킬 수 있다.

오바마식 소통법. 국민과 얘기하는 대통령! 사진을 보는 국민들까지 주목하게 만들어 대화에 끌어들인다. 4명이 아니라 3억 국민과 얘기를 나누고 있다. 평소 상대(국민)에 대한 인식이 없이는 나올 수 없는 연출이라 하겠다. 최고지도자가 갖춰야 할 가장 중요한 덕목이 무엇인지를 보여주고 있다. ©백악관

감정에 너무 충실한 한국인들

역지사지(易地思之)란 말이 있다. 처지를 바꾸어 생각한다는 말인데, 기실 한국인은 상대를 인식하는 능력이 다른 선진국민들에 비해 현저히 떨어진다. 당연히 소통이 안 되고, 사회 문화적 교감 능력이 떨어진다. 역지사지를 강조하고 자주 사용한다는 것은 반대로 그만큼 역지사지를 못하기 때문일 수도 있겠다.

이처럼 공공적인 대화 훈련이 안 된 한국인들은 앞뒤 따지지 않고, 물불을 안 가리는 충동적인 성질 때문에 저 하고 싶은 대로 말하고 행동한다. 당연히 상대도 자기와 같을 것이라고 생각하는 거다. 하여 끊임없이 말꼬리 물고 늘어지기로 에너지를 낭비하고 있다. 하지만 서양인들은 사회적으로 인정된, 효과가 검증된 말만을 골라 사용한다. 그게 가장 안전하고 합리적이기 때문이다. 글로벌 매너는 상대를 인식하는 데서부터 시작한다.

Tip 서구 교섭 문화의 주요 개념, 멍에에 대한 오해와 진실

동양권에서 한국인만 유독 동업을 꺼리고, 실제로 잘 안 된다. 차라리 작게 할망정 독불장군처럼 혼자 하지 남들과 함께하려 하지 않는다. 구멍가게가 많은 이유다. 한국의 글로벌 대기업들이 분명 주식회사이긴 하지만 실제로는 오너 독단으로 운영되는 것도 이런 기질 때문이다. 일찍부터 '뱀 대가리가 될망정 용 꼬리로는 살지 않겠다'라는 가당찮은 속담으로 자기 최면을 건 것이다. 여기에는 대가리가 못되면 몸통이든 꼬리든 다 노예일 뿐이라는 편협한 선입견과 가부장적 계급 의식이 지배하고 있다. 꼬리 없는 용이 승천할 수 있다던가? 대가리만 승천한다던가? 동양 전래의 군자(君子) 정신, 선비 정신에는 이같은 맹점이 있다. 독야청청(獨也靑靑) 결벽증도 여기서 나온다. 공

(公)에 대한 인식이 부족해서다. 한국이 올림픽 개인종목에서는 많은 실적을 냈지만, 단체종목에선 여간해서 입상하지 못하는 것도 그런 성향 때문임을 부인하기 어렵다.

한국에서 농사용 소에 씌우는 멍에는 거의 대부분 1인용이다. 그렇지만 서양 문화의 큰 원류 중 한 곳인 중동에서 농사용 소의 멍에는 2인용이 기본이다. 유럽에선 흔하지만 예로부터 한국에선 쌍두마차, 쌍두달구지가 없었다. 여기에서 양자간 사회 교섭 문화의 개념상 아주 깊은 간극이 생겨난다.

"나는 마음이 온유하고 겸손하니 나의 멍에를 메고 내게 배우라. 그러면 너희 마음이 쉼을 얻으리니, 이는 내 멍에는 쉽고 내 짐은 가벼움이라 하시니라."(〈마태복음〉, 11장 29~30절)

한국에선 이 성경 말씀상의 예수가 메라 했다는 멍에에 대한 인식에 심대한 착오가 벌어지고, 그 결과 서구 교섭 문화에 대한 이해가 좀처럼 불가능한 지경에까지 이른다.

대개는 "자기가 메던 멍에를 나에게 떠맡기고 간다는 말인가" 하며 오해하고 분개하기(?)까지 한다. 사회생활이란 원래 2인용 속성이 기본이라는 인식 가운데 상대방을 존중·배려하고, 상대방과 커플로 잘 일해 보려는 서구인들의 사업 합작 마인드 또는 '상대방과 함께 멋있게 춤추려는' 앙상블 의식을 몰이해해서 벌어지는 불상사가 빈발하게 된다. 비즈니스는 혼자 하는 게 아니다.

식사든 회의든 협상이든 모든 테이블에서는 두 손을 올리는 것이 정격이다. 받아쓰기할 때에만 손을 올리는 것이 아니다. ⓒ연합뉴스

Tip 테이블·핸드백·손 뒤로 숨지 마라!

　　대선 후보들의 TV 토론. 미국이나 프랑스의 경우 사회자가 있을 경우에만 한 테이블에서 진행할 뿐, 양 후보끼리 토론을 할 때에는 중간에 아무것도 없이 텅빈 무대에서 무선 마이크 하나씩만 들고 한다. 말 그대로 육탄전 진검승부, 맞장뜨는 것이다. 프랑스 명사들의 TV 토론을 보면 대개 테이블 없이 소파나 의자에 앉아서, 즉 바로 마주 보고 앉아서 열띤 논쟁을 벌인다. 그에 비해 한국의 대선 후보들은 TV 토론을 할 때 반드시 사회자를 가운데 '끼워' 두고 따로 각자의 책상 앞에 앉아서, 즉 '책상 뒤에 숨어서' 한다. 게다가 원고는 물론 예상질문 답변자료에 필기 도구까지 책상에 펼쳐 놓고 토론을 한다. 연예인들 찜질방 수다도 그렇게 하지 않는다. 리더로서의 심각한 자질 부족이라 하겠다.

그런가 하면 대학교 강의실에서건 정규사회 성인들의 회의장에서건 한국인들은 앞줄에 앉거나 서기를 꺼려 항상 중간이나 뒷줄로 몰린다. 얼핏 겸양의 의미로도 보이지만 실은 두려운 게다. 또 한국의 강의나 토론은 거의 예외 없이 책상 앞에서 진행한다. 책상 없이 의자만으로 하는 경우는 극히 드물다. 당당하게 자신을 펼쳐 보일 자신이 없기 때문이다. 무의식중에 책상을 보호막으로 삼고 자신을 그 뒤로 숨기는 것이다.

그리고 대부분의 한국인들은 박근혜 대통령처럼 테이블 밑으로 두 팔을 내리거나 테이블 위에서도 두 손을 모으는 습관이 있는데, 이 역시 나쁜 버릇이다. 팔꿈치를 올려서도 안 된다. 두 손을 모으는 것은 두 손을 은폐물로 삼아 그 뒤로 숨는 것이다. 책상이든 식탁이든 어떤 테이블에서건 상대가 있을 적엔 두 손을 위로 올리되 양 어깨폭으로 벌려 상대에게 가슴(마음) 등 모든 것을 열어 놓고 당당하게 토론이나 협상에 임해야 한다.

또 거의 대부분의 한국 여성들은 상담이나 토론을 할 때 가방이나 핸드백을 자신의 무릎 위에 올려놓는다. 물론 짧은 치마 때문에 사타구니를 가리기 위해서이기도 하지만, 실은 그 가방이 책상과 같은 은폐물 역할을 하기 때문이다. 큰 가방이라면 옆의자나 바닥에 놓고, 작은 가방이나 핸드백이라면 엉덩이 옆이나 뒤쪽에 놓고 상대와 당당하게 맞서야 한다.

이같이 소통에 걸림돌이 되는 은폐물 뒤로 숨는 행위는 글로벌 비즈니스 무대에선 절대 금물이다. 따라서 평소 어디에서든 당당하게 앞으로 나서는 훈련을 해야 한다. 주인되기 연습이다. 리더십은 그런 사소한 것에서부터 길러 나가는 것이다.

23 향단이의 매너 강의 vs. 비즈니스 주체 경력자의 매너 강의

한국식 제 눈의 안경, 짜가 글로벌 매너의 아주 불편한 진실 | 고객만족(CS) 강사들의 향단이식 매너 강의는 짜가 매너 | 매너 플랫폼에서 에티켓은 수면 위로 드러난 빙산의 일각일 뿐 | 에티켓과 매너, 서로 다른 모습의 실제 사례들 | 예의바른 척 시늉하는 소셜 에티켓은 글로벌 매너가 아니다! | 아전 인수격 경영전략서들, 강의 콘텐츠들

　　예의바른 척 시늉하는 소셜 에티켓이 글로벌 매너가 아니다. 시중에 '글로벌 매너 강좌'가 넘쳐나고 있지만, 기실 매너는 누구나가 아무 때고 단기간에 쉬이 배울 수 있는 것이 아니다. 신분에 따른 성장 과정과 사회 문화를 통해 장기간에 걸쳐 자연스레 습득되는 것이기 때문이다. 그렇지만 에티켓은 학습이 가능한 일종의 직업훈련(vocational training) 매뉴얼이다. 더욱이 한국에서는 사회계층의 하부에 속한 서비스산업 하위기능직 종사자가 사회계층의 중상부 손님인 젠틀맨을 대하기 위해서 배워야 하는 것이 에티켓이다.

　　서구에서는 간혹 졸부들이 상류층 커뮤니티 진출을 위해 독선생 과외수업으로 매너를 배우기는 하지만, 선진문명사회의 중류층 이상이면 누구나가 다 그렇게 생활하고 있기 때문에 굳이 책으로 묶어내야할 필요를 느끼지 않는다. 해서 대부분의 서구 발간 소셜 에티켓 책의 용도는 일반 사회생활 초년생들과 같은 정규무대 사회생활 미숙자들을 위한 사교예절 에티켓 실무지침서이다. 더러 신분이 상승되는 이들을 위해 매너의 표현, 실행 각론만을 다룬 소셜 에티켓 책자도 있지만 호스트역보다는 게스트, 즉 얻어먹는 자의 입장에서, 의무방어전 용도의 시각에서 씌어져 있다.

　　아무럼 글로벌 비즈니스 매너 교육은 서비스업종의 하위기능직에

대한 손님 응대 요령, 곧 직업훈련의 연장선상에서 이루어져서는 절대 안 된다. 더욱이 전인적 소통을 활성화시키기 위한 정통 매너를 가르치려 한다면, 반드시 회사의 주인장 CEO와 상대기업 CEO 간의 전인적 비즈니스 소통을 가능케 하는 리더십 프로그램이 되어야만 한다. 그러나 현재 대다수 국내 매너 강사들은 서비스직종의 하위기능직 출신이거나 종사자들이다. 이들 서빙이 주된 업무였던 자들은 우물 안 세계관에 갇혀 있거나, 자기 수준에서는 이해되지 않는 대목들은 그냥 "통과!" 하는 식의 아주 자주적(?)으로 한국화된 소셜 에티켓을 글로벌 비즈니스 매너 혹은 주인장 매너인 양 가르쳐 왔다. 그들에게서 배운 한국 상류층들의 품격 없음도 그 때문이다. 따라서 고객만족(CS: Customer Satisfaction) 강사들의 향단이식 매너 강의는 짜가 매너로서, 실은 비즈니스 상대방과의 소통 및 CEO의 리더십과 전혀 무관하다 하겠다.

아무튼 서빙 에티켓, 대접만 받는 매너만으로는 결코 글로벌 중상류층 무대에서 살아남지 못한다. 에티켓 실수로 인한 결례는 일회적 해프닝으로 끝날 수 있겠지만, 무매너로 인한 '품격 낮음'은 영원한 낙인이 된다. 호스트(호스티스)로서 식사테이블이든 파티든 직접 주재할 수 있을 정도의 정품격 매너를 갖추어야만 글로벌 무대에서 놀 수 있다.

에티켓과 매너, 서로 다른 모습의 실제 사례들

에티켓과 매너의 경계를 명확하게 구분하기란 쉽지 않은 일이지만, 아무튼 매너 플랫폼에서 에티켓은 수면 위로 드러난 빙산의 일각에 비할 수 있겠다. 남을 인정하고 소통하고자 하는 의지를 지닌 세계관과 마음 자세하에서 이를 가능케 하는 기본 몸 자세 및 그것을 실현해 내는 세부 동작 믹스들이 곧 에티켓 각론이라면, 그 효과를 증폭시키는 인문학적 도구들을 포함한 사회 교섭 문화 내공 전반을 매너의 영역이라 할 수 있다. 그러니까 매너란 도구(tools)이자 방법(methods), 수단(means)이자 기술(techniques)이라 할 수 있다.

이를테면 비행기 탑승시 입구에 선 스튜어디스가 건네는 "굿 모닝 써!"는 에티켓이지만, 승객이 제자리에 앉기 전 먼저 앉은 옆좌석 손님을 향해 눈방긋과 함께 "헬로! 굿 모닝! 하우 아 유 디스 모닝?" 하며 서로 커뮤니케이팅 관계를 트는 건 매너다. 통로에서 짐가방을 받아 선반에 대신 올려 주는 스튜어디스에게 "댕큐!" 하는 것은 에티켓이지만, "It's very kind of you. (방긋 미소) Thank you, ○○○!(스튜어디스의 가슴에 달린 명찰에 쓰여진 퍼스트 네임을 미리 봐두었다가 이때 노래하듯 불러 줌)" 하고 답례하는 것은 매너다! 상대를 의식하고 인격체로 인정하며 긴밀한 소통을 가능케 하는 것이 바로 매너.

박근혜 대통령의 미국 순방시 수행경제인들과의 조찬 모임에서 대통령이 정몽구 회장에게 먼저 빵을 가리키며 권한 것은 에티켓 수준의 최소한의 매너라 하겠지만, 아프가니스탄의 하미드 카르자이 대통령처럼 버락 오바마 대통령에게 빵접시를 들어서 그 면전에 대령하며 권하는 것은 보다 고품격 매너가 되겠다.

서울 남산의 서쪽, 해방촌 위편의 산등성길 정류장에 서 있다 보면 가끔 외국인 거주자들이 버스를 기다리는 모습을 볼 때가 있다. 마침 버스가 막 출발하려는 순간 저쪽에서 헐레벌떡 뛰어오는 사람이 있을 때, 마지막으로 차에 오르는 사람이 한국인이면 십중팔구 급하게 올라타고 버스는 그냥 출발해 버리기 일쑤다. 그런데 외국인일 경우에는 저 멀리 버스를 향해 뛰어오는 사람이 있을라치면 그냥 올라타지 않고 반드시 기다렸다가 그 사람을 먼저 태운 후 자신도 버스에 오른다. 이는 서양 백인뿐만이 아니라 한국에 취업해 온 듯한 방글라데시인이라 해도 마찬가지다.

이렇게 해서 버스에 먼저 오를 수 있도록 하면, 한국인들의 경우 어쩌다가 "땡큐!" 하고 감사의 인사를 건네기도 하는데, 이는 상대의 호의를 무시하는 처사다. "익스큐즈 미!"라고 해야 한다. 나를 위해 버스가 떠나 버리지 않게 해주어서 고맙다가 아니라, 나 때문에 공연한 수고를 끼쳐 죄송하다고 표현하는 것이 옳다. 누군지도 모르는 사람을 위해 서비스한 게 아니라, 사회적 인격체로서 손해(불편)를 감수한 것이다. 줄을 서서 차례로 버스를 타는 건 에티켓이지만, 뒤늦게 뛰어오는 사람을 위해 버스를 지체케 하는 건 매너다.

반대로 그들은 절대로 그러한 배려를 하지 않는 한국인들에게 번번이 당하면서도 반드시 매번 그렇게 한다. 왜? 자신의 사회적 인격체로서의 존엄성을 위해 끝까지 매너를 지키기 때문이다. 공(公)의 개념이 부족한 성질 급한 한국인들은 간혹 남을 위해 배려를 했다가도 상대의 고마워할 줄 모르는 몰염치 때문에 다시는 그런 친절을 베풀지 않겠다고 투덜대는 경우가 많은데, 이는 결코 옳은 생각이 아니다. 자기 존엄을 포기하는 패자의 선택이다.

한국에서 길을 가다가나 전철 안에서 시비가 붙는 꼴불견을 보는 일은 그다지 어렵지 않다. 심지어 복잡한 도심 대로 한복판에서 농경시대 외길 논두렁 위에서 다투듯 차(소)를 세워 두고 싸우는 광경도 흔히 본다. 대부분 시시콜콜한 것으로 시작된 감정 싸움이지만, 시비의 본말을 떠나 반말·쌍욕·멱살잡이로 치닫는 데 그리 오래 걸리지 않는다.

옛말에 '공경하면서 멀리한다'는 말이 있다. 그게 선비들의 기본적인 처세술이었다. 화가 날수록, 상대가 미울수록, 상스러울수록 더욱 예(에티켓)을 쌓아올려 멀리하였다. 소인배는 상스러움으로 우열을 가리려 들지만, 군자는 더욱 공경한 언행으로 자기 방어벽을 높였다. 서양 상류층 역시 마찬가지다. 웃으면서 관계를 정리한다.

에티켓은 지킬수록 손해? 상대가 상스럽게 군다고 해서 똑같이 상스럽게 나가는 것은 스스로 품격을 떨어뜨리는 어리석은 짓이다. 에티켓이든 매너든 상대를 위한 것만이 아니다. 궁극적으로 자기 존중, 인간 존엄을 위한 것이다.

정리하자면, 에티켓이란 사회생활에서 일어날 수 있는 충돌을 방지하기 위해 지켜야 할 최소한의 예절이지만, 매너는 사회적·적극적 교섭 문화다. 에티켓은 자신에 대한 방어책이지만, 매너는 존중과 감동을 통한 상대와의 진정한 소통이다. 에티켓은 최소한의 규칙이지만, 매너는 큰바위 얼굴 같은 주인되기 품격이다. 규칙이나 규정은 매뉴얼화할 수 있지만, 매너는 한계가 없는 내공이다. 에티켓을 지식에 비한다면, 매너는 지혜와 같은 것이다. 물론 지식 없는 지혜는 한계가 있지만, 지혜롭지 못한 지식 또한 얼마나 답답한지는 작금의 대한민국 사회가 여실히 보여주고 있다. 대한민국이 2만 불 문턱에서 오도가도 못하는 이유이기도 하다.

Tip 아전인수격 경영전략서들, 강의 콘텐츠들

시중에는 수많은 처세·경영전략서적들이 거의 매일같이 쏟아져 나오고 있다. 한데 이들 실전 경험 없는 강사들에 의해 쓰여진 책들(실은 일본책·서양책들을 서로 베끼기한 책)을 보면, 외국의 성공 사례를 수집·나열해서 그 본질에 대한 정확한 이해 없이 제 식대로 해석해 독자를 호도하는 경우가 비일비재하다.

한 예로 많은 경영서들에서 일본 햄버거의 성공 요인을 일본인의 OO 경영법으로 성공한 것처럼 소개하고 있는데, 이는 완전 난센스다. 그들은 일본요리의 새 장르(스타일, 양식)를 개발한 것이지 상투적인 친절경영으로 성공한 것이 아니다. 이는 중국에서 맥도날드가 성공한 것과 전혀 다를 바 없는 사례라 하겠다. 젊은이들의 새로운 라이프스타일을 개발(도입)하였기 때문에 성공한 것이다. 다시 말해 일본이나 중국이나 현대적 요리의 새로운 양식이 개발되었기 때문으로 성공 원인과 개념을 정확히 인식해야 한다. 한국에서 스타벅스가 성공한 것 역시 그렇게 보는 것이 맞다.

또 유대인의 상술을 창조경제라는 허울을 씌워 시류에 편승해 팔아 먹으려는 삼류 강사들의 경영서들이 서점에 넘쳐난다. 그런데 하나같이 유대인 창조경제가 어디서 나오는지에 대해 무지한 상태로 횡설수설 갖다붙이는 바람에 독자들의 시야만 혼란스럽게 만들고 있다. 유대인들의 창조경제는 유대인 가정 내 장시간 대화식 디너에서 시작되어 초등학교 등 공동체에서의 활동에서 나온다는 사실을 전혀 모르고 있다는 말이다. 식탁에서의 대화와 소통! 그게 유대인 창조경영의 키 포인트이자 플랫폼이다. 글로벌 선진문명 경험이 전무한 한국의 강사들이 그 진실을 인식한다는 것이 불가능함은 어쩌면 당연한 일일 수도 있겠다. 해서 전문 강사들의 강의를 듣다 보면 같은 소재를 가지고 제각각 이현령비현령하고 있는 것이다.

그런가 하면 한편에선 현실 세계에서 책임 있는 사회적 경험을 해보지 못한 김아무개류의 비(非)글로벌 강사들이 개그 수준의 신변잡담을 무슨 대단한 성공 비결인 양 포장해서 젊은이들을 현혹시키기도 한다. 이들은 막상 구체적인 콘텐츠도 없이 무책임하게 그저 남들더러 "성공하라!"고만 한다. 해서 한바탕 박수치며 웃고, 강의가 끝나면 머릿속이 하얗게 되고 마는 것이다.

24 글로벌 자산 '대인접촉보고서'

후임자가 자기보다 일을 잘할까봐 겁내는 한국인들 | 글로벌 무대 천덕꾸러기, 글로벌 네트워크 배턴 터치 안하는 한국인들 | 무매너로 호기롭게 분탕질친 것을 영웅담인 양 자랑? | 언제까지나 왕초보 한국, 글로벌 네트워크 축적이 안 되는 이유 | 이것만 하면 대한민국 확 달라진다! | 글로벌 매너, 배우지 않았다? 가르쳐 주지 않았다?

언제부터인가 청와대·정부·기업은 물론 한국사회의 거의 모든 분야에서 세대간의 노하우 전수가 잘 안 되고 있다. 소통이 안 되고 있다는 뜻이기도 하다.

예전 어느 남북 간 실무회담에서 남한측 실무자가 무슨 서류를 찾지 못하고 헤매자 아군 아닌 적군 쪽(?), 그러니까 북한측 인사가 보다 못해 "그건 어느 폴더 어느 위치에 있다"고 귀띔해 준 적까지 있었다고 한다. 한국측은 회담할 때마다 사람이 바뀌는 바람에 생긴 해프닝이다.

한국인들에 대한 글로벌 사회의 인식은 언제나 변함이 없다. "응, 또 초짜가 왔군!" 사람 바뀔 때마다 매번 글로벌 네트워크는 원위치다. 그동안 쌓아 왔던 인간적 신뢰나 소통 다 날아가고 처음부터 다시 시작해야 한다. 새로 온 친구는 앞서의 선배들이 그랬던 것처럼 똑같은 과정 밟아 가면서 실수하고, 진땀 흘리고, 망신당해 가면서 인맥을 구축해 나간다. 끝없는 시행착오를 겪은 다음 이제 좀 뭘 알 만하면 본국이나 다른 곳으로 발령이다.

"그야 당연한 일이고, 어찌 우리 한국만 그러냐! 다른 나라도 마찬가지 아니냐?"고 항변할 수도 있겠지만, 이는 그렇지 않다. 다른 나라에선 대개 약 20일 정도의 인수인계 기간을 두고 있다. 그리고 모든 해외 파견직원들은 미리 매건마다 '대인접촉보고서(Latest Contact Reports)'라는 상세한 도큐멘트를 남기게 되어 있다. 여기에는 자신이 최근까지 만나 온 타깃 인사와의 대화 기록뿐 아니라, 심지어 어느 식당에서 얼마짜리 식사를 하였고 어떤 포도주를 마셨는지 등등 중요하다고 여겨지는 항목에 대하여 세세하게 기록되어 있다. 당연히 상대방에 대한 온갖 정보도 아는 데까진 다 적어 놓았고, 종전 보고서의 작성일자까지 연계 참조용으로 부기되어 있다.

그러고는 후임자와 함께 약 20일 동안 거래처와 관계기관을 돌며 일일이 정식 소개 절차의 형식을 빌려서 인사시키며 인적 네트워크를 배턴 터치하는 것이다. 그렇게 함으로써 점점 신뢰와 품격이 누적적으로 쌓여 가며, 기업이나 나라의 이미지가 업그레이드된다.

후임자가 자기보다 일을 잘할까봐 겁내는 한국인들의 고약한 심보

한국은 그런 접촉보고서도 없을뿐더러 인수인계 기간이 없다. 당연히 후임자는 모든 일을 원점에서 다시 시작해야 한다. 해서 전임자가 저지른 똑같은 실수를 연발해대는 것이다. 심지어 외교가에선 발령나면 즉시 보따리 싸서 바람처럼 사라져 주는 게 무슨 영예로운 처신인 것처럼 인식되고 있다. 해서 상당수가 3일 내로 떠나기도 한다. 비즈니스든 외교든 결국 안면장사다. 한데 그냥 가버리면 후임자는? 본사나 본국에서 고작 몇 시간 아니면 며칠, 좌빵우물에 어쩌고 하는 에티켓 수준의 강의 들은 걸로는 어림없는 일. 완전 맨땅에 헤딩하기다. 나도 처음부터 고생했으니 너도 어디 당해 보라는 건가?

그 숱한 고생 끝에 이룬 자산을 왜 쓰레기처럼 내다버리고 온단 말인가? 혹여 후임자가 자기보다 더 일을 잘한다고 소문나는 것이 두려운가? 실제 대부분의 해외 파견직원들은 혹여 후임자가 자신보다 실적이 좋으면 그건 곧 자신에 대한 무능을 증명하는 것이라 여겨 무척 싫어한다고 한다. 이런 옹졸한 생각부터 내다버리지 않으면 한국은 영원히 글로벌 삼류를 못 벗어난다.

인적 네트워크의 노하우 인수인계는 현실적으로 회사나 국가가 시스템으로 받쳐 주어야 한다. 왜냐하면 자기 돈 들기 때문이다. 후임자와 같이 돌아야 하는데다가 떠나는 마당에 사무실에서 악수하는 걸로는 섭섭하기 때문이다. 접촉보고서에 상세히 적어두었다고는 하지만 결국 함께 식사라도 하며 서로를 인사시켜 공백 없이 업무를 해나갈 수 있도록 하는 것이 바람직한 일이다. 오찬과 디너, 그리고 평소보다 더 많이 술자리를 가지면서 인적 정보와 함께 그 나라 로컬 매너까지 소상하게 전수해 줄 수 있어야 한다.

그렇지만 권리금 받고 넘기는 것도 아닌데 제 돈으로 밥값·술값 대가면서 20여 일 동안 인수인계해 주고 갈 위인이 어디 있으랴! 설령 저는 하고 싶어도 가족들은? 그리고 본사에선 그런 기간이나 비용에 대해 인정하지 않을 것은 당연한 일이겠다.

이 두 가지만 본사나 본국에서 배려해 주면 해외 파견직원이나 외교관들의 역량이 엄청나게 향상될 것이고, 코리아 이미지 또한 눈에 띄게 올라갈 것이다. 그리만 해준다면 땀 흘려 구축한 자신의 인적 네트워크가 사장되는 것을 누가 바라겠는가!

글로벌 무대 천덕꾸러기 어글리 코리언

얼마 전 모 지자체 단체장이 유럽으로 투자 유치하러 갔다가 곳곳에서 수모 아닌 수모를 당하였다고 한다. 특히 스페인 바르셀로나에 갔다가 그곳 공무원들로부터 난감하기 짝이 없는 푸대접을 받았는데, 그도 그럴 수밖에 없었던 것이 그동안 수많은 한국의 공무원·의원·정치인들이 찾아와 매너 없이 굴어 한국 사람이라면 고개를 절레절레 흔들 지경이란다. 그들이 무슨 업무가 있어 바르셀로나를 찾았겠는가. 하나같이 관광차 들렀다가 인증샷 찍고 횡하니 날아 버렸을 것이다. 그런 유명도시에 있는 한국 공관들은 기실 이들을 위한 관광안내소로 전락한 지 오래다.

지난날 중국에 갔을 때, 한 원로교수가 필자에게 한국의 모대학 모 교수를 아느냐고 묻기에 별생각 없이 안다고 대답하였다가 얼굴 붉힌 적이 있다. 당신 같은 사람이 어찌하여 그런 사람과 알고 지내느냐는 실망스런 표정을 지어 보였기 때문이다. 그렇게 구정물로 흐려 놓으니 지금 한국의 청년들이 글로벌 무대로 나갈 수가 없는 것이다. 글로벌 매너를 배워 와 후배들에게 전해 주기는커녕 무매너로 호기롭게 분탕질친 것을 영웅담인 양 자랑하는 이들도 많다.

공무원들과 정치인들의 어글리 코리언 해외 관광은 이미 세계적으로 소문나 있다. 만약 이들에게 '대인접촉보고서'를 의무적으로 쓰게 하고, 또 그걸 국민들에게 공개하도록 하면, 그리고 헛짓한 것에 대해서는 그 경비를 환수 조치한다면 아마도 등을 떠밀어도 안 나가려 할 것이다.

Tip 글로벌 매너, 배우지 않았다? 가르쳐 주지 않았다?

글로벌 매너 강의를 하다 보면, 우리나라 손꼽히는 재벌 대기업 중견 간부사원들이 의외로 글로벌 매너에 무지하다는 사실에 놀라움을 금치 못할 때가 있다. 그것도 해외 파견 중견 간부사원들 교육이어서 더욱 그러했다. 오히려 중소기업 사장이나 임원들은 좀 나은 편이다. 왜냐하면 회사의 명성이나 위세에 기댈 수 없는데다가, 스스로 모른다는 사실을 인정하고 물어서 열심히 배우려는 자세가 되어 있기 때문이다.

대기업 사원들 대부분은 "몰랐다" "안 배웠다" "회사에서 그런 걸 가르쳐 주지 않았다"고 말한다. 어이없는 일이다. 집에서도, 학교에서도, 직장에서도 가르쳐 주지 않았으니 모르는 게 당연하지 않느냐는 투다. 여기서도 객관식·주입식 한국 교육의 폐해를 확인하는 것 같아 씁쓸했다. 매사가 타성적이고 수동적인 저 사람들이 과연 밖에 나가 창의적인 업무를 수행해 낼 수 있을까 싶어 걱정이다.

글로벌 매너든 로컬 매너든 회사에서 가르쳐 주는 것이 아니다. 스스로 배워 나가야 한다. 그런 과정에서 창조적 솔루션에 대한 능력이 길러진다. 그런 게 창조경영이다. 시키는 대로, 가르쳐 주는 대로 하는 것은 매뉴얼경영이라 해야겠다. 비즈니스뿐 아니라 삶도 마찬가지이다. 예술가들만 창조적으로 살아야 하는 것 아니다.

25 첨밀밀(甛蜜蜜), 홍콩엔 왜 영어학원이 많은가?

왕싸가지 비즈니스 영어, 콩글리시 | 데드 피시 잉글리시(Dead Fish English)로 미국 의회 연설한 박근혜 대통령 | 양키스 모자 쓰고 뉴욕 갔다가 망신당한 서울대 교수 | 교황청에 품격 제로 영어 이메일 결례 | 글로벌 비즈니스 세계에서 살아남기 위한 충분한 영어 수준을 갖춘 한국인이 열 손가락 꼽을 정도밖에 안 된다면? | 글로벌 비즈니스 세계에선 다국어가 기본

홍콩인들은 대개가 서너 가지 언어를 구사할 줄 안다. 우선 홍콩이 속해 있는 광둥어와 북경표준어, 그리고 자신의 고향말과 영어, 좀 더 부지런한 친구들은 일본어까지 습득한다. 재미있는 것은 영어가 공용어임에도 불구하고 홍콩에는 영어학원이 상당히 많다. 수년 전 사망한 덩리쥔(鄧麗君)이 그 주제가를 불러 유명한 홍콩 영화 〈첨밀밀(甛蜜蜜)〉의 두 남녀 주인공 역시 영어학원에서 만났다. 웬 영어학원? 대륙에서 건너온 사람들이 영어회화 배우려고 많이 다니나 보다! 대부분의 한국 여행객들은 그렇게 생각한다.

하지만 그게 아니다. 그 학원들은 영어회화 학원이 아니다. 국제관계 무역실무 영어서식 작문을 가르친다. 그렇지만 영작문도 학교에서 다 배웠을 텐데 왜 다시 학원인가? 비즈니스 실무 영어는 철저하게 수동태다. 의문문 방식도 구사한다. 그리고 품위 있는 영어여야 한다. 최대한 영국 상류층 영어에 가까워야 한다. 한국에는 이런 고급 영작문을 제대로 가르치는 곳도 없을뿐더러 글로벌 영작문을 해낼 수 있는 영문학자나 실무자도 손에 꼽을 만큼도 안 된다. 오래전 S대 국문과 ㅁ 교수가 덕수궁 옆 영국문화원에서 사용하는 영어 작문교실의 교재를 '효과적인 국어 작문' 교재로 번안해 잘 팔아먹은 적이 있다. 다행인지 불행인지 그 이후에도 그만한 수준의 교재가 아직은 눈에 띄

지 않는다. 이게 대한민국의 현주소다.

미국 뉴욕시 곳곳에 흩어져 있는 17개의 칼리지로 구성된 뉴욕시립대(CUNY)의 학생들은 중간평가를 치러야 한다. CUNY 학생들은 학교가 자체적으로 마련한 독해 및 작문시험에 통과하지 못하면 졸업을 못한다. 응시 기회는 세 차례. 모두 떨어지면 삼진아웃으로 학교에서 제적된다. 합격점은 '학생들이 사회에서 살아남기 위한 충분한 기술 수준'이라고 학교측은 밝히고 있다.

그런데 현재 한국의 재벌그룹 연수원이나 주요 기관들에서 펴내는 영문 문서 모델 폼 책자들을 보면 공분이 치밀어오르는 수준이다. 고급 영어나 고급 프랑스어를 구사할 수 있는 이가 한국에는 거의 없다. 그런 게 있는지, 왜 필요한지조차 모른다. 혹여 지적해 주면 그런 고급 영어 아니어도 이제까지 별 문제 없이 일 잘하고 있다는 대답이다.

싸가지 없는 콩글리시

나름 국제적으로 활동하고 있다는 아무개 한식전문가의 홍보용 떡카페 앞에 만들어진 가설 벤치에는 'Sit Down Here Please ☺'이란 글자가 큼직하게 쓰여 있다. 아무나 앉아 쉬어도 좋다는 나름의 친절이겠다. 한데 이 표현을 보고 그 소장님은 물론 지나가는 한국인 누구도 이의를 제기하지 않을 것이다. 그러나 외국인이 지나가다 이 꼴을 보면 속으로 '무지한 사람들!' 하고 비웃었을 게 틀림없다. 이 꼴을 글로벌 비즈니스 파트너가 보았다면 '거래 끝!'이리라.

'Sit Down Here, Please ☺'가 아니라 'Be seated here, please!' 즉 '앉으슈'가 아니라 '이 방석을 써주시지요'여야 한다는 말이다. 글로벌 비즈니스 영어(외국어)는 철저하게 상대방 입장에서 생각하고 글을 써야 한다. 'be advised' 'be understood'이어야 하고, 'please' 'kindly' 등 품위 있는 조동사·부사가 빠지지 않는다.

상대방 기분일랑은 아랑곳하지 않는 자기 중심적 우물 안 세계관에 갇혀, 자기 할 말만 신경 써 결국은 거두절미 사뭇 명령조인 콩글리시 비즈니스 영문 서한이나 이메일을 받아 본 글로벌 비즈니스맨들은 한국인을 어떻게 생각할까?

예전에 어느 친구가 모로코 여행중에 기념품을 사고서 "Give me exchange!" 하며 거스름돈을 달라고 하였다. 한데 점원이 못 들은 척하며 계속해서 다른 손님만 받고 있었다. 혹시나 싶어서 다시 한 번 말해 보았지만 역시나였다. 은근히 화가 난 친구는 큰 소리로 독촉을 했다. 그제야 점원이 그 친구를 빤히 쳐다보면서 낮고 점잖은 톤으로 "Please!"라고 종용하더란다. 아차 싶은 친구가 사과를 하고 거스름돈을 받았다. 왜 'please'를 붙이지 않았느냐며 나무란 것이다.

한국의 대부분 공중화장실 표기인 man toilet은 또 어떤가? 영어로는 소유격을 표시하는 아포스트로피 s('s)가 없으므로 명사형, 즉

신중해야 할 영어 표현. ⓒ글로벌리더십아카데미

남자들의(남자용) 화장실로 받아들여지지 못하고 형용사형, 즉 진짜 남자다운 화장실, 남자 중의 남자다운 화장실, 강한 화장실, 용감한 화장실로 인식되겠다. 하여 영어권 외국인들이 박장대소하며 즐겁게 (?) 이 상남자다운 화장실 방문 기념 인증샷을 찍는 것이다.

참고로 man의 다른 형용사형 용례를 소개하면 be man enough (to do something/for something)가 있는데, (~을 할 정도로) 강하다 (용감하다)는 의미이다.

그러니 모대학 아트센터 대극장 화장실 표기에서 man은 단수로 학교 대표자 한 사람만 사용하는 게 아닐 테니 곤란하고, 복수 men에 소유격 men's가 되어야 한다. 게다가 소문자 m 역시 곤란하다. 대문자 M이어야 한다. 종합적으로 man toilet이 아니라 Men's Toilet이 되어야 한다. 여성용 화장실 역시 마찬가지이다.

서울 지하철에서 환승역에 다가오면 "You can transfer to Line Number Two!"와 같은 목적성이 없는, 즉 방송의 구체성이 결여된 영어 안내방송이 나오는데, 이는 정품격 외국 비즈니스맨 입장에선 받아들이기 힘든 영어다. "Passengers for Line Number Two"로

웬 관광명소? 화장실 수식어 상남자에 걸맞은 폼을 잡으며 기념사진을 찍는 외국인들. 대충, 귀찮이즘 콩글리시! [인터넷 화면 캡처]

서두가 시작되어야 한다. 불특정 모두(You)가 아닌 환승을 기다리는 특정손님(Passengers)을 구체적으로 지칭하여야 한다. 미국에서 정규 사회 경험이 별로 없을 듯한 내용으로 인터뷰한 기사가 언론에 보도된 바 있는 2세 혼혈교포를 무(無)필터링 채용하여 투입한 결과다.

[예문]

콩글리시 영작문 (1): I want to mention about…

소통매너 영작문 (1): Please kindly be reminded of…

콩글리시 영작문 (2): Send me the information on…

소통매너 영작문 (2): Will you kindly provide us with the information on…

(뜨거운 커피가 담긴 종이컵 커버에)

국내 L사: Careful, this beverage is very hot!

외국 M사: Careful, the beverage you're about to enjoy is extremely hot.

게다가 한국인들은 뭐든 간편하게 생략하는 것이 다 좋은 줄로 착각한 나머지 글로벌 무대에서 스스로의 품격을 깎아내리고 있다. 가령 시각(時刻)을 표시할 때 아무 생각 없이 24시각 표기를 사용한다. 최고급 호텔에서 개최된 국제회의 식순은 물론 커피타임조차도 하나같이 '15:00~15:30' 같은 식이다. 이는 군대식 시각표시법으로 인격이 배제된 표기법이다. 최소한 a.m./p.m.식으로라도 표기하는 것이 글로벌 매너다. 특히 편지나 초청장에서는 'at two o'clock in the afternoon'과 같이 문장으로 표기해서 격조를 높일 필요가 있다. 날짜 역시 단수 일에 0을 붙여 03, 05로 표기하는 것은 몰상식이다.

빨리빨리 · 귀찮이즘 · 편의주의로는 절대로 품격 못 높인다.

아무튼 비즈니스란 구두(verbal) 회화로 끝나는 것이 아니다. 결국은 모든 것이 문서, 즉 서면(written) 계약문건 등으로 귀착된다. 그런데 글로벌 비즈니스 매너에서 어글리 코리언이 역시나 비즈니스 영작문에서도 완전 낙제점이다. 싸가지 없다는 표현이 딱 맞을 정도다. 글로벌 비즈니스에서 한국 기업이나 공기관이 가장 먼저 챙겨야 할 부분이다.

그런가 하면 국가기관, 그것도 외교부의 영어 수준을 엿볼 수 있는 사진 한 장을 체크해 보자. 2012년 10월 외교통상부 주최 '제3차 한 · 아프리카 포럼' 행사 때 '각국 대표단과 연사들'의 등록 데스크 안내판 표기가 Delegate/Speaker로 되어 있다. 기실 이런 말은 없다. Delegates/Speakers여야 했다. 각국 대표단들과 초청 연사들이 이 표지를 보고 속으로 무슨 생각을 하였을까? 복수 표시 s자 하나 실수로 빠뜨렸다고 생각할까? "Grammar가 안 되는, 즉 사회적 인격체 개념이 없는 이런 지각 없는 사람들이 무슨 국제회의를?" 하고 혀를 내둘렀을 것이다.

필자가 지켜본 바, 행사 내내 관계자 누구도 그 잘못된 표기를 지적하는 이가 없었다. 어쩌면 한국 외교통상부의 영어 수준이 그것밖에 안 되는 것 아닌지? 단순히 이벤트회사에 맡겨서 벌어진 실수라고 발뺌할 일이 아니다. 점검을 하지 못한 안이한 업무 애티튜드가 더욱 부각되고 있다. 나아가 "세계 무역 10위 대국이라며 프랑스어로 병기도 안하면서 무슨 친아프리카 행사 시도냐"고 속으로 비웃은 대표단들도 있었을 것이다. 이 행사 중 일부 연사들은 연설문을 낭독에 임박해서 배포하였는데, 상당수가 프랑스어 텍스트뿐이었다. 한 · 아프리카 포럼을 진짜 제대로 하고자 했다면, 자원 외교가 진짜 국가적 과제라면 동시통역을 한국어 · 영어 · 프랑스어 플러스 아랍어 · 포르투갈어 · 스와힐리어까지 준비해 큰 반향 및 바람몰이를 추구했어야 할 것이었다.

외교통상부 주최 제3차 한·아프리카 포럼 등록대의 표기 오류 사례. ⓒ글로벌리더십아카데미

작게 쓰면 소문자? 2.1M(의미불명)은 2.1m(미터), Parking Entrance(의미불명)가 아니라 Entrance to Parking Lot(주차장 입구)이어야. ⓒ글로벌리더십아카데미

Sanitary Paper Cup. 한국인들은 볼일을 종이컵에? Sanitized Paper Cups(위생 처리된 종이컵) 이어야. ⓒ글로벌리더십아카데미

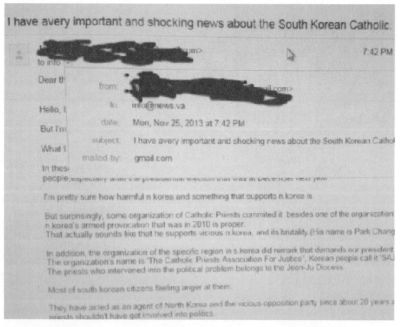

뉴질랜드 유학중인 한국인 네티즌이 교황청에 보낸 이메일. [인터넷 일간베스트 캡처]

하나를 보면 열 가지를 안다고 했다. 이런 잘못들에 대해 외교통상부 담당과장과 직원에게 사진자료까지 첨부하여 전송하였으나 짐작대로 노 피드백! 콩글리시만큼이나 매너 역시 어글리 코리언 수준! 글로벌 무대에서 일한다는 외교부가 이 정도이니 대충, 대범, 뻔뻔한 국민성 때문에 코리아가 얼마나 디스카운트당하고 있는지는 짐작하고도 남겠다.

교황청에 품격 제로 영어 이메일 결례, 코리아 디스카운트 후폭풍 초래 예상

2013년 11월 25일, 천주교 정의구현사제단의 정치 개입 논란과 관련하여 뉴질랜드에 유학중인 보수 성향의 한국인 네티즌이 교황청에다 예의 사제단을 고발하는 이메일을 발송해 온라인상에서 논란이 됐었다. 그 행위의 옳고 그름은 차치하고, 문제는 어글리 콩글리시다.

가장 먼저는 제목(subject). 문장이면 절대 안 되고, 요약된 형태의 구절(phrase)이어야 한다. 다음, 'Dear the…'가 아니라 'Dear Sirs:' 또는 담당자 이름을 '성의 있게' 미리 수소문하여 'Dear Mr. [아무개]:'이어야 한다. 또 서면(written) 방식의 텔레커뮤니케이션에서는 3인칭 화법 모드, 즉 'Hello, I…'가 아니라 'This is [아무개]…'이어야 했다. 'But, I'm'처럼 자기 중심적이면 안 되고 상대방 시각에서, 상대방 입장에서 논지 전개를 시작해야 한다. 'What I ….' 이하 동문.

이하 단(單, 短)문장들(one or two sentences)이 거침없이 나열되어, 즉 문단들이(paragraphs) 너무 짧아 ▷문단 개념이 없는 ▷그래머(grammar) 의식 제로 ▷지성적이지 않아 보여 ▷초등학교 학생 수준으로 이해되어 ▷내심, 바로 기각되어 버리기 쉽다. 그마저 요행히 해외 언론에서도 떠들썩해 주면 도대체 뭐가 왔었나 하고 그제야 다시 들추어 보겠지만, 이미 큰 한숨과 함께 인종차별하고 싶은 발동이 시작된 다음이겠다.

"They have acted as an agent of North Korea…" 표현은 논증 제시(evidencing) 문언 부재로 이메일 발송인만의 일방적인 주장으로 인식 ▷중대 사안에서 전혀 논리적이지 않고 독선적이며 일방통행적인 주장으로 인식되어 버리기 쉽다. 사실상 아웃이다. 굳이 가필하여 개선시킨다면 "It was for several decades(지난 수십년간) observed(관찰되고) and believed(믿어지고 있다) by an absolute majority of faithful and intellectual citizens in South Korea(한국의 절대다수 신앙심 깊고 지성적인 사람들에 의해) a series of empirical facts(일련의 실증적인 사실들이) that they have acted as a de facto(라틴어, 사실상) agent of North Korea…"가 되겠다.

이상 그래머상 치명적인 기본기 부재 문제 외에도 이메일이 아닌 정규 서한 발송 방식으로 하였어야 했다. 형식이 본질을 좌우하는 게 글로벌 선진문명권에서의 영문 편지이다. 그리고 가장 중대한 문제는 수신인(info@news.va) 실착(?)!

아무튼 성숙된 사회적 인격체에 요구되는 기본적인 소통 매너, 즉 그래머 수준 유지와 발송 방식의 중요성을 경각시켜 주는 아주 훌륭한(?) 사례가 되겠다.

데드 피시 잉글리시(Dead Fish English)

미국 방문중 박근혜 대통령이 미 의회에서 한 영어 연설을 두고 잘했니 못했니 하는 네티즌들의 소란이 있었다. 솔직히 잘했다고 볼 순 없겠다. 억양이며 리듬 없는 또박또박 단어 나열식 영어 연설 30여 분 동안 의원들 머리에 쥐가 나지는 않았으니 그나마 다행이라 하겠다. 연단 바로 뒤에서 그걸 내려다보고 있는 상원의장 부통령의 무표정한 얼굴이 상황을 잘 대변해 주고 있다.

그런 영어를 두고 '죽은 물고기처럼, 무표정 휑한 눈알에 살도 차디차고 경직된' 데드 피시 잉글리시(Dead Fish English)라고 한다. 한국 대통령의 영어 실력 보자고 초청한 것이 아니다. 한국어로 말하고 미국인 통역사가 감정을 넣은, 노래하는 것처럼 리듬감 있어 생동감이 충만하여 절로 동감이 가고 저도 모르게 박수 동작으로 이어지는 영어로 청중의 감동을 이끌어 내었어야 했다.

아무렴 그 일을 두고 한국의 언론은 찬양 일색이었고, 심지어 전직 외교관까지 나서서 약간의 여운은 두었지만 기조는 아부형 톤으로 찬사를 쏟아냈었다.

그런가 하면 김대중 대통령의 미국 의회 연설은 완전 일본식 발음으로 미국인들이 알아듣기 힘들어 고생깨나 시켰다. 또 이명박 대통령의 천방지축 서바이벌 영어는 배낭 여행 내지는 시장데기 영어로 미국인들과 모처럼 제대로 소통하는 듯해 보였지만, 속으론 "이 친구 되게 재밌구먼!" 하는 뉘앙스를 갖게 했다. 일국의 대통령으로선 격이 떨어지는 영어였다.

퇴임 후 그 누구도 국제회의나 포럼에 초청받지 못하는 것이 그 증표가 되겠다. 공적이든 사적이든 더 이상 말을 섞기 싫은 게다.

예전에 싱가포르는 다민족 국가여서 영어를 공용화했는데, 정통 영어를 일률적으로 도입하기에는 실정이 여의치 않아 싱가포르식 서바이벌 영어인 소위 '싱글리시'를 허용했었다. 하지만 최근에 들어 금융·의료관광·교육·소프트웨어 및 카지노 등 고급 서비스산업이 발전하자 그간의 저급 영어로는 고급 비즈니스가 불가능하다는 판단하에 정통 영어로 언어 정책을 바꾸었다.

한국 역시 일단 성공하고 보자는 식으로 조기유학·어학연수 등으로 마구잡이 서바이벌 영어를, 품위 있는 대면 소통 불능, 정규 문서

작문 능력 제로인 입주둥이 영어를 익혀 왔으나 중진국을 넘어서려는 순간 그 한계에 부딪힌 것이다.

일반적으로 영어를 잘하는 사람은 실무도 잘한다. 왜냐하면 영어 자체가 논리적이고 체계적이며 조직적이기 때문이다. 역으로 콩글리시는 한국인의 그만큼 비논리적이고 비체계적이며 비조직적인 성향 때문이라 하겠다. 아무튼 고급 서비스산업과 소프트웨어를 발달시키려면 이제부터라도 필히 정통 영어를 갈고 닦아야 한다.

뜻도 모르는 영문자 찍힌 티셔츠 걸치고 다니는 코리언

요즈음 아시아나 아프리카 저개발국에 가면 한글이 박힌 옷을 입은 사람들이 종종 눈에 띈다. 헌옷이 그곳까지 흘러간 것이다.

오래전에 서울대 모교수가 뉴욕의 양키스 모자가 멋져 보여 한국에서 자주 쓰고 다녔었다. 그러다가 어느 날 세미나 참석차 미국엘 가게 되었다. 예의 양키스 모자를 쓰고 뉴욕 케네디 공항을 나서서 버스를 기다리던 중 한 미국인이 그에게 말을 걸어왔다. 양키스의 어느 선수를 좋아하느냐는 등등의 질문 공세에 대답을 하지 못하다가, 결국 자기는 양키스 팬이 아니라고 답해 개망신을 당했다. 그 미국인이 양키스 팬도 아니면서 양키스 모자를 쓰고 다니다니 별 미친놈 다 보겠다는 듯이 그를 흘겨보더라는 것이었다. 한국전쟁 직후 미국 구호품 얻어입고 미국 간 기분이랄까! 곧바로 모자를 쓰레기통에 버린 그 교수는 이후 영어가 쓰인 티셔츠나 모자 같은 건 다시는 쳐다보지 않았다고 한다. 아무렴 뜻모를 영어가 찍힌 티셔츠를 입고 광화문 세종대왕상 앞에서 기념사진 찍는 개념 없는 한국인들 좀 없어졌으면 싶다.

미국의 문화식민지임을 자랑하자는 겐가? 국제화시대를 맞아 조기유학, 영어마을, 영어공용화론까지 들고 나올 정도로 영어 광풍이 분지가 10년도 넘었다. 그 결과 온 나라를 서당개 콩글리시로 도배해 코리아 디스카운트를 자초하고 있다.

Tip 글로벌 비즈니스 세계에선 다국어가 기본

2천여 년 전 어부였던 사도 요한은 3개 국어에 능통했었다. 그는 먼저 생활은 아람어, 성경은 히브리어, 편지는 헬라(그리스)어로 썼을 것이다. 그리고 사도 바울은 로마 시민권자로서 라틴어까지 하였을 터이니 4개 국어를 했을 것으로 짐작된다.

70년대, 서울대학교 문리대 종교학과 신사훈 교수가 차세대 리더를 양성하기 위한 사설 강좌를 개설했었다. 해서 서울대 재학생 중 법대 1명, 상대 1명, 문리대 2명이 뽑혔다. 이들은 매주 1회 모여 세미나를 열었다. 교재는 독일 카를 바르트의 《조직신학》이었다.

한데 이 세미나는 독일어·영어·프랑스어·일어·그리스어·히브리어 등 6개 국어를 동시에 사용했다. 학생들은 이 세미나를 준비하기 위해 머리에 쥐가 날 정도로 공부하여야 했다. 세계인 누구와도, 무슨 일에 맞닥뜨리더라도 감당할 능력을 그렇게 길러 나간 것이다. 그때의 학생 가운데 한 명이 오늘날의 D그룹 K회장이다.

그렇게 6개월 내지 1년만 혹독한 훈련을 하고 나면 세상에 무서운 게 없어진다. 그러다 보면 러시아 푸틴 대통령과 같은 인물이 나오게 된다. 푸틴 대통령은 통일독일 통합의회에서 독일어로 두 시간이나 감동적인 연설을 할 만큼 독일어를 모국어 수준 정도로 구사한다. 그리고 평창과 동계올림픽 유치를 놓고 다툴 때에도 노무현 대통령 다음으로 연설을 하였던 바, 영어 기본 프레임에 프랑스어와 스페인어 변화구로 상당수 IOC위원들의 감성을 움직이는 데 성공해 4표차로 가볍게 한국을 누르고 개최권을 따내었다. 푸틴의 언어 능력에 대한 정보를 사전에 입수, 제대로 인지했었다면 노무현 대통령은 되든 안 되든 엉터리 프랑스어·스페인어를 퍼부어 김빼기 작전으로 선제 대응을 하였어야 했다.

한국인들은 영어 하나만 똑 부러지게 해도 먹고 사는 데 지장이 없는 줄 알아 영어권 나라로의 조기유학이 줄을 잇고 있다. 그러나 지금은 글로벌 시대, 영어는 필수일 뿐 다국어 시대다. 영어 외에도 최소한 2,3개 국어 정도는 할 줄 알아야 글로벌 비즈니스 무대, 국제기구에서 살아남을 수 있다. 히딩크 감독, 아드보카트 감독 등 네덜란드 사람들은 영어에 독일어·프랑스어 등 주요 외국어 구사 능력이 기본이다.

요즘 러시아를 비롯해 동유럽·중앙아시아 시장이 뜨거워지고 있다. 이들 나라에서 비즈니스를 하려면 러시아어와 독일어는 필수다. 약간의 프랑스어 소양까지면 금상첨화 아니 화룡점정이다.

입시우물파기식 한국의 교육제도 당장에 뜯어고치지 못하면 다음 세대 글로벌 무대에서 한국은 없다. 그러기 전에 한국을 이끌어 갈 상위 1%의 글로벌 인재를 길러내는 일에 기성세대 지식인들이 의무감을 가지고 발벗고 나서야 한다. 지난날 한국의 고도경제성장기에 영어에 능통하고 글로벌 감각을 지닌 엘리트들은 하나같이 급격히 출세를 했다. 문제는 그 바람에 자신이 몸담았던 조직이나 공동체에 노하우 전수가 제대로 이루어지지 못했다는 것이다. 그러니 은퇴자 Silver Wisdom의 경우 골프로 자기 건강 신경 쓰는 것에만 안주하지 말고 낙후 지방도시, 읍면의 다음 세대들을 위한 무료 지식기부 강연으로 전국 순회 자원봉사에 나서길 바라 마지않는다.

26 한국에서는 왜 글로벌 스타가 안 나오는가?

칸 영화제 보도사진을 통해 본 한국인의 글로벌 매너 수준 | 품격 미달로 스포트라이트 못 받는 한국 배우들 | 하녀가 주인마님의 유행 지난 드레스 몰래 훔쳐입고 나온 듯 어색하기 짝이 없는 자세와 계면쩍은 미소 | 스폰서 투자가치가 없는 한국 배우들 | 레드카펫 하나 제대로 못 밟으면서 세계적인 배우? | 신사의 코끝은 발끝을 넘어가지 않는다 | 스포츠형 머리와 더벅머리의 리더십

매너의 기본이 외모 몸 자세임에도 한국인들은 이것에 무지하여 자연스럽게 바른 포즈로 서는 사람이 거의 없다. 많은 배우며 가수·스포츠 스타들이 그 유명세에도 불구하고 글로벌 무대 이너서클에 들지 못하는 이유가 이 바르지 못한 몸 자세에서 비롯된다. 인격과 짐승격의 차이를 모르기 때문이다. 거의 모든 선진문명사회에선 서거나 앉은 자세만 봐도 그 사람의 사회적 신분, 즉 상류층인지 하층민인지를 금방 알 수 있다.

칸 영화제 보도사진을 통해 본 한국인의 글로벌 매너 수준

요즈음 칸 영화제에 초청된 동양 여배우들은 대부분 중국 배우들이다. 이전엔 한국 배우들도 간간이 초청된 적이 있었으나 작년부터는 뚝 끊겼다. 왜일까? 물론 중국 시장을 겨냥한 스폰서 기업들의 상업적 기획에서라지만 달리 보면 반드시 그 때문만도 아니다.

근래 수년 동안 한국 영화와 드라마의 해외 진출은 눈부시다. 한데 대부분이 동남아·중동·아프리카·중앙아시아의 국가들이다. 유럽 선진국 본마당엔 아직 발도 못 디뎌 봤다. 작품 수출은 물론이고 유명해진 배우들의 글로벌 광고 모델 한번 없다. 골프 등 스포츠선수들도 마

찬가지이다. 고작 국내 스폰서나 광고로 목마름을 면하고 있는 실정이다.

한국 배우나 선수들이 못생겨서? 아니다. 인물로는 아시아에선 어느 나라에 뒤지지 않는다. 게다가 성형도 최고 수준이고, 화장품도 상당히 고급한 수준이다. 그런데 왜? 가장 큰 원인은 글로벌 매너 부족이다. 우선 한국인들은 자세가 안 나온다. 영화나 드라마 속의 모든 배우들이 그렇다. 허리, 고개 똑바로 세운 이가 한 명도 없다. 언제나 엉거주춤한데다가 국내외 영화제 레드카펫에서 당당하게 혼자 가슴 펴고, 턱 당기고, 고개 똑바로 세운 배우나 연예인이 없다. 꾸부정히 엉거주춤. 우리끼리는 그게 편하고 자연스러워 보이지만 글로벌에선 바로 퇴출이다.

세계 영화제에서의 한국 감독들의 무매너는 유명하다. 나비넥타이 매야 할 자리에 일반 넥타이를 매고 가는가 하면, 후줄근한 개량한복에 신발 뒤축 구겨신기, 팔짱을 끼거나 주머니에 한 손 넣고 사진찍기, 같이 사진 찍으면서 엉뚱한 곳에 시선두기 등등. 2013 칸 영화제에서 단편영화상을 받은 젊은 감독의 수상 장면이 그 대표적인 예라 하겠다. 한국에서 하듯 어디다 인사를 해야 할지 몰라 여기저기 굽신굽신 절을 해대며 단상으로 뛰어나갔다. 내려올 때 역시 마찬가지. 이런 모양을 보고 서양인들은 웬 개(犬)? 글로벌 무대에 진입할 수 있는 다시없을 행운의 기회를 스스로 다운사이징해 버렸다. 글로벌 내공 제로! 물론 자신이 무슨 짓을 저질렀는지 본인은 깨닫지 못했겠지만.

상을 받았으니 고마워하는 게 당연한 일? 그런 게 바로 노예 근성이다. 상이 무슨 구호품인가? 상을 받아 기쁘고 자랑스러운 것은 사실이지만, 그게 어찌 고마워할 일인가? 오히려 주최측이 좋은 작품으로 자기네 행사의 격을 높여 줘 고마운 게다. 그래서 상을 주는 게다. 그러니 손을 흔들면서 당당하게 걸어나가 수상의 기쁨을 표하였어야 했다. 설사 장학금을 받는다 해도 글로벌 무대에선 꼿꼿이 서서 눈과

칸 영화제 한국 대표단 추태 연발. 희한하게 개성적인 목줄에 어색한 왼팔 팔짱. 웬 부축? 삐딱하게 기운 목선, 목과 더불어 어깨선이 안 돌이기는 뻣뻣한 로보드 인싱. 한쪽으로 돌아가 버린 나비 넥타이. 후줄근한 바짓가랑이. 팔짱 낀 남자와 앙상블 어려운 컬러 톤. 역시 목 따로 어깨 따로, 잘록 넥타이에 흘러내린 바지춤. 마지막으로 남녀 시선 모두 제각각. 레드 카펫은 품격 연기로 내공을 겨루는 곳이다. ⓒ연합뉴스

글로벌 정품격 배우 안젤리나 졸리. 다른 배우와는 격이 다르다. ⓒ연합뉴스

의상 코디 내공 차이 대비 효과 비교. 영화배우 제시카 알바 대 가수 켈리 롤랜드. ⓒSPANX사

입으로 감사를 표해야 한다. 그동안 남들 하는 것 수없이 보고도 왜 똑같이 따라 하지 못해 귀빈 대접 마다하고 하인보다 못한 취급을 받는지 참으로 답답한 노릇이다.

스폰서 투자가치가 없는 한국 배우들

평소에도 그렇듯이 한국 배우나 연예인·스포츠 선수들 누구도 눈방긋 미소를 지을 줄 모른다. 거기에다 입을 꾹 다무는 버릇 때문에 항상 몽니를 부리는 듯한 얼굴이다. 눈으로 웃으면 입이 꼭 다물려 있고, 입으로 웃으면 눈이 긴장한다. 입과 눈이 따로 놀아 미소가 억지스럽고, 어딘지 모르게 경계심과 적대감이 묻어나 보는 이로 하여금 편치 않게 한다. 도무지 사진이 안 나온다. 그러니 광고 모델로 쓰려야 쓸 수가 없는 것이다.

배우뿐 아니라 감독들도 포토존에서 제대로 정품격 자세 한번 바로 잡아 준 적이 없다. 외국의 유명 배우들 중에는 인기에다 존중까지 받아 상류층 이너서클에 드는 배우들이 많다. 얼마 전 예방적 유방 절제 수술로 유명해진 안젤리나 졸리도 그런 배우 가운데 한 명이다. 그들과 한국 배우들의 자세를 비교해 보면 확연히 구별할 수 있을 것이다.

한국 여배우들은 차에서 내리는 자세부터가 완전 촌닭 폼이다. 게다가 마치 하녀가 주인마님의 유행 지난 드레스 몰래 훔쳐입고 나온 듯해 보이는 어색하기 짝이 없는 자세와 계면쩍은 미소. 레드카펫 하나 제대로 밟지 못하면서 무슨 배우인가. 성형수술, 화장, 피부 관리에는 열심이면서 바른 자세, 바른 미소 하나 제대로 익힌 배우나 연예인이 없다. 프로가 뭔지, 초청을 받았으면 그 값을 해줘야 한다는 개념조차 없이, 다 저 잘나서 모시는 줄 착각하고 있다. 거울아! 거울아! 백날 들여다보아도 아우라가 안 나온다.

그러니 한국을 제외한 글로벌 어느 신문·잡지에서도 한국 배우의 촌스런 사진을 싣지 않는다. 자신들 매체의 품격이 떨어지기 때문이다. 언어난통은 말할 것도 없고, 매너며 자세·미소 어느 하나도 합격점이 안 나온다. 해서 투자금만 날릴 것 같아 영화제 스폰서들, 한국 미녀(?)라면 지레 손사래를 치는 것이다. 이것 고치지 못하면 한국 배우들 스폰서 초청 절대 못 받는다. 오히려 중국 배우들은 점점 당당한 글로벌 자세가 나오고 있다. 로레알파리 모델인 중화권 미녀 판빙빙이 작년에 이어 올해도 프랑스 칸 영화제 레드카펫에서 포즈를 취하고 있다. 서양과 거의 비슷한 레벨의 현대 중국사회 중상류층의 사회적 인격체 매너의 기본 점수에다 글로벌 매너 훈련받고 나온 흔적이 역력하다.

결론적으로 현재의 한국 배우들은 스폰서 투자가치가 없다는 거다. 그나마 한국 배우 중 유일하게 글로벌 광고를 한 배우는 다니엘 헤니다. 그의 인상과 미소, 그리고 바른 자세는 긴장감 없이 자연스러워 글로벌 무대에서 통한다. 그러니 앞으로 한국 기업도 유명 선수 스폰서로 나서거나 광고 모델을 기용할 때 글로벌 매너를 체크하고 모자라면 가르치고 다듬어야 한다. 그래야 본전 뽑는다.

남의 삶은 혼신을 다 바쳐 연기하면서 왜 정작 자신의 삶에는 소홀하단 말인가? 제 인생만한 작품은 없다! 진정한 배우라면 무대 밖에서도 최선을 다해 연출하여야 한다.

품격을 모르면 절대 명품 못 만든다

요즘은 한국에서도 국제모터쇼가 자주 열린다. 그때마다 레이싱걸들도 미모 경쟁에 나서는데, 이건 자동차를 팔자는 건지 눈요깃거리를 자랑하는 건지 분간이 안 된다.

한데 그 레이싱걸들의 인상과 몸매를 보면 하나같이 어색하기만 하다. 그런 행사가 낯설어서가 아니라 발끝에서부터 머리끝까지 성형을

칸의 품격! 칸 영화제 레드카펫 정품격 모델 폼. 품격이 곧 예술. 칸의 권위는 품격에서 나온다. ⓒ로이터

칸 영화제 레드카펫 정품격 모델 폼. 취재진들도 모두 정장 차림. 붉은 카펫에 흑과 백! 요란스 럽기만 한 한국의 국제영화제와는 품격이 다르다. ⓒ로레알파리 제공-연합뉴스

로레알파리 모델인 중화권 미녀 판빙빙이 재작년에 이어 작년에도 프랑스 칸 영화제 레드카펫
에서 포즈를 취하고 있다. ⓒ로레알파리 제공-연합뉴스

한 듯 도무지 몸매와 인상·몸짓이 부자연스러워 바로 쳐다보기가 민망해서 그렇다. 귀티라고는 찾아볼 수가 없다. 품격을 모르는 사람들이 만든 자동차! 한국의 자동차 회사들이 기껏 선진국 명차에 뒤지지 않는 차를 만들어 놓고도 명차 대접을 못 받는 이유를 레이싱걸만 봐도 짐작할 수가 있겠다. 짜가 미인의 미소에 넘어갈 부자 없다.

글로벌 스타의 정격 모델 폼 다니엘 헤니. [인터넷 화면 캡처]

그런가 하면 한국에서 개최되는 국제영화제나 패션쇼, 심지어 국가 공식 행사를 취재하는 기자들의 복장 또한 말 그대로 개판이다. 형형색색의 옷차림에 가방이며 룩색까지. 정장을 입은 사진기자를 찾아보기가 힘들다. 게다가 주최측은 포토존을 설정해 놓지도 않았거나, 그나마도 위치 선정이 잘못되어 기자들이 제대로 그 자리를 지키려 들지 않는다. 해서 결국은 자기들끼리 마구잡이로 방아쇠를 당겨 이미지 다 망쳐 놓는다.

단지 역사가 오래되었다거나 참가국이 많다고 해서 최고의 영화제가 되는 것 아니다. 행사의 품격을 높이려면 기자는 물론 행사 진행요원들까지 모두 정장을 갖추어 입도록 해야 한다. 그런 기본기도 못 갖추니 잔뜩 돈 발라 호화판으로 치장을 해봤자 도무지 귀티가 안 나는 것이다. 한국 레이싱걸처럼. 단순함의 정교함을 모르고서는 명품 못 만든다.

요즘은 한국 배우들이 할리우드로 진출하는 일이 잦다. 한데 대부분 단역 내지는 악당 역이다. 또 국내 영화나 드라마에 나오는 회장님이나 귀부인 역을 해도 외국 배우들처럼 귀티나 아우라가 나오지 않는다. 대신 망가지는 회장님·사모님 역은 기가 막히게 잘해 낸다. 선진국 사람들이 보면 완전 짜가 신사 숙녀일 뿐이다. 그럴듯하게 차려입고 유명세를 누리지만, 그 본바탕 삶의 모습이 어떨지 짐작케 한다. 아무튼 연기 수업할 때 제대로 된 글로벌 매너도 함께 가르쳐야 글로벌 스타가 나올 수 있다. 한국 영화의 선진국 수출도 가능해진다.

Tip 신사의 코끝은 발끝을 넘어가지 않는다

관광객 차림으로 각자의 륙색을 멘 두 외국인 남자가 지하철을 기다리며 서 있었다. 그들을 유심히 지켜보던 친구가 "저 두 사람 중 키가 큰 사람은 지하철에 오를 때 분명히 등에 멘 륙색을 벗을 거다"라고 호언했다. 드디어 지하철이 도착하자 키가 큰 그 외국인 남자가 과연 륙색을 벗어들고서 맨 나중에 올랐다. 어떻게 알았을까? "키가 큰 사람의 서 있는 자세가 바른데다가 고개까지 똑바르다. 신사임이 분명하니까."

대다수의 한국인들은 버스나 지하철을 탈 때 등에 멘 배낭이며 륙색 따위를 벗지 않는다. 덕분에 실내 공간을 비좁게 만들 뿐만 아니라 남을 치거나 옷을 걸어당기기도 한다. 때로는 어린아이들의 얼굴을 스쳐 다치게 만들기도 한다. 벗기도 귀찮고, 손에 들기도 힘들다고 변명한다. 자기 편하자고 남에게 폐를 끼친다? 몰염치다. 범죄행위와 다를 바 없는 안이한 발상이다. 아무럼 선진사회에선 승용차는 물론 버스며 지하철·사무실·집·상점·식당·빌딩·갤러리·박물관 등 실내로 들어갈 때에는 등에 멘 륙색을 벗는 것이 매너다.

어느 날 북유럽인으로 여겨지는 젊은 여성이 지하철에 올라 한 손으로 출입문께의 기둥을 잡고서 작은 책을 보는데, 특이하게도 두 다리를 모아 선 자세다. 흔들리는 지하철에서 선 채로 책을 보는데도 발에서부터 머리까지가 똑바르다. 하여 그다지 큰 키가 아님에도 늘씬해 보였는데, 분명 점잖은 집안의 처자일 것으로 짐작된다. 필자도 그 여성을 따라 두 발을 모아서 바로 서 보려 하였으나 균형을 잡기가 쉽지 않았다.

유럽인들은 평소 여간해서는 아무 데나 아이들을 데리고 나다니지 않는다. 그럼에도 주말의 파리 지하철은 야외로 빠져나가는 승객들로 붐비는데, 한국과 달리 어린아이들이 보이지 않아 의아스러웠다. 하여 건너편 승강장에 서 있는 승객들을 유심히 살폈더니, 그제야 드물지만 중간중간에 서 있는 아이들이 눈에 들어왔다. 모두들 어른들과 똑같이 바른 자세로 서 있어 얼른 눈에 띄지 않았던 것이다. 아차 싶어서 나도 모르게 벌려 서 있던 한쪽 다리를 당겨 모았던 적이 있다.

요즈음 한국의 지하철에서 두 무릎을 붙이고 앉은 여성 찾아보기가 쉽지 않다. 앉아 있는 남성들 중에도 제 앞에 선 사람이 없으면 자동적으로 엉덩이와 다리를 앞으로 내밀어 영토(?)를 넓힌다. 입석 승객들 중에서도 똑바로 서 있는 사람 극히 드물다. 하나같이 구부정하게 한쪽으로 치우친 자세다.

출입문이나 기둥, 끝 벽면과 문짝을 차지한 승객은 예외 없이 그것들에 기대어 서 있다. 선진국의 지하철에선 기댄 사람을 찾아보기가 힘들다. 기둥은 손으로 잡으라고 만들어 놓은 것이지, 엉덩이나 등을 기대라고 세워둔 것이 아니다. 게다가 상당수 승객은 기둥이나 손잡이를 잡지 않고 두 다리만으로 균형을 잡고 간다. 그러다가 급정거라도 하게 되면? 물론 기관사에게 욕을 해댄다.

한국에 와 있는 방글라데시·파키스탄 등 남아시아 노동자들 중에는 드물지만 자기네 나라에서 대학까지 나온 상층부 출신들도 있다. 비록 지금은 잠시 공장노동자로 일하고 있지만, 언젠가는 제 나라에 돌아가 잘살거나 출세할 가능성이 크다. 그들과 잘 친해 두면 나중에 비즈니스에 큰 도움이 될 것이다. 한데 그걸 어떻게 알아본단 말인가? 매너를 보면 금방 알 수가 있다. 매너에 대해 자신이 없으면 매달 혹은 매주 그들끼리 모이는 자리에 가보면 알 수가 있다. 자기네들끼리 모이면 그동안 감춰두었던 본색이 드러난다. 상층부 출신들은 절로 배와 가슴을 내밀고 자세가 발라지기 때문에 금방 구별이 된다. 그밖의 다른 나라 외국인들도 그렇게 판단하면 거의 틀림이 없다. 바른 자세의 외국인이라면 분명 임원급이거나 언젠가는 임원이 될 것이다. 그런 사람들과 친구가 되는 것은 대단한 행운이다.

저돌적(猪突的)이란 표현이 있다. 멧돼지처럼 머리를 내밀고서 앞뒤 가리지 않고 내달리는 것을 말한다. 축구와 같은 게임에서 주로 사용하는데 추진력 있고 공격적이란 표현이며, 한편으로는 좀 무지스럽다는 의미도 내포하고 있다. 한국 선수들 중에는 저돌적인 선수가 많은데, 이런 선수는 대개 좌우 윙이나 윙백을 맡는다. 한국 축구가 두뇌 플레이가 안 되는 이유다.

세계적인 유명 축구선수들 대부분은 자세가 바르다. 몸의 무게 중심이 위로 올라가기 때문에 몸이 가볍다. 따라서 공을 다루는 능력이 뛰어나고 정교하다. 무엇보다 시야의 폭이 넓어 두뇌 플레이에 능하기 때문에 센터 미드필드를 맡기면 적격이다. 데이비드 베컴 선수가 그 대표적인 예라 하겠다.

2014 브라질 월드컵에서 무적

PSG에 입단한 데이비드 베컴. 그는 팀 유니폼을 입지 않고 그 자리에서 펼쳐들어만 보임으로써 선수이기 전에 신사로서의 품위를 고수하였다. 사소한 매너 하나가 그가 어떤 삶을 살아갈지를 보여준 좋은 사례라 하겠다. ⓒ게티이미지코리아

함대 스페인과 정통의 영국이 막강한 화력에도 불구하고 초반 탈락한 것은 그런 출중한 센터가 없었기 때문이다. 그에 비해 독일은 바른 자세를 가진 선수들이 많다. 저돌적 근성만으로는 선진축구를 배울 수 없다는 말이다. 명장 히딩크 감독이 선수들에게 평소 정장에 바른 자세를 강요하는 것도 그 때문이다. 한국 선수나 감독들은 이런 이치를 알지 못한다. 엘리트 체육이란 미명하에 어렸을 적부터 피동적인 훈련에 익숙한 한국 선수들이 스스로 생각하고 판단하고 행동하기란 쉽지 않다. 해서 스스로는 정장 하나도 제대로 갖추어 입지 못하는 것이다.

서거나 걷거나 달리거나 춤을 추거나 신사의 코끝은 발끝을 앞서지 않는다. 턱을 당기고 배를 내밀면 코끝이 절대 발끝을 넘어가지 않는다. 어깨를 움츠리고 고개를 앞으로 내밀어 머리가 발끝을 넘어가는 건 짐승격이다. 유럽의 귀족 자제들이 권투·씨름·레슬링과 같은 스포츠를 즐기지 않는 건 그 때문이다. 한국 학생들의 상당수가 바르지 못한 자세 때문에 척추가 휘었다며 호들갑을 떠는 의사들을 자주 본다. 운동 부족에서 온 것이니 아무 운동이나 열심히 하면 곧바로 돌아간다. 그렇지만 고작 척추만 걱정할 뿐, 그 휜 척추만큼 인성도 비뚤어졌음을 걱정하는 이는 아직 보질 못했다.

아이들에게 윤리도덕을 가르쳐야 인성이 고와진다? 지극히 상투적인 생각이다. 자세가 바르지 않고는 인성이 바를 수 없다는 것이 선진 문명권 사람들의 기본적인 인식이다. 뛰어난 관상가나 경영자는 상대의 인상(人相)만 보지 않는다. 자세와 걸음걸이, 즉 체상(體相)까지 본다. 매너나 품격을 더 중시한다는 말이다. 그런 게 내공이다. 운명을 개척하고 싶은 사람이라면 당장 바른 자세부터 갖추도록 해야 한다.

Tip 스포츠형 머리와 더벅머리의 리더십

한국 축구는 왜 답답할 수밖에 없는가?

스포츠형 머리라는 게 있다. 하지만 요즘은 운동선수들조차 이 스포츠형 머리를 기피하고 있어 대부분의 젊은이들은 '깍두기' 조폭형 머리로 인식하고 있는 것 같다. 언제부터인가 한국에선 더벅머리가 스포츠형 머리를 대신하고 있다. 심지어 마라톤선수들조차도 머리를 펄펄 휘날리며 뛴다. 2014년 월드컵 한국대표팀 감독과 코치진을 비롯한 선수들 모두가 앞머리를 길러 이마를 가리고 있다. 스포츠형이 아니라 K-pop형이라 해야겠다.

운동선수가 연예인들처럼 어려 보이게 하려고 앞이마를 가리다니 체면이 영 아니다. 혹 그 내면에는 운동선수로서의 열등 의식이 자리하고 있는 건 아닌지? 스포츠맨으로서의 자긍심을 가지지 못한 건 아닌지? 하여 연예인이 그들에겐 선망의 대상인가? 진정한 개인주의도 모르는 선수들의 개성을 존중해 준다는 것이 그만 어쭙잖은 스타 의식만 심어 준 결과겠다.

머리와 마찬가지로 모자 역시 스포츠형이 있다. 모자의 앞쪽 차양(Brim)이 길게 나와 있는 캡(Cap)타입이다. 운동선수는 물론 젊은이들과 군인들이 이런 모자를 애용한다. 이런 모자를 쓰면 무의식중에 앞을 주시하게 된다. 해서 저돌적이고 공격적으로 보인다. 제2차 세계대전 때 독일군 철모가 살짝 그랬다.

사람은 무얼 유심히 볼 때 절로 손으로 눈썹 위를 가린다. 역으로 앞머리로 앞을 가리는 사람은 전방만을 주시하는 버릇이 생긴다. 기마병의 말들이 앞만 바라보도록 눈 부위에 차안대(Blinker)를 씌우는 것도 그 때문이다. 대신 귀족이나 신사들은 차양이 사방으로 둘리어 있는 둥근 햇(Hat)타입 모자를 애용한다.

축구나 농구처럼 팀 전원이 혼연일체가 되어야 하는 운동선수들에게는 전방위적인 시야 확보가 절대적이다. 하여 전 동료와의 교감, 상대 선수 전원에 대한 즉각적인 좌표 인식은 물론 상대팀 선수들간의 소통 메시지까지 동물적 감각으로 읽어내야 한다. 굳이 고개를 돌려 살피지 않고서도 자동적으로 인식해야 한다는 말이다.

눈과 입만큼은 아니지만 사람의 이마도 표정이 있다. 그리고 눈이나 눈썹이 원활하게 소통 교감할 수 있도록 도와주고 있다. 그런데 더벅머리가 이 부분을 가리는 바람에 소통을 치명적으로 방해한다. 엄폐물로 애써 눈을 감추는 모양새다. 그러니까 캡 모자를 쓰고 공을 차는 꼴이다. 때문에 정면에서 마주 주시하지 않으면 소통이 잘 안 된다. 해서 저도 모르게 고개를 돌려 동료와 교감하고 적을 살피는 버릇을 가지게 된다. 그게 잘 안 되면 손짓·몸짓·고함까지 동원하게 되는데, 이런 건 모두 적에게 노출되고 만다. 더구나 앞의 더벅머리가 모자의 앞 차양 역할을 하기 때문에 그 선수가 어디를 보고 누구와 사인을 주고받는지 거의 자동적으로 적의 레이더망에 걸리고 만다. 따라서 머리를 기르려면 앞뒤좌우로 다 기르든지, 아니면 스포츠형으로 짧게 깎는 것이 유리하다.

게다가 한국 선수들은 하나같이 목을 앞으로 내밀고 있어 다음 움

2014년 브라질 월드컵 알제리전에서 4:2로 완패하고 나오는 한국 대표팀. 하나같이 더벅머리를 하고 있어 유소년팀처럼 보인다. ⓒ연합뉴스

직임까지 상대 선수들이 쉽게 예상해 낸다. 바른 자세가 그래서 중요하다는 말이다. 유니폼 역시 멋만 부리지 말고, 처음 접하는 상대 선수들이 자세히 보지 않으면 전후가 헷갈리는 스텔스 디자인으로 할 필요가 있다. 독일팀 유니폼의 앞가슴은 V자형 장갑철판을 댄 듯한 디자인이어서 상대편에게 심리적인 위압감을 주고 있지 않은가.

사실 월드컵 본선에 오른 팀들간의 실력 차이란 극히 미미하다. 사소한 차이가 승부를 가른다. 그런 미세한 것들이 판단에 착오를 부르고, 그것이 실수로, 골로 연결되는 것이 축구다. 디테일하지 못한 사람들은 그런 걸 운(運)이라고 말한다.

앞머리로 이마를 덮는 것은 남들과 터놓고 소통하기를 거부하는 심리적 표현이다. 당연히 상대도 그렇게 인식하게 된다. 그 무엇보다 스스로 어리게 보이고자 하는, 성장을 두려워하는, 극단적으로 표현하면 미성숙 발달 장애나 사회적 자폐로까지 진단할 수도 있다. 시야가 좁은 사람은 당연히 사고의 폭이 좁을 수밖에 없다. 외골수·외통수들이다. 그들에게 다양한 전술이니 전략이니 하는 건 애초부터 불가능한 주문이다.

게다가 투지나 야성마저도 찾아볼 수 없는 태극전사들. 청소년팀인지 K-pop팀인지 구분이 안 가는 헤어스타일. "오빠!" 소리가 그렇게 듣고 싶은가? 짐승들도 싸울 땐 갈기털을 바짝 세운다. 꼬리를 내리고 갈기털을 접는 건 항복과 복종의 표시다. 고대 로마의 전사들이 투구 위에 갈기털을 세운 것은 멋부리기 위함만이 아니었다. 이왕 머리를 스포츠형으로 깎아 빳빳하게 세우고 두 눈 부릅떠서 당당하고 위협적이게 보여도 모자랄 판에 적 앞에서 애송이처럼 보여서야 이미 심리적으로 지고 들어간 것이 아닌가? 감독이나 선수나 도통 기본이 안 되어 있다. 연예인 따라 하라고 정장 입으라는 것 아니다. 브라질 월드컵에서 쌍깻잎머리 감독에 선수 전원이 더벅머리를 한 팀이 한국 말고 또 있던가? 스포츠형 머리란 머리카락을 세우기 위해 짧게 깎는 것이다. 그래도 굳이 길러야겠다면 위로 빗어올리는 게 좋다.

깻잎머리·더벅머리 CEO는 없다. 이들은 남들까지 재수 없게 해놓고, 정작 자신은 운(運)이 없었다고 자위한다.

어느 한 군데만 썩는 사회는 없다. 한국 축구대표팀의 더벅머리 답답함이 곧 어쩌지 못하는 대한민국의 답답함, 우리 모두의 자화상이다. 앞머리에 숨어 눈만 빠꼼히 뜨고 거울만 쳐다보며 "거울아, 거울아!" 하는 젊은이들의 미래는 더 암담하겠다.

기실 한국이 그동안 이룩한 정치적·경제적 성과도 냉정하게 말하자면 차근차근 쌓아 온 실력이라기보다는 남 따라 우리도 '할 수 있다'는 투혼의 결과였다고 할 수 있다. 그렇지만 이제는 그 투혼마저도 찾아볼 수가 없고, 또 그것으로는 한계에 이르렀음을 세월호 침몰과 월드컵 축구에서 확인했다. 예전처럼 선수들더러 삭발 투혼을 강요할 수도 없다. 그러니 선수는 물론 시민 개개인이 더없을 만큼 디테일해지는 수밖에는 길이 없다 하겠다. 그렇게만 해도 시스템은 굴러간다.

국가개조? 그건 쿠데타 용어다. 그러니 정부더러 국가를 개조하라고 보채는 것 자체가 난센스다. 공무원개조고 국민개조여야 맞는 말이겠다. 아무튼 국가개조라 하든 국민개조라 하든 그건 정권이 아니라 국민의 몫이다. 국민 한 사람 한 사람이 자기 자리에서 제 분수를 지키고 염치를 갖추는 것이 곧 국가개조고 국민개조다.

한국 축구, 승패를 떠나 스포츠맨다운 모습이라도 갖췄으면 한다. 기본에 충실하자는 말이다. 그래야 다음이라도 기약할 수 있겠다.

27 글로벌 내공으로 위기를 정면 돌파하라!

글로벌 전사가 갖춰야 할 세치 혀의 필살기 | 2주 만에 카네기홀을 매진시킨 한만영 목사 | 1,000불 와인 팁으로 한국을 금융 위기에서 구한 재무장관 | 저우언라이(周恩來) 총리의 비밀 | 글로벌 비즈니스에서의 진정한 성공을 위해서는 컨텍스트의 상호 컨버전스까지 아우르는 인문학적인 내공이 부수적으로 필요! | 한국 혹은 한국인은 국제사회에서 신뢰받고 있는가?

진정한 글로벌 전사라면 위기를 정면 돌파하는 10분 스피치와 순발력, 그리고 인문학적 내공을 지녀야 하지만 이는 한국인에게 가장 부족한 재능이기도 하다. 그렇다고 이런 주제에 관한 이론이나 정해진 매너가 있을 리 없으니, 예를 들어 설명하는 수밖에 없겠다.

뉴욕 카네기홀을 다 채워라!

예전에 노태우 대통령이 유엔총회에서 대한민국 역사상 최초로 연설을 한 적이 있었다. 남북한 유엔 동시 가입을 기회로 얻은 것으로 당시로선 거국적인 사건이었다. 하여 이런 기념비적인 연설을 그냥 하기에는 뭣해서 먼저 한국을 알리는 문화 행사로 국악 공연을 하기로 하였다. 하여 급작스레 카네기홀을 예약하고, 공연 준비에 들어갔다. 아시다시피 카네기홀 예약이 그리 쉬운 일이 아니었지만, 급한 김에 먼저 예약된 연주자에게 넉넉한 웃돈을 주고 어찌어찌해서 예약을 할 수가 있었다.

문제는, 그냥 공연한다고 누가 보러 올까? 교포들에게 억지로 강매한다 한들 객석 1/3 채우기 쉽지 않을 것이고, 홍보를 해야겠는데 이역시 날짜가 얼마 남지 않았다. 또 어찌해서 홍보를 한들 유력 신문들에서 평을 써줄지도 의문인 상황이었다.

여차저차해서 이 홍보를 맡을 사람이 정해졌는데, 그분이 옛 '서울 부활의교회' 고 한만영 목사님이었다. 국립국악원장을 지냈던 분으로 영어와 일어로 강의는 물론 설교까지도 가능할 만큼의 실력을 겸비한 분이었다. 하여 2주도 채 안 남긴 상태에서 뉴욕 주요 일간지의 예술 비평 가이드에 실리게 하기 위한 총대를 메고 미국으로 건너갔다.

그가 뉴욕에 가긴 했지만 갑자기 무슨 수로 기자들을 불러낸담? 해서 먼저 뉴욕의 '아시아학회' 회장에게 연락해 갑자기 무리한 요구인 줄 알지만 제발 좀 도와 달라! 2주도 안 남긴 상태에서 결례인 줄 알지만 제발 날 위해 기자들을 좀 불러모아 달라고 부탁한다. 바로 여기서부터 달라진다. 대부분의 한국인들은 MB 때처럼 '한국학회'를 찾는데, 이는 참으로 뭘 모르는 짓이다. '한국학회' 정도가 무슨 수로 기자들을 불러모으겠는가? 최소한 아시아학회장 정도는 되어야 한다. 물론 그러기 위해서는 평소에 잘했어야 한다.

그리하여 10일가량을 앞두고 간신히 뉴욕의 한 식당에서 예술담당 기자들과의 오찬 모임을 열 수 있었다. 대개 오찬이라면 1시간 남짓인데, 식사중에는 피곤한 사무적인 이야기는 하지 않는다. 밥 사는 사람이 자기 이야기를 할 수 있도록 할애되는 시간은 디저트요리 시간 10분대이다. 초조하게 시간이 흘러 드디어 디저트 시간. 더구나 이같이 공식 비즈니스 런천이 아닌 때에는 기자들 중 일부는 디저트도 들지 않고 일어나 가버리는 게 일상적이다. 그제야 인도인 학회장이 오찬을 낸 한만영 씨를 소개하면서 10분을 내어줄 테니 하고픈 말을 하란다. 아니? 10분 만에 낯선 나라의 음악을 어떻게 이해시킨담! 정상적인 방법으론 이미 다 틀렸다. 해서 비상수단을 써서 설명할 수밖에 없었다.

글로벌 전사가 갖춰야 할 세치 혀의 필살기

"제2차 세계대전이 끝난 뒤, 일본에서 아시아 각국과의 관계 개선을 위해 화합과 평화를 위한 음악회를 개최키로 했습니다. 하여 각국에서 한 사람씩 연주자를 뽑았는데, 한국의 한 젊은이가 심벌즈 주자로 나가게 되었습니다. 해서 그의 시골 고향에서는 플래카드까지 내걸고 환송회를 열어 주었습니다. 그가 드디어 일본으로 건너갔는데, 그의 역할은 연주의 맨 끝에 한 번 '꽝!' 하는 것이었습니다. 드디어 연주는 시작되고 마지막에 '꽝!' 해야 하는데, 이 친구가 너무 흥분하고 긴장했던 나머지 지휘자의 신호를 그만 놓쳐 버려 심벌즈를 치지 못하고 말았습니다. 해서 모처럼 준비한 게 그만 '꽝!'이 되고 말았습니다. 그런데 오늘, 제가 지금 그런 심정입니다. 아시아, 그것도 생소한 한국의 전통음악을 무슨 수로 10분 안에 설명할 수 있단 말입니까?"

　　딱 5분이 걸렸다. 다급한 상황을 비유와 유머로 폭소를 유도해 낸 것이다. 모두가 배를 움켜잡는 폭소가 터지고, 그 기자들 중 좌장격인 〈인터내셔널 헤럴드 트리뷴〉지의 예술담당 대기자가 일어나서 "여러분, 방금 한박사의 성의를 보았죠. 지금부터 내 허락 없이 자리를 뜨는 놈은 죽을 줄 알아!" 하고 엄포를 놓으며, "한박사, 어디 자세하게 설명 좀 들어 봅시다!" 했다. 덕분에 40분 이상 충분히 설명을 하고, 연주일 당일 카네기홀 전 좌석 매진! 대성공을 거두었다.

국가를 위기에서 구한 1,000불짜리 팁

　　반면 1970년대말~1980년대초 소리 없이 지나가게 된 어떤 외환 위기 때, 한국 재무장관은 스위스에서 국제상업은행 총재들과 국가IR(투자자 앞 설명회) 프리젠테이션을 앞두고 사전 막후조정 설득 작업을 벌였으나 씨알이 전혀 먹혀들지 않아 허탕치고 돌아가야 할 다급한 상황에 처했다. 해서 더 이상 부탁하지 않을 테니 기왕 디너나 대접하고 가겠다며 2명의 총재들을 한자리로 불러내었다. 이때 장관이 100만 원 상당의 고가 와인을 주문했다. 이윽고 웨이터가 와인을 따르자 장관이 호스트로서 시음차 흔들어 냄새를 맡아 보고는 그 자리에서 와인이 상했다며 퇴짜를 놓았다. 웨이터가 의아해하며 냄새를 맡아 보고는 상하지 않았다고 하였지만, 장관은 우기면서 다른 병으로 새로 내오게 했다.

웨이터의 얼굴은 창백해지고, 테이블에 앉은 총재들도 크게 당황했다. 왜냐하면 이미 뚜껑을 딴 와인은 버려야 하고, 그 책임은 와인 보관담당 직원에게 있음을 잘 알고 있기 때문이다. 자기들의 식사 때문에 오늘 그가 쫄딱 망한 것이다. 해서 그 불쌍한 친구의 처지를 안타까워하며 굳은 얼굴로 식사를 하는 둥 마는 둥 마쳤다.

그런데 계산을 치른 장관이 예의 웨이터에게 "아참, 아까 그 와인이 얼마라고 했지?" 하고 묻고는, 다시금 지갑을 열어 해당 금액을 현찰 팁 방식으로 덤으로 얹어주었다. 그제야 총재들은 일제히 속으로 숨을 몰아쉬고는 얼굴을 활짝 폈다. 다음날 국가IR은 일사천리로 진행, 외환 위기를 모면한 적이 있다. 한국을 봐서는 도저히 해줄 수 없지만, 저 친구의 하위직 종사자에 대한 배려심이 저 정도이니 저 친구 인격을 봐서 우리가 인간적으로 도와주자고 나선 것이다.

엄청난 거금을 급여에서 페널티로 까야 할 식당의 와인 보관담당 직원을 그 위험에서 구해 주는 와인 매너 트릭을 사용해 국가 위기 탈출에 성공한 것이다!

[뉴솔루션] 천고강산 영웅무멱(千古江山 英雄無覓)

예전에 중국인들 중에는 직접 요리하는 것을 즐기는 고위급 인사들이 많았다. 사무실 옆에 딸린 작은 화장실에서 간단한 취사도구로 음식을 만들었다.

상황은 이러하다. 저우언라이(周恩來) 총리는 프랑스 유학 시절의 추억으로 가끔씩 요리를 할 때면 프랑스산 레드 와인을 쓰곤 하였다. 문제는 문화대혁명시대에 홍위병 등 좌파들에게 제국주의자의 상징과 같은 프랑스 와인을 요리에 쓴다는 사실이 알려질 경우 초래될 정치적 파장을 우려해 저우언라이 총리는 이 점을 비밀에 부쳤었다.

자, 당신 기업이 지금 중국 파트너에 대한 의무 이행에서 회사 내 노조는 물론 제3의 항만노조 파업 등으로 곤경에 처해 있다고 하자. 이 문제에 대해 중국측의 계약 파기나 클레임 제기를 사전 제지하기 위해 중국에 출장을 왔다고 한다면, 저우언라이 총리에 대한 기억을 이용해 귀하는 어떻게 이 문제를 해결할 것인가?

해법은 이러하다.

디너를 할 중국식당에 프랑스산 레드 와인 한 병을 미리 가져가 돼지고기 요리할 때 중국 황주(黃酒) 대신에 이것을 써 달라는 레시피 변경을 식당측에 사전 요청해 둔다. 디너 때 돼지고기 요리 맛이 바뀐 것을 알아차린 중국측 파트너에게 저우언라이 총리의 홍소육(紅燒肉) 스토리를 아느냐고 넌지시 운을 떼면서, 사실은 오늘의 디너를 위해 특별히 준비시켰노라고 생색을 낸다. 어느 정도 대화가 무르익은 다음 선적 지연 문제를 살짝 거론하면서 메모지에 다음 여덟 글자를 써 보인다.

千古江山 英雄無覓

'강산은 만고에 변함 없으되 영웅은 어느덧 찾아볼 길이 없도다.'
저우언라이 총리가 임종하기 전에 쓴 시구로서, 혁명1세대가 애써 이룬 업적을 소위 문화혁명세대가 마구 부수어 나가고 있음을 간접적으로 한탄한 것이다. 중국은 서양과 같이 토론 문화가 아주 발달해 있어 웬만한 스토리, 어지간한 은유적 대화 소재 등은 빠삭하다고 보아야 한다. 조금씩만 설명해도 이해 속도가 엄청나게 빠르다. 위의 여덟 글자에 나올 중국 파트너의 답은 이러할 것이다. "알았다, 충분히 이해하고 동감한다. 계약 파기나 클레임 제기 않겠다. 또 다른 재미난 얘기는 없느냐…"

이처럼 글로벌 비즈니스 매너에는 '컨텍스트의 상호 컨버전스까지 이를' 인문학적인 내공이 부수적으로 필요하다. 따라서 글로벌 비즈니스의 진정한 성공을 염두에 둔다면 직업적인 매너(에티켓) 강사에 의한 글로벌 비즈니스 매너 강의는 사실 대책이 없는 것이다.

Tip 한국 혹은 한국인은 국제사회에서 신뢰받고 있는가?

황우석 줄기세포, 남대문 누각 복원, 4대강 개발처럼 자신의 임기중 실적으로 만들기 위해 무리하게 공사 기간을 앞당긴 것과 같은 소위 한 건 하려는 조급함, 소국 내지는 소인배 근성 때문에 일어나는 웃지 못할 사건이야 이미 일상화된 일이다. 안에서 새는 바가지 밖에 나간들 안 샐까? 한국이 국가간에 협의된 약속 내용을 어기고 공개하거나, 성급하게 단독으로 먼저 발표하거나, 내용을 부풀리거나 왜곡시켜 발표하는 등 외교적 신뢰를 깨트려 빈축을 사는 일은 국제사회에서 정평이 나 있다. 당연히 그로 인한 피해는 고스란히 국민의 몫으로 돌아가지만 누구도 책임지지 않는다.

가령 IMF 사태 해결 과정에서 우방국 미국의 연방준비제도이사회 (FRB)가 불쾌감 내지 맥빠진 의욕 상실, 즉 한국에 대해 완전 정나미가 떨어져 한국을 적극적으로 도울 마음이 전혀 없었던 원인은 그린스펀 당시 의장이 가지고 있었던, 한국 정부가 외환보유액 통계수치에서 그들을 계속 속여 왔다는(lie) 깊은 의구심 때문이었다. 상호 신뢰(trust)가 얼마나 중요한지, IMF 구제금융 1차 협상 때 캉드시 총재 사후재가 조건부 협상 잠정 타결시 그 내용에 대해 조건 충족시까지 비밀 유지할 의무가 얼마나 중요한지, 그리고 이를 자의적으로 자신의 이익이나 공명심으로 깬다는 것이 상호 신뢰에 얼마나 치명타인지 뼈저리게 알게 해주는 사건이 잇달아 일어났다.

당시 한은 총재도 속수무책. 미국에서 그린스펀 연준 의장을 만나 긴박한 상황을 설명하였지만 오찬 한 끼의 추가 설득 기회 배려는 고사하고 사실상 문전박대, 빈손으로 돌아온 상황이었다. 해서 예전에 IMF에서 같이 일한 적이 있어 미셸 캉드시 총재를 잘 안다고 하는 부총리를 대표로 내세워 협상에 임하게 했다.

그리하여 한국측의 밀어붙이기에 밀려 '미셸 캉드시 총재 사후재가 조건부'로 가까스로 회의를 마쳤는데, 나이스 단장이 자기 보스 미셸 캉드시가 현재 말레이시아에 출장중이니 그쪽 일정이 끝나기를 기다려 한국측과의 협상 '잠정' 결과에 대해 보고하고 그의 재가를 '정식'으로 얻은 후에야 합의 사항을 언론에 발표하는 게 순리라고 했다. 하지만 '어차피' '아무렴 어때'를 좋아하는 성질 급한 한국인들이 그 몇 시간을 입 꼭 다물고 기다릴까! 결국 한국측은 나이스 단장의 '한국을 도와주려는' 간곡한 당부를 무시하고 일방적으로 언론에 발표해 버렸다. 절박한 상황에서 엄청난 국민적 관심과 기대에 의한 중압감, 그 무엇보다 국민들에게 뭔가 빠른 성과를 보여주지 못해 안달이 난 '높은 곳'에서의 독촉이 그 시간까지 도무지 기다리게 놔두지 않으리라.

아니나 다를까? 한국 정부의 일방적인 발표에 불같이 화를 낸(진짜 이유는 따로 있지만 여기서는 노코멘트) 미셸 캉드시는 그 합의를 없었던 것으로 뒤엎어 버렸다. 그 이후 우리 모두가 아는 대로 그보다 몇 배나 강도 높은 몽둥이찜질을 당한 게다. 물론 결과적으로 혹독한 대가를 치른 한국경제가 그만큼 체질이 강화되었으니 전화위복이었다고 자위할 수도 있겠다.

금융업은 신뢰를 가장 중시하는 사업이다.

어쨌든 그 와중에 돈을 자루에 쓸어 담아간 회사가 있으니 일례로 맥킨지다. 구조조정 컨설팅? 그게 무슨 대단한 노하우인가? 남의 나라 기업, 그냥 대충 목표치에 맞춰 가위질하는 것이다. 다시 말해 땅짚고 헤엄치기인 게다. 해서 주니어급 직원들 보내어 연수시키고 돈은 왕창 긁어갔다. 담아간 게 어디 돈뿐이던가? 가만히 앉아서 수많은 고급 정보 몽땅 수집해 갔다. 한데 가만히 있으면 그게 어디 정보던가? 반드시 필요한 곳으로 흘러가게 마련. 그런 식으로 론스타가 외환은행 거저 삼킨 게 아닌가? 물론 잔뜩 겁먹은 한국 정부의 고위 관료들, 즉 모피아와 주인 의식 없는 은행장들이 헐값에 팔아치운 책임도 적지않지만.

와신상담! 제아무리 국가적인 큰 사건이나 사안도 결국 몇몇 인격체간에서 폭발하고 처리된다. 이 오판 사태의 원인과 그에 따른 혹독

박근혜 대통령과 청와대 사진기자단이 꼭 벤치마킹해서 반드시 따라 해야 할 일. 오바마 대통령의 대민 접촉 사진 촬영 마인드, 백악관 전속 사진사 피트 수자의 세계관. 선거 유세 모드로 시장판 쏘다니고 영화관을 찾는 것만이 능사가 아니다. 중요한 것은 민생 탐방이 아니라 소통이다. ⓒ백악관

한 고통의 교훈을 잊지 않기 위해, 무엇보다 재발 방지를 위해 이 아주 불편한 진실 중 이왕 알려진 극히 일부만을 살짝 들추어 보았다.

아무렴 한국 혹은 한국인들이 국제관계에서 신뢰를 깨트린 일이 어디 한두 번이랴. 그렇지만 그 과정에서 일어났던 온갖 실수와 망신들을 우리는 비하인드 스토리라 하여 차마 공개적으로 밝히지 못한다. 실은 그런 게 진짜 지혜인데도 말이다. 그러니까 최상류층 이너서클에 들지 않고는 결코 공유할 수 없는 고급 정보들이다. 이 책 역시 마찬가지. 거대한 빙산의 수면 위에 드러난 부분만 언급했을 뿐. 결국 수면 아래의 이야기는 상위 1%의 1%, 즉 1부 리그 선수(프로)들끼리 입으로 전하는 수밖에 없겠다.

그렇지만 그들 세계의 생리를 이해한다면 굳이 이너서클에 들지 않고도 미루어 짐작이 가능하다. 글로벌 정품격 비즈니스 매너가 바로 그 수면 아래를 들여다보는 도구이기 때문이다. 수면 위의 부분만 보고도 그 아래 숨겨진 것들을 스캔해 낼 수 있다.

아무튼 국제사회에서 한국은 신뢰는 고사하고 오히려 불신과 의심만 켜켜이 쌓아 왔다. 그러니 글로벌 비즈니스 무대로 나갈 젊은 전사라면 제로베이스에서 스스로 자신만의 신뢰(소통 도구)를 구축해 나갈 수밖에 없음을 명심해야 한다.

28 피드백, 글로벌 사회에선 공짜는 없고 반드시 뒤끝은 있다

프랑스 소매치기들의 유쾌한 피드백 | 수재인정일장지(秀才人情一張紙) | 글로벌 선진문명권의 성숙된 비즈니스맨들에게 절망감만 안겨 주는 왕싸가지 한국인 | 자기 답답할 때 외엔 도무지 반응이 없는 스텔스민족 | 화장실 들어갈 때와 나올 때가 다른 민족 | 글로벌 매너 없인 노벨상도 없다 | 어떤 선물이 적당할까?

어제저녁 업무상 중요 인사와의 와인디너 자리에서 엄청난 결례를 수차례나 저질렀다. 자, 어떻게 무마할 것인가? 이에 대해 와인소믈리에 출신, 서울 리츠 칼튼 호텔의 총지배인 찰스 드 푸코 씨는 이렇게 어드바이스한다. "아무 걱정 말고 바로 전화하십시오. '어제 크게 실례를 저질러 너무나 송구합니다'라고!" 〈조선일보〉에 기고한 '성공 비즈니스를 위한 와인 즐기기' 기고문 중 식탁테이블 매너에서 제일 중요한 대목은 국내 얼굴 예쁜 날라리 강사들이 얘기하는 식탁에서는 어쩌고저쩌고가 아니라, 식탁 자리가 파한 후 다음날 바로 올려 드리는 한 통의 감사 전화 또는 사과 전화, 곧 즉각적인 후속 관리 피드백 노력이라고 칼같이 지적해 주고 있다.

프랑스 소매치기들의 유쾌한 피드백

한국에서 소매치기당하면 지갑을 쓰레기통이나 하수구에 버리는 바람에 주민증이며 면허증, 각종 카드 등 모조리 재발급해야 하기 때문에 소매치기라면 이가 갈리게 된다. 역시나 해외 여행에서 가장 낭패스런 일이 가방을 잃어버리거나 소매치기당한 경우이다. 특히 이탈리아 소매치기들의 악랄함은 세계적으로 소문나 있다. 이탈리아로 여행 간 초보자들은 방심하면 대개들 당한다. 여권과 항공권까지 날렸다가 혼쭐난 경험을 가진 이들은 그때 생각만 해도 몸서리쳐진다.

물론 소매치기가 이탈리아에만 있는 건 아니다. 오래전 프랑스 파리를 여행하던 중에 지갑을 소매치기당한 친구가 있었다. 안색이 노래지며 앞이 캄캄해 어쩔 줄 모르는 그를 두고, 안내했던 현지인이 아무 걱정 말라며 지갑 안에 무엇이 들어 있었는지를 묻고 나선 가까운 귀국 항공편 항공사 지점으로 데리고 가서 잃어버린 지갑을 찾을 수 있었다 했다. 물론 현금은 빼고.

파리의 소매치기들은 관광객의 지갑을 훔쳤다가 그 속에서 항공권을 발견하게 되면 현금만 빼내고 소매치기당한 그 관광객이 당장에 달려갈 만한 곳, 즉 해당 항공사 사무실로 재빨리 찾아가 예의 지갑을 맡겨두고 사라진단다. 길거리에서 이런 지갑을 주웠는데, 혹여 주인이 이곳으로 찾아오면 돌려 주라며 던져 놓는 것이다. 세상에 이렇게 고마운 소매치기도 다 있나! 어쩔 줄 몰라하던 관광객은 돈 잃은 건 아무것도 아니고, 여권과 항공권·신용카드 및 여행자수표까지 고스란히 되찾게 된 것이 너무도 기쁜 나머지 순간 그 소매치기가 하느님같이 고마워 엎드려 절이라도 해주고 싶더라는 것이다.

파리의 소매치기들은 왜 그럴까? 친절해서? 아니다. 그렇게 함으로써 자기 시장을 지키려는 것이다. 왜냐하면 안도의 한숨을 내쉰 그 관광객이 소매치기당하였노라고 경찰에 신고하는 일은 상상조차 못하기 때문이다. 하여 경찰의 단속이 있을 리 없고, 안심하고 영업을 계속할 수 있는 게다. 물론 최근에는 불경기의 여파로 유럽의 소매치기들이 일제히 파리로 모여들고 있어 피드백받기가 어렵다고들 한다. 특히나 한국인들은 특유의 등산 복장으로 인해 봉처럼 그들의 눈에 금방 띄어서 모조리 털리고 있다 한다. 그도 그럴 것이 등산복 차림으로 관광 다니는 이들은 전 세계에서 한국인밖에 없으니 말이다.

선진국 부자들은 왜?

지난해 미국의 슈퍼리치들이 '세금을 더 내자'는 내용을 담은 성명을 발표해 화제가 된 적이 있다. 워런 버핏 버크셔해서웨이 회장과 조지 소로스 소로스펀드매니지먼트 회장의 주도로 나온 이 성명에는, 미국 '재정 절벽' 타개를 위해 상속세 인상을 촉구하는 내용이 담겨 있다. 여기에는 뮤추얼펀드 뱅가드그룹 사주인 존 보글, 지미 카터 전 대통령, 빌 게이츠 마이크로소프트 창립자, 로버트 루빈 전 재무장관 등 20여 명의 부유층 저명 인사가 뜻을 같이했다. 이들은 성명에서 "상속세 인상이 재정 감축과 관련해 세입을 늘리려는 노력에 큰 도움이 될 것"이라면서 세금을 올려도 "소득 상위 1%에 여전히 해당하는 것"이라고 지적했다. 따라서 "최고 부자들의 상속세를 인상하고, 그것을 지키면 되는 것뿐"이라고 강조했다.

평소에도 거액을 기부해 왔고, 또 사후 재산의 절반을 기부하겠다고 서명까지 한 이들 부자들이 상속세까지 올려 달라고 한 것을 두고 세상 사람들은 그 저의를 파헤친답시고 이리저리 머리를 굴려 본다. 도네이션, 노블리스 오블리주 역시 부자의 품격으로 그들은 피드백을 실천한 것일 뿐이다.

수재인정일장지(秀才人情一張紙)

2008년 7월, 한국은행 홍콩사무소의 H소장은 고민에 빠졌다. 그가 재무적인 일을 맡고 있는 홍콩 한국국제학교의 재정이 어려워 24개국 출신 학생들을 위한 장학금 재원 확보가 어려운데다가, 강당 시설이 노후화돼 보수 또한 필요해서 한인사회는 물론 현지 기업이나 부호들의 한국국제학교에 대한 관심을 일깨워야 할 입장에 놓인 것이다. 고민 끝에 먼저 홍콩의 제일 부자에게서 돈을 받아내어야 다른 부자들도 기부를 할 것이라 판단하여, 화교권의 세계적 부호인 청쿵그룹의 리카싱(李嘉誠) 회장부터 공략하기로 했다.

일단 사전 작업으로 그가 다니는 골프 클럽에 시간 맞추어 나타나서는 두어 차례 얼굴을 익히는 인사부터 나누었다. 그러면서 조금 일찍이 퇴근하여 밤늦도록 A4용지에 만년필로 금강경 5,174자를 베껴나가기 시작했다. 평소 익숙치 못한 한자쓰기여서 근 한 달이 걸렸다고 한다. 리카싱 회장이 독실한 불교 신자라는 사실과 곧 그의 생일이 다가온다는 사실을 신문을 통해 알게 된 것이다. 그러니까 리카싱 회장의 만수무강을 빈다는 의미로, 팔만대장경을 주조하는 심정으로 금강경을 필사한 것이다.

다 쓴 다음 그걸 들고 리카싱 회장의 사무실이 있는 빌딩으로 찾아갔다. 비서에게 그 봉투를 전해 달라고 하자 내용물을 흘낏 확인한 비서가 잠시 기다려 달라고 하고는 회장실로 들어갔다. 곧 비서가 다시 나와 그를 회장실로 안내했다. 전에 골프장에서 얼핏 얼굴을 익힌 터라 리회장이 웃으며 반갑게 맞이했다. 잠시 환담을 나눈 후, 리회장이 그 자리에서 답례로 A4용지 흰 종이 위에 열 글자의 본인이 자주 암송하는 금강경 구절을 덕담삼아 친필 사인과 함께 써주었다. 그리고 차를 마시고 나왔다.

그게 글로벌 선진사회에서의 답례, 곧 즉각적인 피드백이다. 그리고 그 답례는 등가(等價) 혹은 등질(等質)이어야 한다는 것이 글로벌 정격 매너다. 글로써 인사를 왔으니 글로써 화답한 것. 그게 수재인정 일장지(秀才人情一張紙)이다. 그로부터 2주 후, 일반 우편으로 리회장의 편지 한 통을 받았는데 그 속에 적지않은 금액의 수표 1장이 들어 있었다.

돈은 추한 것이기 때문에 일전에 만난 아름다운 자리에서는 서로 입 밖에 내지 않은 것이다. 산전수전 다 겪은 리회장 역시 이 친구가 돈 받아내러 왔구먼 하고 내심 다 알면서도 품위 있게 즐거운 만남을 마친 것이다. 그런 다음 비서를 시켜 저 친구가 무슨 사연으로 얼마가 필요해서 왔는지 알아보고 도움을 주라고 했을 게다. 이런 게 글로벌 최상류층들의 소통 매너다. 글로벌 부자의 본색(本色)이고, 품격(品格)이다. 한국 졸부와의 차이겠다.

아무리 가난해도 즉각 피드백하여야

얼마 전 국내의 한 와인카페 모임에 갈 일이 생겨, 굳이 와인을 들고 가기보다는 마침 여름이고 해서 합죽선을 가져가 회원들에게 하나씩 나누어 주었다. 때마침 그곳에서 아르바이트를 하는 러시아인 유학생이 있어 그녀에게도 건넸더니 얼마 있지 않아 고맙다며 미니 엽서 형태로 된 손바닥보다도 작은 달력을 일행들에게 한 장씩 자세한 설명과 함께 나누어 주었다. 그런데 일행 중 누구도 그에 대해 고마워하지도 않을뿐더러 '별것 아니네!'라는 심드렁한 표정이더니, 모임이 끝났을 때에는 아니나 다를까 상당수가 탁자에 그냥 두고서 나가 버렸다.

그곳에 모인 한국인들 중 누구도 그 러시아 여성이 미니 카드 달력을 나누어 준 의미를 몰랐다는 뜻이다. 그건 그녀가 할 수 있는 즉각적인 피드백이었던 것이다. 종이로 된 부채 선물에 대해 비록 보잘것없지만 종이로 된 그 달력 외에는 그녀가 그 자리에서 할 수 있는 답례가 없었던 것이다. 그런데 그 답례를 휴지처럼 버리고 나온 한국인들. 글로벌 무대에서 사람 노릇 제대로 하고, 사람 대접 제대로 받을 수 있을지? 아무렴 실컷 접대하고도 '상것!' 소리 듣지만 않아도 다행이겠다. 만약 상대가 실은 보통의 러시아 여성이 아니었다거나, 리카싱 회장과 같은 러시아 대부호의 가족이었다면? 행운과 불행은 종이 한 장 차이겠다. 물론 저도 모르는 사이에.

부자든 가난한 자든 그 품격의 가치는 같다.

식사 답례 전화, 리턴 식사 제의부터 배우고 지켜야

유럽에서 동료나 친구 또는 비즈니스 파트너와 식사를 하게 될 경우, 초대받은 사람도 반드시 계산서 금액을 확인한다. 왜냐하면 자신도 곧 답례를 해야 하고, 그때 역시 지금과 같은 등가(等價)여야 하기 때문이다. 해서 어떤 경우에는 너무 고급한 식당으로 초대하면 거절할 때가 있다. 자신의 형편으론 그만한 답례를 감당할 수 없기 때문이다. 그러므로 이런 경우에는 답례하지 않아도 되는 행운의 돈이 생겼으니 안심하고 즐기자는 등의 사전 양해를 구해야 한다.

글로벌 문명사회에선 선물에 대해서는 가능한 한 즉각적인 답례가 있어야 하고, 식사나 파티 등의 환대에 대해서는 반드시 그 다음날 오전중에 전화나 메일로 감사의 피드백을, 그리고 반드시 사전에 초대장을 보내어 약 2주 전쯤 약속을 정해서 등가에 해당하는 식사로 답례해야 한다. 그걸 안하면 그 사회에선 사실상 영영 매장당하거나 쫓겨난다.

특히나 새로운 동네로 이사를 하였을 경우, 사전에 주민들이 편한 시간을 택해 집으로 초대를 하는데, 이때에는 반드시 문방구에서 준비한 정식 초대장으로 우편을 통해 전해야 한다. 그리고 그런 초대를 받고 나면 다음날 역시나 우편으로 답례의 감사 노트를 보내야 한다. 바로 옆집이고 한 블록에 사는 이웃인데 뭘 굳이 그렇게까지 하느냐? 그냥 전화를 하거나 초대장을 집집마다 넣어 주면 간단한 것을! 그랬다간 웬 상것? 바로 아웃이다.

서구의 선진문명사회나 한국의 옛 양반사회나 형태는 달라도 같은 품격

예전엔 한국의 양반이나 선비들도 새해가 되면 서로 선물을 돌렸다고 한다. 필자가 스승으로 모시고 있는 심우성 선생의 소싯적 기억에도 큰어른이 계신 집에는 겨울 잉어를 보내는 풍습이 있었다고 한다. 서울 사대문 안에 살았던 그분은 정초가 되면 큰 소쿠리에 커다란 잉어를 담아 이집저집으로 날랐는데, 미아리고개를 넘어가다 보면 역시나 잉어 바구니를 들고서 자기네 집으로 심부름 오는 저쪽 집안의 아이와 만날 때도 더러 있었단다. 그러면 서로 씩 웃고는 각자 열심히 가던 길을 가서 서로의 집에 잉어를 전달하고 돌아오다가 다시 중간에서 만나기도 했다 한다. 두 아이가 같은 길을 두고서 그렇게 몇 시간을 오고간 것이다.

그때 만약 그 한중간에서 소쿠리를 바꿔 들고 오던 길을 되돌아 집으로 가면 반나절 시간을 벌 수도 있었겠지만 그랬다가는 둘 다 집에 가서 종아리에 피나도록 맞았을 게다. 그런 게 양반의 법도였다. 비록 양반들끼리의 인사치레였지만 동시에 그런 심부름이 아이들에게 더 없는 교육의 기회이기도 했다. 그 핑계로 아이들이 훌륭한 어른을 찾아뵙고, 또 덕담 한마디 듣고 오는 게 얼마나 중요한지를 잘 알기 때문이다. 양반집이라면 그런 일을 아랫사람들에게 시키면 되지 않나? 아이들에게 심부름시키는 걸 쓸데없는 헛고생쯤으로, 그 시간에 학원에서 공부 한 시간이라도 더하는 게 이익인 줄만 아는 오늘날의 한국 부모들, 지식이 지혜가 되지 못함을, 지식이 사람 만들어 주지 않음을 언제나 깨우칠까?

글로벌 매너 없인 노벨상도 없다

아무튼 한국의 부자들은 물론이고, 또 정치인·학자·유학생·비즈니스맨은 물론이고 일반인들까지 여간해서 외국인들과 친구가 못 되는 이유는 대부분 이런 글로벌 무매너 때문이다. 그 중에서도 가장 심한 것이 바로 피드백 안하는 돼먹지 못한 습관이겠다. 게다가 이 피드백이 가장 안 되는 부류가 바로 정치인들·기자들·장사치들·공무원들·학자들이다. 필요할 땐 불쑥 찾아와 도움을 청해 놓고는 도움받고 돌아서면 감사 편지 한 장, 감사 전화 한 통 없다.

군이 친구까지는 아니더라도 비즈니스를 위한 기본적인 글로벌 인적 네트워크조차 구축이 안 되는 이유겠다. 오죽했으면 한국인 중에 노벨상 후보로 추천하고 싶어도 누구를 누구에게서 추천받아야 할지 모르겠다고 푸념할 정도다. 노벨상이란 최고의 연구업적만 쌓으면 가만히 앉아 있어도 노벨상위원회가 동방박사들처럼 한국까지 찾아와 머리를 조아릴 것이라 생각하는 순진무구한(?) 한국인들. 한국이 아직 실력이 모자라서 노벨상을 못 받는 줄로만 알고 조 단위의 재단을 만들어 노벨상 수상을 돕겠다고 나선 재벌그룹. 올림픽의 IOC처럼 노벨상위원회 역시 세계 최고 최상의 사교 클럽임을, 스웨덴 왕가가 왜 글로벌 최상류 사교계의 중심 역할을 하는지를 아는 한국인이 몇이나 될까?

비록 상업적 관계라 해도 사전에 치밀하게 각본을 짜서 상업적 냄새가 안 나게 해야 한다. 선제적 친목관계를 다져 나가야, 그리고 지루할 정도로 끈기 있게 관리하고 기다릴 줄 알아야 성공한다. 모든 게 짜고치는 것이라 해도. 글로벌 세계에선 그런 짜고치는 것조차 알고도 인정한다. 왜냐? 인격체임을 증명하려는 적극성·도전 정신·모험심을 높이 사기 때문이다. 때문에 의도적 도네이션일지라도 인정한다. 말로만 백번 잘하겠다고 하는 것은 아무 소용없다. 모든 걸 객관적인 실적으로 증명해야 한다.

부활절! 서구인들은 여름 휴가 다음으로 긴(대개 1주일) 휴가를 이 부활절에 즐긴다. 해외의 친구들과 부활절 카드를 주고받지 못했다면, 당신이 1년의 대부분을 해외에서 보낸다 해도 결코 글로벌 인물이라 할 수 없다. 크리스마스에는 가족이나 친지들 간에 주고받지만, 친구나 사업상 동반자들에게는 부활절에 카드를 보낸다. 내년에는 잊지 말고 부활절을 축하하고, 또 휴가 즐겁게 보내라는 카드를 보내어 보라. 한국에도 이런 친구가 있었나 하고 달리 볼 것이다. 그리고 그동안 소원했던 일본인이나 중국인 친구가 있으면 엽서라도 한 장 보내어 보라. 단 끝에 '우단사련(藕斷絲連)!'을 쓴다. 연뿌리는 끊어져도 그 실은 이어져 있다! 비록 그동안 소식은 전하지 못했지만 마음으론 잊지 않고 있었다고. 반드시 피드백받게 될 것이다.

Tip 어떤 선물이 적당할까?

유대인들의 뇌물성 선물 방식은 교묘하기로 세계적으로 정평이 나 있다. 어느 날 아무개가 꽃병 하나를 가져와 보잘것없는 것이라며 거실 한쪽에 놓아두라고 한다. 일 년도 더 지난 어느 날, 우연히 그 집에 들른 다른 부자가 예의 꽃병을 보고서 깜짝 놀란다. 세상에 이런 귀한 물건이! 결국 주인에게 사정사정해서 후하게 그 값을 치르고 가져간다.

세계적인 경제 위기에도 불구하고 요즈음 세계 미술품 시장을 싹쓸이하는 나라가 바로 중국이다. 특히 홍콩 소더비나 크리스티 경매 시장에 나오는 중국의 명품들은 예상가를 몇 배나 웃도는 천문학적인 낙찰가로 세상을 놀라게 하곤 익명의 중국 큰손들에게로 넘어간다. 그리고 얼마 후 그 물건은 경매 감정서와 함께 그대로 재포장되어 어느 고위 간부의 집으로 조용히 배달된다.

지난해, 조지프 필 전 주한 미8군사령관(2008~2011)이 한국 근무 중 한국인 친구에게서 선물로 받은 고가의 몽블랑만년필(160만 원 정도)을 신고하지 않은 사실이 미 국무부 감사에 발각되어 한 계급 강등, 소장으로 전역당했다고 한다. 선물을 준다는 것이 그만 쥐약을 준 꼴이 되어 버렸다.

한국인들은 외국인들에게 선물을 할 때 대개 한국적인 것, 토속적인 것을 많이 찾는다. 여기에도 애국심이 작용한다. 하지만 글로벌 비즈니스 세계에선 굳이 그럴 필요가 없다. 비즈니스적인 마인드라면 철저하게 업무와 관련된 메시지를 담을 수 있는 것이어야 한다.

얼마 전 업무차 네덜란드를 방문하는 분이 선물을 고민하기에 《하멜표류기》를 권한 적이 있다. 한국과 네덜란드의 교류가 꽤 오래전(효종 때)에 이루어졌음을 상기시키며 재미있게 이야기 물꼬를 틀 수도 있고, 또 자신의 인문학적 소양을 은근히 자랑할 수도 있어서였다. 서점에 여러 가지 번역본과 소설로까지 나와 있다.

참고로 한국인들은 제주도에 표류해 온 하멜이 왜 표류기를 썼는지 그 이유에 대해서는 그다지 관심을 두지 않는다. 심지어 《소설 하멜》을 쓴 〈중앙일보〉 대기자 김영희 선생마저 그 점에 대해서는 심도 있게 다루지 않았다.

하멜이 표류기를 쓴 것은 그저 호기심에서 이상한 나라의 체험을 기록으로 남기기 위함이 아니었다. 그건 순전히 조선에 억류된 14년 동안 받지 못한 자신과 동료들의 급여를 요구하기 위한 회사 앞 미지급급여반환청구서의 주요 부속서, 즉 조선 체재 사실 증명서였다. 그가 고국으로 무사히 돌아갔을 때 회사에 가서 뭐라 하겠는가? 도망갔다 어디서 놀다 온 건가? 그게 아니라 조선에 불가피하게 억류되어 있었는데, 네덜란드 공관이 있어 영사 확인해 줄 수 있는 상황이 아니므로 스스로 체재 사실을 증명하기 위함이었다. 날짜별 연대기, 주요 관심 항목별 컨트리 리포트(Country Report), 그리고 조선말-네덜란드말 미니 사전까지. 우리가 《하멜표류기》를 통해 배워야 할 것은 단순히 그 시대 상황이 아니라 네덜란드 상인의 철저한 비즈니스 정신! 바로 글로벌 마인드다.

무엇보다 선물을 받으면 그 자리에서 내용물을 확인하고, 아무리 하찮은 것이라 해도 감사 표시를 하는 것이 예의다. 그리고 그 선물에 담긴 메시지를 즉각 읽어내야 한다.

나름대로 글로벌을 지향하고자 애쓰는 어느 기업의 창립 40주년 기념품을 받아 보고 안타까운 마음을 금할 길 없었다. 머그잔인지 맥주컵인지 필통인지 도무지 그 용도를 얼핏 짐작할 수 없는 작은 용기에 자사 40주년에 즈음한 사훈 같은 글귀들로 대거 도배를 하고 있었다. 한국 기업들의 상투적이고 고질적인 '무데뽀' 기질을 그대로 드러내 보이는 기념품들의 전형이다. 귀중한 돈 들여 자기 중심의 세계관이란 씁쓸한 인상을 동반자 파트너 기업 인사들에게 안기는 형국이다.

　한국 기업들 대부분이 다 그렇지만 도무지 상대에 대한 배려심이라곤 찾아볼 수가 없다. 기념품이든 선물이든 기본적으로 상대에게 필요한 것이어야 한다. 상대에게 작은 감동이라도 불러일으킬 메시지를 담아야 한다. 자기 자랑, 자기 중심적인 선물로 선심도 쓰고 기업 홍보도 하려는 '초심을 잃은' 과욕의 결과겠다. 직원용 겸용? 그도 역시 씁쓸한 소리다. 직원들에겐 부인들을 배려해 차라리 소액이라도 현금으로 주는 것이 백번 옳다.

　정히 그렇게라도 외부에 선물하려면 그나마 상대를 존중해서 인격적인 터치나 피니싱이 만시지탄 후속 보완되었어야 할 것이다. 가령 각각의 고객 함자 영어 퍼스트네임 또는 간략히 영어 이니셜 두세 글자라도 바로 몇 초 레이저로 새겨 주었어야 했다. 죽이 되어 버렸다 해도 끝내 최선을 도모하는 기사회생의 재치 부재가 너무나 아쉽다.

　무엇보다 40주년의 의미를 제대로 살려내지 못했다. '40'은 서양인들, 그리고 서양식 교육을 받은 글로벌 선진문명권 비서양인들에겐 매우 익숙하고 의미 있는 숫자다. 예수가 요한에게서 세례를 받고 공생애 스타트 전 40일 동안 광야에서 금식하며 시험받았고, 모세가 시나이 산에 올라 40일 동안 머문 끝에 십계명 석판을 받았다. 또한 모세가 유대민족을 이끌고 40년 동안 광야를 떠돌았었다.

　따라서 40주년이란 기업이 이제 바야흐로 고난의 광야를 벗어나 젖과 꿀이 흐르는 가나안 땅으로, 다시 말해 글로벌 1부 리그 본선무대로 도약한다는 선언적 메시지를 줄 수 있는 절호의 기회다. 이 대목에서 상호 재도약을 위해 파트너십의 우의를 다지고 배전의 협력을 제안하는 것이다. 예로 지구천장(地久天長)이나 중학유천(衆鶴遊天)의 영어식 문구나 시구! 대개의 서양인들은 '40'을 그렇게 받아들인다. 한데 그런 소중한 의미를 전혀 담아내지 못한 그냥 천덕꾸러기(?) 선물 아닌 고물. 받는 순간부터 주는 자의 성의와 현실 사이에서 방황, 즉 어디로 치워야 할지 고민부터 하게 만들었다.

선물은 반드시 상대방 지향적이어야 한다.

29 눈맞춤이 곧 소통이다!

클레오파트라의 눈 화장법 | 눈이 무서운 한국인들 | 곁눈질은 최악의 매너 | 눈과 입 못 쓰는 코리언, 짐승(犭)들의 인사법 | 복장보다는 얼굴, 입술보다는 눈에 집중하는 비즈니스 성공 화장법 | 주목(注目) 의 의미도 모르는 한국인들 | 글로벌 사회에선 눈에 무게 중심을 두고 소통 | 말은 입으로 하지만 소통은 눈으로 해야! | 클레오파트라·모나리자에서 배워야 할 개미지옥 화장법

옛말에 '몸이 천 냥이면 눈이 구백 냥'이란 말이 있다. 그러려면 반드시 눈이 성해야 한다. 그런데 어린이를 제외하고는 한국 성인들 중에서 성한 눈 가진 이를 백에 한 명 찾아보기 힘들다.

전철을 타면 가장 불편한 것이 바로 앞자리에 마주 앉은 사람과 눈마주칠 때의 어색함이다. 해서 대부분 눈을 감고 조는 척한다. 다행히 요즘은 모두들 스마트폰 들여다보는 바람에 앞사람 눈길 마주칠 일이 없어졌다.

외국인들, 특히 한국에 오면 한국 사람들의 눈이 너무 무섭다고 한다. 전부 다 화가 잔뜩 나 있고, 적개심으로 가득해서 겁이 난다고 한다. 또 어쩌다 눈이 마주치면 못 볼 것이라도 본 양 획 눈길을 돌려 버려 당황스럽기 짝이 없단다. 물론 한국인들끼리도 낯선 사람은 쳐다보지도 못하고, 또 그랬다간 상대를 불쾌하게 하거나 경계심을 불러일으킨다. 죄지은 것도 없는데 눈길을 피한다? 식민 지배, 독재 정권, 권위주의에 의한 피해 의식 내지는 자격지심 때문에 생긴 자기 방어적 인상쓰기라 하겠다.

눈이 무서운 한국인들

유럽에서 MBA과정을 밟고 있는 유학생이 보내온 이메일을 보니, 그곳에서 현지인과 눈을 바로 보고 대화하는 데 6개월이 걸렸다고 한다. 그 중에는 아마도 유학생활을 마칠 때까지 지도교수와 식사하면서 편하게 대화 한번 해보지 못하고 돌아오는 친구들도 허다할 것이다. 한국의 대학에 와 있는 외국인 교수들도 하나같이 낯설고 힘들어하는 게 바로 학생들의 눈맞춤 기피라고 한다.

유럽 OECD 등 국제기구에 나가 있는 한국인들이 다른 직원들과 어울리지 못하고 왕따를 당하는 가장 큰 이유 가운데 하나가 바로 이 사람을 똑바로 쳐다보지 못하는 습관 때문이다. 특히 엘리베이터 탈 때 한국인들은 도무지 인사를 안한다. 안하는 게 아니라 실은 못하는 것이겠다. 한국에서 그렇게 살았기 때문이다. 유럽에선 먼저 탄 사람에게 반드시 인사를 하는데, 그것도 일일이 눈맞춤을 해가면서 하여야 한다. "봉쥬르, 마담(복수의 경우, 메담) 에 무슈(메시유)!" 몇 명이든 그 짧은 인사말하는 시간에 스치듯 빠짐없이 눈맞춤을 해주어야 한다. 이것 안하면 바로 야만인 취급당해 그는 그곳에서 더 이상 할 일이 없게 된다.

상대와 시선을 맞추고 이야기해야

한국인들은 인사를 하거나, 악수를 하거나, 건배를 할 때면 반드시 머리를 숙이거나 허리를 굽히는 버릇이 있다. 이는 어쩌면 누천년 동안 몸에 밴 사대주의에서 나온 근성이라 할 수도 있겠다. 한국인의 혈관 속엔 사대의 피가 흐르고 있음이다. 하여 속으론 자존심 상해하지만 몸은 절로 구부려진다. 특히 갑(甲)이나 큰 나라 사람을 대할 땐 더욱 그러하다. 간혹 똑바로 선 자세로 악수하고 건배를 하는 사람도 저도 모르게 눈길은 손이나 잔에 가 있어 상대의 시선을 놓치고 만다. 악수하다가 혹여 상대방의 손을 놓쳐 더듬거리지나 않을까, 건배

옆눈으로 보며 말은 앞으로 향한 박근혜 대통령. 회의중 발언할 때 시선을 불안하게 좌우로 움직이는 버릇이 있다. 2013년 12월 30일, 수석비서관회의. ⓒ연합뉴스

박근혜 대통령 해양수산부 연두순시 장면. 맨 우측 인사는 회의중 시종일관 떨떠름한 곁눈질, 다음 여성은 회의중 내내 마네킹과 같이 그 부동 자세로 앉아 있었다. 호위병으로 앉혀 놓았나? ⓒ청와대

공손? 당달봉사? 한글날 참석자들과 악수하는 김황식 국무총리. 악수를 하면서도 눈을 마주치지 못하고 있다. ⓒ연합뉴스

한국말 거의 못하는 다니엘 헤니와의 연기를 앞두고 엄정화는 "촬영을 앞두고 걱정을 많이 했지만 직접 만나서 여러 번 얘기를 해보니 '이 사람은 눈을 통해 소통하는구나, 감정의 교류가 어렵지 않겠다'고 생각했다"고 말했다. [조이뉴스24]

잔을 제대로 못 부딪치거나 샴페인을 쏟지나 않을까 걱정하지 않아도 된다.

문명사회에서는 대화를 할 때 상대가 눈길을 마주치지 않으면 거짓 말을 하거나 속이거나 숨긴다고 생각한다. 의례적 인사에 익숙한 한 국인들은 대화는 입으로 하기 때문에 귀만 열어두면 된다고 여긴다. 특히 아랫사람이 윗사람을 똑바로 쳐다보는 건 감히 맞먹으려 드는 것으로 여겨 불경스럽게 생각한다. 여기서 서로 오해가 생긴다. 말로 만 소통할 거면 굳이 만날 필요가 없지 않은가? 편지나 이메일, 문자 메시지, 전화로 얘기하면 그만일 테다.

이에 비해 서양인들은 눈에 무게 중심을 두고 소통한다. 말은 입으로 하지만, 소통은 눈으로 한다는 말이다. 눈길을 통해 상대의 본심과 그 강도를 짐작하기 때문에 서로가 시선을 놓치지 않는다. 하여 자신이 말을 하는 도중에 상대가 다른 곳에 시선을 두는 것을 모욕으로 여긴다. 음식은 물론 커피·차·술·물 등을 마시는 그 짧은 순간조차도 상대와의 교감을 위해 시선을 상대에게 두고서 바른 자세로 집중하는 것이다. 소통에 장애가 될 뿐인 의례는 내다버린 지 오래다.

출근길 지하철 입구에서 전단지를 나누어 주는 사람들의 필살기 역시 상대와의 눈맞춤이라 한다. 눈맞춤이 되면 절반 이상이 전단지를 받아든단다.

회의나 상담을 할 때 상대방의 표정에 특히 주의를 기울여야 한다. 상대방의 감정을 잘 이해하고 있다는 사실을 때때로 알리는 것이 중요하다. 타인의 감정을 공감해야 상대방에게 교감하고 있다는 느낌을 줄 수 있다.

상대와 눈맞춤을 하지 못하는 것은 현실(사건, 진실)을 직시할 자신감이 없음을 뜻한다.

상관을 쳐다보면 불경죄?

"눈 깔어!" 한국 영화나 드라마에서 건달들이 상대를 협박, 굴복시키기 위해 흔히 하는 말이다.

대화를 할 적에도 여간해서 상대를 주시하지 못하는 것은 물론 회의를 할 때에도 상대, 즉 화자(話者)를 쳐다보지 않는다. 청와대에서의 국무회의·수석비서관회의는 말할 것도 없고, 거의 모든 기관의 회의 모습이 동일하다. 최고 수장이 입을 열면 나머지는 일제히 고개 숙이고 받아쓰기한다. 우리에겐 너무나 익숙한 풍경이지만, 선진문명사회에선 World's Funniest Videos 토픽감이다. 민주화는 하였지만 아직도 그 본바탕은 전근대적인 수직적 사고에 젖어 있기 때문이다.

기실은 메모를 할 때에도 그렇게 머리 숙이고 하는 것이 아니다. 바른 자세로 고개를 바로 세운 채 상대(話者)에게로 상체를 틀어 상대의 눈을 주시하면서 종이는 보지 않고 한 손으로 요점만 메모하는 것이 정격이다. 두어 번만 연습하면 메모지를 안 보고도 얼마든지 받아쓸 수 있다. 누군가가 말을 하면 그 사람의 눈을 바라보는 것이 기본. 그걸 '주목(注目)'이라 한다. 초등학생들도 다 아는 일이다.

곁눈질은 최악의 매너

테이블에서 옆사람과 대화를 나눌 때, 한국인들은 곁눈질하거나 고개만 돌려 상대를 바라보는데 이 역시 무매너다. 반드시 상체를 틀어서 상대를 마주 보아야 한다. 이는 서서도 마찬가지이다. 청와대 국무회의 사진과 수석비서관회의 사진을 보면, 박근혜 대통령은 수시로 옆눈 상태로 발언하고 있다. 바로 고쳐야 한다.

다른 동물들도 마찬가지이겠지만, 아기가 태어나 눈을 뜨면 본능적으로 엄마와 눈맞춤하려고 애를 쓴다. 상대가 자신과 소통 가능한지를 눈맞춤으로 판단하는 것이다. 그러다 차츰 성인이 되어 어른의 눈길을 피하는 건 봉건적 관습으로 강요된 때문이다. 인간 존엄성면에

공식 사진사의 외교 도우미 활동 모델 폼. 네덜란드 방문 일정중 렘브란트의 〈사도 바울로 분한 자화상〉 앞에 선 버락 오바마 대통령. ⓒ백악관

정품격 대화 모델 폼. 상대의 눈을 보면서 대화해야. [인터넷 화면 캡처]

한국의 거의 모든 광고 사진이 그렇듯 안타깝게도 모델들 중 누구도 눈맞춤이 없다. 소통하는 법을 모른다는 뜻이다. 다른 나라에서 이런 일이 일어났다면 광고비 모두 변상해야만 하였을 것이다. 모두가 화자(話者)를 주목하였더라면 훌륭한 작품이 될 뻔하였다. [사진 출처: 서울지하철 광고판]

서 보자면 이는 분명 잘못된 매너다. 글로벌 사회에선 인간은 모두 동등하다.

마지막으로 글로벌 무대에서 악수는 최소한의 에티켓일 뿐이다. 처음 만나서는 악수로 하지만, 헤어질 때나 두번째 만남부터는 허그(껴안기) 및 비주(볼맞춤)로 반겨야 한다. 그리고 상대방의 사무실로 찾아갈 때에는 꽃을 들고 가는 것이 서구에선 보편화된 매너다.

Tip 클레오파트라·모나리자에게서 배워야 할 개미지옥 화장법

글로벌 무대에서 뛰어 본 사람이라면 첫인상이 얼마나 중요한지 달리 설명이 필요치 않을 것이다. 비즈니스 세계는 물론 정치·교육·연예 등 거의 모든 분야에서 능력을 드러내는 사람들은 대개 눈빛이 강하다. 간혹 오피니언 리더급 여성들 중에 화장을 배우나 모델처럼 짙게 하는 경우가 있는데, 비즈니스 매너에서 보면 문제점이 많다.

한국의 TV 뉴스 여성 앵커들은 눈으로 말할 줄 모른다.

스튜어디스·백화점 점원 등 사회구조에서 하부층 서비스업에 종사하는 여성들의 화장법, 예쁜 유니폼에 예쁘게 보이려는 하층민 세계관 스타일 고유의 화장법은 주인마님·주인아씨 그릇 만드는 여성 리더십 교육 때 절대 원용하면 안 된다. 주인마님은 입이 아니라 눈으로 사람을 다룬다. 진정한 리더십 내공은 눈에서 나온다는 말이다.

비즈니스 무대에서는 복장보다는 얼굴, 그 중에서도 자신의 눈에 상대의 시선이 집중되도록 끝까지 붙들어야 한다. 그러지 못하면 상대의 시선은 다른 부분을 훑으며 약점을 찾기 시작할 것이다. 따라서 연예인처럼 복장이 화려해서도 안 되고, 귀걸이·목걸이 등 액세서리가 너무 튀어 상대의 시선을 분산시키지 않도록 해야 한다. 여성들이 가장 많이 저지르는 실수는 입술색이다. 강한 색은 상대의 시선을 눈이 아니라 입술로 끌어가기 때문이다. 해서 진한 색은 피해야 한다. 옷역시 지극히 평범한 정장이어야 한다. 대신 눈과 눈썹 화장은 진하게 하여 상대의 시선이 저절로 모이도록 하는 것이 좋다. 그래야 대화에 집중하여 소통이 잘 이루어진다.

다시 말하자면, 클레오파트라는 지도자다. 지도자는 굳이 예쁠 필요가 없다. 예쁘다고 권위가 더 올라가는 것 아니다. 눈언저리를 검게 화장해서 상대의 시선을 빨아들여 눈만 기억되게 한다. 마치 개미지옥처럼. 그래야 눈썹만 까딱이는 걸로도 의사소통을 해내고, 상대를 하인처럼 부릴 수 있게 된다. 박근혜 대통령처럼 레이저 눈빛으로 상대가 감히 쳐다보지 못하게 하거나, 연예인이나 개념 없는 앵커들처럼 요란하게 튀는 옷으로 상대의 눈빛을 흩뜨리는 것은 진정한 리더십도 매너도 아니다.

필자가 누차 정장을 강조하는 이유가 반드시 비즈니스맨으로서의 예절이기 때문만은 아니다. 상대의 시선을 눈으로 끌어당겨 보다 효

클레오파트라의 개미지옥 눈 화장법. [인터넷 캡처]

과적으로 소통, 교감에 집중하여 협상을 유리하게 이끌기 위해서이다. 리더라면 평소 평범한 정장에서 글로벌 매너 내공을 쌓아 나가야 한다는 말이다. 특히나 머리가 검은 동양계에게 강한 유색 옷은 대략 난감이다. 여간해서 어울리지도 않을뿐더러 상대의 시선 집중을 방해한다. 진정한 프로는 원포인트(눈)만 유광(有光)으로 두고, 나머지는 철저히 무광(無光) 처리해서 품격을 높일 줄 아는 사람이다.

또 아래로 처진 안경도 상대방을 갑갑하게 만든다. 안경점에 들러 느슨해진 안경테나 코걸이를 원상으로 다잡는 수리를 받아 밥맛없는 '쨉(일본놈)' 꼰대 이미지를 제거해야 한다. 1분밖에 걸리지 않는다.

다음으로 자신의 얼굴에 상대방의 시선이 모아지는 것을 방해하는 깻잎머리는 과감히 자르거나 빗어 올려야 한다. 유럽 점잖은 중상류층 사람들이 가장 재수 없어 하는 게 삐딱이 깻잎머리다. 요괴머리다. 상대는 자신을 잘 보지 못하게 방해하고, 자신은 은폐물 뒤에 숨어서 뚫어지게 바라보는 듯한 느낌을 주기 때문이다. 요괴와의 눈맞춤에 기분 좋을 사람 없을 것이다. 비즈니스 세계에선 바로 아웃이다.

전체적으로 얼굴은 포커페이스를 유지해야 한다. 특히 한국인들은 채식을 많이 해 턱과 입술에 힘을 주는 버릇이 있다. 하여 입장이 난처하거나 결심을 할 때에는 일본 하급 사무라이처럼 입에다 잔뜩 힘을 주는데, 그런다고 상대가 사정을 봐주거나 겁먹는 일 없다. 오히려 속내가 들여다보여 더 느긋하고 잔인하게 나온다.

고개를 끄덕여 의사 표시를 하면 주인마님 말씀(명령)에 동의하는, 즉 지고 들어가기 때문에 평생 하인 취급당한다. 해서 협상에선 상대가 제 밥으로 본다. 모나리자처럼 입은 항상 스위트스마일. 눈을 제외하고는 아무것도 움직이면 안 된다. 얼굴에 긴장 풀고 먼저 눈썹으로 긍정·부정의 의사를 표시한 다음 입(말)이 나가야 한다. 물론 그것도 최대한 느리게!

30 명함으로 품격을 높여라!

품격 있는 명함은 종이의 질부터 달라 | 명함으로 보는 품격, 평사원과 똑같은 한국 재벌 오너의 비즈니스 명함 | 명함은 자신의 얼굴이자 위상 | 글로벌 상류층에선 명함에 대한 예의가 곧 사람에 대한 예의 | 비즈니스 카드 외 소셜 카드도 필수 | 명함 앞뒤 인쇄는 글로벌 가난뱅이, 한글·영문 명함 따로 제작해야!

사실 의례적인 에티켓과 달리 글로벌 매너에서는 어느것이 꼭 맞다 틀리다, 옳다 그르다 할 수가 없다. 단지 매너가 있다 없다, 또는 품격이 높다 낮다고 할 수 있을 뿐이다. 글로벌 비즈니스 세계에선 단순히 눈에 보이는 기술력만으로 경쟁하는 것이 아니다. 선진사회는 거기에다 고품격 매너로 경쟁을 한다. 왜냐하면 매너야말로 부가가치를 높이는 최강의 수단임을 잘 알기 때문이다.

기술이나 디자인과 마찬가지로 품격엔 상한선이 없다. 따라서 품격의 경쟁은 무한경쟁이다. 대한민국이 세계 10위의 무역대국임에도 불구하고 소득이 이 정도밖에 안 되는 것은 바로 이 품격에 대한 인식 부족, 그리고 그로 인한 코리아 디스카운트 때문이라 할 수 있다. 현 시점에서 국격을 높이지 않으면 결코 선진국 문턱을 넘어설 수 없다. 먼저 지극히 사소해 보이는 명함 한 장으로 우리의 품격이 어느 수준인지 가늠해 보자.

품격 있는 명함은 종이의 질부터 다르다

우선 명함 종이의 질이 문제다. 빤질빤질한 재질은 곤란하다. 반드시 연필이나 수성볼펜으로도 별탈없이 글씨가 써지는, 흡수성 좋은 겸허한 분위기의 재질이어야 한다. 요즘은 이런 격조 있는 고급한 수입 종이가 많다. 돈 좀 벌었답시고 종이가 아닌 황금색 금속판으로 만든 명함은 "저는 졸부입니다!"라고 광고하는 꼴이다. 임원들은 물론 일반직원이라 해도 외국인 VIP 접촉담당 직원의 명함 인쇄에는 동판 요철인쇄가 기본이다.

다음, 한국을 비롯한 동남아 사람들이 앞뒤에 영문/현지어 겸용 인쇄된 명함을 내미는데, 홍콩 등 한영(漢英) 병기의 특수한 필요성이 있는 지역이 아니라면 이는 개인은 물론 회사의 이미지, 나아가 국격까지 떨어뜨리는 짓이다. "우린 두 개를 따로 만들 돈이 없소!"라는 옹색한 변명의 빈티 명함이겠다. 상대방 국적과 문화권에 따라 대응태세를 미리 맞춤형으로 준비하는 게 기본인 글로벌 비즈니스 무대에 발 디딜 자격조차 없다 하겠다.

또 우리나라 명함의 대부분은 회사명을 가장 위에 올리는데, 여기에도 구분이 있다. 임원급 이상은 자신의 이름이 맨 위로 가도록 올리고, 회사명은 아래쪽으로 내리는 게 좋다. 임원급 정도면 회사보다는 인격체를 더 중요하게 생각해야 하기 때문이다. 이건 돈만 주면 언제나 충원 가능한 하위직들, 즉 인적 코스트로 결합시킨 조직체보다 아무나로 대체 불가능한 진짜 필수 인재를 더 중요시하고, 그 인재 한 사람으로부터 조직체가 생겨난다는 서구식 조직 개념에서 비롯된다. 한국식으로 무슨 본부의 장 자리에 누구를 본부장 발령내는 게 아니고, 서구에서는 어떤 특출난 인재를 심사숙고해 본부장으로 영입, 전적인 지휘권을 부여하며, 그는 완전 새 출발선에서, 즉 제로베이스로 그 부여받은 바 임무를 수행하기 위해 해당 본부를 '창설'해 꾸려 나간다고 생각하기 때문이다. 이런 맥락에서 최고위직 그룹은 사람 이름이 회사 이름 앞에 나오는 것이다. 한편 부장 이하 일반직원은 회사명을 앞세우고, 직책과 이름을 그 다음에 위치시킨다.

그리고 회사나 소속기관의 로고 디자인이 다소 번잡한 느낌을 초래할 가능성이 있다면, 대기업 오너·회장·사장·부사장·등재이사·장차관·청장급의 경우 명함에 생략한다. 아무렴 그 정도의 위치에 있는 사람이 굳이 자신이 어느 회사나 어느 기관의 장이라고 강조하거나, 회사 로고 홍보하는 것처럼 비치는 건 궁색해 보이기 때문이다. 그리고 대기업 오너나 대표·장관급이면 직함도 가급적 명기하지 않는다. 대한민국 국민이면 다 알 만한 유명 가수가 자기 명함에 '가수'라고 쓰는 것과 같은 격이겠다.

명함의 글씨체도 중요한 부분이다. MsWord식 맑은고딕체류의 보통 대하는 글씨체는 일반 상업용 인쇄물에나 쓰는 서체다. 직종 성격상 개성적이려면 우아한 필기체 스타일, 그외에 대개 고전적이고 점잖은 서체여야 한다. 그렇다고 해서 명함 하나에 모든 걸 다 걸겠다는 식으로 지나치게 화려하게 디자인하거나 온갖 직함을 빽빽이 병기하는 것도 피해야 한다. 그런 명함으론 술집 웨이터나 외판영업사원 취급받는다. 명함 디자인은

인격 우선의 명함들. [인터넷 화면 캡처]

간결한 것이 최상의 디자인이다. 흔히 동양화에선 여백의 미를 중시한다고들 한다. 그렇다고 여백을 무조건 많이 둔다고 해서 훌륭한 그림이 되지는 않는다. 있어야 될 것만 정확한 자리에 위치할 때 고품격 그림이 탄생한다. 명함 역시 마찬가지이다.

비즈니스 카드와 소셜 카드는 따로 만들어야

부장급 이상이거나 그 하위직이라 해도 대 외국인 활동이 많은 사람의 명함은 반드시 네 개 이상이어야 한다. 한글 영업용 명함, 영문 영업용 명함(모두 비즈니스 카드)과 사교용 명함(소셜 카드. 가급적 영문/한글 따로)이다. 업무에 따라 필요하면 주요 상대국 언어마다 명함을 따로 제작해야 한다. 특히 여성 책임자라면 여성성을 강조한 사교 명함은 필수다. 리셉션·파티 등에서 폭넓은 네트워크를 쌓아 갈 때 사적 연락처를 추가로 주는 게 강력한 무기로 작용될 가능성이 높기 때문이다.

비즈니스 명함과 달리 사교 명함은 높이를 5밀리쯤 줄여 슬림하게 만든다. 여기에는 사적인 전화번호와 꽃다발 등 선물을 배달받을 우편 주소, 개인 이메일 주소만 인쇄한다. 글씨는 반드시 필기체로 이름이 한가운데에 와야 한다. 회사명이나 회사 주소 등은 절대 넣지 않는다. 글자를 동판인쇄하여 요철로 도드라져 받는 이의 손가락 촉감에서 품위가 느껴지도록 해야 한다. 특히나 임원(executives)급의 영문 명함이나 사교용 명함은 빈티나는 평면 옵셋인쇄여서는 곤란하다.

그리고 비(非)대면(비면전, not in person) 사용시 사교용 명함은 반드시 사교 명함용 봉투에 담아서 사용한다. 메신저나 부하직원을 통해 보낼 경우 명함 내용이 보이는 것은 누드 차림처럼 품위가 떨어진다. 또 개인적으로 꽃이나 케이크·책 등을 선물로 보낼 때 사용해야 하기 때문이다. 만약 이때 비즈니스 명함을 넣어보내면 선물을 받는 사람이 '엉? 회사 돈으로 사서 보낸 거야?'라고 생각할 수도 있다. 여성의 경우 명함을 앙증맞은 사각 사교용 명함봉투에 넣어보내면 여성성이 부각되어 더욱 존중을 받게 된다.

비즈니스 명함은 불특정 다수에게 줄 수 있지만 사교 명함은 특별한 대우와 관리가 필요한 인사, 즉 타깃 인사에게만 준다. 가령 리셉션이나 디너 시작에서는 비즈니스 명함을 주었다가 헤어질 무렵 사교 명함을 추가적으로 건네며 아무 때고 연락 달라고 한다. 긴급한 일이 있을 때 바로 직통하라는 것이다.

영문 명함도 깔끔하게

외국인 VIP 담당은 인턴 여대생일 경우라도 반드시 영문 사교 명함과 영문 비즈니스 명함을 따로 만들어 주어야 한다. 명함 아끼다가 혹시 대어를 낚을 수 있는 행운을 미리 박탈할 필요는 없잖은가.

영문 명함에는 이름 석 자를 다 넣지 않는다. 외국인들이 한국 이름 발음을 잘 못해 기억하는 데 오히려 방해가 될 뿐이다. 예로 'C. J. Lee' 또는 'James C. Lee'처럼 영문 이니셜이나 애칭을 사용하는 것이 좋다.

영문 주소는 굳이 'Republic of Korea'까지 넣어 소국 근성을 드러내지 말아야 한다. 비즈니스 세계에선 애국심보다 소통이 먼저다. 이는 공공기관의 장이라 해도 마찬가지이다. 영국인이나 미국인들은 명함에 국명 안 쓴다. 평소에도 그들은 '시민'이란 용어를 쓰지 '국민'이란 용어를 쓰지 않는다. 우편번호는 주소 뒤에 넣되 그것도 기관장이나 임원급 이상 비서를 둘 만한 인사는 넣지 않는다. 그만한 사람이 상대하는 인사들도 그 정도 급은 되기 때문이다. 전화 T, 팩스 F, 이메일 E 등 지나친 약자로 상대를 피곤하게 만들지 말아야 한다. 외국인들은 무슨 뜻인지 알지 못한다.

그리고 명함은 반드시 별도의 명함지갑에 넣고 다녀야 한다. 명함지갑은 금속성이거나 플라스틱·자개함 등은 금물이다. 반드시 인간적인 냄새가 나는 가죽이나 천이어야 한다. 명함 역시 인간 친화적인 소통이 최우선 목적이므로. 또 그 속에 명함을 꽉 채우고 다니는 것도 미련한 영업사원처럼 보인다. 반드시 3,4장 정도로 소량만 넣고 다닌다. 그 이상이 필요한 경우에는 다른 가방이나 주머니 지갑에 넣어두었다가 조금씩 꺼내어 사용해야 한다.

상대의 명함에 관심을

그리고 명함을 받았으면 반드시 그 명함에 대해 한두 가지 물어보는 게 매너다. 한참 보는 시늉을 하고는 관심이 있는 양 이름이나 회사명의 발음, 회사명의 유래, 로고의 의미, 사무실 위치 등을 묻는다. 그러다 보면 재미있는 소재가 나와 소통을 촉진시키는 계기가 된다. 가령 회사 위치를 물었다가 자신이 과거 그 근처의 유명 박물관에 들러 관람했는데 인상적이었다는 등 대화의 물꼬가 쉽게 트일 수도 있다.

외국인과 명함을 교환할 때, 아주 격식 있는 자리가 아니면 "May I call you James?"라고, 그러니까 퍼스트네임으로 불러도 되겠느냐고 반드시 물어야 한다. 그러면 대부분 "Oh, sure!"라든지 "Of course, please call me James!"라고 한다. 그때부터 "Thank you, James!"라고 말하면서 대화를 시작하면 된다.

또한 명함에 상대방 이름의 발음이나 숫자 등 간단한 메모를 해야 할 경우 반드시 먼저 상대의 허락을 구해야 한다. "Don't you mind if I write…?"

명함은 광고지가 아니다!

거래를 할 때 호감이 가지 않는 사람, 품격이 떨어지는 사람에게 마진 좀 더 얹어 주고픈 기분이 들까? 언젠가 대기업 오너한테서 신입사원의 것과 똑같은 명함을 받고서 앞이 캄캄했던 적이 있다. 명함은 자신의 얼굴이자 기업의 이미지이다. 아무 생각 없이 아랫사람이 만들어 주는 대로 뿌리고 다니는 것은 무책임이다. 어쩌면 품격에 대한 개념 자체가 없다 하겠다. 리더나 책임자로서 자격 미달인 셈이다. 자기 기업의 가치는 물론 당장에 팔고자 하는 상품의 부가가치를 디스카운트시킨다. 그동안 자신이 뿌린 명함이 상대방의 명함꽂이에 있을지, 아니면 진즉에 휴지통으로 들어갔을지 한번 생각해 보라. 그리고 자신의 명함이 품격 미달이다 싶으면 아까워하지 말고 당장에 버리고 새로 만들기 바란다.

더하여 아무리 명함이 흔한 세상이고 자기 PR 시대라지만, 어느 정도 사회적 위치를 굳힌 사람이라면 품위 관리 차원에서라도 명함 뿌리기에 절제가 있어야 한다. 한국에서야 아무에게나 뿌려대지만, 선진문명권에서는 자기 명함 함부로 뿌리지 않는다. 글로벌 상류층, 특히 중국인들은 상대방이 자신과 동등한 계급이나 지위가 아니면 명함 교환을 극히 꺼린다.

지금처럼 교통이 편리하지 못했던 시절 필자가 중국 여행길에 나섰을 때 북경의 모 유명 교수가 자기 명함의 뒷면에 몇 자 메모를 해주었는데, 그 명함 덕분에 가는 곳마다에서 칙사 대접을 받은 적이 있다. 명함을 가져간 필자가 누구든 그 명함의 주인과 동등하게 대해 주는 것이 그들의 관습이다. 그만큼 중국인들은 명함을 자신의 얼굴이자 체면·위상으로 중히 여긴다. 글로벌 상류층에선 명함에 대한 예의가 곧 사람에 대한 예의다.

명함에 대한 예의

그리고 명함을 받자마자 바로 명함지갑에 넣어 버리거나, 호주머니에 넣으면 큰 실례가 된다. 책상 위 왼쪽에 놓되 반드시 먼저 자신의 명함지갑을 깔고 그 위에 상대의 명함을 올려놓는다. 서류 위나 책상에 그냥 놓는 것은 상대를 땅바닥에 그냥 앉히는 것과 같다. 명함지갑이 곧 방석인 셈이다. 상대가 여럿일 경우에는 여러 장을 모두 좁다랗게 이어붙이듯 가지런히 펼쳐서 얹어 놓아야 한다. 면담이 끝난 후 자리를 뜰 때에야 비로소 명함지갑에 넣는다.

이 정도의 설명을 들으신 분이라면 지금 당장 그동안 해외 선진문명권 사람들에게서 받은 명함을 꺼내어 자신의 명함과 비교해 보시라. 그리고 그동안 수없이 명함을 주고받으면서도 왜 나는 이같은 생각을 미처 하지 못하였을까 반성해 보시길 바란다. 그리하면 명함 한 장만으로도 상대방을 꿰뚫어볼 수 있는 안목을 가지게 될 것이다. 그럼에도 혹 명함 한 장 가지고 지나치게 까다롭게 군다고 생각하실 분이 있겠으나, 글로벌 선진문명사회에선 그 하나만 보고도 '아, 저 정

도로 섬세하게 자신의 품격을 관리할 만한 사람이라면 다른 일에서
도, 특히 지금 서로 긴밀히 협의해야 할 현안 프로젝트에 대해서도 명
함과 마찬가지로 빈틈이 없을 것이다. 그러니 저 사람과는 거래를 해
도 안심할 수 있겠다!'고 생각한다. 애플의 스티브 잡스가 애용하던
외워둘 만한 서양 명언이 있다. "God is in the details."

31

와인 매너는 국제 사교 클럽 회원 경력자에게서 제대로 배워야

몇 잔이 적당한가? | 술 마시기 위해 여는 파티는 없다 | 비즈니스 오찬이나 디너에서의 와인은 소화제이자 대화촉진제 | 한 잔으로 한 시간 버티는 훈련은 기본 | 소믈리에가 사회적 명사 대접받는 한국 | 소믈리에는 와인담당 웨이터일 뿐 | 치즈는 가난뱅이들의 술안주! | 한국 최초의 로열 사교 클럽 '서울클럽'

어느 개업식 축하자리에서 장기표 님이 힐난성 질문을 던져왔다. "왜 파티마다 건배를 꼭 (제국주의 서양식) 샴페인으로 해댑니까?" 대답은 "샴페인만이 어떤 종류의 음식에도 잘 어울리기 때문이지요"였다. 우선 샴페인은 거품이 쏴하고 일어나기 때문에 일단 시각적·청각적인 상쾌한 자극으로 기분을 흥겹게 북돋우는 역할을 한다. 그리고 달콤하게 톡 쏘는 맛은 금방 식욕을 돋운다. 그렇다고 해서 샴페인을 막걸리 마시듯 벌컥벌컥 마실 수는 없다. 비즈니스 식사중 와인을 몇 병씩 마셔대며 주량을 자랑했다간 다음날로 퇴출이다. 그러면 어느 정도 마시는 것이 글로벌 매너에 합당할까?

술 마시기 위해 여는 파티는 없다

리셉션이나 스탠딩 파티에선 대부분 샴페인(알코올 도수 10%)만 마셔야 한다. 경우에 따라서는 샴페인·화이트 와인·레드 와인을 한꺼번에 내놓고 알아서 마시라는 파티도 있지만, 대개 고급한 파티에선 따로따로 나온다. 그 중 한 잔으로 한 시간 이상 버텨야 한다. 맥시멈으로 두 잔이다. 공짜라고 석 잔 이상 마셨다간 상업적 신용 끝이다. 글로벌 무대에 나가려면 평소 이런 훈련이 되어 있어야 한다.

한국인들은 이게 안 되는 바람에 가는 곳마다에서 사고를 친다. 해서 모 회장처럼 비행기에서 주정을 부리거나, 라면상무 윤창중 사건도 일어나는 게다. 물론 그저 만만한 한국 항공사나 한국 여성을 상대로 한 추태이지만.

가령 선진국의 고급 카지노에 가면 샴페인이나 와인은 무료다. 하여 공짜라면 양잿물도 마다하지 않는 한국인들이 이를 마구 마시다가 카지노에서 쫓겨나는 망신을 당하는 경우도 종종 있다. 어딜 가나 카지노에선 한 잔 내지는 두 잔까지다. 셋째 잔을 오더하면 천정의 감시카메라가 그를 쫓아다니기 시작한다. 준범죄자 내지는 잠재적 범죄자, 즉 요주의 인물로 취급하기 때문이다. 그것까지 마시고 넉 잔째 오더하면 카지노 경비원이 다가와서 퇴장을 요구한다.

그 사람은 영원히 그 카지노 출입 금지다. 그리고 그를 데리고 온 회원도 3년간 VIP 클럽 출입 금지다. 1층 슬롯머신장에도 1년간 출입 금지당한다. 그 사회의 주류라면 대개 1층에서 안 논다. 거긴 서민이나 관광객들이 노는 곳이다. 한인회 회장 정도면 당연히 위층 VIP룸에 가서 놀 것이다. 한데 VIP룸 출입 금지라니! 사교계에선 끝이다. 실제 호주 어느 대도시 유명 카지노에서 있었던 일이다.

오찬이나 디너에서의 와인은 소화제이자 대화촉진제다. 취하기 위해 마시는 것이 아니라, 적당한 흥분과 절제를 즐기기 위해 마시는 거다. '원샷!'으로 마시면 조루증 혹은 발기불능 환자로 본다. 식당·찻집·술집이 따로따로 있는 이상한 나라. "언제 술 한잔 하자!"가 인사말이고, "소주 몇 병 깠다!"가 자랑인 나라. 그것도 모자라 폭탄주까지! 숙취해소제까지 개발해서 파는 어이없는 나라. 내가 이만큼 마시고 망가졌으니 너도 그만큼 마시고 망가져야 한다는 듯 억지로 술을 권하는 나라. 글로벌 비즈니스 시각에서 보면 한국은 술꾼(주정뱅이)의 나라인 게다.

술 세다는 것이 곧 정력 세다는 말로 받아들여지고, 두주불사가 마

오렌지 주스로 막장 건배하는 코리언들. 방미중 교포간담회에서 엉덩이 들고 일본 조폭 모드로 건배하고 있는 박대통령. 오버더테이블 건배는 박대통령의 전매특허? 덩달아 너도나도 엉덩이를 쳐들고 있다. 흰 한복이 속옷 내지는 잠옷 같아 보인다. 2013년 5월 6일. ⓒ청와대

프랑스 방문중 르 그랑 인터콘티넨털 호텔에서 열린 동포 오찬간담회에서 눈맞춤이 아닌 잔맞춤 건배를 하고 있는 대통령과 교민들. 2013년 11월 3일. ⓒ연합뉴스

와인을 따르는 서울지검장을 졸지에 웨이터로 만들어 버린 강금실 법무부 장관. 잔을 지검장 팔굽 높이로 들어올려 허리를 편히 세우고 따를 수 있도록, 그리고 상대의 눈을 보며 스마일도 하였어야 했다. 술을 많이 따르건 적게 따르건 그건 따르는 사람의 권한이다. 그걸 다 마시건 남기건 그건 마시는 사람의 자유다. 그러니 술을 받는 사람은 잔을 볼 필요가 없다. ⓒ연합뉴스

하인들의 잔치! 2014년 1월 21일 저녁, 다보스에 도착한 박근혜 대통령이 벨베데레 호텔에서 열린 '2014 한국의 밤(Korea Night)' 행사에 참석, 가수 싸이와 고개를 까딱거리며 어글리 코리언 굽신 건배를 하고 있다. 중간에 선 야콥 프랜켈 JP모건체이스 인터내셔널 회장이 속으로 무슨 생각을 했을지 아찔하다. 게다가 한국인들은 언제나 먹거리를 둘러싸고 행사? 만남을 위해 모인 건지, 먹기 위해 모인 건지? 인격보다 물격이 더 중요? 음식을 뒤로 두고 인격끼리 마주 보고 건배해야 글로벌 정격! ⓒ뉴시스

치 남성적 리더십의 과시인 양하던 노가다 마초시대는 진즉에 끝났다. 화끈하게 술 잘 마신다고 비즈니스도 화끈하게 잘할 것이라고 믿는 글로벌 바보는 없다. 고작 술에 망가질 정도로 절제력이 없는 사람이라면 섹스·돈·권력·뇌물·청탁에 쉬 무너질 것은 불문가지. 그저 상대의 약점으로 알고 철저히 이용할 뿐이다.

간혹 한국에 온 비즈니스 파트너를 룸살롱에 데려가 마구 퍼먹이며 한국식 어글리 매너를 가르쳐 오염시키는 경우를 본다. 그들이 이색 경험을 재미있어한다고 해서 좋아할 일이 아니다. 그런 몰지각한 짓으로 형성된 관계는 절대 오래가지 못한다. 진정한 호스피탈리티가 아니다. 글로벌 매너로 그들을 대하고 사귀는 법을 모른다면, 차라리 우리의 전통적인 매너로 상대를 존중하려고 노력하면 상대도 진정한 관계를 만들기 위해 노력한다. 인간 존엄성 코드로 정성을 다하면 반드시 성공하게 되어 있다. 이는 밖에 나가서도 마찬가지이다.

몇 잔이 적당한가?

영국인들은 저녁을 가정에서 가족들과 함께하려는 경향이 강하다. 해서 비즈니스 대화도 디너보다는 오찬에 집중한다. 따라서 오찬중에 와인을 좀 더 많이 마시는 경향이 있다. 상대적으로 프랑스는 디너를 밖에서 많이 하기 때문에 오찬 술은 비교적 간단하게 마신다.

그럼 3~4시간의 디너에선 와인을 어느 정도 마시면 적당할까? 샴페인 첫잔에다 화이트 와인 한 잔, 레드 와인 두 잔이 적당하다. 합하면 대략 한 병 분량쯤 된다. 그리고 끝으로 귀가할 때쯤 해서 디제스티프로 브랜디(40%)를 조금 마신다. 손바닥 온기로 충분히 덥혀 코로는 진한 브랜디 향기를 즐기면서 혀로 조금씩 찍어 입 안 전체를 바르듯 맛보며 마신다. 침샘을 자극해서 소화제 겸 각성제로 정신이 바짝 들게 하는 효과가 있다. 그렇게 해서 집까지 무사히 운전하고 가자는 의미이다.

파리에서는 한국처럼 음주운전 일제단속 같은 게 없다. 음주운전은 그들의 라이프스타일이다. 그럼에도 음주운전으로 인한 사고가 나지 않는다. 개인의 자유와 방종을 혼동하는 일이 없고, 시민으로서의 책무를 잊지 않아 스스로 통제 가능한 때문이다. 그러지 못하면 중상류층 진입이 불가능하다. 파리에서는 가난한 사람만이 술에 취해 지하철을 타고 간다.

고작 3분 대화면 꿰다 놓은 보릿자루가 되는 한국인들은 술에 빨리 취하고 늦게까지 깨지 않는다. 대화에 끼이지 못하니 술만 자꾸 들이켜게 된다. 하지만 그들은 3~5시간 내내 쉬지 않고 대화를 나누기 때문에 운동량이 엄청 많아서 그동안에 술이 다 깨어 버린다.

검은 정장에 남녀 교차석(交叉席)이 정격

간간이 주위를 둘러보면 서양의 문물을 받아들이면서 그 본뜻도 모르고 흉내내다가 벌어지는 난센스가 적지않다. 요즘 와인을 공부하거나 즐기는 모임이 많아져 간혹 불려나가는 일이 있는데, 건배하는 매너뿐만 아니라 여러 면에서 어색하고 부족한 점들이 많다. 대부분 와인을 두고 글로벌 매너를 익히고 대화를 즐기는 것이 아니라 와인 자체, 즉 마시는 게 목적이다. 무엇보다 성질 급한 한국인들은 대부분 몸에 좋다고 하니까 그러는지 처음부터 레드 와인으로 시작하기 일쑤다. 와인을 술로만 여기는 술꾼 기질 때문에 까짓 단돈 만 원짜리 샴페인은 거추장스런 상표딱지쯤으로 여겨 생략한다. 처음부터 스스로 창조한 문화가 아니다 보니 그 본질, 그 기본을 제대로 알 턱이 없고, 알았다 해도 제 맘대로 대수롭지 않은 것으로 여겨 생략하거나 변질시키기 일쑤다. 그렇지만 이왕지사 철저하게 따라 해야 제대로 배울 수 있는 것이다.

우선 한국인들은 그런 자리에 대부분 개념 없이 아무 옷이나 걸치고 모이는데, 실은 검은색 정장이나 드레스가 원칙이다.

한국인들은 검은색 정장을 권위적으로 인식하는 경향이 강하다. 백의민족의 이 땅에 검은색 신사복이 처음 들어올 때 관료들부터 입었기 때문일 것이다. 그러나 본래 신사복이 검은 것은 그런 권위적 발상 때문이 아니었다. 서구인들은 철저하게 성경 말씀에 따라 '상대를 나보다 더 낫게 여기기' 위해 자기를 낮춘다는 의미에서 가장 낮은 색으로 검은 옷을 택한 것이다. 공무원이나 관료, 정치인과 식당 웨이터의 복장이 기본적으로 모두 검은 신사복임은 그 때문이다. 철저하게 낮은 자세로 국민을 섬기고, 손님을 우대해 모시겠다는 의미의 색이다.

반드시 그 때문만은 아니지만 와인을 마시는 파티에서는 남녀 불문하고 검은색이나 짙은 감색 정장이 기본이다. 왜냐하면 혹여 와인을 쏟는 사고가 나더라도 옷을 버리지 않게 하기 위해서이다. 레드 와인은 포도 껍질의 색소가 살아 있어 옷에 묻으면 얼룩이 지워지지 않는다. 근본 없는 연예인이나 대개 막살아 온 유명 인사 따라 아무 파티나 유색 옷을 입고 나갔다가는 자칫 옷 버리고 웃음거리되기 십상이다.

게다가 한국인들은 식사자리든 술자리든 언제나 남녀유별에 부동석(不同席)이다. 이에 비해 서양에선 여럿이 한 테이블에 앉을 경우 한국과 달리 반드시 남녀가 교대로 섞여 앉는다. 그리하여 왼쪽의 남성이 오른쪽의 여성에게 음료를 따르는 등 서비스를 하게 되어 있다. 성경에 나오는 '나의 의로운 오른팔로'란 요령만 외우면 된다. 여성은 이를 당연히 여기고 당당하게 누려야 한다.

하지만 만약 한국에서 그렇게 앉혔다간 여성을 마치 기생이나 접객녀처럼 남성들의 시중이나 드는 들러리 취급하는 것으로 오해받을 소지가 다분하다. 해서 여성이 신사로부터 마땅히 받아야 할 서비스를 포기하고 만다. 문제는 이런 식으로 산 한국 남성들이 해외에서의 식사테이블에서 옆자리 여성에게 합당한 관심을 두고 서비스, 또는 제대로 케어하지 못해 신사로서의 이미지 구겨 비즈니스를 망치기 일쑤라는 것이다. 신사복을 입고서도 신사도를 행하지 못하니 한심한 노릇이다.

와인 매너는 국제 중상류층 사교 클럽에서 제대로 배워야

수년 전부터 한국에도 와인 바람이 불어 소믈리에가 사회명사인 것처럼 언론이나 잡지에 자주 오르기도 하고, 어떤 와인 클럽에는 정식회원으로 가입되어 있기도 하다. 하지만 이는 난센스다. 소믈리에가 사교 클럽 회원이 되는 나라는 한국밖에 없다. 소믈리에는 와인 담당 웨이터일 뿐이다. 한국 같은 와인후진국 술꾼들의 삼류 모임에서나 있을 수 있는 일이겠다.

와인의 세계를 세 단계로 나눈다면, 소믈리에는 맨 하층에 속한다. 한국에서는 이들이 와인 매너를 가르치는데, 이는 돌쇠가 이도령을 가르치는 꼴이다. 청년들 교육 다 망친다. 파리에선 점잖은 집안 도련

와인 매너를 배우는 궁극적 이유는 글로벌 네트워크. 와인대사 휴고 안은 와인으로써 그의 국제화교 친구가 회장으로서 리드해 나간 중국와인클럽의 회장 특별보좌역으로 위촉받았다. 중국와인클럽 회장의 교유 범위는 칠레 대통령, 영국 왕실의 앤 공주 등. ⓒ글로벌리더십아카데미

님들이 나이 많은 소믈리에더러 '가르쏭!(한국식 영어 단어인 뽀이에 해당)'이라 부르며 하대(下待)하는 경우를 종종 볼 수 있다. 웨이터나 소믈리에 등 서비스업종 종사자 내지는 경력자들에게서 배운 매너는 금방 티가 나기 때문에 아무리 돈이 많고 벼슬이 높아도 귀한 대접 못 받는다.

다음으로 중층에는 와인 생산자들과 유통업자(네고시앙)들이 있다. 그리고 맨 위 상층에 오피니언 리더들과 명사들의 사교 클럽, 와인 클럽이 있다. 이들 클럽의 정규멤버들은 우아하고 고급한 수동태 영어와 프랑스어를 구사하는데, 바른 식사 자세와 민주적 대화는 기본이다. 신(身)·언(言)·서(書)·판(判)에다 식(食)까지 몸에 밴 사람이어야 가능하다. 여기서는 돈보다 대의명분, 사람을 더 중시하기 때문에 멤버가 되면 살면서 겪게 되는 웬만한 문제나 어지간한 재앙은 다 넘어갈 수 있다. 와인 매너는 여기서 배워야 정격이다.

세계적으로는 '국제와인협회(International Wine Society)'가 대표적인 클럽으로 각국에 브랜치(Branch)가 있다. 하지만 아직 한국에는 없다. 그외에 중요 사교 클럽으로는 '다보스포럼'이 유명한데, 여기서도 이너서클에 들어야 한다. 그리고 전 세계 주요국 재무장관들과 중요 민간 금융기관장들 및 그 보좌진 등으로 이뤄진 '국제금융인클럽', 각국의 검찰총장들과 국제통 검사들의 사교 모임인 '국제검사협회' 등이 있다. 이들과 함께하려면 코스모폴리탄적 사고를 지니고, 인류공동체의 복지에 공동 관심을 가져야 하며, 전인적 존엄성을 갖춘 인격체로 사람들과의 연대를 다져 나가야 한다. 큰물에서 놀려면 아무쪼록 고품격 글로벌 매너부터 갖추길!

Tip 한국 최초의 로열 사교 클럽 '서울클럽'

굳이 해외에 나가지 않고 한국에서 외국인들과 제대로 교유할 수 있는 방도가 있다면, 홈게임의 수월한 입장에서 글로벌 비즈니스 매너를 익히고 글로벌 인적 네트워크를 구축할 수 있지 않을까?

서울클럽(www.seoulclub.org)에 대해 알고 있는 한국인은 많지 않다. 서울클럽은 우리나라 최초의 사교 클럽으로서 대한제국 고종황제의 칙령으로 만들어진 로열 클럽이다. 당시 고종은 조선이 사는 길은 외국 사람들과의 교유를 본격적으로 추진해 친한 네트워크를 대폭 확대함으로써 대한제국이 국제사회에서 왕따당하지 않도록 하는 길밖에 없다는 판단하에 이 클럽을 연 것이다. 지금은 예전에 장영자가 만든 사파리클럽(신라호텔 옆) 부지에 있다.

해서 서울클럽의 대표는 전통적으로 외국인이 맡았다. 국내에 와 있는 다국적기업들과 거래를 하거나 그들과 교분을 맺어 글로벌 무대로 나아가고자 하는 기업인이라면 먼저 이 클럽부터 가입하는 게 순서일 것이다. 가입하는 방법은 기업회원권(Corporate Membership)을 사는 것이다. 이곳에는 도서관과 수영장도 갖춰져 있어 자녀들도 동반해 일찍부터 글로벌 시야를 확대시켜 줄 수 있다. 고액과외만 시켜 아무리 좋은 대학 졸업한들 글로벌 시야와 글로벌 매너를 익히는 것에 비할 바가 못 된다. 현명한 부모라면 자녀를 이런 곳에 보낼 길을 트기 위해서라도 회원권에 투자할 것이다.

전 세계 유명 도시마다 훌륭한 사교 클럽들이 반드시 있다. 먼저 서울클럽에 가입한 다음 순차적으로 그런 유명 클럽으로 확대해 나가면 글로벌 무대에 무난히 진입하게 될 것이다.

32 와인잔은 무조건 바로잡아야

건배를 할 때에는 잔을 보지 말고 상대의 눈을 봐야 | 남의 돈으로 생색내는 이상한 한국 권주법 | 한국 젊은이들을 쇄국적인, 소위 자주파 술꾼으로 만드는 길잡이, 엉터리 와인 안내서들 | 한국 전통주를 글로벌 무대로 내보내려면 술잔부터 바꿔야! | 애들은 가라? 글로벌 소경, 엉터리 와인 전도사들

서부극에서는 총잡이들이 총을 쏠 때 상대를 주시하지 아무도 자기 총집이나 총을 내려다보지 않는다. 그런가 하면 운전면허 도로 주행 시험에서 수동변속기의 기어를 바꿀 때 역시 앞을 보지 변속기를 내려다보지 않는다.

와인잔 역시 마찬가지이다. 악수할 때 상대의 손이 아니라 눈을 주시하듯, 건배를 할 때에도 잔이 아니라 상대의 눈을 봐야 한다. 건배 후 본격적인 식사중에 와인잔을 들 때에도 와인잔을 쳐다보면 안 된다. 잔을 보지 않고 오른손으로 더듬더듬 가운데 길쭉한 기둥 스템 (stem)을 잡아 들어올릴 수 있어야 한다. 다섯 손가락으로 꽉 잡으려 애쓰지 말고 엄지와 검지로 걸어 가볍게 들어올려 가져와야 한다.

당장 당신의 눈앞에 빌 게이츠 회장과 같은 거물급 타깃 인사가 앉았다고 하자. 상대방의 순간 안색 변화조차 놓치지 말아야 할 절대적인 찬스에 와인잔을 잡기 위해 시선을 놓쳐 빌 게이츠 회장의 시선과 관심을 동석한 다른 사람에게 빼앗겨 버린다면?

무슨 소리? 근자에 들어 이원복 교수를 비롯한 상당수 와인스쿨 강사들이 "내 돈 내고 내 와인 마시는데, 왜 굳이 서양인들 눈치를 보느냐? 그냥 아무렇게나 자기 편한 대로 잡으면 된다. 술 마시는 게 목적이지 서양 예법 지키는 게 뭐 그리 중요하겠느냐"며 막가파 주당들을

장군이나 멍군이나 매한가지! 멀리서 팔을 쭉 뻗어 잔을 보고 건배하는 이명박 대통령과 박근혜 대통령 당선인. ⓒ연합뉴스

총체적 어글리 건배 모델 폼. 경제5단체 주최 제19대 국회의원 당선 축하 리셉션에서. 바른 자세에서 눈을 보고 건배하지 못하는 한국의 리더들. ⓒ뉴스원

선동하고 있다. 문화에 대한 기본적인 존중심조차 갖추지 못한 한심한 작태다. 디테일한 것을 싫어하고 뭐든 대충 넘기려는 국민성에 편승한 무책임이겠다.

물론 그렇게 한다고 해서 누가 면전에서 무어라 하지 않는다. 그건 당신이 갑(甲)이라면 그럴 수 있다. 그러나 비즈니스 상대방 눈치 안 봐도 되는 갑이 될 때까지는 글로벌 정격 매너를 따라야 한다는 사실을 명심해야 한다. 자신의 엉터리 강의 내용에 손해배상 책임지지 않을, 남을 가르칠 만한 비즈니스 교섭 실무 경험 없는, 무작정 얻어먹기만이 아닌 자기 돈 크게 들여 정품격 와인디너 호스트해 본 기억 전무한 교수나 강사들의 사탕발림에 넘어가면 언제든 비즈니스 협상 그냥 망칠 수 있다. 사적 모임이나 허물없는 친구들과 간만에 술 퍼마시고 취해 스트레스 풀면서 배운 한국적 와인 매너로 글로벌 비즈니스 무대에 올랐다간 바로 아웃이다.

그리고 건배는 첫잔(스파클링 와인 혹은 화이트 와인) 한 번만 한다. 한국식으로 시도때도없이 건배를 해대며 술을 강제로 권해서 취하게 하거나, 대화의 흐름을 끊는 짓은 금물이다. 상대방이 잔을 만지작거릴 때마다 그 대목 놓치지 말고 자신의 잔을 살짝 들어올린 후 눈미소 방긋과 함께 잔을 까닥거려 원격 리모트 건배를 해주면 된다. 자신이 마실 때에도 그냥 훌쩍 혼자서 마시지 말고 잔을 들어올리기 전 손목에 스냅을 걸어 일시 정지(pause)시킨 후, 상대방의 리모트 건배 팔로우해 오나 기다렸다가 같이 리모트 건배하고 나서 마신다. 경우에 따라 자기 회사의 생사여탈권을 쥔 타겟 인사에게 도움 주었다 같이 망할 느낌 드는 '외로운 술꾼(lonely drinker)'으로 비쳐지느냐, 아니면 상대방과 팔로우 잘하는, 어떤 고급한 자리에 동행해도 손색이 없을 비즈니스 스폰서 투자 잠재력이 큰 '우아한 와인애호가(wine lover)' 이미지를 조성시키게 되느냐가 여기에 달려 있다.

잔의 수위가 낮아지면 호스트가 수시로 채워 준다. 호스트가 자신의 잔에 와인을 따를 때에는 먼저 상대방 잔에 조금이나마 따른 후에 자기 잔을 채운다. (이같은 상대방 존중 우선 배려 방식은 프랑스와 같이 선진문명권에 속하는 중국에서 차를 따를 때에도 마찬가지로 적용된다.) 그리고 한국에서처럼 상대를 위한답시고 호스트도 아니면서 병을 잡고 "제가 한잔 따라 올릴 테니 드십시오!" 하면서 호스트나 다른 손님에게 술을 따르는 행위는 큰 실례다. 그랬다가는 남이 차린 상에서 자기가 왜 생색을 낸단 말인가 싶어 이상한 사람 취급받는다. 병권(瓶權)은 철저히 호스트에게 있다. 와인의 추가 주문 역시 호스트에게만 있다.

호스트가 되어 상대의 잔에 술을 따를 때에도 잔 위에 병을 위치시킬 때와 거둘 적에만 살짝 시선이 가고, 따르는 동안엔 계속해서 상대를 주시하며 대화를 이어 나갈 정도면 상당한 고수다. 이런 점이 바로 웨이터와 구분된다. 웨이터라면 앉아서 술을 따를 일도, 고객과 눈 맞추며 대화할 일도 없기 때문이다. 해서 와인 매너를 어떤 부류의 사람에게서 배웠는지가 금방 드러난다.

혹여 한국에서 외국인 비즈니스 파트너를 데리고 한식당을 찾아 전통술을 대접하는 경우에도 가능하면 불투명 사기잔 대신 유리 와인잔을 사용하는 것이 좋다. 우선 술은 시각적인 어필이 매우 중요하므로 투명한 유리잔이어야 한다. 그래야 외국인이 사기잔 속을 구태여 들여다보는 수고를 치르지 않고서도 그 빛깔부터 바로 즐길 수가 있다. 또한 한국의 작은 사기잔 내지 유리 소주잔은 입구가 넓고 깊이가 얕아 술을 따르거나 건배시 술이 넘치기 쉬운 모양에다 소리까지 투박하다. 또 대개의 한국인은 배고픈 시절의 버릇이 남아 있어 잔을 가득 채우려는 타성이 있기 때문에 편하게 건배를 했다가는 술을 쏟을 수밖에 없다. 그러니 저절로 상대방 대신 술잔을 주시하게 되는 것이다.

따라서 한국 전통주를 글로벌 무대로 내보내려면 사기잔을 고집하지 말고, 이미 세계인들에게 익숙한 적절한 크기의 글로벌 정격 화이

건배! 미셸 캉드시 IMF 총재와 김대중 대통령. 건배를 다 마치기도 전에 외면? 건배를 하건 악수를 하건 눈맞춤을 유지한 채 입발림(추임새)으로 덕담을 나누는 것이 정상이건만, 한국의 어글리 매너 리더들은 이처럼 얼른 카메라 쪽으로 얼굴을 돌려 제 얼굴 인증샷에 열중한다. ⓒ청와대

트 와인잔을 사용해야 한다. 술의 빛깔을 살피고 입술에 닿는 두께가 얇은 유리잔의 산뜻한 느낌도 중요하기 때문이다. 포장이나 용기에 애국심이 잔뜩 묻은 전통주를 마음 편하게 마실 외국인이 몇이나 되겠는가? 그건 오히려 글로벌화하지 말자는 의미로 받아들여진다. 아무렴 잔을 가득 채우는 습관부터 버려야 한다. 품격을 아는 사람이 만들고 품격 있는 사람들이 즐기면 남들도 따라서 그 술을 마시고 싶어진다. 그게 바로 명품이고 명주다. 한국인의 품격, 국격이 높아지면 절로 명주가 탄생할 것이라는 말이다.

소경이 소경을 인도한다고, 잔을 자기 편한 대로 잡아도 된다고 주장하는 일부 와인스쿨 강사들이 그 증거로 위의 사진을 들고 있다. 김대통령은 잔의 다리를 다섯 손가락으로 꽉 붙들고 있는데 비해 캉드시 총재는 몸통을 쥐고 건배를 하고 있다. 그러나 이 사진은 어글리 코리아의 총체적 부실 건배 사진이다.

우선 건배주가 샴페인이나 화이트 와인이 아닌 레드 와인. 게다가

진짜 눈으로 건배하는 메르켈 총리. 서울 G20 정상회의에서. ⓒ연합뉴스

총잡이는 총을 쏠 때 총을 보지 않고 적을 본다. 건배든 악수든 상대방과의 눈맞춤이다. 건배의
모델 폼. AK소총 개발자 미하일 칼라슈니코프. ⓒ로이터-연합뉴스-온라인 중앙일보

정품격 건배 모델 폼. 소피아 스페인 왕비와 아키노 필리핀 대통령. ⓒ로이터

정품격 건배 모델 폼. 라우라친치야 코스타리카 대통령과 후진타오 중국 국가주석. 베이징 인민대회당에서. ⓒ로이터

정품격 건배 모델 폼. 영국의 윌리엄 왕세손 부부. ©로이터

정품격 건배 모델 폼. 건배는 눈으로! 바른 자세, 눈방긋, 미소, 덕담, 다물지 않은 입! 한국은 광고에서조차 이런 눈맞춤이 안 된다. 보고도 따라 하지 못하니 당달봉사! 말 그대로 그림의 떡이겠다. ©뉴시스

건배하는 잔도 정식 유리 와인잔이 아니다. 졸부들이나 좋아할 만한 작고 투박한 크리스털 잔이다. 하여 캉드시는 김대통령처럼 손가락으로 잡기는 도저히 불가능하겠구나 생각하며 묵직한 물잔 잡듯 몸통을 잡고 있는 것이다. 이같은 총체적 부실에 그가 비록 웃고 있긴 하지만 속으로는 갑(甲)으로서 상대를 경멸하고 있음을 간접적으로 내비치고 있다 하겠다. 어쩌면 이 때문에 캉드시가 잔을 더 막잡고 있는 것이기 쉽다. 진정 존중의 마음이 있었다면 설사 격에 맞지 않는 잔이라 해도 정석대로 잡아 주었을 것이다. 캉드시가 프랑스 파리 고급 사교계 자리에서도 이렇게 할 수 있을까 하고 뒤집어 보면 쉽게 이해가 갈 것이다.

결론적으로, 주제 파악도 못하고 비즈니스 무대에서 이를 따라 했다간 사업도 인생도 완전히 망가진다. 자신이 갑(甲)이 되거나 아주 친한 사이가 아니면 절대 잔을 막잡아선 안 된다.

Tip 애들은 가라? 글로벌 소경, 엉터리 와인 전도사들

요즘은 우리나라에도 와인전문가라는 강사들이 참 많다. 이들은 온갖 와인에 대한 백과사전적인 지식으로 전문가인 양 행세하는데, 문제는 하나같이 와인 따로 비즈니스 따로로 알고 있다는 것이다. 글로벌 비즈니스 실전무대에서의 혹독한 경험이 있을 리 없는 이들이고 보니 언제까지나 와인에 대한 기능적 사고에 갇혀 있을 수밖에 없겠다. 그러므로 이들에게서 배운 와인 지식으로는 글로벌 비즈니스 무대에선 무용지물, 그냥 와인을 즐기는 술꾼일 따름이다.

또 다른 소경 이원복 교수의 《와인의 세계》는 '애들은 가라'로 시작한다. 하지만 서양에선 아이들이라 해도 샴페인은 마시게 하면서 공동체 축하자리에 합류하도록 가르친다. 레드 와인(12도~14도)이나 화이트 와인(12도)까지는 술로 치지만 샴페인(10도)은 축하의 의사 표시 도구로 사용되기 때문이다. 따라서 '애들은 가라'며 19세가 넘어서야

눈을 보며 건배하는 국내 최초(?)의 술 광고 사진. [하이트진로의 참이슬 광고 캡처]

와인을 가르치면 이미 늦었다 하겠다. 음주 연령 이전 청소년에게도 정품격 와인 교육이 사회성 훈련을 위해, 미래의 예비지도자로서 리더십 훈련에 진짜 필요하다는 사실을 이원복 교수는 모르고 있음이다.

아니나 다를까, 책을 펼치자마자 안장에 라틴어 'In vino veritas(와인 속에 진리가 있다)'를 싣고는 그리스 속담이라고 해놓아 헷갈리게 만든다. 그리고 머리글에서는 "와인은 어디까지나 와인일 뿐이다. 그 이상도 그 이하도 아니다. 와인을 마시는 것은 우리 자신이다. 우리가 바로 와인을 지배하는 주인인 것이다"라고 주장하며 의기양양 싸움을 걸고 나온다. 이는 곧 이원복 교수가 사실상 상대방에 대한 사회적 인식이 전혀 없음을 내비친 것이다. 기실 그의 만화엔 '우리'는 없고 '나'만 있다. 와인 자리의 1인칭은 자기 자신, 2인칭은 상대방, 3인칭은 사회공동체라는 사실에 대한 기초적인 인식조차 없다. '배려'는 없고 '건방'만 있음이다. 한마디로 성숙된 사회적 인격체 개념이 없는 몰인격적이라 하겠다.

목차에서도 역시나 한국 교수답게 일단 고대사부터 시작하고 보는 역사적 접근법, 한국적 증후군을 유감없이 드러낸다. 기계적·기능적·기술적 과학만능주의가 여지없이 발휘된다. 결국 머리글에서 인용한 어느 프랑스 와인업자의 "한국인들은 입이 아니라 머리로 와인을 마시는 것 같다"고 한 말을 오히려 스스로 뒷받침하는 모순을 저지르고 있다.

15쪽에 가서는 아연실색. "와인을 잘 알지도 못하면서 아는 척하는 위선자 말야! 와인은 그저 와인일 뿐이야. 즐기면 그만이지. 스트레스를 받으면서까지 와인을 마실 필요는 없지. 와인에 대해 알려고 스트레스받지 말고 우선 와인을 즐기는 법부터 배우거라!" 와인은 사회적 커뮤니케이션 음료, 즉 기능성 음료라는 사실을 전혀 모르는 소위 한국적 지성인들의 자주파적인 노망이라 하겠다. 서구에 대한 경배와 콤플렉스를 극복하기 위한 입문서라지만, 결국 젊은이들을 쇄국적인 소위 자주파 술꾼으로 만드는 길잡이 책이 되고 말았다. 공(公)과 사(私), 지식과 지성이 구분이 안 되는 한국의 책상머리 지식모음자 눈에 '지혜의 술' 와인이 졸지에 터무니없이 비싼 '알코올' 그 이상도 이하도 아닌 게 되고 말았다. 둘째가라면 서러운 음주대국 대한민국. 자, 이제 소주나 막걸리가 와인을 밀어내고 세계적인 술이 될 수 있을까? 아니면 와인 최대 수입국이 될까?

흔히 프랑스 와인에는 프랑스 문화가 배어 있다고 한다. 그 문화가 바로 '매너' 즉 '와인 매너'임을 간과한 한국 교수의 돈키호테적 호기에 아연할 뿐이다.

33 인간 존엄성 확보를 위한 글로벌 매너

가난하다고 막살지 않는 파리지앵들 | 거짓말조차 일단 믿어 주는 홍콩 경찰 | 개인의 실수나 착오조차 구제받을 수 있는 홍콩 세무행정 | 인간 존엄성을 지키기 위해 거짓조차 묵인하는 프랑스의 똘레랑스 | 인간 존엄성이 실정법보다 우선하는 영국의 대학 | 한국인은 왜 유혹에 약한가? | 인간 존엄성에 대하여 제대로 성찰해 본 적 없어 보이는 법해석의 슈퍼갑, 한국적 법관들

선진문명사회는 인간 존중을 최고의 가치로 여긴다. 물론 법조문에는 '인간 존엄성'이 명시되어 있지 않다. 그렇지만 실정법을 넘어서는 자연법(한국에서는 이석연 변호사가 깨우쳐 준 대로 관습헌법)이 있듯이, 인간 존엄성이 위협받는다면 성문헌법조차도 인정하지 않는다. 왜냐하면 법이란 인간 존엄성 보호가 목적이기 때문이다. 글로벌 비즈니스 매너란 그런 사고에서 싹튼 것이기에 한국식 전통윤리 관념만으론 이해하기가 좀체 버거울 때가 많다.

젊은 파리지엥이 사는 법

어느 나라든 사정이 비슷하지만 사회 초년병인 파리지엥의 급여 역시 많지 않다. 그나마 절반이 연금으로 무자비하게 잘려 나간다. 게다가 나머지의 반이 다시 바캉스 때 쓰기 위해 미리 떼어진다. 그 나머지, 고작 반의반으로 집세까지 내며 한 달을 살아야 하기 때문에 제대로 먹기조차 힘들다. 그럼에도 그들은 길거리서 샌드위치로 끼니를 때워 가며 돈을 모은다. 저축하기 위해서가 아니다.

그렇게 모은 돈으로 일주일에 딱 한번은 옷매무새를 새로이 하고 그다지 고급하지 않은 식당에서라도 제대로 된 저녁을 먹는다. 애피

타이저, 메인, 하우스 와인, 디저트 및 에스프레소 커피, 이 풀코스 요리로 자신의 인생을 셀리브레이팅한다. 만약 모은 돈이 디저트까지 주문할 만큼 되지 않으면 그 주에는 외식을 포기한다. 대신 다음주, 아니면 그 다음주까지 미루어서라도 반드시 풀코스 식사를 즐긴다.

찰리 채플린이 주연한 코미디 영화의 한 장면인가? 그까짓 외식 안 하면 그만이지 왜? 답은 사람답게 살기 위해서이다. 일주일에 적어도 한 끼는 웨이터의 서빙을 받으며 디저트까지 포함된 2시간 이상의 저녁식사를 푸근히 즐기고자 하는 것이다. 저 혼자서라도 자신의 존엄성을 지켜 주려는 것이다. 그 한 끼를 위해 나머지를 굶거나 샌드위치로 때운다.

프랑스에서는 나이 많은 노인들도 아주 말끔하게 정장을 차려입고 외출을 하거나 카페에서 차를 마시는 풍경을 자주 볼 수 있다. 뒷모습만 보고서는 젊은 멋쟁이인 줄 착각하는 경우도 숱하다. 굳이 젊어 보이고 싶어 멋내는 것이 아니다. 한국인들처럼 늙었다고, 가난하다고 함부로 막살지 않는다. 그 또한 인간 존엄성을 지키기 위한 것이다. 옛날 조선의 선비 역시 그렇게 살았었다.

그렇게 자기를 존중할 줄 아는 자만이 남을 존중할 줄 안다. 더 나아가 고객을 존중할 줄 알고, 고객의 심리 상태를 잘 알기 때문에 물건을 잘 팔아 고객의 돈을 빼내는 능력을 지니게 되는 거다. 한국의 가게는 목 좋은 곳을 잡는 것이 가장 우선하는 조건이다. 하지만 그런 건 진정한 비즈니스의 진수가 아니다. 목 좋은 곳에서야 누군들 장사 못하랴! 목이 좋지 않은 곳이라 해도 인간 존엄성으로 고객과의 소통을 통해 물건을 팔 줄 알아야 한다.

홍콩 경찰과 인간 존엄성

홍콩에서 중요한 만남을 위해 까오룽(九龍) 쪽으로 가던 중 도로가 너무 막혀 꼼짝도 못할 처지에 놓였다. 한참 더 가야 유턴할 수 있으련만 도무지 움쩍달싹도 못하고 있었다. 결국 법규 위반인 줄 알면서도 중앙선을 넘어 유턴을 했다. 아니나 다를까 경찰에게 걸리고 말았다. 운전자는 미국 국적의 한국인이었다. 딱지 끊는 데 걸리는 시간조차 아까워 도망가야 할 처지에 참으로 난감하게 되었다.

유턴 금지 구역인 줄 아느냐 모르느냐고 경찰이 물었다. 알고 있다. 하지만 중요한 비즈니스 약속 때문에 어쩔 수가 없었다. 면허증 보여달라! 중요한 약속 때문에 깜박해서 두고 나왔다. (물론 거짓말이다. 신분 확인하고, 벌금을 깎으니 마느니, 스티커 발부하다간 약속 시간 놓칠 게 뻔한 일이라서 둘러댄 것이다.) 그러자 빤히 쳐다보던 경찰이 "약속 때문이라니 기회를 주겠다. 당신의 비즈니스 약속을 존중해서 이번엔 봐준다. 당신의 얼굴을 잘 기억했다가 다음에 또 위반하면 반드시 스티커를 발부하겠다"며 그냥 보내 주었다.

미국이나 영국 영화에서 자주 등장하는 광경이다. 홍콩 역시 불가피한 경우에는 묵인해 주는 좋은 동네인 것이다. 물론 그 비즈니스 약속이란 게 거짓일 수도 있다. 하지만 그 거짓말조차도 존중하고 일단은 믿어 주는 게 인간 존엄성을 지켜 주는 것이다. 왜냐하면 교통경찰은 국민을 위해 일하는 것이 본분이기 때문이다. 그 어떤 제약이 비즈니스 약속이라는 진실성에 우선해서는 안 된다는 영미법적인 마인드를 가졌기 때문이다.

한국에서처럼 명백한 증거도 없는데도 불구하고 행정 편의를 내세우며 음주운전 일제단속한답시고 길목 요충지에서 길을 막고 모든 차량 운전자를 전수검사하거나, 길거리에서 불심검문하는 따위로 시민을 모욕하는 일은 있을 수 없다. 이는 인간 기본권을 현저하게 제한하고 무시하는 처사로서 곧바로 위헌 심사 청구를 해야 할 사안이라 하겠다. 따라서 차가 비뚤거리며 운행되는 정황이 보이면 잠시 따라가며 재확인한 다음 정차시켜 운전자를 내리게 해서 걷게 해보는 더블 체크 후에야 정식으로 음주 측정한다. 물론 그렇게 해서 걸렸을 경우 가혹한 처벌이 뒤따른다. 행정의 편의나 효율은 시민을 위한 용어이지 공무원이나 경찰을 위한 것이 아닌 것이다.

인격 존중 홍콩 세무행정

한 친구가 홍콩 근무중 회사로부터 지원받은 주택임차료 부분을 전액 소득(2천만 원 정도)으로 신고하는 실수를 저질렀다. 그마저도 경황이 없어 이의신청 기간까지 넘기고 말았다. 이런 경우 한국에서라면 당연히 구제불능이다. 하지만 그는 너무 억울해서 홍콩 국세청에다 편지를 냈다. 비록 이의신청 기간을 넘겼지만 자신의 실수를 구제해 줄 수 없겠느냐? 터무니없이 많은 세금을 더 내게 되어 너무 아깝다. 규정에는 없지만 이의신청 연장과 같은 특혜를 받을 순 없겠느냐고.

한 달 뒤 국세청에서 편지가 날아왔다. 당신 편지의 요점은 이의신청을 연장받자는 게 아니라 실수로 더 낸 세금을 돌려받자는 게 아니냐? 우리가 계산을 해보니 당신은 얼마만큼을 더 낸 것 같다. 이러한 우리의 견해에 동의한다면 동봉한 회신 양식에 오케이 사인해 보내라. 그러면 15일 이내에 해당 금액의 국고수표가 우송될 것이다. 그후 정확히 15일째가 되는 날 수표가 도착했다.

홍콩 국세청은 정해진 규정에도 불구하고 '진실'을 존중, 국민의 실수를 곧바로 예외 취급해서 담당직원의 직권으로 즉각 환급 결정을 내린 것이다. 인간 존엄성을 우선시하고 중요시하기 때문에 모든 게 합리적이고 적절하게 처리된다는 믿음, 개인의 실수나 착오조차도 구제받을 수 있다는 확고한 믿음으로 국민들이 편안한 마음으로 살아갈 수가 있는 것이다.

모든 것이 생각과 상식대로 실행되는, 규정보다는 진실과 인간 존엄성을 더 중시하고, 타당하면 국민의 요청대로 수용하고, 실정법에 의한 억울함이 없게 하는 영미법적인 사고를 바탕으로 한 효율적인 시스템. 이런 열린 사고, 열린 행정이 있기에 고작 여의도보다 조금 더 큰 홍콩이 대한민국 GDP의 1/4 내지 1/3을 매년 이루어내는 것이리라.

인간 존엄성과 프랑스인들의 똘레랑스

프랑스 파리로 유학 간 한국인들은 대개 파리 동남부 지구에 많이들 모여 산다. 다른 지역보다 집세가 싼 때문이다. 한데 그곳엔 중동인 내지는 아프리카인들도 많이 살아 거주 환경이 좀 열악한 편이다. 어느 날 모씨는 카메라를 차 안에 두고 내렸다가 그만 자동차 창문도 깨어지고 카메라도 도난당하였다. 그다지 비싼 카메라도 아니어서 자신의 부주의 탓이라 여기고 그냥 넘어가려 했는데, 마침 프랑스인 친구가 일러 주어 경찰에 신고를 하고 그 신고용지를 들고서 보험회사를 찾았다. 그러자 직원이 도난신고서의 잃어버린 물품 가격을 확인하더니 그 자리에서 현금을 세어 내주었다.

한국에서라면 상상조차 할 수 없는 일이겠다. 그 친구는 그런 일로 한 번 더 보상을 받았다고 한다. 물론 일부 중동 및 아프리카에서 온 가난한 시민들이 이를 악용해 보상금을 받아내는 경우도 적지않다고 한다. 그럼에도 굳이 그 진실성을 의심치 않고 정해진 절차에 따라 즉석에서 현금 보상을 해준다. 인간 존엄성을 지키기 위한 사회적 똘레랑스라 하겠다.

기일 지나 도착한 입학서류 심사, 합격시킨 영국 대학의 교수

10여 년 전, 외교관이었던 부모를 따라 유럽 등지에서 공부를 한 한국 학생이 영국의 어느 유명대학 대학원에 입학서류를 보냈다. 그런데 일정이 빠듯하여 입학에 필요한 서류들을 제 날짜까지 다 갖추지 못해 그만 그 제출 기한을 놓친 상태였다. 이미 틀렸구나 싶었지만 이왕 준비했던 서류라 아쉬운 마음에 발송한 것이다. 한데 한참후 합격통지서가 날아와 무사히 공부를 마칠 수 있었다고 한다. 담당 교수가 뒤늦게 도착한 입학서류를 보고서 이 정도 실력과 스펙이면 훌륭한 학생이니 꼭 제자로 삼고 싶다며 교수 직권으로 입학을 허락한 것이다.

한국에서 그랬다간 이유 여하를 막론하고 부정입학으로 그 교수는 학교에서 당장에 쫓겨났을 것이다. 왜 이런 일이 가능한가? 실정법을 따르는 대륙법적 사고에서는 있을 수 없는 일이지만, 자연법(관습헌법)을 따르는 영미법적 사고에서는 충분히 있을 수 있는 일이다.

입학시험을 치르는 목적은 우수한 학생을 선발하기 위해서이다. 그러기 위해 입학원서 접수기간을 두었다지만, 그 기간은 편의상 정한 것일 뿐 그것이 우수학생을 뽑는 데 방해가 되어서는 안 된다는 기본적인 생각을 공유하고 있다는 말이다. 법이나 규정이란 결국은 인간 존엄성 확보에 있고, 따라서 인간 존엄성을 위해서라면 실정법에 우선할 수 있어야 한다는 게 그들의 사고다.

급발진 사고, 왜 한국에서만 문제인가?

근자에 자동차 급발진으로 인한 사고가 끊이지 않고 있다. 한데 의아한 일은 왜 유독 한국에서만 급발진 사고가 잦느냐는 것이다. 서양이라고 해서 예외는 아닐 텐데 왜 이러한 급발진 사고가 큰 뉴스거리가 되지 않느냐는 말이다.

한국인들은 오르막이나 눈길에서만 기어를 2단에 놓는 것으로 알고 있다. 하여 거의 대부분 기어를 D에 놓고 출발한다. 그러다가 급발진이 일어나면 곧장 60km로 내달려 대형 사고로 이어진다. 하지만 서양에서는 학교나 아파트 주차장 내에선 누구나 2단에 두고 운전하다가 대로에 나와서야 D에 놓고 달린다. 이는 불특정 대중에 대한 배려, 즉 인간 존엄성에 대한 인식하에 통제 가능한 범위에서 운전하기 때문이다. 해서 설령 급발진이 일어나더라도 2단까지이기 때문에 인명 사고로 연결되지 않고 가벼운 사고로 끝나는 것이다. 이 때문에 보수적인 나라에선 운전면허시험중 D에 놓고 출발했다간 그 즉시 탈락시키고, 또 3개월 동안 응시를 금지시키기까지 한다.

한국의 일부 아파트나 학교 입구에 '10km' '서행' 표지판을 세워 놓고 있지만, 그건 급발진 사고나 과속 사고 예방에 그다지 소용되지 않는다. 무조건 2단 이내여야 한다. 일부 군부대에서는 영내에선 2단에 두고 운전하게 해서 역으로 '인간 존엄성'을 인식토록 유도하기도 한다.

종합보험 들어 두어 보험회사에서 다 알아서 처리해 줄 테니 사고가 나도 난 상관없다? 그러니까 돈이면 다 된다는 사고겠다. 보험은 보편적 인간 존엄성을 지켜 주기 위한 보상이 되지 못한다. 면피용이 아니다. 보험이란 망할 경우에 대비해 마지막으로 자기 존엄성을 지키기 위한 것일 뿐이다.

미국은 왜?

2007년, 미국 버지니아주에서 한인 학생 조승희의 총기난사로 32명이 숨지는 끔찍한 사건이 일어났다. 이 사건 후 교정 한쪽에 희생자를 위로하는 자리가 마련되었는데, 그 곁에 가해자인 조승희의 자리도 함께 만들어져 꽃이 놓여 있었다. 같은 학교 학생으로서 그 역시 희생자라는 것이다. 해서 그의 영혼도 함께 위로하는 것이다. 그걸 미국인들의 용서나 관용으로만 볼 것인가? 그와 같은 죽음에 대한, 사자에 대한 생자의 편견 없는 매너는 어디서 나오는 것일까? 공(公)과 사(私)를 구분할 줄 모르는 한국인들에겐 너무도 생소한 광경이었다.

미국은 한국전쟁 때 전사한 군인들의 유해를 60년이 지난 지금도 찾고 있다. 심지어 엄청난 비용을 지불하고서 북한에 들어가 발굴해 찾아가기도 한다. 이런 미국의 집착을 두고 대부분의 사람들은 미국이 애국심을 고취시키기 위해 그러는 것이라고 간단히 치부하고 만다. 과연 애국심만으로 그럴 수 있을까? 그래서 다른 나라 사람들은 미국인들만큼 애국심이 없다는 겐가?

인간 존엄성에 대한 확고한 인식이 없는 민주주의·평화주의·인권주의가 어떤 것인지는 온몸으로 겪어 온 이 시대의 한국인들이 다른 누구보다도 더 잘 알고 있다 하겠다. 글로벌 매너가 추구하는 궁극적인 목표는 바로 이 인간 존엄성 확보에 있다.

고도경제성장, 민주화, 그리고 지금은 인권을 화두로 물고 늘어지는 한국인들이지만 '인간 존엄성'에 대한 성찰의 기회를 가져 보질 못했다. 그러다 보니 남부러운 경제성장도 왠지 불안하기 짝이 없고, 민주니 인권이니 하는 것에도 그다지 진정성이 있어 보이지 않는다. 뿌리 깊지 않은 나무처럼 한국인들은 바람에 쉬이 넘어진다. 돈이 없다고 쉬이 나쁜 짓을 하거나 처지를 비관해 자살해 버리는가 하면, 어떤 이는 너무 많은 돈 때문에 망가진다. 또 판검사·의원·교수·의사·연예인 등 부러울 것 없는 명예와 지위에도 불구하고 부정과 쉬이 타협하며 돈 앞에, 심지어 성(性)놀음에 무릎을 꿇는다. 인간 존엄성에 대한 확신을 가졌더라면 있을 수 없는 일들이다.

Tip 인간 존엄성에 대하여 제대로 성찰해 본 적 없어 보이는 법해석의 슈퍼갑, 한국적 법관들

예전에 헌법재판소장 후보에 올랐다가 낙마한 전아무개 재판

관에게 어느 기자가 "이석연 변호사가 수도 이전 금지의 근거로 관습헌법을 들었는데, 그에 대해 어떻게 생각하느냐?"고 질문하자 그녀는 "그런 말이 있는지 들어 본 적도 없다"고 잘라 말하며 관습헌법을 인정하지 않았다. 그녀는 노무현측 인사로 알려져 있다.

법을 해석, 집행하는 사람이라면 실정법과 인간 존엄성이 충돌할 때 어느 편에 서야 할지 깊이 고민하게 마련이다. 하여 실정법을 어겨야 할 때 자연법이나 관습헌법을 성찰하지 않을 수가 없다. 그러니 관습헌법 자체를 부인한다는 것은 인간 존엄성에 대한 성찰을 제대로 깊이 있게 해본 적이 있나 하는 우려를 초래할 소지마저 있다. 기우이길 바란다.

이 대목에서 민주당과 새정치연합의 통합신당인 새정치민주연합의 공동수장 김한길 민주당 대표와 안철수 새정치연합 중앙운영위원장의 2014년 3월 24일의 제주 토크콘서트 해프닝을 겸하여 소개하고자 한다.

이 두 사람은 학생들의 날카로운 질문에 진땀을 흘리기도 했는데, 한 학생이 최근 '세 모녀 자살 사건'을 언급하며 안위원장에게 "헌법의 최고 이념이 뭔지 알고 있냐"고 묻자, 안위원장이 잠시 당황하는 모습을 보이다가 "국민에게서 모든 권한이 나오는…"이라고 대답하다 웃으며 말끝을 흐렸다. 김대표도 "여기 와서 (헌법의 최고 이념을) 배웠다. 우리 헌법의 최고 이념이 인간 존엄이라면 참 다행이다"라고 말했다. 이게 내로라하는 한국 정치 엘리트들의 수준이다.

인격적인 성장이 참으로 중요할 때 생(生)의 본질은 무엇인가, 또 철학이며 역사·인문학 등 교양도서의 독서 및 성찰과는 애써 담을 쌓고 살아온 분들이 한국의 법조계 인사들이란 풍문을 차마 인정하고 싶진 않다. 그러나 법으로 막아내야 할 민중의 적, 공공의 적, 인간 존엄성의 적은 과연 누구인가에 대한 진지한 성찰 없이 인간 존엄성 보장, 생존복지, 소외계층 사회안전망 행정실무 관행, 정부 규제 어젠다,

집권자 통치행위의 한계 등에 대해 과연 온전한 법적 잣대를 행사할 수 있을까 하는 의문만 든다.

명색이 진보적 성향의 헌법재판소 재판관이었으면서도 이런 '인간 존엄성' 내지는 '인권 의식'에 대한 베이스 개념 유무 자체에서 의심을 받게 되다니! 어디 전재판관뿐이랴! 우리나라 법관의 절대다수는 관습헌법과 애초 무관하던지, 이에 대해 깊이 고민해 본 적이 없을 것이다. 심지어 진보의 터미네이터를 자처하는 민변 쪽 인사들도 마찬가지로 산견된다. 그야말로 근본 없는 한국적 '닥치고 진보' 증후군이라 해도 반박이 가능할지 안타깝다.

내친 김에 또 하나 짚고 넘어가자. 지난날 노무현 대통령의 탄핵 심판에서 헌법재판소는 소수 의견 공표 금지를 조건으로 탄핵 기각 결정을 내렸었다. 당시 국민들의 법 정서상 현실적으로 탄핵이 애초 불가능한 마당에 그로 인한 후유증을 피하기 위한 결정이었다고는 하지만, 사실 소수 의견 공표 금지는 엄연한 위헌이다! 따라서 지금이라도 그 소수 의견을 공개해야 마땅하다. 그러지 않으면 누군가 위헌 소송을 내어 공개토록 해야 할 것이다.

이는 국민의 알 권리이기도 하지만, 그 학습 이후에도 오늘날까지 무대책 상태로 지속되어 온 '한국' 대통령의 독재적 일탈을 막기 위함도 있다. 하여 대통령 스스로가 자신의 독재적 리더십 DNA를 극복하지 않는 한, 총리와 장관 등 소위 헌법기관들이 헌법제정 당시의 입법자들이 당초 부서권(副署權) 등으로 심어 놓은 대통령 전횡의 견제장치가 존재하는지조차도 몰라 제 역할을 계속해서 방기할 경우, 모든 대통령이 자신에게도 그 소수 의견에 설파된 근거로 탄핵이 들어오고 국민의 법 정서가 선진화된 때에 이르러선 탄핵 결정 사태가 쉬이 현실화될 수도 있다는 경각심을 갖도록 해야 한다.

34 글로벌 소통 매너를 통한 창조적 솔루션 생성 사례

비즈니스 그 자체를 넘어 고객과 소통할 줄 알아야 ㅣ 보드카에 대한 고정관념을 과감하게 떨쳐 버린 '그레이 구스' ㅣ 비즈니스에 쓸데없는 애국심은 금물 ㅣ 마누라까지 다 바꾼 칠레 와인의 혁명 '몬테스 알파 브랜드' ㅣ '보졸레 누보'의 창조적 비즈니스 발상 ㅣ 소화제 한 병으로 발휘하는 창조적 비즈니스 협상력

글로벌 비즈니스 매너는 비즈니스 상대방은 물론 비즈니스 그 자체, 그리고 그 너머에 있는 고객과 소통하는 도구이다. 따라서 글로벌 비즈니스 매너에 정통하게 되면 상대방과 소비자의 심중은 물론 비즈니스 세계 전체를 꿰뚫어 보는 글로벌한 안목이 생긴다. 그래야만 창조적 협상력, 창조적 솔루션 창출이 가능해진다.

프랑스산 보드카 '그레이 구스'

세계의 많은 사람들이 보드카 하면 러시아를 떠올린다. 그리하여 러시아나 그 북구의 주변국이 아닌 나라에서 보드카를 생산하리란 생각도 못하거니와, 또 그 생산된 보드카가 성공하리란 예상은 더더욱 하지 못할 것이다. 그런데 이 굳은 고정관념을 보기 좋게 깨부순 제품이 있다. 바로 프랑스의 'GREY GOOSE(잿빛 거위)'란 보드카이다.

이 제품은 우선 참신하고도 창조적인 디자인으로 기존의 보드카병에 대한 인식을 완전히 뒤집어 버렸다. 전체적으로 병을 부옇게 처리하여 흰 거위가 노니는 잿빛의 드넓은 호수 풍경을 그려넣고, 그 한가운데의 투명한 거위 그림을 통해 병 속을 들여다볼 수 있게 하였다. 물론 그 속을 통해 반대쪽 풍경까지도 볼 수 있도록 했다. 길쭉하고 날씬한 병을 통해 입체적 만화경을 보는 듯한 디자인이다.

다음은 소용량으로 하여 기존의 대용량 보드카에 대한 고정관념을 과감히 떨쳐 버렸다. 그리고 다시금 과감하게 프랑스산임을 드러내었고, 그것도 모자라 브랜드명을 영어로 채택하였다. 이는 대단히 획기적인 일로서, 쓸데없이 이런 일에 애국심을 발휘하고자 하는 한국인들도 배워야 할 점이다.

고객의 새로운 욕구를 정확하게 읽어내고, 그에 맞춰 과감하고 시원스러운 디자인을 채택해 성공한 것이다. 덕분에 이 '그레이 구스'는 전 세계의 카페며 식당·바 등에 필수 재고유지 품목으로 자리잡는 큰 성공을 이뤘다.

'보졸레 누보'의 창조적 비즈니스 발상

지금이야 구태여 와인애호가가 아니더라도 이 '보졸레 누보'에 대해서 웬만하면 한번쯤 들어 보았을 것이다.

이 '보졸레 누보'는 한국식으로 표현하자면 막걸리와 같은 포도주이다. 포도 가운데서 '가메'는 저장성이 좋지 않은 품종이다. 따라서 이 포도로 만든 와인을 세계 시장에 내놓을 수가 없어 인근 동네 사람들끼리 마셨던 술이었다. 그런데 당시(1951년) 19세였던 조르주 뒤뵈프가 이 동네 막걸리 같은 술을 세계적인 유행 상품으로 만들기로 마음먹고 이미지 변신을 꾀하는 솔루션을 개발해 내었다.

먼저 '보졸레 누보'를 초겨울 이벤트 상품으로 판매하기 위한 마케팅 전략을 짰다. 세계 무대에 내보내기 위해 판매의 데드라인도 정했다. 매년 11월 셋째 목요일 0시부터 전 세계에서 일제히 판매에 들어가 단시일 내에 팔아치웠다.

다음으로는 와인 라벨에 최초로 꽃 그림을 도입함으로써 점잖고 엄숙한 와인의 이미지를 친숙한 것으로 바꾸었다. 그리하여 대도시 회사원들이 사무실 등에서 비스켓 몇 쪽을 안주로 열 수 있는 스몰파티 소재로 제공하여 와인의 역사를 새로이 쓰는 대성공을 거두었다. 최종적으로는 작명에서 '보졸레 프리뫼르(햇와인)'란 당초의 프랑스어를 과감히 버리고 '보졸레 누보(새것)'란 영어식 표현으로 세계화를 도모하였다.

이 '보졸레 누보'를 두고 막걸리처럼 싼 와인이라며 무시할 게 아니라 그 솔루션을 따라 배워야 할 것이다.

칠레 와인의 혁명 '몬테스 알파 브랜드'

이 브랜드의 와인이 나오기 전까지 칠레 와인은 세계적으로 대개 하급 와인으로 여겨졌었다. 한데 그런 칠레 와인의 이미지를 일시에 바꾸어 세계적인 와인으로 우뚝 서게 한 제품이 있었으니, 그것이 바로 '몬테스 알파(MONTES ALPHA) 브랜드'이다.

원래 전통적인 양조기법으로 만든 칠레 와인은 이상한 곰팡내와 비슷한 흙냄새가 나는 바람에 하급 와인으로 취급당했었다. '몬테스

와이너리'는 세 명이 창업하였는데, 전통적으로 와인 생산기술자가 맡아 오던 이 회사의 경영을 수출 마케팅디렉터인 더글라스 머레이가 총지휘를 맡아 일대 혁신이 단행되었다.

먼저 그는 칠레의 전통적인 양조기법을 버리고 과감하게 프랑스 보르도식으로 바꿨을 뿐만 아니라, 아예 포도의 품종을 칠레 로컬종에서 프랑스 품종으로 바꿨다. 그리고 칠레식 와인 브랜드명을 버리고 세계인들이 발음하기 쉬운 영문자 및 친숙한 단어를 골랐다. 라벨 역시 글로벌 스탠더드인 프랑스식으로 디자인했다. 마지막으로 알코올 도수를 높여(14.5%) 한국인들과 같이 술 자체를 즐기는 와인신흥국 술꾼들의 입맛에 맞추었다.

말 그대로 '마누라까지 다 바꾼' 것이다. 그렇게 해서 중저가 칠레 와인은 이 '몬테스 알파 브랜드'의 성공으로 인해 세계적인 수준으로 업그레이드되었다. 로컬 마인드에서 글로벌 마인드로 전면적 탈바꿈을 해 성공한 좋은 사례이다.

[뉴솔루션] 곶감소스는 가능한가?

요즘은 우리나라에서도 굴소스가 판매되고 있지만, 원래는 홍콩의 이금기(李錦記) 굴소스가 유명하다. 이같은 창조적 솔루션을 우리 주변에서 한번 찾아보자. 겨울이면 시장에는 곶감이 넘쳐난다. 예전엔 귀했지만 중국산까지 수입되어 지금은 흔하다. 게다가 너무 달아 요즘의 어린이나 젊은이들은 즐겨먹지 않는다.

이를 불고기나 갈비·BBQ 양념으로 개발하면 좋을 듯하다. 당분의 질감과 향이 좋아 설탕이나 물엿을 대신하면 중국 한족(漢族)들의 입맛에도 잘 맞는다. 그리고 상품명을 감(柿, persimmon)소스라 하지 말고, 앰버(Amber, 琥珀)소스라 하면 품위 있어 보여 비싸게 받을 수 있다. 한국인과 일본인은 감을 즐겨먹지만, 다른 나라 사람들은 잘 알지 못한다. 그 약점을 장점으로 바꾸는 것이다.

Tip 소화제 한 병으로 발휘하는 창조적 비즈니스 협상력

아무리 훌륭한 매너라 한들 그걸 비즈니스로 연결해 내지 못한다면 무슨 소용이 있겠는가? 글로벌 비즈니스 매너가 지향하는 최종 목적은 전인적인, 창조적 비즈니스 협상력 배양이다. 이를 위해선 폭넓은 인문학적 지식이 필요하지만 때로는 주변의 가벼운 소재로도 얼마든지 가능하다.

한국에서, 글로벌 주요 도시에서 한식 오찬이나 디너로 외국인을 접대했을 경우 식사를 마친 후에 한국의 동화약품 부채표 '까스 활명수'를 주는 것으로도 비즈니스로 연결할 수 있다. 혹여 물과 음식이 달라 배탈이 날 수도 있음을 미리 예방코자 하는 배려심을 보여주어 상대방의 호감을 유도한다.

'활명수'는 1897년에 개발된 소화제로서, 육계·정향·창출·육두구·후박 등 요즈음 세계적으로 유행하는 생약제재로 만든 한국 최초의 서양식 의약품이다. 당시에는 쌀 몇 말에 해당하는 고가였다고 하는데, 백 년이 훌쩍 넘은 지금까지도 팔리고 있는 스테디셀러이자 베스트셀러이다. 계속해서 1886년 미국 조지아주 애틀랜타의 약제사 J. S. 템버튼이 만든 강장제가 1919년 에이서 캔들러에 의해 청량음료로 판매되기 시작한 코카콜라와 비교해서 설명해 주면 외국인들은 거의 다 눈이 휘둥그레지면서 '까스 활명수' 상표를 다시 확인할 뿐 아니라, 빈병을 버리지 않고 기념으로 가져가는 이도 많다. 왜냐하면 본국에 돌아가서 재미있는 화젯거리가 되기 때문이다.

이렇게 한국에도 오래된 명품이 있음을 알려 줌으로써 근대 한국 기업의 역사나 기술력이 만만한 나라가 아님을 은근히 자랑한다. 그러면 눈치 빠른 상대방은 자신의 회사의 역사와 기술력을 믿고 안심하고 계약을 해도 된다는 메시지를 은유적으로 전달하고 있구나 하고 곧바로 이해한다. 그러고서는 이 정도의 글로벌 내공이면 서로 소통하는 데 문제가 없겠구나 하고 속으로 인정한다.

고 정주영 회장이 현대중공업 조선소를 지을 적에 당시 거북선이 그려진 500원권 지폐를 보여주고 차관을 받아낸 일화가 있듯이, 이처럼 주변의 소품을 적극적으로 활용해 상대방을 설득해 내는 것 또한 고품격 글로벌 비즈니스 매너. 한국에서는 이런 것을 장난쯤으로 여겨 안 통하지만 글로벌 상류사회에선 절대 그렇지 않다. 왜? 그 정도의 정성과 창의력·순발력이라면 쓸 만한 친구라는 생각도 있지만, 그런 것이 다 의도된 술수인 줄 알면서도 그 적극성과 용기를 굳이 모른 척하지 않는다. 그건 상류층 인격체로서의 도의가 아니기 때문에 위험을 무릅쓰고, 투자금을 날릴 각오하고 동의하는 것이다. 사람을 그만큼 중히 여긴다는 뜻이다.

35 글로벌 사회에서 왜 한국인을 차별하는가?

도입부 없는 한국인들의 글로벌 무매너 | 기본적인 현지어 인사말 정도는 최소한의 예의 | 영어 잘한다고 글로벌 젠틀맨 되는 것 아니다 | 무매너로 인한 불친절을 인종차별이라 착각 | 프랑스 철학, 프랑스 와인 문화, 프랑스 와인 매너는 왜 세계 최강인가? | 어글리 코리언들의 해외 봉사

아시아나 항공기의 샌프란시스코공항 사고 때, 미국인 공무원은 물론 일개 인턴사원에게서조차 한국인 조종사들이 인종차별당하는 광경을 온 국민이, 그것도 현장 중계로 생생히 목도하였다. 어째서 이러한 일이 아주 자연스레 일어나게 되는 것일까? 그 큰 이유 가운데 하나를 짚고 넘어가 보자.

도입부 없는 한국인들의 글로벌 무매너

오랫동안 한상(韓商)관계 국제업무를 담당했던 분과 함께 국내 중국식당엘 간 적이 있다. 외국어 가운데서 중국어도 제법 한다고 자타가 공인하는 분이었다. 마침 그 식당에 한족(漢族) 여종업원이 있어 그분이 예의 습관대로 중국어 보통화로 말을 걸었는데, 그 여종업원이 전혀 알아듣지 못하고서 그냥 지나쳐 버렸다. 티잉부퉁(聽不通)이 된 것이다!

원인은 그 국제전문가와 한족 여종업원이 쓰는 중국말 성조(聲調)가 서로 달라 못 알아들었거나, 아니면 그 국제전문가가 한국인의 습성대로 중국말을 쓰겠다는 예고편을 보내지 않아서였을 수도 있다. 글로벌 매너에 익숙한 사람이라면 다짜고짜 중국말로 무어라고 하기

전에 먼저 "샤우제(小姐)!" 또는 "치잉원(請問)"이나 "뛰이부치 샤우제!"라고 해서, 이제부터 내가 중국말로 하겠으니 중국말로 알아듣고 이야기하자는 신호부터 보냈어야 했다.

그러한 예고 없이 대뜸 중국말을 날렸으니 그 여종업원이 자신에겐 아직 서툰 한국말을, 그것도 아주 못 알아들을 속도로 발음하는, 내가 중국인인 줄 전혀 모르는 손님인가 보다 싶어서 그냥 못 들은 척 통과하고 넘어가 버린 것이다. 이런 사소함에서도 한국인들의 정밀하지 못함이 드러나고 있다. 그리고 그런 도입부에서의 사소한 부주의(무매너) 때문에 밖에 나가서도 제대로 사람 대접 못 받고선 차별당했다고 불평하는 한국인들이 꽤 많다.

기본적인 현지어 인사말 정도는 최소한의 예의

가령 프랑스어를 한마디도 할 줄 모르고서 파리에 가게 되거든, 대뜸 "익스큐즈 미. 어쩌고저쩌고……" 영어 자랑 하지 않기를 바란다. 대신에 "익스큐즈 미!" 하고 운을 떼고서 바로 쉼표! 상대방의 눈 속을 '실제 익스큐즈, 귀찮게 해드려서 아주 미안해하는 얼굴 표정 모드로' 미소와 함께 '뜸들여' 차분히 들여다보고 있노라면, '아, 이분이 프랑스어를 모르니까 영어로 얘기하려는구나'로 그제야 제대로 인식하고서 '한국인의 공손한 태도를 존중해서라도' 영어로 알아들으려는 채비를 갖추게 된다.

입장을 바꾸어서 생각해 보자. 프랑스는 근 3백여 년 동안 전 세계의 수많은 관광객들이 찾아와 시민들에게 길을 물어대는 나라다. 파리 시민이라면 어떤 날은 하루에도 대여섯 번씩 그런 "익스큐즈 미. 어쩌고저쩌고……" 하는, 아닌 밤중에 빗쟁이처럼 다그치듯이 무례한 돌발 질문들을 받았을 것이다. 그것도 대뜸 알아듣지도 못하는 언어나 지겨운 영어로 말을 걸어 온다면 짜증이 나지 않을 수가 없을 것이다. 그러니 영어를 알아도 모르는 척하고서 무시해 버리는 거다.

필자 역시 인사동에서 일을 하다 보니 일본인들의 길 안내 문의를 많이 받는다. 그때 상대방이 "스미마셍!" 하고 시작하면, 속으로 '어휴, 또 잘 알아듣지도 못하는 일어로 설명을 해야 하나!' 싶어 짜증부터 난다. 그런데 서툰 억양으로나마 "저, 한국말 잘 못하는데요!" 하고 나오면, 그나마 반가워서 손짓발짓해서라도 제대로 알려 주고 싶은 마음이 든다.

금상첨화, 만약 누군가 "빠동, 마담! 즈느 쁘 자메 빨레 프랑세. 부 빨레 앙글레?"(실례합니다만, 저는 프랑스어를 못하는데요. 혹시 영어 하십니까?)라고 한다면, 분명 그 프랑스인은 반색을 하며 친절하게 유창한 영어로 이 예의바른 글로벌 젠틀맨을 예우하여 응대할 것이다. 그리고 함께 간 한국인은 물론 장래 비즈니스 카운터파트가 될 프랑스인이나 다른 외국인들도 그를 다시 보게 될 것이다.

왜 프랑스 와인 매너인가?

어디 프랑스어뿐이겠는가? 한국의 대기업 비즈니스맨이라면 스페인어·이탈리아어·독일어·러시아어·중국어·일본어 등 주요국 언어로 된 인사말 정도는 익히고 있어야 할 것이다. 이 정도의 성의와 준비도 없이 글로벌 무대에 나간다는 것은 불성실 그 자체라 하겠다. 영어에 자신 있다고 모두가 글로벌 신사 되는 것 아니다. 무매너로 인한 불친절을 당하고서 인종차별당했다고 착각하는 것이겠다.

글로벌 무대에서 이런 매너는 프랑스인들과 중국인들이 잘 지킨다. 이는 그들의 식문화·식습관 구조에서 기인하는데, 대개 음식을 우리처럼 한꺼번에 내놓지 않고 전체 숲 큰 그림 구도 아래서 코스별로 차분히 즐기기 때문이다. 게다가 지치지 않는 식담(食談)까지! 해서 도입부-서론-본론-마무리-피드백, 기-승-전-결적인 사고가 자연스럽게 몸에 밴 것이다. 프랑스인들이 세계에서 가장 지적인 국민이라는 자부심 속에서 살아가는 그 근저에는 철학이 있다. 그들이 다른 어떤 민족보다 논리적인 것은 순전히 이 식문화·식습관 구조의 글로벌 경쟁력 때문이다. 프랑스 와인 문화와 와인 매너가 세계 최강인 이유도 바로 여기에 있다.

요즘은 프랑스산보다 뛰어난 미국산·호주산·칠레산 포도주도 많다. 그럼에도 프랑스산이 부동의 위치를 지켜낼 수 있는 것은 바로 이 와인 매너 덕분이다. 알코올을 마시는 게 아니라 그 문화를 마시기 때문이다.

(문화권별) 비즈니스 식사자리 구조로 실력차 발생 이유 확인 도표

한국	X (도입부 마음門 열기)	서론	본론, 결론	X (마무리 피니시폴리싱)	X (전향적인 입장의 사후 관리)
中國	起	承	轉, 結	X	X
Western 일반 (日本 일부)	序	破	急	餘韻	X
프랑스	0 * 오드블 샴페인	1 애피타이저 화이트 와인	2 b 메인디시 레드 와인	3 + 디저트요리 디저트와인/ 브랜디	i F (즉각적/정례) 사후 관리 감사의 전화, 이메일/답례 디너 제안
	서서	앉아서 / 獨對해			우편 수단 통해

● 식사 시간 15분 **무起型** 對 2시간 호모 루덴스(Homo ludens)型　　ⓒ글로벌리더십아카데미

Tip 어글리 코리언들의 해외 봉사

어느덧 한국은 세계 10위 무역대국으로 성장해 저개발국의 모범이 됨은 물론 그 노하우를 개도국에 전수하기에 이르렀다. 더불어

민간단체·종교단체·공공단체 등에서 많은 해외 봉사가 이루어지고 있는데, 문제는 이들에 대한 글로벌 매너 교육이 전무한 듯해 보여 노력만큼 결실을 맺지 못하고 있는 것은 아닌지 심히 염려스러울 때가 많다.

대표적으로 KOICA의 해외봉사단 활동이 있고, 《지도 밖으로 행군하라》의 저자 한비야 씨가 활동했던 월드비전 등이 있다. 그런데 이들의 봉사 활동 사진을 통해서 본 품격이 참으로 아슬아슬하다. 봉사단원은 물론 그 조직원들 또한 그것에 대한 의식이 없기는 마찬가지. 현지의 공식 행사며 사교 행사, 디너 자리에서의 복장 하나만 보아도 그들의 글로벌 내공 수준이 고스란히 들여다보이는데, 저래 가지고서는 돈만 흘리고 마는 것 아닌가 하는 걱정이 앞선다.

더운 나라라고 해서 때와 장소를 불문하고 티셔츠 차림이면 곤란하다. 공식 행사 사진을 보면 현지인들은 오히려 긴소매 정장을 입고 있다. 그런데 한국의 봉사단원과 관계자들은 언제나처럼 단체로 맞춘 반소매 티셔츠 차림이다. 아무렴 정장 따윈 가져가지도 않았을 터이다. 더운 나라에서 정장이 왜 필요해? 당장의 끼니도 힘든 나라에서 격식은 무슨 격식? 아마도 이렇게 생각했을 듯하다.

게다가 그런 기관에서 나온 팸플릿이나 포스터의 사진들을 보면 한결같이 기본적인 눈맞춤조차 하지 못하고 있다. 선진국에서 그런 사진을 실었다가는 당장 손해배상은 물론 담당자 해고감이건만, 한국인들은 아무렇지 않게 실어 놓고 자신들은 잘한 줄 알아 버젓이 내밀고 있다. 현지인들과의 소통을 강화하기 위한 소품 재료 준비도 수준 이하인 경우가 대부분이다.

지금 한국의 각종 해외봉사단 활동은 상대적으로 아프리카에 많이 집중되어 있다. 그러다 보니 혹시라도 봉사단원들 개개인이 그들보다도 우리가 잘사니 당연히 모범이 되리라는 우월한 생각을 품고서 나가는 것은 아닌지 적잖이 염려스럽다. 물론 경제적으로야 그러하다. 하지만 아프리카가 어떤 곳인가? 대부분이 프랑스·영국·네덜란드 등 유럽 선진국들의 지배를 오랫동안 받아 온 나라들이다. 비록 물질적으로야 궁핍하지만 글로벌 매너에선 결코 한국에 뒤지지 않는다. 이는 한국의 관료나 봉사단원들과 행한 현지의 공식 행사 사진에서도 금방 드러난다.

글로벌 매너의 품격면에서 보자면, 한국보다 월등히 높은 수준의 그들이 도움 좀 받는다고 해서 한국인 내지는 한국을 내심 우리가 생각하는 만큼 고마워하고 존경스러워할까?

스포츠선수들처럼 해외봉사자들에 대한 글로벌 매너 교육도 보다 철저하게 이루어져야 한다. 예전에 우리네 할아버지들은 아무리 가난하고 누추해도 두루마기와 갓을 사랑방에 항상 걸어 놓고 살았다. 언제 손님이 찾아올지 모르기 때문이다. 농사꾼일망정 시골 장에만 가도 반드시 의관을 갖추었다. 후진국에 봉사하러 가는데 웬 정장이느냐고 따지지 말고, 제발이지 어디를 가든 정장 한 벌쯤은 꼭 챙겨 가길 바란다. 새마을 기술만 가르치지 말고 5천 년 역사를 자랑하는 품격 있는 문화민족임을 인식시켜 주고 오길 바란다. 무작정 봉사하지말고, 기왕지사 사람 대접받으면서 봉사하라는 말이다. 그래야 그 봉사가 단순히 봉사로 끝나지 않고 당장, 혹은 미래에 자신의 비즈니스로 발전될 수 있기 때문이다.

36 디저트는 소통의 꽃이다

글로벌 매너는 고사하고 글로벌 눈치조차 없는 한국인들 | 식사의 시작과 끝도 모르고 디저트 외면하는 어글리 코리언 | 다양한 인문학적 지식으로 외교 현안까지 챙기는 선진국 대통령궁의 파티시에들 | 어글리 코리언의 제멋에 겨운 유치함 | 젊은이들 밥그릇 차고 다니는 한국의 리더들

출장·관광·배낭 여행 등으로 한국인들이 줄지어 해외로 나가고 있다. 그런데 그만큼 가는 곳마다에서 크게 또는 작게 사고 내지는 분탕질을 쳐놓아 다음으로 그곳을 여행하는 한국인들을 적잖이 당황스럽게 만들고 있다. 아예 한국인들은 받지 않겠다고 입구에 써붙여 놓은 호텔이나 식당이 있는가 하면, 어떤 도시엔 한글로 음주운전을 경고하는 푯말을 달아 놓은 거리도 있다.

한국인들의 테이블 매너 역시 하인(下人)격으로 이미 정평이 나 있다. 식사 자세나 대화는 말할 것도 없고, 정규 레스토랑에서 와인도 주문하지 않은 채 맹물만 연거푸 달라고 해서 웨이터로부터 인격체가 아닌 금붕어 취급받는 일은 아예 일상화되다시피 하고 있다. 결정적으로 식사 끝에 나오는 디저트(후식)를 주문하지 않거나, 자동적으로 나오는 세트메뉴 식사자리에서도 디저트가 나오기 전에 자리를 뜨는 일이 허다하다.

한국의 어지간한 식당들에서는 식사를 마친 식탁을 그대로 둔 채 디저트를 내오지만, 서양에서는 메인요리를 먹고 나면 그 식기들을 다 치운 다음 디저트를 내온다. 연극으로 치면 3막을 마친 후에 커튼을 내려 무대를 재정리하고서 마지막 4막을 여는 것과 같다. 한데 바쁠 때에는 이 디저트가 5분 내지 10여 분쯤 더 걸릴 경우도 있다.

식불언(食不言)에다 성질까지 급한 한국인들은 이를 기다리지 못한다. "에잇, 까짓 디저트 안 먹고 말지!" 하고 자리에서 일어나 버리기 일쑤인데, 그게 얼마나 무례한 일인지 알지 못한다. 식사의 끝을 맺지 않고 나간 것이기에 식당을 개무시한 꼴이 된다.

식사의 끝도 모르는 어글리 코리언들

점잖은 오찬이나 디너일수록 이 디저트를 더욱 중요하게 여긴다. 대표적으로 미국 백악관의 패스트리담당 수석셰프로 25년간 일했던 메스니어 씨의 유명한 일화가 전해지고 있다. 외교학 박사학위까지 마친 그는 지미 카터로부터 부시까지 무려 5명의 대통령의 빵이며 과자·케이크·아이스크림 등 디저트요리를 훌륭하게 만들어 냈었다.

클린턴 대통령은 디저트광이라 할 만큼, 그리고 레이건 대통령의 부인 낸시 여사는 디저트를 먹기 위해 가끔 메인요리를 먹지 않을 만큼 그가 만든 디저트를 좋아했었다고 한다. 또 김대중 대통령에게는 설악산을 배경으로 한 복숭아 디저트를 내놓아 한국의 아름다움과 대통령의 건강을 챙기는 배려심을 표현해 양국 정상간의 껄끄러운 관계를 잘 풀어 나가도록 유도하기도 했다. 그동안의 심각한 이야기는 이제 그만 접어두고서 긴장 풀고 웃으며 마무리지으라는 뜻이다.

디저트 등 패스트리 전문셰프를 '파티시에'라고 부르는데, 이들은 단순히 요리 실력만으로 평가받지 않는다. 각 나라의 문화와 관습 등 다양한 인문학적 지식을 활용해 손님의 건강과 취향은 물론 때로는 국가간의 외교 현안까지 챙겨야 한다. 때문에 대부분의 선진국에서는 영부인이 요리와 디저트·와인 등 귀빈들의 접대를 직접 지휘하거나 참여하고 있다. 그래야만 정상간의 주요 현안에 대한 메시지를 어떻게 은유적으로 담아낼지 긴밀히 상의할 수 있기 때문이다. 이런 일에는 특히 레이건 대통령의 영부인 낸시 여사가 깊은 관심을 가져 상대

국 정상에게 디저트에 담긴 의미를 자세히 설명하며 분위기를 화기애
애하게 이끌었다고 한다.

어글리 코리언의 제멋에 겨운 유치함

이에 비해 한국 청와대의 외빈 접대 및 국제 행사의 파티는 어
떤 수준인가? 예쁜 모양의 떡이면 된다는 향단이 머리 수준의 디저
트. 생과일 몇 쪽은 서양인들에게는 아닌 밤중에 미완성 샐러드일 뿐
인 글로벌 식재료 무개념 현실. 검식관에게만 맡긴 요리. 검소함이 자
랑(?)인 칼국수 연장선상의 빈티나게 허술한 내공의 식단. 화려한 경
력을 내세우지만 사실은 무엇 하나 장인다운 전문성이 없거나 겉멋만
잔뜩 든 글로벌 기본기 절대 부재, 하급 직업 계층 출신, 하급 마인드
의 전문가연(然) 인사들에게 머리를 맡긴 유치한 수준의 메뉴 기획과
전개. 도무지 소통 개념이란 찾아볼 수조차 없을뿐더러 오히려 소통

주한 외국 금융기관 초청 오찬간담회에서 디저트요리를 생략해 버린 채 커피 먼저 마시는 한덕
수 부총리. 먹든 안 먹든, 한 숟가락을 떠먹더라도 디저트를 시켜서 상대방과 조화를 이루는 게
매너다. 많은 한국인들이 무심코 저지르는 실수다. ⓒ연합뉴스

의 흐름을 방해하는 경우가 더 많은 실정이다.

아무럼 지금 이 시간에도 이같은 디저트의 사회학적인 의미도 모른 채 디저트를 단것 좋아하는 아이들이나 먹는 불량식품쯤으로 여겨 아예 주문도 않거나, 디저트가 나오기도 전에 자리에서 일어나 버리거나, 정성들여 만들어 내놓은 디저트를 외면하고 커피를 달라는 한국인들이 자신이 제대로 인격체로서 대접을 받았는지 못 받았는지조차도 모른 채 세계 곳곳을 누비고 있다. 한국인이 동양의 유색인이라 차별받는 게 아니라 이러한 무매너 때문에 차별받는다는 사실을 언제쯤 깨닫게 되는지, 글로벌 매너를 배우기 전에 우선 '글로벌 눈치'라도 좀 살폈으면 싶다.

`Tip` 젊은이들 밥그릇 차고 다니는 한국의 리더들

"객원연구원에 불과한 나에게도 책상이 하나 배당되었다. 비밀번호를 하나 주더니 복사기에 그 번호를 누르면 마음대로 복사할 수 있고, 공짜라고 하였다. 완전히 별세계에 온 것 같았다. 그날부터 바로 옆에 있는 법률도서관, 중앙도서관, 신학도서관 등을 다니며 하루에도 몇십 권씩 복사를 해댔다. 낮에는 사람들이 오가니 아예 저녁에 출근하여 밤새 복사를 하고 오선 내내 잠을 사는 올빼미 생활을 했다. 드디어 너무 많은 분량을 복사한다고 느꼈는지 법대 당국에서 1인당 월 2천 장까지만 공짜, 나머지는 장당 2센트는 내도록 조치하였다. 나 때문에 새로운 규칙이 생겼을 것이다. 그래도 쌌다."

대권 후보로까지 거론되고 있는 모시장의 미국 유학 시절 고백이다. 그로 인하여 명예롭게 유지되어 왔던 하버드 도서관의 무료복사 규정이 유료로 바뀐 것이다. 대학공동체의 양심인 '아너 코드(Honor Code)' 하나가 폐기된 것이다. 유학 시절 힘들게 공부했다는 것을 강조하기 위해 한 말이지만, 기실 부끄럽기 짝이 없는 어글리 매너다.

그리고 그는 헌책 사 모으는 데 돈을 다 써버린 바람에 어쩌다 다른 사람들이 데리고 가준 적 외에 스스로는 식당다운 식당엘 가본 적이 없다고 했다.

아무렴 이런 일이 어디 그 한 사람뿐이었겠는가? 대부분의 유학생들이 가난해서, 또는 공부에 전념한다는 핑계로 정작 글로벌 리더로서 배워야 할 것들을 못 배우고 온 것이다. 유학을 하고도 도무지 세계관이 열리지 못하는 이유가 거기에 있다. 대한제국 때 신사유람단으로 다녀온 조선 선비들이 그러하였듯이.

이처럼 그동안 유학을 다녀온 수많은 선배들이 유학중 단 한번도 현지 가정의 식사 초대를 받거나, 정규 레스토랑에서 식사한 적이 없을 만큼 현지인들과 잘 어울리지 못하였다. 혹여 식사 초대를 받았다 하더라도 두 번 다시 초대받지 못할 만큼 좋지 않은 이미지를 남겨 놓기도 했다. 어차피 눌러살 것도 아닌데 아무려면 어떠랴! 때문에 오늘날의 한국 젊은이들이 유학을 가서도 지레 무시를 당하거나 모멸스런 대접을 받는 것이다. 그러다 보니 유학생활이란 으레 그렇게 하는 것이려니 치부하고 지낼 정도로 굳어져 버린 지 오래다.

유학을 다녀온 사람이나 안 다녀온 사람이나 서양인들과 오찬이든 만찬이든 함께하는 것을 두려워하기는 매한가지. 해외업무나 세미나 마치자마자 바쁘다는 핑계로 따로 놀다가 훌훌 귀국해 버린다. 그들과의 식사에서 매너나 대화에 자신이 없기 때문이다. 게다가 가족이나 높은 분들을 위한 선물 챙기기에 바빠 제 돈으로 밥 한 끼 사기가 아까운 게다. 그러니 인적 네트워크가 구축될 리 없다. 결국 마땅히 한국에 돌아와야 할 많은 우호적 정보와 기회, 그로 인해 파생될 이익을 놓치고 만다.

대권에 도전했다가 고배를 마신 한국 정치인들이 곧잘 외국으로 나가 자숙하는 척하는 게 이 나라의 전통처럼 관례화되었다. 한데 재미없게도 그 중 누구도 그 나라의 유력 인사들과 식사하며 교제를 넓혔다는 소문을 들어 본 적이 없다. 아무 대학 기숙사 같은 곳에 숨어 지내다시피 하다가 때가 되면 슬그머니 돌아와 정치판을 어슬렁거린다. 핫도그나 햄버거·샌드위치·컵라면 등으로도 더 이상 못 버틸 지경이면 기어 들어오는 게다.

그나마 요즘은 안 나가고 동네에서 버티거나 나갔다가도 백 일도 채 못 채우고 들어온다. 우물 안에서는 그토록 기고만장하던 이들이 밖에만 나가면 쪽을 못 쓴다. 국가를 위해 자신의 글로벌적 경륜을 보태려야 보탤 것이 없는 빈 깡통들, 어떻게든 국가의 위상에 무임승차하여 대한민국이 피땀으로 쌓고 다져 온 거대한 역량을 마치 제 것인 양 휘두르고 누리려 드는 얌체들. 한국인들은 몰라도 눈 밝은 세계인들은 그 속을 빤히 들여다보고 있다. 하여 유명 스포츠선수나 가수만도 관심을 두지 않는 게다.

밖에 나가 밥 한 끼 제대로 얻어먹을 줄도, 살 줄도 모르는 한국의 지도자들. 그들의 개망신으로 인한 코리아 디스카운트가 결과적으로 미래에 그 판에 나가서 먹고 살아야 하는 젊은이들의 밥그릇을 걷어차고 있다. 당사자들조차 밥 못 얻어먹는 원인을 모르니 후배들을 제대로 가르칠 리 만무. 그러니 그 잘난(?) 선배들이 '개판' 쳐 놓은 그곳으로 오늘도 수많은 기러기들이 줄지어 날아 오가는 게다. 그것도 모르고 뼛골 빠지게 벌어 유학 보내는 기러기 아빠들에겐 미안한 이야기이지만, 이게 현실! 스테이투스 쿠오(Status quo)! 있는 그대로다!

37 대한민국, 왜 인문학인가?

한국의 부자들이나 CEO들이 인간적으로 매력 없는 이유 | 인문학은 글로벌 중상류층으로 올라가는 관문을 여는 '스타게이트' 도구 | 가장 저렴한 글로벌 소통 도구, 인문학 | 글로벌 수다가 진짜 프리젠테이션 | 여가 없는 인문학 없다 | 부자의 품격은 인문학으로! | 인성 교육, 시민 교육은 글로벌 매너로! | 아베 총리를 가볍게 다루는 글로벌 즉각 통용 인문학적 솔루션

기후 온난화 때문인지 우리나라 산림의 수종이 침엽수에서 활엽수로 점점 바뀌어 가고 있는 중이라 한다. 그 중 대표격인 소나무가 산에서 쫓겨나더니 요즘은 도심의 가로나 정원을 잠식해 가고 있다. 서점에서 설 자리를 잃은 시(詩)들이 철도나 지하철 역사(驛舍)의 벽이며 유리차단막에 다른 광고들과 함께 나붙어 있는 신세에 비하면 그나마 다행이겠다. 시와 그 시를 쓴 시인의 품격이 절망의 나락으로 떨어졌음에도 불구하고 뭇 시인들은 오히려 그게 자랑인 줄 알고 우쭐해한다. 그동안 대학에서 밀려나던 인문학이 요즘은 기업이나 시중에서 오히려 각광을 받고 있다 하니 이 또한 참으로 아이러니한 현상이다. 소나무와 인문학의 처지가 너무도 닮았다.

"한편으론 그래도 제가 한때는 프랑스의 와인메이커들과 식전주 아뻬리띠프부터 식중주의 각종 와인을 거쳐 식후 소화제용 디제스띠프까지 다양한 주류를 마시며 네 시간 이상에 걸친 신나는 만찬을 와인을 주제로 이야기꽃을 피우며 즐기던 시절이 생각나네요. 솔직히 와인 이야기라면 몇 시간을 해도 지루하지가 않답니다."

"오라버니가 중요시하시는 그 아이컨택… 호호… 정말 기본이지요. 생각납니다. 프랑스인들과의 식사에서 상대방의 시선을 놓치지

않기 위해 음식을 입으로 가져가는 순간에도 상대를 쳐다보는 부릅 뜬(?) 그들의 눈길… 진짜… 뭐랄까… 마주치지 않으면 안 될 것 같은, 뭔가 나와의 묘한 소리 없는 커뮤니케이션을 이어가는 듯한 그들의 눈길은 참으로 진지함 그 자체였지요."

한국의 와인산업 초창기에 대모(Godmother) 역할을 훌륭히 해내었던 오사카에 살고 있는 동생으로부터 온 이메일 내용이다.

보통 글로벌 세계에서 비즈니스 런천(정규 오찬)을 하자면 한 시간 반 내지는 두 시간이 소요된다. 그렇다고 그 시간 내내 업무적인 얘기를 하지는 않는다. 거의 대부분이 업무와 관계없는 즐거운 잡담이다. 가볍게 대화를 주고받으면서 상대의 내공을 파악하고 진정성을 가늠하는 것이다. 그렇게 진정한 소통이 이루어지고 난 다음에야 서로의 요구와 바람을 은유적으로 내비친다. 실제 비즈니스 협상은 대개 식사 끝(디저트)에 가서 간단하게 마무리한다.

사무실에서의 정식 프리젠테이션을 통한 협상의 타결 여부 과정도 이미 식사자리에서 결정된 것을 공식적으로 드러내 놓고 확인하는 절차라고 보면 된다. 그러니까 오찬이 일차 프리젠테이션인 셈이다. 때로는 디너를 거치고 합의에 이르는 경우도 있는데, 말하자면 디너가 삼차 프리젠테이션인 셈이다. 선진 비즈니스 세계에선 이렇게 이중 삼중으로 상대를 크로스 체크한다.

한국인들은 대부분 이렇게 느린 식사를 못 견뎌 한다. 게다가 그 식사 시간 내내 재미있는 이야기를 주고받아 자신의 내공을 상대에게서 인정받아내어야 하는데 도무지 그런 훈련이 되어 있지 않다. 나아가 좀 더 깊은 인간관계를 형성하고자 한다면 저녁 만찬, 파티까지 해야 하는데, 이때에는 보통 세 시간 이상이다. 이 긴 시간 동안 쉴새없이 먹고 마시고 떠들며 소통해서 자신이 목적한 바를 얻어내야 하니, 이 역시 한국인들에겐 고문에 가깝다. 개중에는 식사 반주로 먹는 와인 몇 잔에 얼큰해져 자세가 풀어져 버리는데, 글로벌 무대에선 바로 아웃이다. 만약 거래 흥정이었으면 왕창 바가지 쓰고, 파트너였으면 거래 끝이기 십상이다. 사교계에서라면 쫓겨나 다시는 초대받지 못한다. 인간적으로 완전 매장이다.

인문학은 가장 저렴한 소통 도구

왜 인문학인가? 글로벌 수다는 인문학으로 한다. 긴 식담(食談)을 해내자면 자신의 전공지식이나 영업지식만으로는 어림없다. 빤한 시사상식만으로도 어렵다. 다양한 경험과 지식, 유머와 임기응변이 없으면 말 그대로 꿔다 놓은 보릿자루 신세가 되고 만다. 당해 본 사람은 그 고통을 잘 알 것이다.

식사나 파티자리에서는 진지한 주제보다 삶으로부터 잠시 일탈할 수 있는 주제나 소재여야 한다. 피곤한 이야기 했다간 아웃이다. 정히 중요한 이야기라도 유머나 재치로 가볍게 해야 한다. 누구에게나 부담 없는 주제. 해서 인문학이고 예술인 게다. 서너 시간을 즐겁게 보내자면 인문학적 지식과 예술에 대한 지식이며 경험이 없이는 거의 불가능하다. 한 가지 주제로는 금방 짜증이 난다. 또 그런 자리에는 온갖 분야에 종사하고, 취미 또한 다양한 사람들이 모이기 때문에 이야기가 어디로 튈지 모른다. 금방 스키 타러 갔다 온 이야기하다가 역사·철학·문학·음악·미술·에피소드 등등 종횡무진할 수밖에 없다.

인문학이란 영어로 'Liberal Arts', 즉 교양과목이다. 딱딱한 문사철(文史哲)만을 이야기하지 않는다. 전인적 소양과 품격을 기르는 온갖 것들이겠다. 그러나 지금 같은 한국식의 '빨리빨리' 문화에선 뿌리 깊은 인문학이나 예술이 자라지 못한다. 모두 여가의 문화이기 때문이다. 인류 역사상 훌륭한 인문학과 예술이 그리스나 로마, 프랑스나 중국에서 꽃피워 온 것은 그들이 그만큼 여가를 즐겼기 때문이다. '빨리빨리'는 주인장 근성이 아니다. 종복 근성이다. 종복에겐 문화가 있을 리 없다. 한국의 부자들이나 CEO들이 인간적으로 매력 없는 이유가 여기에 있다. 돈과 일밖에 모르기 때문인 것이다. 큰 부자가 되었음에도 도무지 주인다움이 무엇인지 모른다.

2013년 9월 한국은행의 승진시험에서 '오리엔탈리즘과 옥시덴탈리즘의 차이를 논하고, 세계 교역의 확대가 세계 평화에 미치는 영향' '인간의 이기심과 탐욕의 차이'를 기술하라는 주관식 문제가 출제되었다. 그 전해에는 '삼강오륜'이었다고 한다. 한국은행 직원들은 대부분 명문대학에서 경영학 내지는 경제학을 전공한 수재들이지만, 인문학적 통찰력이 상대적으로 부족했다. 그리하여 외부와 고립된 채 자기 세계에 집착한 나머지 우물 안 개구리처럼 살았다는 자책에서 문사철 전반에 걸친 교양쌓기를 독려하기 위해 이와 같은 문제를 출제했다고 한다. 이것이 비단 한국은행만의 문제이겠는가? 하루빨리 다른 기관이나 기업에도 퍼져 나가야 할 일이다.

기실 한국은 그동안 경제성장에 집중한 나머지 인문학을 홀대해 온 것이 사실이다. 당장에 먹고 살아야 할 기술이 필요했던 것이다. 하지만 이제부터는 3만 불 시대를 열어야 한다. 기술의 한계를 넘어 부가가치를 높여야 할 때이다. 양적 성장이 아닌 질적 성장을 추구할 때이다. 문화가 없인 불가능한 일이다. 현재 가사 상태에 빠져 있는 대학의 인문학부터 부활시켜야 한다.

하여 요즘 한국 기업들에서 인문학 강좌가 늘어나고, CEO들의 인문학 조찬 강좌 붐이 일고 있다. 하지만 비즈니스 소통 도구로서의 인문학은 그런 곳에서 배운다고 갑자기 풍부해지지 않는다. 인문학 공부만 열심히 한다고 해서 되는 일이 아니다. 배운 인문학적 지식을 비즈니스 실전무대에서 어떻게 활용할지 그 방법, 즉 매너를 모르면 무용지물이겠다. 평소에 인문학적 지식이 풍부한 사람들과의 식담(食談)을 통해 기르는 것이 가장 효과적이다. 호랑이를 잡으려면 호랑이 굴에 직접 들어가야 하듯이. 프랑스의 살롱 문화를 생각하면 이해가 빠를 것이다.

근래에 와서 모그룹이 인문학적 소양을 갖춘 미래 리더의 양성과 전 국민 대상 인문학 지식 나눔, 우수 인문학 콘텐츠 발굴·전파 등을 위해 매년 20억 원을 지원하겠노라고 밝히면서 15~17세기 이탈리아 피렌체에서 인문학과 문화예술을 후원해 르네상스의 꽃을 피운 메디치 가문과 같은 역할을 하고 싶다고 피력한 바 있다. 그나마도 관심을 가져 주어서 고마운 일이지만 지나치게 오버한 모양새다.

아무리 인문학이 저렴한 소통 도구라지만 그 정도 액수면 오너 개인의 인문학적 소양을 기르는 데도 그다지 충분치 못할 텐데, 국민·메디치까지 운운하는 것은 공허하기 그지없는 어불성설이다. 0을 두어 개쯤 더 붙인다면 혹여 모를까. 그리고 그런 건 '지원'이 아니라 회사의 필요경비다.

1914년 일제는 원구단(圜丘壇)을 헐고, 그 자리에 철도호텔을 세웠다. 오는 10월 10일이면 오픈 100주년을 맞는 그 호텔이 바로 지금의 신세계조선호텔로서, 현재까지 남아 있는 우리나라 호텔 중 가장 오래되었다. 따라서 이 호텔의 역사가 곧 한국의 근현대사인 셈이다. 서재필·이승만·하지 중장·마릴린 먼로 등 수많은 역사적 인물들이 거쳐 갔지만 호텔 어디에도 그 흔적을 찾아볼 수가 없고, 100주년임에도 이를 기념하는 특별한 행사도 없는 것 같아 안타깝다. 말 그대로 천고강산(千古江山)이나 영웅무멱(英雄無覓)! 아마도 그동안 주인이 몇 차례 바뀌어서인지 100주년의 중요성을 그다지 인식하지도 못하고, 사명감이나 자부심도 갖고 있지 않은 것 같다. 유독 오너 혼자서 엉뚱한 곳에서 외롭게 인문학의 중요성을 설파하고 다니는 것 같아 안쓰러울 뿐이다.

Tip 인성 교육, 시민 교육은 글로벌 매너로!

이 나라 젊은이들의 인성이 매우 위태롭다고 연일 걱정이다. 한 부류는 지나치게 나약한 반면, 다른 한 부류는 지나치게 폭력적이어서 탈이다. 공통적으로 배려심이 부족하고 이기적이다. 학교에서의 폭력과 왕따가 반복되면서 그 파장이 날이 갈수록 커져 가고 있지만, 달리 뾰쪽한 예방책도 해결책도 없다. 전문가라는 이들이 온갖 원인 분석들을 내놓고 있지만, 결국엔 인성 교육이 부재한 입시 교육적인 현실만 탓할 뿐이다.

회사들에서 직원을 채용할 때에도 인성을 중요시하고 있다지만, 이 역시 그저 형식적일 수밖에 없다. 도대체 인성을 객관적으로 어떻게 평가하고 점수를 매긴다는 겐가? 인성이 교육으로 달라지기나 할까? 결국 시험 성적과 스펙으로 가려뽑은 다음 적지않은 비용과 시간을 들여 교육을 시켜 보지만 절반 이상이 2, 3년도 못 견디고 도태하고 만다. 이에 낭비되는 에너지가 너무 많아 국가경쟁력을 떨어뜨리고 있다.

아무리 고매한 심성을 지녔다 한들 그것이 밖으로 드러나지 않으면 평가할 방법이 없다. 해서 지난날 우리는 예(禮)를 가지고 그 사람의 됨됨이를 평가했었다. 하지만 현대화와 더불어 그 예(禮)를 구시대의 유물쯤으로 여겨 내다버린 지 오래, 대신 지나치게 실용적인 것을 중시하고 목적 지상주의로 흘러왔다. 그리하여 한 개인의 능력이나 됨됨이를 오직 시험 성적 하나로 평가하기에 이르게 된 것이다.

이제 와서 성적이 아닌 인성으로 각 사람을 평가하겠다지만 그 도구가 마땅찮다. 전통적인 예를 대신할, 이 시대에 맞는 평가 도구를 찾지 못한 것이다. 해서 글로벌 매너인 것이다. 인성이 밖으로 드러나는 게 바로 매너이기 때문이다. 육신과 정신이 별개일 순 없는 법, 글로벌 매너 교육이 곧 인성 교육이 될 수밖에 없다. 어른이든 아이든 품격과 자기 존엄을 알게 되면 인간은 결코 타락하지 못한다.

요즈음 사람들은 가세(家勢)만 중시할 뿐 가풍(家風)에 대해서는 그다지 대수롭지 않게 여긴다. 그러다 보니 무엇을 가지고 가풍이라 해야 할는지조차도 모르는 경우가 많다. 기껏해야 조선시대 양반네 종갓집 가풍이 어쩌고 하면서 전통적인 예법을 내세우는 것이 고작이다. 그렇다면 글로벌 매너 하나로 그 집안의 가풍을 짐작해 보는 것은 어떤가?

언젠가 영국인 친구의 아이들이 한국에 왔다가 며칠을 필자의 집에서 묵은 적이 있었다. 그런데 이 두 형제가 저녁에 집으로 들어오면 반드시 운동화 끈을 풀어 놓았는데, 그냥 풀기만 하는 것이 아니라 아예 양쪽 끈을 다 빼놓았다. 그러고는 다음날 아침에 나갈 때면 다시금 처음부터 끈을 끼우고 조여맸다. 당연히 아침마다 운동화 끈을 매기 위해 3,4분 동안 현관에 앉아 있어야 했다.

비단 운동화만 그러는 것이 아니라 구두도 똑같이 매일 풀고 매기를 반복한다. 이러한 행동이 오늘날의 한국인들에겐 이상하게 비치겠지만, 서구 중상류층에선 당연한 습관에 속한다. 한국도 1960년대말까지만 해도 뼈대 있는 가정에선 지켜졌던 일이다. 하루 종일 나돌아 다니면서 늘어난 신발을 풀어 주어 원상복귀시켰다가 다음날 아침 발의 상태에 맞춰 다시 조여매는 것이다. 그래야만 신발의 뒤틀림을 방지할 수 있다. 무엇보다 그렇게 현관에서 신발 끈을 다시 맴으로써 그날 할 일을 차근차근히 점검하고, 만나야 할 사람들에게는 또 어떻게 응대할까 마음 준비하는, 즉 하루를 새롭게 시작하는 각오를 다지는 시간을 갖는 것이다. 유럽 왕가에서는 시종장이 꿇어앉아 왕의 구두 끈을 매어 준다. 그러면서 그날의 일정 중 유념해야 할 중요한 사항들을 일일이 사뢰는 것이다. 귀찮고 사소한 것 같지만 은근히 내공을 길러 주는 것을 깨닫기까지 그리 오래 걸리지 않는다.

참고로, 글로벌 비즈니스 1부 리그에서 뛰고 있는 대부분의 오피니언들은 낡은 구두를 신고 있다. 거의가 10년 이상 수선해 신고 다닌다. 이를 두고 너무 인색한 것 아니냐며 오해할 수도 있다. 핸드백이나 시계와 마찬가지로 구두도 신체의 일부로 여기기 때문이다. 해서 짚신처럼 대충 구겨 신다가 버리는 법이 없다. 마찬가지로 인재도 함부로 쓰고 버리지 않는다. 끊임없이 가르치고 단련시켜 키워 나간다. 그런 리더라면 안심하고 자신을 맡겨도 된다.

홍콩에서 꽤 성공한 한국인 사업가가 있다. 이 집의 특징적인 가풍은 아침식사다. 다른 집보다 이른 아침 6시 반이면 온 식구가 식탁 앞에 둘러앉아 함께 식사를 해야 한다. 출근할 일이 없는 손님으로 온 친척이라 해도 예외 없이 엄격하게 지킨다. 뭐 여기까진 그럴 수 있다. 그런데 아침식사에 모두가 정장 차림이다. 그러니 모두들 늦어도 5시 반에는 일어나 부지런을 떨어야 한다. 그렇게 식사를 마친 다음 아이들이 학교에 가고 나서야 남은 어른들이 정장을 푼다. 공부를 하러 나가는 아이든 일을 하러 나가는 가장이든 그들을 대하는 가족들의 자세와 각오를 그런 식의 매너로 표현하는 것이다.

흔히들 하기 쉬운 말로 반상(班常)의 구별이 없어졌다고 하지만, 기실 문명사회에서 사람과 사람 사이의 차별이 없다는 것은 어불성설이다. 차이·차별 없이는 발전이니 진보가 성립되지 않기 때문이다. 만약 그런 사회가 있다면 그건 극락이거나 야만이겠다.

고품격 가풍을 지닌 집안들을 보면 대부분 잘산다. 설령 가세가 기울어 어려움에 처하더라도 쉽게 포기하거나 타락하지 않고 빠르게 회복하는 힘을 지니고 있다. 그러므로 비록 사소한 것이라 할지라도 남다른, 남보다 우월할 수 있는, 자기 존엄성을 확보할 수 있는 매너로 가정의 품격을 갖추는 것, 그것이 지혜다.

개인이든 기업이든 국가든 품격경영의 시대를 맞고 있다. 차세대 글로벌 리더 양성이 무엇보다 시급한 일이고 보면, 교육 역시 하루빨리 품격 교육으로 바뀌어 이를 뒷받침해야겠다. 인성이 아니라 인품이다.

Tip 아베 총리를 가볍게 다루는
글로벌 즉각 통용 인문학적 솔루션

대한민국도 이제는, 특히 국가간 외교 문제에서 더 이상 닥치고 싸움만 벌이는 수준의 후진사회여서는 안 된다. 지역 내 로컬 문제라도 해결 방법이 묘연할 때에는 경우에 따라서 외부 선진문명사회권의 지성인 그룹들에 인류 전체가 공감 가능한 어젠다로 포장, 제시할 수 있는 적정 역량을 보유 충족(satisfied)시키는 것이 무엇보다 절실하다.

박근혜 대통령은 취임 후 지금까지 줄곧 일본 아베 총리와 극우 정치인들의 망언 대응 과정에서 무작정 일본과 등을 돌려 혈맹국 미국의 불만을 사고 있다. 게다가 해외 각국의 순방 때마다 일본의 잘못된 행태를 외신발로 성토해대는 바람에 양국간 감정의 골이 점점 더 깊어져 가고 있다. 또한 여러 정상회담중 통상적인 의제가 아닌, 아닌 밤중에 봉창 뚫듯 그 이야기를 들어 주어야 할 각국의 지도자들이 '남의 동네 얘기를 왜 제3자인 내가 들어 주어야 하나?'며 왕짜증을 일으키지나 않을까 심히 걱정스럽다.

아니나 다를까 노다 요시히코 전 일본 총리는 〈마이니치신문〉 2014년 1월 10일자에 실린 인터뷰에서, 아베 신조 총리가 각국 정상들과의 회담에서 중국을 견제하는 발언을 한 것에 대해 "한국의 톱이 미국과 유럽에 가서 '여학생처럼' 고자질 외교를 하며 일본을 비판하는 것과 매한가지로 보인다"고 언급하며 박근혜 대통령까지 함께 싸잡아 비난했다.

문제는 과연 그렇게 생각하는 사람이 어디 노다 요시히코 한 사람뿐일까 하는 점이다. 일본은 물론 미국을 비롯한 세계의 오피니언 리더나 식자들도 남의 갈등에 끼어들기 싫어 예의상 말을 안했을 뿐이지 내심 비슷한 생각을 하고 있지는 않았을까?

옳고 그르고를 떠나 과연 이같은 한국식 한(恨)풀이가 국제사회에 얼마나 먹혀들 수 있을까? 대신 글로벌 표준 서구사회가 쉬이 납득하고 공감할 수 있는 인문학적 은유법으로 그리스 신화의 한 토막을 인용하는 것이 어떨는지?

아라크네(Arachne). 뛰어난 베짜기 재주로 유명해지자 오만해져 자신을 찾아온 아테나(Athena) 여신에게까지 신들에 대한 망언을 일삼다가 노여움을 사 거미로 전락해 버린 여자다. 그리스 신화의 가장 큰 중심 화두는 이 히브리스(hybris), 곧 인간의 오만이다. 해서 일본의 아베 총리와 극우 정치인들이 아라크네처럼 가련한 거미의 신세가 되지 않도록, 오히려 선진문명인 본연의 바른길로 나아갈 수 있도록 글로벌 선진문명사회의 각계 오피니언 리더들이 선한 아테나 여신의 역할을 맡아 구원해 내어야 하지 않겠느냐고 제안하는 내용을 박대통령 또는 외교부 장관이 미국의 〈뉴욕타임스〉지나 프랑스의 〈르몽드〉지에 'Arachne in East Asia(동아시아의 거미 운명 아라크네)'나 'Contemporary Arachne(이 시대의 구원시켜야 할 거미 아라크네)'라는 인문학적으로 무게감 있는 타이틀로 기고, 혹은 인터뷰, 혹은 중요 국제행사 스피치에 넣어 발표함으로써 국제사회에 호소하는 것이 진정 점잖고 효과적이겠다.

또 하얼빈의 안중근기념관을 두고서 굳이 일본과 정면 대결할 필요 없이 지난날 안중근 의사가 31세에 주창한 '동양평화론'을 EU에 준하는 통합주의로 재천명, 그 방해자인 이토 히로부미를 제거할 수밖에 없었다는 대의명분, 이를 글로벌 어젠다로 다듬어 외교 툴(tool)로 사용, 선진사회에 호소하는 유연한 전략을 구사해야 한다.

38 오백 원짜리 동전 하나로 친구 만들기

숫자를 이용하여 비즈니스 솔루션 창출하기 | 숫자에 둔감한 한국인들 | 프랑스 교민들은 왜 노태우 대통령에게 절망했을까? | 100층 빌딩도 88층으로 만들어 비싸게 팔아치우는 중국인들 | 프랑스인들은 왜 엘리제궁의 묵은 와인 경매에 열광하는가? | 그녀는 어떻게 졸지에 교황 요한 바오로 2세의 통역을 맡게 되었나?

2013년 5월 12일, 아베 신조(安倍晋三) 일본 총리가 자위대 기지 방문중 곡예비행단인 '블루 임펄스'를 시찰하면서 T-4 훈련기 조종석에 앉아 환하게 웃으며 엄지손가락을 들어올린 모습의 사진을 촬영했다. 한데 그가 앉은 조종석 바로 아래에 흰 바탕 위에 일장기를 상징하는 붉은 원과 '731'이라는 숫자가 검은색으로 선명하게 그려져 있었다.

'731'이라는 숫자로 중일(中日)전쟁 당시 인간 '마루타(丸太)'에 대한 생체실험으로 악명을 떨친 관동군 세균부대인 '731부대'를 연상시키는 사진을 촬영해 한국과 중국에서 논란을 불러일으킨 것이다. 일본 관동군 소속의 이 731부대는 1932년부터 1945년까지 만주 하얼빈 일대에 주둔하면서 중국인과 한국인·러시아인 등 전쟁포로를 대상으로 해부와 냉동 등 생체실험을 자행한 세균전부대다. 총리쯤 되는 작자가 이를 모를 리 없을 터이니 순전히 고의겠다. 인간 말종이 따로 없다.

100층 빌딩도 88층으로 만들어
비싸게 팔아치우는 중국인들

2013년 6월 13일, 뉴욕의 한 대형 부동산 개발업체 회의실에서 이 회사 CEO와 중국 선전(深圳)에서 온 부동산 회사 부회장이 마주 앉은 협상 끝에 100층짜리 초대형 주상복합건물을 합작으로 짓는 데 합의했다.

그런데 특수한 조건이 붙었다. 꼭대기층 표기를 '88층'으로 한다는 내용이었다. 중국측 요구에 따른 것이다. '빠(八, 8)'는 큰돈을 번다는 뜻인 '파차이(發財)'의 '파(發)'와 발음이 비슷해 중국인들이 가장 좋아하는 숫자다. 해서 100층 건물을 88층으로 맞추기 위해 '꼼수'를 쓴 것이다. 1~12층에 쇼핑몰을, 그리고 사무실과 아파트가 들어서는 13층부터 '1층'으로 시작하는 것이다. 이렇게 하면 100층이 표기상으로는 88층이 되는 것이다.

이처럼 미국 부동산 시장에선 중국인 고객을 겨냥한 숫자 마케팅이 한창이다. 맨해튼 한복판에 건설중인 90층짜리 주상복합건물 '원(One)57' 역시 그 중의 하나이다. 이 건물은 80~88층을 한 층에 한 가구만 입주하는 초호화 아파트로 꾸몄다. 예상대로 면적 576㎡(약

174평)인 88층은 중국인 여성 고객에게 5천만 달러에 팔렸다.

또 6월 18일, 화웨이(華爲, Huawei)는 두께가 6.18mm에 불과한 세계에서 가장 얇은 스마트폰인 '하웨이 어센드 P6'를 선보였다. 게다가 홍보 효과를 극대화하기 위해 행사일도 의도적으로 제품 두께와 같은 6월 18일로 잡았다.

숫자에 둔감한 한국인들

한국인에게 가장 익숙한 전화번호는 '2424'번일 것이다. 이삿짐센터에서는 황금의 번호이지만, 개인에게는 악마의 번호다. 그리고 '4'자를 싫어하는 것 외엔 생활 속에 숫자와 관련된 터부나 에피소드가 그다지 많지 않다. 그러다 보니 숫자를 은유적 메시지 전달 도구로 이용하여 글로벌 비즈니스 협상을 유리하게 끌어간다는 개념이 거의 부재한 상태다.

노태우 전 대통령의 프랑스 파리 방문 때의 일이다. 군사정권을 혐오하는 심적 코드에도 불구하고 결국은 국가의 체면과 국익을 위해 교민들이 환영 만찬을 열어 환대해 주기로 하였다. 하여 이를 기념하는 의미에서 노대통령의 생년도인 1932년도산 와인을 백방으로 수소문해서 파티에 쓸 수 있을 만큼을 어렵사리 구하였다. 그런데 그런 뜻 있는 와인을 눈앞에 두고 마시면서도 대통령은 만찬이 다 끝나도록 그에 대한 한마디 언급조차 없었다고 한다!

와인 문화에 무지한, 아니면 상대방의 노력이나 정성 자체에 아예 무관심한 노대통령이 현지 교민들에게 엄청난 실망감은 물론 좌절감을 안겨 주고, 이어서 양국간 모처럼 억지로 조성시켜 놓은 화해 분위기에 무식의 소치로 찬물을 끼얹은 것이다. 그야말로 글로벌 노(No!)격 대통령이었다.

대를 물려가며 와인을 보관하는 프랑스인들

2013년 봄, 프랑스 대통령 집무실인 '엘리제궁'을 리노베이션하기 위해 지하 저장고에 보관하고 있던 와인 1,200병을 경매를 통해 와인애호가들에게 판매했다. 이 경매용 와인의 가격은 10유로(약14,400원)짜리는 물론 2,200유로(317만 원)로 예상되는 1990년 빈티지샤토 페트뤼스에 이르기까지 다양했다. 샤토 페트뤼스 와인은 '보르도의 보석'이라 불리는 고급 제품이다. 이 와인들의 대부분은 그동안 사용하고 남은 자투리들로 대개 10병 미만의 것들이었다. 왜냐하면 이 정도 개수로는 웬만한 작은 파티라 하더라도 일정 소비량에 미치지 못하기 때문이다.

그럼에도 이 경매에 많은 사람들이 참가하였는데, 그들은 이 와인을 당장에 마시려고 사는 것이 아니었다. 한국인들은 귀한 술이 있으면 일단 마시려고 덤벼든다. 하지만 서구 중상류층 사람들은 대개 보관용으로 사들인다. 그렇게 다양한 와인을 보관하다 보면 반드시 그 술이 필요할 때가 온다. 그렇게 해서 대를 물려가며 보관하는데, 그건 그들이 매사를 그렇게 멀리 내다본다는 뜻이다.

이처럼 우표·지폐·동전·와인 등, 주변의 간단한 소품들에 담겨진 숫자를 가지고도 얼마든지 재미있는 소통 솔루션 창출이 가능하다. 그런 응용 마인드와 성의만 있으면 적은 비용으로도 상대방을 감동시켜 큰 거래를 성사시킬 수 있다.

에이, 설마? 선진문명권에선 그런 것이 생활화되어 있기 때문에 그 같은 창의적인 아이디어와 적극성·순발력을 존중, 치하해 준다. 그러므로 글로벌 비즈니스 세계에서 어떤 대접이나 선물을 받았을 경우엔 반드시 그에 담긴 메시지를 읽어내어 즉각적으로 화답하거나 피드백해야 한다. 그래야 상대방도 이쪽을 소통 가능한 파트너로 여겨 신뢰를 가지고 거래관계나 규모를 업그레이드시킨다.

[뉴솔루션] 아래의 와인으로 문제해결형
창조적인 대안을 창출한다면?

　한국인들은 이 와인을 글로벌 비즈니스 협
상에 애용할 필요가 있다. 향과 맛이 한국인의 취
향에 잘 맞고 가격도 저렴하지만, 가장 중요한 것
은 '8279'라는 숫자 때문이다. 한국식 숫자읽기
로 '팔이칠구' 즉 '빨리친구'가 된다. '당신과 빨리
친구가 되고 싶은 마음에 이 와인을 골랐다'고 설
명해 주면 충분히 재미있어하며 마음의 문을 쉬이
열 것이다. 그리고 헤어질 무렵 별도로 준비한 이
와인을 선물한다면 반드시 피드백이 있을 것이다.

[뉴솔루션] '처음처럼' 16.8도 소주와 '一路發'

　소주는 한국의 대표적인 술이지만, 일부 일본인과 미국 교민
들을 제외하면 아는 이가 거의 없다. 그 중에 '처음처럼'이란 술이 있
는데, 공교롭게도 이 술의 도수 구색 가운데 16.8%짜리 제품이 들어
있다. 라벨에도 제법 크게 씌어져 있다. 바로 이 168이란 숫자를 이용
하면 창조적 솔루션이 가능해진다.

　중국인들과 전 세계 화교들의 '8'이란 숫자에 대한 집착은 아주 대
단하다. 그들은 새해가 되면 '신니앤파차이(新年發財)!' 즉 '새해 돈 많
이 버십시오!'라는 덕담을 주고받는다. 한국인들의 '새해 복 많이 받
으십시오!'와 같은 것이다. 여기서 '8'을 뜻하는 '빠(八)'는 큰돈을 번
다는 뜻인 '파차이(發財)'의 '파(發)'와 발음이 비슷해 중국인들이 가
장 좋아하는 숫자이다. 그러니까 '168'을 한자로 풀면 '이루빠(一路
發)'가 되는데, 이는 곧 '一路發財'를 뜻함을 중국인이라면 단박에 알

아차린다. 우리나라의 '백세주'가 '이 술 마시고 부디 백세까지 사십시오!'인 것처럼 '처음처럼' 16.8도 마시고 '부디 돈 많이 버십시오!'라는 덕담에 즐거워하지 않을 중국인들이 있을까?

마침 중국 본토도 살기가 나아지면서 건강을 챙기는 바람이 불고 있다. 해서 차츰 도수가 낮은 술을 찾는 경향이 있는 만큼 '16.8%' 옆에 '一路發'라는 문구를 돈을 연상시키는 빨간색으로 또렷이 표기해 놓는다면, 중국 본토는 물론 동남아 화교사회와 글로벌 중국문화권 각 틈새시장에 무난히 진출할 수 있을 것이다. 이런 게 고품격 스토리텔링, 비즈니스 솔루션 창출이라 하겠다. '처음처럼'도 한자로 바꾸면 아주 재미있는 상표가 될 것이다.

168의 확장 모드 1658, 1688, 1689, 1698

중국에선 자동차나 전화번호가 8888인 경우 간혹 경매에 붙여져 엄청난 가격으로 거래되기도 한다. 따라서 중국에서 휴대전화를 구입하거나, 동남아나 미국 등 글로벌 현지의 중국 화교들과 일정 규모 이상의 비즈니스를 도모하려면 휴대전화 번호에 1658이나 88이 들어가도록 조치하는 게 좋다. 168, 곧 一路發 뉘앙스 기본틀에 5를 추가하자는 것인데, 5(五)는 나(吾)와 발음이 비슷해 '나도 크게 돈 벌게 될 것이다!'라는 진취적인 Personal Image를 바로 심어 줄 수가 있다. 이 번호가 없으면 8자가 두 개 들어간 1688, 9자가 들어간 1689나 1698번도 같은 효과를 지닌다. 9(九)는 久! 이렇게 행운의 숫자를 잘 이용하면 중국인들과의 거래에서 부가가치를 높일 수 있다. 초고층 빌딩의 88층이나, 상가 또는 사무실 88호실은 따로 중국인이나 중국회사에 분양하는 것이다.

[뉴솔루션] 오백 원짜리 동전으로 친구되기

화폐는 그 나라의 얼굴임에도 불구하고 한국의 화폐 디자인은 그다지 뛰어나지 못할뿐더러 한국적인 멋을 담아내는 데에도 문제가 많다. 예전엔 영국의 동전과 스위스의 지폐가 가장 품격이 뛰어난 것으로 회자되었다. 서양의 중상류층 사람들은 해외 여행을 가게 되면 대개 그 나라의 화폐를 기념으로 모은다.

한국의 오백 원짜리 동전에는 학이 새겨져 있다. 오래전 프랑스에서 친구의 집에 저녁 초대를 받아 간 적이 있었다. 당연히 그 환대에 대한 피드백(답례)을 하여야 했으나 바쁜 일정 때문에 그럴 기회를 갖지 못한 채 귀국길에 오르고 말았다.

한국에 돌아와 답례의 편지를 보내면서, 미리 알아 온 친구의 두 아이들이 태어난 해에 발행된 오백 원짜리 동전을 각각 골라 함께 동봉하였다. 그러면서 '예로부터 동양에서 학은 천 년을 사는 영험한 새로 매우 존귀히 여긴다. 두 아이의 생년(生年)에 발행된 이 동전을 지니고 다니면 적어도 오백 살까지는 건강하게 살 것'이라는 애정어린 설명도 덧붙였다. 사랑하는 자녀들의 만수무강을 비는 호부(護符)를 선물로 받았으니 이보다 더 값진 선물이 어디 있으랴. 감동한 친구는 예의 동전에 구멍을 뚫어서 아이들의 목걸이로 만들어 주었다 했다.

Tip 그녀는 어떻게 졸지에 교황 요한 바오로 2세의 통역을 맡게 되었나?

제5공화국 시절의 어느 날, 사전에 비행 허가를 받지 않은 제트스트림 자가용 비행기 한 대가 김포공항에 무단 착륙(?)하는 바람에 한바탕 소동이 일었었다. 국민들도 대양 횡단 가능 자가용 비행기가 있다는 사실을 그때 처음 알았다. 사정을 알아보니 그 비행기는 한국에 있는 주인의 동창생인 K모 씨를 모셔 가기 위해 태평양을 건너온 것이었다.

K모 씨는 미국 시카고대학 MBA과정을 졸업했다. 그날도 졸업생들이 다 모이기로 하였는데, 한국의 K모 씨만 번번이 빠져서 섭섭해 하던 차에 그 중 부자인 한 동창이 당장에 데려오라며 자신의 비행기를 보낸 것이다. 물론 그 비행기는 주인의 친구를 바래다 주기 위해 한 번 더 김포공항을 오가게 된다.

곧이어 1984년 5월 3일, 요한 바오로 2세가 교황으로서 최초로 한국을 방문하게 되었다. 한데 그 얼마 전 외무부에서 아닌 밤중에 홍두깨격으로 K모 씨에게 이번에 방한하는 교황의 통역을 맡게 되었으니, 그에 필요한 전문용어들을 숙지하라며 페이퍼 뭉치를 던져 주고 갔다. 졸지에 영문도 모르고 맡은 일이었지만 그녀는 훌륭하게 임무를 잘 마쳤다.

교황 요한 바오로 2세와 전두환 대통령. 1984년. [국가기록원]

어찌된 일인가 하고 알아보니, 그 전에 자기를 데려가려고 자가용 비행기를 보냈다가 해외 여행 규제 등등의 열악한 사정을 알게 된 동창들이 한국의 이 딱한 친구를 위해 무엇을 어떻게 해주어야 하나 고민하다가, 일단 이 친구를 유명하게 만들어 주기 위해서 꾸민 일이었다고 한다.

자, 그런데 그때 혹은 그 이후로도 시카고대학 MBA과정은 물론 각종 박사과정을 졸업한 한국인들은 수도 없이 많다. 개중에는 재벌 오너도 있고, CEO들도 수두룩하다. 그런데 미국의 동창들이 왜 유독 K모 씨를 친구로 아꼈을까? 그녀를 아는 지인들의 말에 의하면, 그녀의 전인적 품격 때문이었을 거라고 한다. 부자는 아니었지만 뼈대 있는 집안 출신인데다 실력과 매너를 겸비한 여성이었단다. 특히 화장을 잘하였는데, 한국식 자기중심형 쳐바르기가 아닌 글로벌 소통 매너 마인드에 입각한 소통형 화장이었다고 한다.

아무렴 글로벌 주류사회 상류층 이너서클에 들어 그들과 친구가 된다는 것이 얼마나 행운인가를 보여준 사례라 하겠다.

39 부자 분수, 부자 본색, 부자 품격?

늦은 가을 감나무 꼭대기께에 빨갛게 남아 있는 몇 개의 감을 두고서 '까치밥'이라 일컬으며 우리네 인정의 대명사쯤으로 여기고들 있다. 하여 이제는 식상하다 싶을 만큼 글쓰기의 단골 소재로 오르내리기 예사다. 아무렴 그럴 수도 있겠지만 실은 너무 높은 곳에 매달려 있어 미처 따지 못하였거나, 그마저 따버리고 나면 허전하고 을씨년스러울 것 같아 관상용으로 남겨둔 것은 아닐까?

요즈음이야 그런 풍경을 찾아볼 수 없지만, 필자가 어렸을 적엔 어른들이 보리며 벼·고구마·땅콩 따위를 거두고 나면 아이들끼리 이삭줍기를 하러 다녔었다. 한데 집안 식구들에게 우리 논밭에 남아 있는 이삭들은 절대로 욕심부려 줍지 말라시던 할아버지의 엄명에 어린 마음인지라 몹시도 아쉬워했던 기억이 새롭다. 하여 남의 논밭들을 돌며 이삭줍기를 하였는데, 어느 집 논밭에서는 이삭이라고는 찾아볼 수가 없어 허탕을 쳤던 적도 더러 있었다. 그러면 그 몰인정이 한없이 야속스러웠다. 그렇게 동네 아이들이 마을의 논밭들을 몇 차례 훑고 지나면 정말이지 나락 한 톨, 땅콩 한 알 남아 있지 않아서 겨울 철새들은 겨우 보리 싹이나 뜯어먹어야 했다.

필자의 지인들 가운데 먹거리 사업에 종사하는 분들이 여럿 있다. 그분들 중 '몸살림운동'의 자연식 전도사로 활동하고 있는 '청미래 유기농뷔페' 민형기 원장은 관내 독거노인 수백 분들께 유기농 음식을 무료로 대접하는가 하면, 파주 적군(북한군, 중국군, 무장공비)묘지 위령제 때에는 수백 명 분량의 음식을 직접 싣고 가서 도네이션하는 등 나누기를 좋아한다. 또 영주 약선당의 박순화 사장은 적군묘지 위령제 때마다 과일 등속의 제물을 정성을 다하여 제공해 오고 있다. '글로벌요리직업전문학교' 이면희 원장님 또한 짜장면 1천 그릇 나누기 등 뜻있는 행사를 자주 열어 음식으로 봉사를 해오고 있다. 역시 인심의 대명사답게 음식이란 함께 나누어야 제 맛인 게다.

그런가 하면 커피며 차·와인·약초·야생화·효소 등 건강식품 내지는 기호품에 취미를 가졌거나 전문가를 자처하는 이들도 여럿 있다. 그런데 재미있는 것은 이들 중 취미로 하는 분들은 간혹 친구들을 불러서 함께 나누거나 선물하기를 좋아하는 반면에 전문가인 양하는 이들은 일체 그런 일이 없다. 오히려 이런 사람들은 주변인들을 피곤하게 만들기까지 한다. 가령 차전문가에게 차를 선물하거나 대접하면 이러쿵저러쿵, 또 질이 어떻다는 둥 품평을 해대어 상대를 무안하게 만들기 일쑤다. 그러고는 전문가랍시고 무슨 차가 좋고, 유명하고, 비싸고 등등 차 시음회도 아닌데 주제 파악 못하고 제 지식을 늘어놓는 바람에 대화 분위기를 망쳐 놓곤 한다. 그 잘난 전문가다운 지식을 갖추고서도 남에게 좋은 차를 대접하거나 선물하는 경우 또한 거의 없다. 그러고서도 그게 무슨 대단한 지식인 양 가는 곳마다에서 선생 행세하며 특별 대접만 받으려 든다.

곳간에서 인심 난다

어느 아침 나절, 번듯하게 잘사는 자식들의 극력한 만류에도 불구하고 틈틈이 동네 파지들을 주워 모은 돈으로 몇 년째 불우이웃 돕기를 하고 있다는 웬 할머니가 텔레비전에 출연하여 미담 아닌 미담을 쏟아내고 있었다. 그렇게 소일하며 건강도 챙기고, 선행 스펙도 넉넉히 쌓아두면 남은 인생의 위안이고 빛이려니 여겨서 박수를 보내야 좋겠건마는 나도 모르게 한숨이 먼저 새어 나오는 것은 어인 까닭인가?

게다가 요즘은 아파트나 학교 지킴이를 하는 이들 중에도 전직이 쟁쟁한 분들이 있는가 하면, 자식이 의사·판검사이지만 놀면 뭐하느냐며 은근히 자신의 근면성과 자식 자랑을 늘어놓는 분들도 있다. 얼핏 생각하면 아름다운 일일 수 있다. 하지만 그 파지를 주워 끼니를 이어가야 하는 막막한 사람들, 경비 자리도 구하지 못해 가족의 생계를 걱정해야 하는 정말 가난한 어느 가장의 몫을 자신들이 빼앗고 있다는 생각은 왜 못하는지 자못 서글프다.

한국에서는 우편배달부며 환경미화원을 모집하는 데 대학졸업자는 물론 석사학위 소지자들까지 몰려드는데, 독일 등 유럽에서 그랬다가는 곧바로 지탄의 대상이다. 배울 만큼 배운 사람들이 많이 배우지 못한 사람들의 직업 영역을 넘보는 몰염치를 사회가 결코 용납치 않기 때문이다. 한국의 온전한 사람들이 시각장애인들이 해오던 안마 일을 빼앗는 거나 다름없기 때문이다. 이것이 진정한 강륜(綱倫)이다. 무슨 정치적·철학적인 거창한 주장으로 정의 구현하는 것 아니다.

한국 부자들의 낭만?

예외적인 경우도 있겠으나 인생 60이면 대부분의 보통 사람들은 결산이 끝난다고 해도 과언이 아니다. 해서 부자는 부자로, 가난한 자는 가난한 그대로 남은 생을 살아가게 마련이다. 이즈음하여 동창회나 경조사·개업식 등등의 모임에 나가 보면 개중에 몇몇은 꽤 많은 재산을 모아 부자로 소문난 이들이다. 한데 그런 부자들도 다른 가난한 이들과 똑같이 몇만 원이 든 봉투를 내밀 뿐이거나, 그마저도 안

내고 먹고 마시고만 가는 경우가 적지않다. 그런 '거지 같은 빈손 부자'이고 보니, "그래서 그 많은 돈을 모았나?" "그렇게 살 거면서 뭣하러 그 많은 재산을 모았지?" 하는 빈축과 비난을 사는 게다.

명색이 부자라고 소문이 났으면, 누구네 개업식이나 축하 파티에 참석하기 전에 대용량 아이스박스 두어 개에다 샴페인과 화이트 와인, 또 핑크빛 로제 와인 등을 얼음에 쟁여서 샴페인잔이나 화이트 와인잔 4,50개와 함께 건배용으로 쓸 수 있도록 미리 챙겨보내는 것이 최소한의 체면치레겠다. 그래 봤자 가난한 이들의 만 원짜리 한 장보다도 가벼울 것이다. 벼슬만 높다고 체신을 차려야 하는 것이 아니다. 부자도 부자답게 처신할 줄 알아야 한다.

그런가 하면 제법 재산을 모았다며 땅 자랑 빌딩 자랑을 해대는 어른들 가운데 노년에 이르면 문화사업이나 교육사업·자선사업 등 뭔가 뜻있는 일을 해보리라고 입버릇처럼 말하는 이들이 있다. 하지만 이들은 결단코 그와 같은 일들을 하지 않을 자들이다. 그런 일들을 할 사람이었으면 진즉에 하였어야 했다. 실은 그것을 구실로 내세워 순진한 젊은이들을 제 앞에 조아리게 하려는 심산인 것이다. 자기에게 아부하게 만들어 적당히 부려먹으려는 속셈인 것이다. 재산 빼고는 달리 내세울 것 없는 인생들의 전형적인 자위행위와 다름없다. 고작 밥값이나 찻값으로 제 인생 성공을 확인하고 자랑하면서 여생을 즐기는 고약한 늙은이들일 뿐이다. 철없는 젊은이들이 재수없게 그 꼼수에 걸려들어 제 갈 길 못 가고 들러리 서는 일로 시간과 에너지를 낭비하거나 다른 기회를 놓치는 경우가 허다하다. 베풀지 않는 부자가 존경받을 리 없을 터, 존경받지 못하는 부자는 사회의 암(癌)이다.

후진적인 한국적 도네이션의 전형, 연탄 배달

철철이 나름 소외계층이나 불우이웃을 돕는 일을 하고 있노라며 다른 봉사자들과 섞이어 함박웃음을 짓는 내로라하는 부자들의 사진이 매스컴에 자랑처럼 나돈다. 아니나 다를까, 설이 가까워 오자 신문에 빠지지 않고 실리는 사진이 있다. 취약계층을 위한 연탄 배달. 세밑 풍경으로 자리잡은 지 오래다. 아름다운 모습이긴 하지만 20세기도 10여 년을 훌쩍 넘긴 이 시대에 흑백사진 시절의 대명사격인 연탄 배달이라니! 흡사 6,70년대식 신파극을 보는 듯하다.

국가적인 재난이나 대형 참사가 발생하면 기다렸다는 듯이 잽싸게 달려와 맨손맨입에 꼴값 떨며 사진찍기에 바쁜 정치인들의 후안무치. 연탄 몇 장, 김장 몇 포기, 라면 한 상자, 쌀 한 포대 얻기 위해 자존심 죽이고 잘나가는 위인들, 잘사는 사람들, 잘나가는 기업들의 자선 홍보용 사진 모델이 되어야 하고 병풍이 되어야 하는 취약계층 사람들. 잠시 몸으로 때우는 생색내기로 차경(借景)해서 언론에 사진 올려 홍보하는 얌체 정치인들, 얌체 기업가들. 유명세 챙기고 나면 휙 하니 바람처럼 사라지는 그들을 보면서 관계 종사자들은 치를 떤다고 한다. 재주는 곰이 부리고 생색은 높은 것들이 다 낸다. 한데 언제까지 언론은 이런 유치한 생쇼에 놀아나고 있을 텐가?

엊그제 신문에 창당을 위한 이삭줍기에 바쁜 안철수 의원이 사신의 시역구에서 언탄 배달하는 사진이 실렸다. 마스크만 빼고 완전무장. 온몸에 비닐을 두르고 난생처음 등에 지게를 져 보는 이색체험으로 천사연 하는 어색한 미소에 연탄 검정 대신 기름진 역겨움 비슷한 것이 묻어난다. 인습화된 상투

©연합뉴스

적 속임수라면 지나친 편견일까? 학생들의 스펙쌓기용 봉사와 뭐가 다른가?

철없는 부자가 세상을 바꾸겠다?

안철수의 무한도전! 순진해 보이는 어눌한 연기! 눈 가리고 아웅 하는 사진찍기용 봉사. 아무도 감동하지 않는 구태의연한 후진적 몰염치 자선. 빈곤한 상상력으로 구태를 고스란히 답습하면서 새 정치? 기실 아무것도 안하는 게 안(安) 정치가 아닐까 하는 생각이 들게 만드는 사진. 당분간 일감이 없어진 동네 연탄가게 주인이 울겠다. 지나가는 동네 개가 웃겠다.

연탄 배달이 한국적 도네이션, 자원 봉사의 한 전형을 보여주는가 하면, 사람들이 붐비는 길거리에서는 젊은 학생들이 불우이웃돕기 모금 행사를 벌인다. 그 광경을 볼 때마다 이왕지사 진정성을 가지려면 적더라도 자신의 용돈을 아껴서 모은 돈이나 아르바이트를 해서 번 돈을 기부하는 게 바람직하지 않을까 하는 생각이 들 때가 많다. 봉사를 강요하고, 남의 돈으로 봉사하려는 버릇을 너무 일찍부터 들이는 건 아닌지 안쓰럽다. 이 땅에서는 봉사조차도 전시적이다.

기실 진실로 가난해서 얻어먹어 보지 않은 사람은 그 굴욕감과 부끄러움을 모른다. 그 사람들이 남들처럼 뻔뻔스런 용기(?)가 있었다면 그 지경에까지 이르지 않았다. 누구보다 자존심이 강해 체면 깎이는 짓 못한다. 송파 세 모녀가 차라리 굶어죽기를 선택한 것도 그 때문이다. 가난한 사람들이 염치없을 거라고 생각하는 것은 가난해 보지 않은 사람, 굶어 보지 못한 사람들의 선입견일 뿐이다. 베푸는 용기보다 얻어먹는 용기가 백배 더 커야 한다는 사실을 안다면, 그렇게 철없이 '봉사'한답시고 나서서 함부로 사진 찍어대는 짓 못한다.

인간 존엄성에 대한 확고한 인식이 없이는 그 어떤 봉사도 진정성을 인정받기 어렵다.

밥퍼 급식 봉사의 모델 폼. 눈을 보며 덕담으로 격려하고 있는 오바마 대통령. 자신이 맡은 역할을 정확하게 연기해 내고 있으며, 사진사는 그 순간을 놓치지 않고 포착해 내었다. ⓒ백악관

신입행원에게 밥을 퍼주는 행장. 글로벌 선진문명사회 수준 배식 리더십. 눈을 보며 스마일 얼굴, 입으로는 덕담 덧붙이며 건네 주는 이순우 우리은행 행장. 받는 사람도 정격. 한국에서는 이런 사진 찾아보기가 극히 드물다. ⓒ우리은행 제공

학교 급식 실태조사? 학생들을 격려하며 밥을 퍼주는 대신 자기 밥만 퍼담는 이명박 대통령. 소통 개념 완전 부재. ⓒ청와대

아이컨택 격려 없는, 진정성 없는 기계적 동작의 한국식 밥퍼 봉사. 행사의 의미조차 모르고 있음을 홍보하고 있다. 만약 주인공이 봉사와 행사에 대한 분별심이 있었다면 이런 사진을 내보낸 홍보담당자는 그날로 해고당했을 것이다. 게다가 전시행정용 플래카드는 상대방에 대한 배려가 아니다. 오히려 굴욕감만 안겨 줄 뿐이다. ⓒ경기도 제공─연합뉴스

꼴값도 제대로 못하는 한국의 지도자들

이 나라에서도 간혹 대통령이며 단체장들이 군부대나 취약계층을 찾아 밥퍼주기 행사를 할 때가 있다. 그걸 두고 언론에서는 '봉사'라고 표현하는데, 이는 그 본질을 제대로 이해하지 못하고 있음이 겠다. 어쩌다 휙 하니 들러 밥 퍼주는 척하는 사진 몇 장 찍고 가는 것을 두고 어찌 봉사했다 할 수 있으랴. 오히려 우르르 몰려온 수행원들과 기자들 때문에 방해만 될 뿐이다.

사실 대통령이 그렇게 한가한 자리던가? 대통령의 봉사는 봉사가 아니라 행사다. 통치행위의 연속이다. 비록 전시적인 일회성일지라도 사전에 치밀하게 기획되어 행사의 의미와 목적을 정확하게 표현해 내어야 한다.

밥퍼주기 행사 역시 소통이 키워드이다. 그 대상의 처지를 직접 확인하고 격려하며, 그들의 호소를 외면하지 않겠다는 분명한 메시지를 제시함으로써 국민의 공감과 동참을 이끌어 내야 한다. 사진 한 장에 그걸 다 담아내야 한다. 단순히 밥접시의 전달이 아닌 눈맞춤에 의미를 둬야 하는 이유다. 그 눈맞춤이 곧 국민과의 눈맞춤이다.

지도자는 곧 연기자다. 최고의 지도자는 최고의 연기자가 되어야 한다. 그 짧은 시간에 소통하고 메시지가 담긴 세리머니를 연기해 내어야 한다. 그게 지도자가 할 일이다. 자격이고 조건이다. 연기는 눈으로 한다.

부자 망신, 나라 망신, 부자 이삭줍기

봉황은 오동나무가 아니면 깃들지 않고, 이삭은 쪼지도 않는다고 했다. 한국에서 재벌그룹이 운영하는 백화점의 목 좋은 금싸라기 코너는 모조리 오너의 일가친척과 CEO 내지는 임원들의 누구누구들의 몫, 대형 병원의 빵집이며 식당 역시 오너 일가친척 사돈의 팔촌이 아니면 언감생심임은 상식에도 속하지 않은 지 오래다. 요즈음은 그 마저도 모자라 대기업들의 골목상권 장악, 재벌 2,3세 및 오너 가족과 친인척들의 동네 빵집·커피집 무차별 진출 등등으로 사회가 시끄럽기 짝이 없다. 정치권에서는 이들을 규제한답시고 경제정의니 경제민주화니 하는 법을 제정한다고 법석이지만, 기실 이는 법 이전에 양심과 상식의 문제겠다.

제주도 해녀들은 젊은 여성들과 나이 많은 할머니들이 같이 살아나간다. 육지에서 가까운 얕은 쪽 바다는 할머니들에게 양보하고, 젊은 해녀들은 좀 더 멀리 떨어진 깊은 바다 쪽에서 물질을 한다.

황새가 참새 따라 방앗간을 들락거려서야 어찌 체면이 서랴? 굳이 법이 아니더라도 대통령의 점잖은 핀잔이나 여론의 훈수와 질타로 마땅히 시정되고도 남을 일이다. 염치가 살아 있는 사회라면 말이다.

부자가 철들어야 선진국이다.

재작년 미국의 슈퍼리치들이 '세금을 더 내자'는 내용을 담은 성명을 발표해 화제가 된 적이 있다. 워런 버핏 회장과 조지 소로스 회장의 주도로 나온 성명에는 미국 '재정절벽' 타개를 위해 상속세 인상을 촉구하는 내용이 담겨 있다. 여기에는 뮤추얼펀드 뱅가드그룹 사주인 존 보글, 지미 카터 전 대통령, 빌 게이츠 마이크로소프트 창립자, 로버트 루빈 전 재무장관 등 20여 명의 부유층 저명 인사가 뜻을 같이했다. 이들은 성명에서 "상속세 인상이 재정 감축과 관련해 세입을 늘리려는 노력에 큰 도움이 될 것"이라면서 세금을 올려도 "소득 상위 1%에 여전히 해당하는 것"이라고 지적했다. 따라서 "최고 부자들의 상속세를 인상하고, 그것을 지키면 되는 것뿐"이라고 강조했다.

평소에도 거액을 기부해 왔고, 또 사후 재산의 절반을 기부하겠다고 서명까지 한 이들 부자들이 상속세까지 올려 달라고 한 것을 두고 세상 사람들은 그 저의를 파헤친답시고 이리저리 머리를 굴려 본다.

도네이션, 노블리스 오블리주 역시 부자의 품격으로서, 그들은 피드 백이라는 중요한 매너 의식을 실천한 것일 뿐이다.

부자에게도 분수가 있고, 봉사도 격이 있어

큰돈은 쌓아두고 맨몸으로 봉사하는 부자? 구역질나는 위선이 다. 미국의 워런 버핏이나 빌 게이츠 같은 부자가 도네이션 않고 양로 원을 찾아 고무장갑 끼고 자원 봉사한다고 하면 얼마나 우습겠는가? 도네이션이든 봉사든 피드백은 등가(等價)·등질(等質)의 것이어야 한 다. 가진 게 재능밖에 없다면 재능으로 피드백하는 수밖에 없겠다. 그 마저도 없으니 몸으로 피드백하는 게다. 그러나 재능이 있다 해도 돈 을 많이 벌었으면 돈으로 하는 것이 매너다. 블룸버그 전 뉴욕시장은 12년 재임기간 동안 자기 재산 7천억 원가량을 도네이션했다.

필자의 한 친구는 신년 무렵 해외에 나갔다가 지나는 길에 인사차 들른 어느 도시 부자로부터 제법 무게가 느껴지는, '젊은 친구에게 주 는 복돈' 봉투를 받은 적이 있다. 여느 한국 부자들로서는 흔쾌히 선 물하기 어려운 단위의 골드바였다. 그는 이 예기치 않은 귀중한 뜻의 선물을 아주 기쁘게 현지 장애인돕기협회에 바로 현물 기부하였었다.

이런 게 보유재산으로든 마음의 중심으로든 부자의 분수, 부자의 본색, 부자의 품격이겠다. 가난한 사람만 분수를 지켜야 하는 게 아니 다. 부자도 지켜야 할 분수가 있다. 아무렴 부자가 칭송받을 일은 도 네이션 외에는 없다. 그리고 그만큼 쉬운 방법도 없다.

아리스토텔레스도 "부자가 재산을 자랑하더라도 그 부를 어떻게 쓰는가를 알기 전에는 칭찬하지 말라"고 했다. 기부나 봉사도 경영이 다. 물질(돈)이 가는 곳에 마음도 간다고 했다. 이왕지사 매너 있게 해 서 진정성과 품격을 높일 일이다.

Tip 장학금 주고, 받는 데도 품격과 염치가 있어야!

몇 년 전, 아이가 대학에 들어가게 되자 교회에서 장학금을 주겠노라 했었다. 동네의 작은 교회여서 한 학기 등록금의 반의반밖에 안 되는 적은 금액이었지만, 학자금 융자로 등록금을 낼 처지라 널름 받고 싶은 심정도 있었다. 하지만 동네가 동네인지라 더 가난하고 딱한 사람이 없지 않을 것 같아서 사양하고 말았다.

다음 주일에 다른 가정의 자녀가 그 장학금을 받았는데, 예상과 달리 우리보다 형편이 넉넉한 집이었다. 게다가 그 모친이 장학금을 받았으니 한턱내겠다며 또래의 어머니들을 식당으로 초대하는 바람에 아연하지 않을 수 없었다. 평생 공부하면서 장학금 한번 못 받아 본 주제에 이번엔 자식의 장학금도 못 받게 했으니, 그저 팔자에 공돈복은 없나 보다 하고 웃고 말았다.

거의 모든 장학금은 일단 얌전하고 공부 잘하는 사람에게 주어진다고 해도 과언이 아니다. 당연한 일을 가지고 웬 딴지? 공부 못하는 것이 죄(?)가 되는 나라가 대한민국이 아니던가. 공부 못하는, 머리가 나쁜 학생은 장학금 받으면 안 되는가? 장학금은 고사하고 아예 공부를 포기해 주는 것이 학교나 사회, 본인이나 국익에 도움 되려나? 어쨌거나 장학금은 성적순이다.

그렇다면 누가 공부를 잘하는가? 후진국 시절과는 달리 지금은 공부도 경제 수준과 비례한다. 물론 예외적인 경우도 있지만, 대부분 그렇다는 말이다. 부모의 경제적인 능력 없이는 좋은 교육을 받기가 불가능하다. 8학군으로 갈 수도, 고액 과외를 받을 수도, 학습에 필요한 좋은 환경도, 성적을 높이기 위한 각종 참고서나 도구들도, 무엇보다 공부에만 집중할 수 있는 여건 조성이 불가능하다. 당연히 경제적으로 풍족한 학생이 공부 잘할 가능성이 높다.

결국 대부분의 장학금은 이렇게 경제적 여유가 있는 학생들에게 돌아가기 마련이다.

그렇지만 그들은 그런 장학금 없어도 공부하는 데 전혀 지장이 없다. 장학금이라 해봤자 겨우 학비보조금. 그들에게 이 정도의 돈은 있으나 없으나 매한가지다. 게다가 장학금을 한두 번 받아 본 것도 아니어서 감격해하지도, 고마워하지도 않는다. 어차피 집안은 넉넉하고, 공부에는 자신 있고, 나중에 출세를 하거나 좋은 직업을 차지하는 것은 자기들 몫이라는 선민 의식만 심어 줄 뿐이겠다.

그런데 왜 장학금은 이런 학생들에게 서로 주려고 안달일까? 그들이 나중에 출세할 것이 확실하고, 해서 그의 출세가 자신의 장학금 때문이란 것을 자랑하고 싶어서일까? 자신의 자선을 빛내 줄 확률이 높은 학생들에게 투자하는 건가?

만약에 세계적인 재벌인 빌 게이츠나 워런 버핏과 같이 매일 수십억 내지 수백억씩 버는 사람들이 그 돈을 직접 세어서 가져야 한다면? 아마도 일평생 돈을 세어도 다 세지 못할 것이다. 지금은 능력만 있으면 누구든지 전 세계로부터 돈을 벌어 그 즉시 자기 은행계좌로 척척 입금시킨다. 돈 버는 일은 물론 돈 세는 일만 해도 남의 도움으로, 즉 수백 년 혹은 수천 년 동안 구축된 시스템 덕분이란 말이다. 상품이나 기술개발도 마찬가지. 이미 수억만의 조상들이 만들어 놓은 문명에서 가능한 일이다. 완전한 창조란 없다. 저 혼자서 과학자가 되고, 예술가가 되고, 정치가가 되는 사람 없다. 셀 수 없이 많은 불특정 다수의 덕으로 부자도 되고, 출세도 하는 것이다. 미국의 부자들이 재산의 절반을 도네이션하겠다고 줄을 서는 것도 그 때문이겠다.

미국의 워런 버핏은 "개인적으로 나는 지금까지 벌어들인 돈의 많은 부분이 내가 몸담고 있는 사회가 벌어 준 것이라 생각한다"고 겸손해하였으며, 이명박 전 대통령은 재벌에 대한 불만을 "자기가 잘나서 지금의 재벌이 된 줄 안다"며 비꼰 적이 있다. 그같은 사회적 시스템 없이 순전히 개인적 노동 에너지를 가지고 절대적 가치를 매기자면, 앉아서 하루에 수백억 원을 버는 재벌보다 시골 농부의 노력이 더 가치 있는 일일 수도 있다.

문화사업차 기업의 후원을 신청해 본 사람들은 뼈저리게 느꼈을 것이다. 철저한 홍보 효과 계산에 의해 집행되는 짜디짠 돈임을. 오른손이 하는 일을 왼손이 모르게 하라? 무슨 소리! 재벌 오너가 장학금 준답시고 꼭 무슨 날을 잡아 벽에 크게 자랑하는 글자 써붙이고 일일이 쥐어 주면서 누가 주는 돈인지를 확인시킨다. 그것도 모자라 기자들 불러 증인으로 세워 자신들의 선행을 세계 만방에 고해 줄 것을 당부한다.

미국의 누구처럼 거대한 재산의 대부분 아니 절반이라도 내놓은 것도 아니고, 꼭꼭 감춰둔 땀에 찌든 곰팡내나는 쌈짓돈 몇 장 꺼내면서 갖은 유세를 다 떠는 모양새가 차라리 가엾다. 호출된 기자들은 혹시라도 밉보여 광고라도 못 얻을까봐, 그 빤한 연례 행사에 열심히 셔터를 눌러댄다. 국가기관만 전시행정하는 것 아니다.

장학금이든 자선금이든 주는 데도 품격이 있어야겠다.

시대에 따라 장학금도 다양해질 필요가 있다. 자선을 위한 장학금이라면 성적에 관계없이 가난한 집 학생들에게 주는 게 옳다. 비록 훗날 훌륭한 인재가 되지는 못하더라도 그 고마움만은 일생 동안 잊지 않을 것이다. 또 특출한 인재 양성이 목적이라면 해마다 수십 명씩 다른 학생을 선발해 고작 등록금 한 번 대주는 수혜자 늘리기식보다는 제대로 된 떡잎을 가려 원 없이 공부하고 연구하고, 심지어 창업까지 할 수 있도록 집중적이고 지속적으로 지원해 줬으면 싶다. 또 서해교전·천안함 폭침·연평도 포격 등으로 숨지거나 다친 군인들, 의사자, '세월호'에 희생된 학생들을 기리는 등 다양한 목적과 형태의 장학재단이 많이 생겨났으면 싶다.

IMF 때 많은 도시 엘리트들이 조기퇴직하는 바람에 우리나라 요식업이 비약적으로 성장했다. 요즈음은 도시인들의 귀농으로 농업에 변화가 일고 있다. 머리 좋은 사람이 공부 잘해서 반드시 판검사·의사·공무원·과학자·외교관만 되라는 건 어찌 보면 효율적이라 할 수 없는 점도 있다. 형편상 학업을 계속하지 못한 똑똑한 이라면 청소부를 하더라도 남다를 것이며, 그 분야에서도 얼마든지 혁신적인 일을 해낼 수 있다. 머리 좋은 사람들이 상위로만 몰리는 것보다 저변으로 확산시키는 것도 나쁘지 않다는 말이다.

공부 잘하고 시험 잘 치르는 것도 대단한 능력임에는 분명하다. 한데 그 잘난 머리 증명한답시고 행정고시·사법고시·외무고시를 다 합격해 보이는 사람들이 있다. 본인이나 주변 사람들 모두 경외심으로 그런 사람을 부러워하면서도 그의 괜한 시험 때문에 누군가가 그 시험에서 떨어졌을 거란 생각을 하는 사람은 많지 않다. 그런가 하면 치열한 경쟁을 거쳐 기껏 대기업에 입사해 놓고 1년도 안 다니고 그만두는 이들도 많다. 사회적 에너지 낭비는 고사하고라도 자신 때문에 누군가의 인생이 헝클어졌을 거라곤 생각 안한다.

염치없는 자에게 장학금을 주는 것은 선행이 아니다.

그 어떤 장학금이든 형편이 어려워 꼭 그 장학금이 아니면 학업이나 연구를 계속할 수 없을 때에만 받아야 한다. 염치없는 인간이 장학금 받아먹고 공부해서 부자가 된들 그다지 사회에 도움되지 않을 것이니 말이다. 그리고 장학금은 공돈이 아니다. 상금이 아니다. 반드시 그 몇 배로 다음 세대에 돌려 주어야 하는 빚이다. 학교가 장학금 받은 졸업생들을 끝까지 추적해서 관리해야 하는 이유다.

40 객관식 마인드로는 열린 사고, 창조경제 불가능

중국의 과거제도를 벤치마킹한 대영제국의 사무관 임용시험 | 옹고집 초지일관하면 모두 다 죽을 수 있어 | 신뢰와 고집을 명확히 분별해야 열린 사고 열린 세계관 가능 | 글로벌 비즈니스 세계에서 신뢰란 곧 신용, 즉 인간적인 신뢰가 아닌 상업적으로 철저히 검증된 신뢰를 말한다 | 수첩·가방 버려야 날아오를 수 있어! | 용인술(用人術)과 용병술(用兵術)의 차이 | 낙하산과 공무원(空務員), 그리고 관피아

한국인이나 미국인(유럽선진국민)의 개인적 능력은 29세까지는 거의 차이가 나지 않는다. 오히려 미국의 오바마 대통령도 부러워할 만큼 때로는 한국인이 우등할 때도 있다. 하지만 딱 30세가 되면, 정신 연령의 차이가 순식간에 열다섯 살가량으로 벌어진다. 30세의 미국인(서구인)이라면 45세의 한국인쯤으로 수직 상승해 버리는 것이다. 이를 확인시켜 주는 좋은 예가 있으니, 바로 한미FTA 협상에 임하는 양국 실무자들의 평균 연령의 차이다.

이것이 곧 객관식(주입 암기식) 교육과 주관식(문제 해결식) 교육의 차이겠다. 사람이나 짐승이나 일정 기간의 교육이 끝나면 독립해서 스스로 문제를 해결해 나아가야 하는데도 불구하고 유리 온실 속에서 교육받은 한국의 젊은이들은 서른 살이 넘을 때까지도 끊임없이 사다리만 기어오르려고 든다. 허물을 벗어던지고 훌훌 날아오르질 못한다. 번데기 뒤집어쓴 채 계속해서 애벌레처럼 살아가고 있다.

한국의 신의 직장에 속한 기관들의 중견간부들을 대상으로 한 해외 미니 MBA과정 연수에서 있었던 이야기이다.

강사가 수강생들에게 문제를 낸다. 생수, 손거울, 양산, 비상식량. 사막에서 조난당하였을 때, 생존에 가장 중요한 물건 하나를 이 가운데서 고르라고 한다면? 수강생들이 제각기 하나씩을 고르고 나면, 강

사가 다시금 똑같은 문제를 낸다. 대신 이번에는 옆의 동료들과 함께 충분히 상의해서 택일하라고 주문한다. 예의 중견간부들이 끼리끼리 모여 몇 마디 이야기를 나누다가 그 중 하나를 고른다. 그러면 마지막으로, 이번에는 시간을 아주 넉넉히 주고서 각자 외부의 아는 사람들에게 전화로 상의한 연후에 심사숙고해서 택일하라는 숙제를 던진다.

짐작했겠지만 정답을 묻는 문제가 아니다. 문제 해결 과정에서 타인의 의견에 얼마나 귀를 기울이고, 또 그 자신의 생각을 어디까지 수정할 수 있는가에 관한 것이다. 개중에는 세 번 모두 한 가지만 고수한 사람도 있을 테고, 또 동료나 연수장 밖 주변인들의 의견에 따라 바꾼 사람도 있을 것이다. 2,3차 때 자신의 처음 생각을 꺾었다면 그것이 곧 정답이겠다. 이 중에서 세 번 다 같은 물건을 고집한 사람이 문제다. 타인의 의견은 수용하지 않고, 자기만이 옳다고 생각하는 고집과 편협성이 의심되는 사람이겠다.

유럽 초등학교 교육 방식의 한 예에 불과하지만, 한국인은 이러한 기초적인 훈련을 받은 적이 없다. 오히려 매난국죽(梅蘭菊竹)이 어쩌고 하면서 지조·정절·기개가 마치 고상한 선비 정신인 양 가르치는 바람에 똥고집만 길러 왔다. 정몽주의 "이 몸이 죽고 죽어 일백 번 고쳐 죽어…"를 먼저 외우고 나면, 이와 같은 열린 교육은 거의 불가능해진다. 한국인이 '열린 사고' 나아가 '합리적인 사고'를 지니기 힘든 이유다. 삶에 지름길·정답·매뉴얼이 없음을 이해하지 못한다.

원칙과 고집, 신뢰와 신용

박근혜 대통령은 매사에 '원칙'과 '신뢰'를 강조해 왔다. 해서 한번 뱉은 말이나 정책을 바꾸지 않는다. 오죽하면 이정현 수석이 말씀 족보 공책을 무슨 바이블이라도 되는 양 들고 다닐까? 오리를 비롯한 몇몇 짐승들은 태어나는 순간에 처음 본 움직이는 대상을 제 어미로 인식한다. 특정 시점에 접하는 사실이 뇌리에 강력하게 입력되는 각인 효과 때문이다. 그런데 작금의 박대통령에게서 이런 각인 효과적인 현상이 나타나 보인다. 첫인상에서 한번 필이 꽂히면 그 믿음을 끝까지 바꾸지 않는다. 하여 엉뚱한 인물들이 거의 횡재하다시피 높은 자리를 차지하고 있다. 덕분에 그의 당선을 위해 피 흘려 가며 싸워 왔던 많은 공신들이 닭 쫓던 개 지붕 쳐다보듯한 꼴이 되고 말았다. 아무튼 공주수첩에 오르지 않은 인물이나 정책은 쉬이 받아들이지 않는다. 해서 올드보이만 찾고 있는 것이다. 그러면서도 '창조경제' '새로운 도전' '새로운 변화'를 부르짖는다. 말과 행동이 상당 부분 서로 모순되는 모습이다.

공적(公的)이란 자기 생각을 버리거나, 견해를 바꿀 줄 아는 것을 말한다. 끝까지 고집하는 것은 공(公)이 아니다. 국민의 이익을 위해 다수의 견해를 수용할 줄 아는 것을 공(公)이라 한다. 한국의 지도자들은 공적(公的)인 것과 사적(私的)인 것을 구분하지 못하는 경우가 많다. 공(公)이란 자기의 이상을 실현하는 것이 아니다. 국가의 이상, 국민의 이상을 추구하는 것을 말한다.

원칙이나 소신은 자칫 고집으로 굳기 쉽고, 신뢰 또한 인정(人情)이나 연정(緣情)으로 변질되기 쉽다. 비단 박대통령뿐만이 아니라 한국인들 대부분이 이 정적(情的)인 신뢰를 신용인 줄 착각하고 산다. 매사를 정(감정)으로 판단하는 습관 때문이겠다. 글로벌 비즈니스 세계에서 신뢰란 곧 신용을 뜻한다. 인간적인 신뢰가 아닌 상업적으로 철저히 검증된 신뢰를 말하는 것이다. 그게 매너로 표현되어야 소통이 가능해지고, 상대방도 즉각 수용이 가능한 솔루션 창출이 가능해진다.

중국의 과거제도를 벤치마킹한 대영제국의 사무관 임용시험

한국의 사무관 임용시험은 1차 객관식, 2차 주관식, 3차 면접

이다. 하지만 내막을 들여다보면 다른 여타의 공무원 임용시험과 마찬가지로 말이 주관식이지 내용면에선 객관식에 다름 아니다. 시험기계들에게는 상식 수준인 족보 암기에 목숨걸기다.

영국 역시 한국과 형식면에선 같다. 하지만 1차 객관식은 한국의 1,2차를 합친 수준이다. 그리고 2차의 주관식 문제는 민원인의 클레임 편지에 대한 무마용 답신 작성이다. 이를테면 "어느 부인이 옆집에서 수도관이 터져 물이 넘치고 있다. 그 집의 가족들은 장기출타중인지 며칠째 보이지 않는다. 처리해 달라!" 또는 "폭설이 왔는데 2,3일이 되도록 제설이 안 되고 있다. 미끄러져 다칠 지경이다. 처리해 달라!"는 등등. 이 2차 시험에서는 응시자가 상대방, 즉 민원인의 고충을 제대로 인식하고 있는가? 그리고 그에 대해 적절히 대응하고 있는지를 체크한다.

다음 3차 시험은 정책 과제를 두고 하는 그룹스터디이다. 이때 각 그룹당 한 명씩 조교가 배치되어 멤버들간의 소통과 리더십, 집단지성적인 문제 해결 능력, 멤버들간의 완전하고 민주적인 절차 이행 여부를 자동 점검한다. 전체 응시생들과 시험채점관들 앞에서의 최종 프리젠테이션 결과까지 집단 전체로 평가하기 때문에 합격·불합격 또한 그룹 전체가 책임진다.

이렇게 해서 합격이 되면 약간의 수습기간을 거친 후 각 부처에 배속되어 일한다. 대영제국 때부터 이렇게 인재를 선발해서 각 식민지의 총독관저에 배속시켰었다. 그러니까 몇 명의 사무관들이 총독을 보좌하여 인도와 같은 큰 나라를 통치했던 것이다.

인재 선발 방식을 바꾸면 교육이 바뀐다

한데 이 제도는 사실 영국이 중국의 제도를 카피한 것이다. 바로 과거제도다. 조선의 과거제도 역시 그러했다. 물론 과거도 여러 종류와 등급이 있었지만, 가장 기본적인 시험 문제는 시문(詩文)이었다. 문서로 소통 가능한지부터 체크한 것이다. 다음으로 "중국 당나라 말기에 일어나 당나라가 붕괴되는 계기를 제공한 농민반란, 황소의 난에 대해 논하라"는 식으로 정책 과제를 해결할 수 있는 능력을 갖추었는지를 시험했다. 조선왕조 5백 년이 그리 호락호락하지 않았다는 말이다.

지난날의 뛰어난 인재 선발 방식을 내다버리고 식민지배용 객관식 암기로 뽑은 관료들에게 제아무리 창조경제, 칸막이 제거를 주문해도 근본적으로 안 되는 이유가 바로 여기에 있다. 상대방에 대한 인식 부재에 제대로 소통할 줄도 모르는 마네킹 로봇 공무원, 입력된 매뉴얼대로만 일하고 사고하도록 훈련된 관료들이다. 청와대 홈페이지에 실린 한결같은 모습의 사진들은 또 어떤가? 똑같은 자세로 잘 받아쓰도록 불러 주고, 똑같은 자세로 일제히 받아쓰기하고 있는 청와대 국무회의 풍경, 수석비서관회의 모습. 해외토픽 포토뉴스감으로 코미디도 이런 코미디가 다시없다. 이를 지켜보는 국민들은 더 답답하다. 알 만한 사람들은 아예 포기 상태다.

대통령 자신부터 바뀌어야 한다. 수첩 버리고 가방을 놓아야 날 수 있다. 세상을 내려다볼 수 있어야 세계관이 열린다.

Tip 용인술(用人術)과 용병술(用兵術)의 차이

정치는 권모술수이지만 통치의 기본은 뭐니뭐니해도 용인술이다. 큰일 해낸다고 큰정치가 아니라 그 그릇의 크기를 두고서 하는 말이다. 그리고 인재를 기용하는 양을 보고서 그 그릇의 크기를 가늠하면 거의 틀림이 없다.

한국의 현대 지도자 중 가장 탁월한 용인술을 구사하였던 인물을 꼽는다면 아마도 박정희 전 대통령일 것이다. 비전에 비하여 모든 게 부족하였거나 전무한 상태에서 군인이든 학자든 언론사 사주든 가리지 않고 최적임자를 찾아내어 적소에 배치하였기에 한국 경제 발전의 토대를 이룩할 수가 있었다. 반대로 사람을 내치는 것 또한 다른 어떤 지도자보다도 과감했었다.

이에 비해 문민 정부에서는 매번 이 인재 등용이 문제였었다. 크지도 않은 나라에서 내편 네편, 동서 구별, 진보 보수로 인재를 나누다 보니 인재풀에 금방 한계가 왔던 것이다. 그러다 보니 매번 그 인물에 그 인물로 회전문 인사, 아랫돌 빼서 윗돌 괴기라는 비판을 받아 왔다. 그나마도 속이 좁아서 항상 머슴이나 만만한 아랫사람만 기용하려 들었다. 저보다 잘난 사람을 곁에 두고 못 보는 성질 때문이다. 해서 가신 정치 내지는 비서 정치를 면치 못하였다. 당연히 무능하거나 문제가 생겨도 내치지 못하고 미적거리다가 함께 망신당할 대로 당하는 일이 다반사였다.

요즈음은 군대도 민주화(실은 문민화)되다 보니 장군이라 해도 제 참모들을 재량껏 데려다 쓰지 못하고, 인사부서에서 보내 주는 대로 쓸 수밖에 없다. 당연히 야전이니 작전이니 하는 부서보다 인사 쪽에 더 힘이 쏠리게 마련이다. 실전 없이 평화 시기가 오래 지속되다 보니 시스템이 그렇게 변질, 부패되어 가는 것이다.

군인 출신 지도자의 용병술(用兵術)은 문민지도자들의 용인술(用人術)과 판이하게 다르다. 부하지휘관들을 선택할 때 충성심과 애국심에 앞서 실력을 먼저 살핀다. 당연히 각 분야에서 자기보다 뛰어난 부하를 더 선호한다. 제아무리 백전의 훌륭한 장수라 해도 전쟁은 혼자서 하는 것이 아니기 때문이다. 자기보다 뛰어난 작전참모, 자기보다 유능한 중간간부, 자기보다 총 잘 쏘는 용감한 병사들을 많이 거느릴수록 전쟁에서 승리할 확률이 높다.

야성과 리더십은 비린내를 맡아야 썩지 않는다.

또 전쟁은 불가피하게 병사들의 피로 치르기 때문에 민간인 지도자들처럼 숫자놀음, 탁상행정, 깜짝 이벤트 같은 잔꾀에 오염되지 않아서이기도 하다. 학연·지연·청탁에 따라 단 한 명일지라도 실력이 떨어지는 부하에게 중책을 맡겼다가는 필시 제 목숨도 내놓아야 하기 때문이다. 해서 심지어 적이라도 뛰어난 자는 아끼고 존중해 줄 만큼 평소 인재에 대한 욕심이 많다. 이런 용병 문화가 없었다면 좌익에 연루되었던 박정희도 진즉에 형장에서 생을 마쳤을 것이다.

무사(武事)에서는 논공행상이 분명하며, 부하가 공을 세워도 그 공이 위의 소속 장군에게로 귀결되기 때문에 장수는 부하의 유능함을 시샘할 필요가 없다. 이런 습관화된 사고 때문에 군인 출신 지도자들은 모든 걸 자기가 다하려 들지 않는다. 해서 경제·과학·외교·문화 등 자신이 모르는 분야에 대해서는 전적으로 그 분야 전문가에게 맡겼다. 불치하문에도 주저치 않아 민간인 지도자들보다 더 유연하게 타인의 생각을 수용, 실행할 수 있었다. 대표적인 예로, 일반 국민들이 독재자의 아이콘으로 생각하는 전두환 장군은 대통령 취임 전 어느 정책 분야에 정통한 분의 의견을 듣는 데 두 시간 내내 대학노트 두 권 가득히 손수 필기하며 묻고 경청하는 진지함을 보였다. 반면 더없이 똑똑한(?) 문민지도자들은 모든 걸 자기가 주도해서 판단하고 결정해야 한다는 강박증이 있다.

머리가 똑똑한 지도자의 가장 나쁜 점은 사람을 함부로 버린다는 것이다. 자기가 최고라 여겨 저보다 IQ가 낮은 사람을 무시해서 귀히 여기지 않기 때문이다. 게다가 가방끈이 긴 사람일수록 어떤 것이든 모른다는 것에 대해 습관적으로 수치심을 느끼고, 저보다 잘난 인물을 곁에 두고 보지 못한다. 저보다 똑똑한 인물을 기용하려 들지 않는다. 그러다 보니 저 스스로도 부하의 능력을 믿지 못하고 불안해하며, 일일이 간섭(통제)하려 든다. 결국 꼭두새벽부터 저 혼자 바쁘다. 바빠서 1분 1초가 아깝다고 말하는 지도자까지 생기는 것이다.

이런 지도자 밑에서는 설령 똑똑해도 어리석은 척, 대신 바쁜 척해야 살아남을 수 있다. 저 잘났다고 튀거나 주군 앞으로 한 뼘이라도 나섰다간 바로 아웃이다. 그게 조선 샌님의 본색이다. 이런 풍조가 정권뿐만이 아니라 대기업·학계·법조계·문화예술계 등 한국사회 전반에 만연해 있어 글로벌 코리아 융성의 발목을 잡고 있다.

신뢰가 안 가면 쓰지를 말고, 일단 썼으면 믿고 맡기는 것이 삼척동자도 아는 용인의 기본이건만 한국사회에선 그게 잘 안 되는 이유 또한 바로 여기에 있다. 회의 때마다 "해봤어?"라거나, "그건 내가 잘 아는데"라며 지시사항을 남발 아니 융단폭격하지 말고, "내가 제대로 맡겨나 봤나?" 하고 자문 자책해야 옳다. 부지런하고 똑똑할수록 유능한 지도자란 생각은 본인만의 착각일 수도 있다.

정치권과 관료사회는 말할 것도 없고, 대한민국 공기업 및 대기업들의 인사시스템이 글로벌 시대를 맞아 성장의 걸림돌이 되고 있다. 대부분의 한국 기업들은 인사과 같은 직원 인사배치 담당부서가 주요 핵심부서로 존재하고 있다. 또한 아직도 인사고과 점수놀이하는 구시대의 잔재를 고수하고 있다. 이는 오너의 직속부서로서, 전문적인 능력보다는 충성도와 신뢰를 바탕으로 오너의 스파이 노릇도 마다 않으며 특권을 누린다. 투명하지 못한 오너의 경영 약점을 덮어 가며 공생하는 시스템을 이루고 있는 것이다. 하여 때로는 노조의 의도나 요구 등을 있는 그대로 전달하지 않고 차단시키는 등, 오너가 듣기에 거슬리지 않는 말만을 전하며 이간질하기도 한다. 인사권은 제왕적 권력! 당연히 청탁·파벌·암투·모함이 난무하기 마련이다.

게다가 이런 인사과니 노무과니 총무과니 하는 인사팀들은 사업 현장실무 경험이 전무하거나 보잘것없는 이들이 맡는 경우가 대부분이다. 비즈니스 비주류에 속한 이들이 비즈니스 주류의 적재적소에 알맞은 인재를 발굴하고 배치한다는 것은 사실상 불가능하다. 당연히 인사팀과 사원들 간의 입장 차이, 사원들간의 부조화 문제로 인한 스트레스가 극심할 수밖에 없다.

또 인력개발원이나 연수원 역시 글로벌 무대에서 산전수전 다 겪은, 실무 경험이 풍부한 사람들이 맡아 인재를 길러내는 곳이어야 마땅하지만 한국의 현실은 그 반대다. 인사라인의 꿀맛에 길든 아전형 사람들이 모이거나, 미래인재 투자사업부서인 연수파트를 한직으로 여겨 그저 만만하고 무능하고 피곤하고 껄끄러운 인물들을 그곳으로 보낸다. 당연히 사원 교육이 부실할 수밖에 없다. 한국 기업들이 글로벌 우량기업이 못 되는 이유다.

이에 비해 서구 기업들에서 인사는 전적으로 각 사업부 본부장 소관이다. 인사과는 필요자료 서포트와 후속 서류작업이 주업무다. 왜냐하면 비즈니스는 전쟁이라는 컨센서스 공감대가 전사적으로 인식되어 있기 때문이다. 그리고 사실 어느 부서나 직책에 어떤 역량의 인재, 딱 부러지게 누구누구가 적임자인지는 그 부서 사람들이 가장 잘 안다. 해서 본부장이 인사는 물론 연수까지 책임진다. 때문에 인사로 인한 불협화음이나 스트레스 없이 각 주요 포스트별로 사전에 잘 기획된 철저한 후임자 승계프로그램이 유지되고 있는 것이다. 한국적 인사관리니 인사고과니 하는 것은 부질없고 해괴한 짓으로 여겨질 뿐이다.

한국의 정치적 시스템 또한 겉모습만 민주화되어 기실 그 속은 아직도 봉건적 된장독 타성으로 가득 차 있다. 서구가 근대화 과정에서 이미 내다버린 비민주적이고 비효율적이며 비자율적인 대표적 시스템이 바로 한국의 형식적 인사노무관리 부분이다. 대한민국 헌법상 엄연한 헌법기관인 장관보다 일개 보좌관류의 대통령수석비서관, 헌법기구인 국무회의보다 임의기구인 수석비서관회의가 더 큰 힘을 지니는 것과 같다 하겠다. 이런 군더더기, 아니 군(群)구더기들을 다 잘라내어야 회사가 원활하게 돌아간다. 한국 기업들이 가장 시급히 개선해야 할 점이다.

이명박 정부와 박근혜 정부는 닮은 점이 많은데, 그 중 대표적인 것이 인사다. 특히 대통령이 임명해야 할 다수의 기관장이나 단체장직을 오랫동안 비워두는 일이 잦다. 어차피 언제 먹어도 이서방 아니면 박서방이 먹을 터이니 아무런들 어떠랴마는 늑장 인사는 리더십의 결함임이 분명하다. 뒤집어 보면 이 또한 독선이다. 아무려면 훌륭한 인재를 뽑아 쓰고자 고심하지 않는 지도자가 있을까마는 혹여 사적인 감정, 호불호(好不好), 연줄에 끌려 냉정심을 잃지나 않았는지 자문해 볼 일이다.

문민 정부는 단적으로 가신 정치·보좌관 정치·비서 정치라 할 수 있다. 의원 시절부터 따라다니던 보좌관을 데리고 하는 정치를 말한다. 기실 어느 당이든 인재들은 대부분 중앙당에서 일하고 있다. 여러 면에서 이들에 한참 못 미치는 이들이 각 의원들의 보좌관으로 일한다. 실력보다는 충성심이다. 한데 그 주군이 최고권력자가 되면 그들이 권력을 독차지한다. 그러고는 당의 인재를 데려다 쓰는 것을 그들이 철저하게 막는다. 저보다 잘난 사람이 주군에 접근하는 것이 싫기 때문이다. 그래서 인물이 없다는 둥 인재를 기용할 줄 모른다는 둥 하는 말이 나오는 것이다.

이웃 동네 나들이 갈 때는 노새나 당나귀 타고 갈 수 있다. 하지만 천리를 달리자면 어림없는 일이다. 당연히 말로 갈아타야 한다. 문민 정부마다 십 리도 못 가서 발병이 나는 근본적인 원인이 여기에 있다.

가신에선 절대 큰 인물이 나오지 않는다. 단 한번도 주인 의식을 가져 보지 못했기 때문이다.

큰 나무 밑에 같은 나무가 자라지 못하듯이 독선이 강한 문민지도자는 차세대를 키우지 않는다. 지나치게 사람을 고르는 것은 자칫 자리 나눔에 인색하다거나 소심하다는 인상을 줄 수 있다. 사실 아무리 잘 살핀다 해도 흠결 없는 완전한 사람 없고, 준비된 사람도 없다. 때로는 자리가 사람을 만들기도 한다. 만만한 올드보이만 찾지 말고 과감하게 젊은 인재들을 기용해서 능력을 검증, 단련시켜 나가는 것 또한 후진양성의 길이기도 하다.

정치에서 후진이란 자신을 추종, 보필할 머슴이 아니라 언젠가는 자신을 밟고 넘어갈 '웬수 같은 놈'을 말한다. 기실 '그런 놈'이 진짜 인재일 수도 있다. 남들 머리 조아리고 최고존엄자 말씀 받아쓰기할 때 똑바로 쳐다보는 '그런 놈' 말이다. 아무렴 사람을 부리고 내치는 일을 두려워해서야 용병(用兵)을 안다고 할 순 없겠다. 해임 역시 기용 못지않은 능력이다. 일정 부분은 실패와 희생을 감내해야 창조적 솔루션이 기능하다. 피비린내를 맡아 보지 못한 장수는 장수가 아니다.

Tip 낙하산과 공무원(空務員), 그리고 관피아

직원을 채용할 때 1~2년 단위로 직장을 마구 옮겨다녀 이력서가 화려한 사람을 믿고 뽑기란 쉽지 않은 일이다. 학창 시절 매번 우수한 성적으로 장학금을 받은 사람 역시 능력에 상관없이 최고 대우를 해줄 자신이 없으면 안 뽑는 게 상책이다.

요즈음 대부분의 장관이나 기관장 등 공직자들의 이력을 보면 화려하기 짝이 없다. 소위 출세가도를 달려온 이들로 유능하다 못해 전지전능해 보이기까지 한다.

아웅산 테러 사건 이전까지는 한국 공무원의 보직 이동 최소연한이 3년이었으나, 그후 문민 정부에 들어서면서 점점 줄어들더니 요즈음은 8개월로 사실상 유명무실, 아니 무명무실해져 버렸다. 5년 단임에 제 식솔들 좋은 자리 앉히기 위해, 단체장 권력을 강화하기 위해 그렇게 느슨하게 만든 것이다. 그러다 보니 어느 정권에서건 잘나가는 친구들은 대여섯 번 옮아가며 종횡무진 고속승진한다. 더 큰 문제는 그 한 사람 때문에 수십 명의 다른 공무원들이 연쇄적으로 이동을 할 수밖에 없다는 거다.

당연히 가는 곳마다에 일하러 가는 것이 아니다. 설사 직무에 관심을 가졌다 한들 기껏 바로 아래의 부하직원들 이름 외울 정도쯤 되면 더 좋은 자리로 이동해 버린다. 현장 경험이니 전문성이니 기술 전수니 하는 말은 자다가 봉창 두드리는 소리로 여길 수밖에 없겠다. 아무런 고민 없이 그저 자기 스펙에 흠이 가지 않도록 좋은 게 좋다는 식으로 일하는 척 얼버무리다 간다.

이런 행태는 대한민국 국군도 예외가 아니다. 해서 한방 얻어맞으면 물불을 못 가리고 우왕좌왕 헤맨다. 공공기관을 비롯해 금융기관까지 사고 발생을 염려해 2년 이상 한 자리에 근무하지 못하도록 하니 전문성이 축적될 리가 없다. 신뢰가 없는 사회이다 보니 달리 도리가 없다.

문제가 생겨도 누구도 책임질 생각도 않고, 책임을 지우려 해도 담당자가 부서를 옮겨 버린 지 오래다. '세월호' 참사에서 어느 부서보다 욕도 많이 먹고, 고생도 많이 한 해경만 엉뚱하게 희생양이 된 게다. '천안함' 폭침 때 해군이 해체되지 않은 건 그나마 다행이라 해야 하나?

유서 깊은 준공공기관이나 관변단체에 입사하면 당사자가 마다하지 않는 한 거의 100퍼센트 정년이 보장된다. 그 중 어느 기관은 예전에는 해외 지사에 발령받으면 4년 기한을 채워야 했다. 그러다 어느 문민 정부 때 누구는 선진국 가고 누구는 왜 후진국에 가야 하느냐는 불평이 나오자 기한을 그 절반으로 줄여 버렸다. 해서 그 나라 사정을 알 만하면 다른 곳으로 가버린다. 지역전문가가 길러지지 않는 이유다.

'세월호' 참사 때 드러난 적폐의 주범을 관피아로 지목하고 있지만, 기실 관피아도 전문성이 없으면 못해 먹는다. 당장 관피아 없이 시스템이 제대로 굴러갈 수 있을지도 의문이다. 진짜 원인은 낙하산, 그리고 있으나마나한 이 공무원 보직 이동 최소연한에 있다. 전문성은 고사하고 주인 의식조차 있을 리 없다. 책임감 없는 공무원(空務員), 엄치 없는 관피아가 그래서 만들어지는 거다.

그런 자들이 대외 협상에서 한 직무에 2,30년씩 종사하며 뼈가 굵은 상대국 전문가와 싸워서 뭘 제대로 얻어내고 지켜낼까? 할 줄 아는 거라곤 규제와 위원회 만들고, 남기는 건 부채뿐이다. 일말의 양심이나 염치가 있는 자라면 제 전문 분야가 아니면 아무리 좋은 자리라 해도 사양해야 마땅한 일이겠지만, 이 나라에서 그랬다간 조롱거리밖에 되지 않는다. 공무원이 소신을 가지면 공무원 못 해먹는다는 말이 있다.

소통이 뭔지도 모르는 탁상행정가(교수)들이 그럴듯하게 만들어 놓은 위기 대응 매뉴얼은 사건이 터져서야 무용지물임을 안다. 그러다 보니 진도 팽목항을 찾았다가 생수통 맞고 도망간 총리, 강권에 못 이겨 라면을 먹다가 쫓겨난 장관, 바다가 뭔지도 모르는 해수부 장관은 그저 현장에서 유가족과 함께 울어 주는 것 외엔 달리 할 일이 없다. 국민들도 선출직도 아닌 임명직에게 책임총리·책임장관을 바라는 것 자체가 난센스다. 따지고 보면 그들부터 모두 낙하산 인사가 아닌가?

당연히 전문성을 지닌 공무원이 있을 리 없다. 대신 책임 회피는 달인의 경지다. 하여 무슨 일이든 외부기관에 용역을 주거나 위원회를 거쳐 결정하는 형식을 취해 누구도 책임을 안 지게 만든다. 실제 자신들이 하는 일은 그저 일상적인 잡무와 인허가권 행사뿐이다. 하여 학피아·관피아·산피아들이 주변에서 갖가지 명목으로 위원회와 관변단체를 만들어 기생(공생)하고 있는 것이다. 이게 한국의 현실이고, 비애이자 비극이다.

게다가 국회의원·지자체단체장·교육감 등 고위권력자들은 선출직임에도 불구하고 언제든 더 나은 곳으로 갈 수가 있다. 저를 뽑아 준 시민들과의 약속은 헌신짝만큼도 여기지 않을뿐더러 재선거 비용도 물지 않는다. 그러다 보니 조금 잘나가는 사람치고 제 영역 지키는 꼴을 보기가 힘들다. 교수·법조인·군인·공무원·의사·사업가·연예인·기자 등등 누구든 정치나 벼슬을 하겠다고 전공과 분야를 가리지 않고 경계를 넘나들며 화려한 이력과 입발림으로 국민들을 기만하고 있다. 그런 걸 유능함인 줄 자랑한다. 한마디로 염치를 모르는 불나방 떼들이다. 몰염치는 곧 무책임! 하인이나 노예에게 염치를 기대하는 사람 없다. 기실 그들은 단 한번도 주인이었던 적이 없다. 모조리 아큐 (阿Q)들이다.

기실 국가개조란 혁명이나 전쟁이 아니고는 사용할 수 없는 용어 다. 국가개조를 들먹이며 또 조직을 개편하고 특별법을 만든다지만, 기실 모두 다 허사에 지나지 않는다. 정부나 정책에다 모든 것을 떠넘기려는 핑계이고 무책임일 뿐이다. 문제는 시스템이 아니라 개인의 의식과 습관, 즉 매너이다. 당장은 공무원개조가 정답이지만 현실적으로 공무원만 변한다는 것은 가당치도 않은 일. 국민, 즉 개개인의 개조 없이는 국가개조 없다. 최고지도자든 공무원이든 정치인이든 시민 한 사람 한 사람부터 변해야 한다.

41 잘 노는 게
진짜 비즈니스 역량이다

큰돈을 만지려면 춤을 배워라! | 노는 것도 비즈니스고 매너 | 한국에서 국제적인 사교 모임을 개최할 수 없는 이유 | 놀 줄 모르는 한국인들, 글로벌 상류층 진입 불가 | 국정원 정예요원, 대기업 과장급 이상, 히든 챔피언 중소기업 경영진들 전천후 세일즈맨으로 키우려면 제대로 노는 법부터 가르쳐야! | 한국 최초의 서양춤 페스티벌 거문도 '산다이'

미국 주요 투자 회사의 주주총회가 시작되기 두어 시간 전부터 안쪽 방에서는 워런 버핏·빌 게이츠 등 거물급 대주주들이 네댓 테이블에 짝지어 둘러앉아서 트럼프를 즐긴다. 패가 한 차례 돌고 나면 파트너를 체인지한다. 이렇게 한참을 즐기면서 이런저런 얘기를 주고받는다. 말하자면 주주총회의 중요 안건을 식전 노름판에서 다 사전 추인해 버리는 것이다. 그런 다음 강당에 나와 총회를 여는 것은 그저 박수지고 인증샷 남기는 요식행위에 지나지 않는다.

품격 있는 소통이어야 큰돈을 만질 수 있다

글로벌 선진문명권에선 놀 줄 모르는 부자는 바보 취급을 당한다. 해서 상류층일수록 더 잘 논다. 훌륭한 스펙에 잘나가는 대기업 엘리트 사원이 있다고 치자! 그가 얼마만큼 많은 일을 해내고, 또 출세를 하여야 글로벌 상류층들과 만날 수 있을까? 아마도 그 기업의 CEO가 되어서라야 업무적인 만남이 가능할 것이다. 하지만 글로벌 정격 매너를 갖추고 제대로 놀 줄까지 안다면, 비록 중소기업 말단 사원이라 할지라도 세계적인 인물이나 부호와 친구가 되기란 그다지 어려운 일이 아니다. 왜냐하면 먹고 노는 데는 계급장이 없기 때문이다.

따라서 품격 있게 노는 법을 배워야 기관수요자를 공략하는 등 고급 시장을 개척해 나아갈 수가 있다. 에티켓 수준의 글로벌 매너를 어지간히 익혔다 해도 즐겁게 놀 줄 모르면 거기서 아웃이다. 더 이상 상위로의 진입 금지다. 고품격으로 노는 법을 모르면 결코 글로벌 A급에 들지 못한다는 말이다.

한국식으로 룸살롱에서 술퍼먹이기, 성상납하기, 내기 골프에서 져주기, 리베이트, 뇌물 등의 저질 접대로는 글로벌 비즈니스 세계에선 어림없다. 그런 건 기술도 자본도 변변치 않았던 시절에나 통하던 '노가다 매너'다. 국민소득 2만 불까지는 통했지만 이제부터는 쥐약이다. 따라서 국정원 정예요원, 대기업 과장급 이상, 히든 챔피언 중소기업 경영진들을 전천후 세일즈맨으로 교육시키려면 제대로 노는 법부터 가르쳐야 한다.

글로벌 선진사회의 사교 파티에서는 대개 디너 후에 댄스가 이어지지만, 식전에는 각종 게임을 즐기기도 한다. 따라서 오락을 위한 잡기, 간단한 도박이라 해도 여러 가지를 즐길 수 없으면 비즈니스는 거기까지다. 식사 못지않게 놀이 또한 소통의 도구이기 때문이다.

트럼프와 마작은 기본이다. 특히 범중화권을 염두에 둔다면 트럼프 게임 중 '빅투'는 필수다. 이 게임의 장점은 재미도 재미이지만 전략적 사고를 길러 준다는 데 있다. 고스톱처럼 한 게임씩 끝나는 게 아니고, 마작처럼 3~4시간 전체 성적으로 승부를 가른다. 이 게임에서는 들어온 패가 중요한 게 아니라 그 패를 어떻게 운용(플레이)하는가가 중요하다. 1등을 할 건지, 2등을 할 건지, 중간중간에 적과 아군을 수시로 바꾸면서 흐름을 잘 타야 하는 게임이다. 그외에 숏게임으로 블랙잭도 필수다.

결혼식 같은 자리에서도 마찬가지다. 한국처럼 시간 단위로 쪼개어 예식장에서 올리는 결혼식이야 시간을 지키지 않을 수 없지만, 그렇지 않은 나라들의 결혼식치고 제 시간에 치러지는 예가 거의 없다. 가령 홍콩의 경우 오후 6시에 결혼식이라 하면 실제 식은 8시쯤에야 치른다고 보면 된다. 그러면 그동안 무얼 하고 놀아야 하나? 당연히 일찍 온 하객들은 그 시간에 마작이나 카드를 즐긴다. 한참 놀다가 잔치 준비가 다 되면 식을 치르고 장시간 축하주 건배 및 식사, 그리고 악단의 음악에 맞춰 춤추고 놀다가 한밤중 술이 깨면 각자 차를 타고 집으로 돌아간다. 인도 상류층의 경우는 대개 호텔 전체를 보름쯤 통째로 빌려 결혼식을 치른다. 그들과 친구가 되려면 보름 중 최소한 일주일은 같이 놀아 주어야 한다. 하루에 옷만도 다섯 번 정도 갈아입기 때문에 웬만한 가족은 봉고버스 한 대 분량의 짐을 싣고 온다.

부부가 댄스는 기본이어야

글로벌 최상위 오피니언 리더급 인사의 조건? 모국어 수준의 프랑스어와 영어를 포함한 수개 국어 구사 능력, 수영, 승마, 사격, 스키, 사교댄스, 노래, 악기 정도는 기본으로 본인은 물론 배우자까지도 갖춰야 한다.

수년 전 '세계검사협회 총회'가 한국에서 개최된 바 있다. 말이 총회지 실은 국제적인 부부 동반 사교 모임이다. 해서 모두들 놀자고 왔는데, 한국측에서 학술대회를 열어 국제적인 망신을 톡톡히 치렀었다. 당연히 댄스 파티를 열어야 하는데 그게 불가능했던 것이다. 한국 측 검사들 자신은 물론 그 아내들 중에서도 정식 사교댄스를 출 줄 아는 이가 없었기 때문이다. 다양한 문화 체험, 놀거리, 댄스 파티를 통해 서로간의 친목을 형성해서 추후에 생길 국가간의 골치 아픈 사건들을 부드럽게 해결할 수 있도록 하기 위한 목적의 총회 개최였는데, 기껏 잔치 벌이고 꼴만 우습게 된 게다. 이것이 한국의 현실이다.

글로벌 비즈니스에서 한국인들의 최대 약점이 바로 사교댄스 불가능이다. 한국에서 국제적인 사교 모임을 개최하기 어려운 가장 큰 이유이기도 하다. 특히 부부 초청 리셉션이나 파티에서 빠질 수 없는 것이 이 댄스인데, 한국인들은 이에 대한 훈련이 전혀 되어 있지 않다. 국내 대기업 임원들의 부부 동반 회합에서도 고작해야 리조트에서의 디너가 전부다. 식전 리셉션이나 디너 후 댄스 파티 같은 건 꿈도 꾸지 못한다. 남자들이 폭탄주로 단합대회 하는 동안 여성들은 한쪽에서 음료수 마시며 수다나 늘어놓는 것으로 시간을 때운다. 그러니 글로벌 상류층 모임에 나가기란 원천적으로 불가능하다.

춤출 줄 모르는 본인도 문제이지만, 대개의 한국 남성들은 자기 아내가 다른 남성과 붙안고 춤추는 양을 곱게 보아넘길 수 있는 훈련이 되어 있지 않다. 그러니 보다 친밀한 인적 네트워크 구축이 아예 불가능한 것이다. 진정한 글로벌 전사라면 아내는 물론 아이들까지도 함께 뛰놀 줄 알아야 한다. 신데렐라는 장장 네 시간 동안 춤을 추었다. 춤을 출 줄 몰랐거나 서툴렀다면 그런 행운이 오더라도 붙잡을 수 없는 것은 당연한 이치겠다. 실제 글로벌 상류층 리셉션에서는 두 시간 디너, 두 시간 댄스 파티가 기본이다.

춤은 인류의 가장 원초적인 소통 도구이다. 가무(歌舞)를 즐기던 동이족이 조선 5백 년 동안 성리학을 받들면서 중국의 한시(漢詩)를 베끼고 읊는 것으로 자족했다. 가무는 천한 기녀들에게 시키고, 자신들은 앉아서 즐기기만 하였다. 하여 이 땅의 엘리트들은 아직도 춤추는 것을 천한 것으로 여긴다.

한국의 일선 학교나 체육관에서 이런 잡기와 댄스를 적극적으로 가르쳐 미래의 글로벌 인재를 길러내야 한다. 유학을 가더라도 이런 잡기나 놀이를 할 줄 알면 현지인들과 쉽게 어울려 소통할 수가 있다. 둘만의 게임인 바둑은 글로벌 비즈니스 오락으로는 적당치 않다. 화투 역시 세계적인 놀이 도구가 되지 못한다.

그런가 하면 한국인들은 대화나 협상에 임하였을 때 상대방에게 그 속내를 금방 들키고 만다. 어릴 적부터 공부만 하느라 카드 등 노름을 해보지 않아 자신의 패를 상대방들이 눈치채지 못하도록 내심을 감추는 훈련이 전혀 되어 있지 않기 때문이다. 반대로 태연한 상대방의 얼굴과 자세 속에 감추어진 속내를 꿰뚫어 보는 능력 또한 현격히 부족하다. 더불어 노름과 전쟁의 절대 덕목인 냉정심과 절제력도 전혀 기르지 못했다. 그러다 보니 화통하고 화끈한 사람을 좋아한다. 너나할 것없이 여차하면 올인해 버리는 바람에 결국에는 사업과 인생 둘 다를 망치고 만다. 당연히 유혹에도 약해서 잘 넘어간다.

2014년, 취임 후 첫 신년 기자회견을 하는 박근혜 대통령의 자세와 눈이 끊임없이 흔들려 그 불안하고 초조한 심리 상태가 다 드러나 보였다. 그래서는 세일즈는 물론 외교가 제대로 될 턱이 없겠다. 몇 개 국어 할 줄 아는 지도자보다 몇 개 잡기(놀이) 할 줄 아는 지도자가 보다 유연하고 전략적인 사고를 지녔다고 할 수 있겠다.

글로벌 무대에선 노는 것도 비즈니스다

중국인들은 셋만 모이면 돈 벌 궁리를 한다. 한데 한국인들은 셋이든 열이든 모이면 수다만 떤다. 그걸로 스트레스를 푸는 게다. 그나마 들으면 도움이 되는 인문학적 얘기가 아닌 귀신 씻나락 까먹는 수준의 신변잡담이다. 그런 일로 시간과 에너지를 낭비하고 맨정신으로 돌아가자니 뒤가 항상 씁쓸한 게다.

사람 사는 정(情)? 한국적인 풍류? 아무렴 한국인들끼리야 그렇다 치더라도 글로벌 사회에서 비즈니스 아닌 인간관계는 가능할까? 순수한 인간관계? 그런 주변머리 없는 조선 선비 정신으론 지금 같은 글로벌 시대에 절대 살아남지 못한다. 인간은 사회적 동물이기 전에 비즈니스 동물이다. 남녀가 만나 결혼해서 사는 것부터가 실은 원초적으로 비즈니스다. 사랑은 소통이고, 섹스는 그 도구겠다. 당연히 섹스도 매너가 있어야 한다. 서양 여성들이 한국 남자라면 질색하는 것도 바로 이 바지 내리고 무작정 덤비는 무매너 때문이다.

특히나 국방부에서 교육시켜 3년 임기로 주요국 대사관에 파견하는 무관들에게 술과 댄스는 필수다. 그쪽 나라 국방부 인사들과 상통하려면 서로 어울려 술도 마셔야 하고, 때로는 상류층 귀부인들과 댄스를 즐기면서 고급 정보도 얻어내어야 하기 때문이다. 무엇보다 한국인들은 장시간의 협상 테이블에서 살아남는 이가 극히 드물다. 우선 테이블에서의 자세가 바르지 못한데다가 승마와 댄스로 하체가 잘 단련된 서구의 오피니언 리더들에 비해 체력적으로 밀리기 때문이다.

요즈음 한국에선 '창조'가 화두다. 그러나 여가를 즐길 줄 모르면 문화예술이 있을 리 없고, 놀 줄 모르고서는 '창조경영' '창조경제'가 있을 수 없다. 열심히만 한다고 해서 새로운 것이 나오진 않는다. 참신함은 여가와 놀이에서 나온다. 놀 줄 아는 대통령·총리·장관·의원·오너·CEO가 일도 잘한다.

놀 줄 모르는 아이는 남들과의 교감·소통 능력이 현저하게 떨어진다. 노는 법을 배우지 못한 아이들이 군대생활에 적응 못해 관심사병이 된다. 눈치도 매너다. 눈치가 부족해 지시 사항을 잘 못 알아듣고, 행동이 굼뜨다 보니 동료들의 미움과 구박을 피할 수 없게 되는 것이다. 제발 제대로 노는 법 좀 배우고 가르치자! 그래야 '윤창중 사건' '윤일병 사건' '김수창 제주지검장 사건'과 같은 사건 같지도 않은 사건이 재발하지 않는다. 노는 게 진짜 인성 교육이다.

그리고 근자에 들어서는 청년들에게 공부든 운동이든 놀이든 "하나만 잘하면 된다"고 역설하고 있다. 아무렴 한국에선 그럴 수도 있다. 하지만 먼저 인격체로서 갖추어야 할 소통의 기본기부터 갖추어야 한다. 글로벌 비즈니스 매너라야 글로벌 무대로 나가 그 부가가치를 10배, 100배로 부풀릴 수 있기 때문이다.

세계은행 김용 총재는 오전 8시부터 오후 11시까지 공부에 매여 있어야 하는 한국의 학습 문화를 비판하며 "한국이 이렇게 발전한 데에는 높은 교육열이 바탕이 됐지만, 이제는 '개도국 교육'에서 '선진화 교육'으로 바뀌어야 한다"고 자주 역설해 왔다. 그리하여 한국 학생들에게 "덜 공부하고, 더 놀아라!(Study less, play more!)"고 주문한 적도 있다.

요즘은 한국인이 미국 하버드대학교에 입학하기만 해도 뉴스거리가 된다. 글로벌 시대, 스펙 시대를 맞아 서울대병이 하버드대병으로 진화한 것이다. 그동안 한국에서는 공부(시험)가 출세의 가장 빠른 길이었다. 솔직히 가장 쉬운 방법이기도 했다. 하지만 이제 곧 그 허상이 깨어진다. 스펙의 시대가 끝나고 소통과 교섭, 매너와 품격의 시대, 전인적 인격의 시대가 열리고 있다.

대화·협상·계약 등, 현대의 모든 비즈니스는 테이블에서 이루어진다. 비즈니스 세계에서는 테이블이 곧 전장(戰場)이다. 오직 한 가지 무기로만 싸워야 한다는 전쟁이 있다던가? 식사·마작·카드놀이와 마찬가지로 공부 역시 테이블 게임의 한 종목일 뿐이다.

Tip 한국 최초의 서양춤 페스티벌, 거문도 '산다이'

1973년, 남도의 고도 거문도에 간첩단 사건이 터졌었다. 거문도 주민들은 그제야 헬리콥터란 걸 구경했노라고 이구동성으로 말하기도 한다. 사건의 발단은 섬으로 잠입한 간첩이 저녁나절이면 동네 주민들이 이집저집 마당으로 모여들어 춤을 추며 노니는 것을 보고, 이렇게 외진 섬구석에서도 저렇듯 행복하게 춤추며 살아가는데 육지에서는 얼마나 더할까 하는 생각에 동료 둘을 총살하고 자수한 것이다. 덕분에 섬의 고정간첩까지 일망타진되었다.

그런데 재미있는 것은 거문도 주민들이 예로부터 곧잘 마당에 모여 빙 둘러서서 춤을 추며 놀았는데, 그곳 사람들은 이를 '산다이'한다고 일컫는단다. 이상한 것은 그토록 거문도 사람들이 즐기던 이 춤놀이가 주변 섬은 물론이고 육지의 어느곳에서도 찾아볼 수 없는 풍습이라는 것이다. 거문도 사람들도 왜 '산다이'인지 그 유래를 알 수가 없다 했다.

최근 이를 궁금해하던 거문도 출신의 어느 학도가 그 유래를 추적해 본 바, 조선말기(1885~1887) 러시아를 견제하기 위해 거문도를 무단 점령하였던 영국군들이 일요일마다 춤추며 노는 것을 보고서 섬 주민들도 따라 한데 어울렸던 데서 비롯되지 않았을까 짐작된다 하였다. 그러니까 '산다이'는 '선데이'의 조선말이었던 것이다. 상당히 일리가 있는 추론이다. 그렇다면 우리나라 최초의 민간 서양 댄스 축제는 거문도의 '산다이'가 아닐까? 이 '산다이'가 영국군들이 2년 동안 주둔해 있으면서도 섬 주민들과 별다른 불협화음 없이 친밀히 지낼 수 있었던 계기가 되지는 않았을까?

그러고 보니 임진왜란 때 남해 섬 지방의 여자들이 추었다는, '강한 오랑캐가 물을 건너온다'는 뜻으로 가사를 붙였다고 하는 강강수월래(强羌水越來)의 유래도 상당히 억지스럽다. 그리고 그 춤의 형태가 서양춤과 너무도 흡사하다. 그렇다면 임진왜란이 아니라 효종 때 제주도에 표류하여 14년간 전라좌수영 등 남해안 일대에 분산 배치되어 억류생활을 하다가 돌아간 하멜과 36명의 동료 선원들이 남긴 네덜란드 민속춤일 가능성이 크다. 그러니까 '强羌水越來'는 당시 네덜란드어 후렴의 한자 표기일는지도 모른다. '强羌'이란 물 건너온 오랑캐, 즉 신체 건장한 서양 선원을 일컫는 말이겠다. 신라 때 처용(處容)이 서역(西域)춤을 전하였듯이, 오늘날의 한국인들이 해외 봉사를 나가 현지인들에게 아리랑이나 태권도, 또 우리말을 가르치듯이.

42 무게감 있는 국제회의나 리셉션은 코리언 타임이 정격

정품격 사교의 첫단추, 리셉션 I 한국인 초보자 누구나 당하는 통과의례 실수 I 1945년에 고정되어 있는 한국의 리셉션 매너 수준 I 정시 입장, 식순에 따른 개회사, 국민의례, 축사, 귀빈 소개, 경과 보고, 동영상 관람은 완전 손님 모독 I '정시에 제자리'는 비매너 I 리셉션은 비즈니스 공간 아닌 네트워크 확장무대 I 식순 있는 리셉션은 대한민국밖에 없다! I 성급함, 한국인의 치명적인 약점

어느 다자간 정상회의에서 정시에, 그것도 홀로 생뚱스레 자리를 차지하고 앉아 있는 대한민국 대통령의 사진을 보고서 심란했던 적이 있다. 다른 나라 정상들은 아무도 착석해 있지 않았는데 말이다. 이처럼 무게감 있는 국제회의에서 제시간에 제자리에 앉는 대표는 한국인과 일본인밖에 없다.

지금은 거의 쓰이지 않는 단어이지만 예전에 '코리언 타임'이란 유행어가 있었다. 약속이든 행사이든 도무지 정한 시간에 치러지는 예가 없이 항상 2,30분가량 늦게 시작되어서 생겨난 말이다. 요즈음 한국에서 그랬다가는 욕을 바가지로 얻어먹을 것이다. 그런데 이 '코리언 타임'이 글로벌 사회에서 정격일 때가 있다.

무게감 있는 모든 국제회의에서 각국의 대표들은 항상 15분쯤 지나서 입장한다. 그러면 정시는? 그건 실무요원들의 입장 시간이다. 그렇게 준비를 마치면 15분쯤 지난 후에 입장하라는 안내를 한다. 각국의 대표들은 5분이나 10분쯤 지나서 로비에 나타나 환담을 나누다가 15분이나 20분가량에 입장하여 착석, 회의가 시작된다.

로비에서 환담을 나눈다? 실은 이 로비에서 꽤 상당한 일이 결정된다고 보면 틀림없다. 이 로비가 바로 식전 리셉션장이라고 여기면 된다. 이곳에서 각국의 대표들과 인사를 나누며 사전 막후교섭 약조를

재확인하거나, 미진했던 부분을 마무리하는 것이다. "아, 어제저녁 즐거웠어. 부탁한 그 문제 꼭 좀 부탁해!" "어이 반가워. 그런데 말이야, 이번에는 우리 좀 밀어 줘! 다음엔 우리가 꼭 갚을게!" 등등. 진짜 글로벌 내공은 로비에서 발휘되는 것이다. 해서 로비할 일이 많은 대표가 다른 대표들보다 일찍이 나타나는 것이다.

대표들은 그렇게 로비에서 물밑 사전 담합, 조정, 확인, 교제, 환담을 나눈다. 로비스트란 말이 왜 생겨났는지 짐작이 갈 것이다. 그리고 정상들간의 국제회의에선 로비나 이동중에도 영양가 높은 강대국 정상과의 대면(인증샷)을 차지하기 위한 자리다툼 또한 은연중 치열하다. 내공이 부족한 정상들은 뒤로 밀려나 들러리 신세가 되고 만다. 양자간 회동에서는 서로를 배려하기 때문에 자연히 돋보일 수밖에 없지만, 다자간 회의에서는 그런 게 없다. 다자간 정상회의야말로 각국 정상들의 진짜 글로벌 내공 수준을 가늠하는 자리이다. 하여 독재적인 나라에서는 때때로 자국 정상의 위치를 바꾸는 등 사진을 조작하여 홍보용으로 내보내기도 하는 것이다.

리셉션도 코리언 타임

리셉션 시간 역시 초청장에 명시된 대로 정시에 도착했다가는 반드시 낭패를 당한다. 그보다 일찍 도착하면 말 그대로 글로벌 쪼다 취급받는다. 처음 리셉션에 초대받은 대다수 한국인들은 정시보다 10분 앞서 행사장에 도착했다가 현장 종업원들에게 쫓겨나는 민망한 경험을 하기도 한다. 무게감 있는 국제회의와 마찬가지로 15분가량 지난 후에 도착해야 한다. 보다 많은 이들과의 교제가 필요한 사람은 이때쯤 나오고, 거물들은 30분쯤 지난 후에야 나타난다. 뒤늦게 나타날수록 많은 사람들의 주목을 받을 수 있다.

무엇보다 리셉션 형식은 딱히 정해진 것이 없다. 해서 바쁜 사람은 아무 때고 자기 편한 시간에 왔다가 중간에 그냥 가면 그만이다. 인적 네트워크를 구축해야 하는 초보자라면 남보다 일찍 나와서 가능한 한 많은 사람들과 인사를 터야겠지만, 이미 그 모임에 익숙한 사람이라면 굳이 일찍 나올 것 없이 편한 시간에 나와 꼭 필요한 몇몇 사람들만 만나도 누가 무어라 하지 않는다.

해외에서 처음으로 리셉션에 참석했다가, 사람들이 명함을 건네고 인사를 나누면서 2,3분쯤 간을 보는가 싶더니 휙 하고 등을 돌리는 바람에 적잖이 당황스러웠던 경험을 한 한국인들도 많을 것이다. 리셉션에서는 한 사람과의 대화 시간이 대개 3~5분 내외이다. 보다 많은 사람을 만나려면 시간을 더 짧게 쪼개야 한다. 차츰 내공이 쌓이면 쓱 한번 둘러보고서도 자신이 오늘 만나야 할 사람을 금방 찍어낸다. 리셉션은 본격적인 비즈니스 대화를 나누는 곳이 아니라 손님들간의 네트워크가 목적이다.

따라서 주최측은 보다 효율적인 만남을 위해 리셉션장을 4,5개 존(구역)으로 나누어서 각 존마다 구역담당자를 정해 놓아 적당한 인원 분배가 이루어지도록 한다. 그리고 각 구역담당자는 손님들의 부류나 목적에 따라 서로 연관이 있거나 필요한 사람들끼리의 만남을 주선해야 한다. 끼리끼리 알아서 잘 어울리겠지 하고 방관하는 것은 호스트로서의 자격 미달이다. 아는 이들끼리는 새삼 안면을 다지게 하고, 낯선 이들끼리는 서로 사귀게 해서 보다 영양가 있는 모임이 되도록 적극적으로 나서야 한다.

백악관 같은 곳에서는 디너 중심이지만, 가끔 상대국 정상의 위신을 세워 주기 위해 식전 대화 위주의 리셉션을 열어 줄 때도 있고, 곧 퇴임하는 사람의 경우 작별인사를 도타이 나눌 수 있도록 식후 리셉션을 열어 주기도 한다. 그리고 수상 축하나 무엇을 기념하기 위한 일반적인 리셉션이라 해도 굳이 한국처럼 식순에 따른 의식을 치르진 않는다. 주요한 내용만 간단하게 프린팅해서 입구에 붙여두어 보고

상트페테르부르크 G20 정상회의 시작 전 손에 커피를 들고서 이탈리아 총리와 요담하는 오바마 대통령. ⓒ백악관

외로운 일꾼! 조급하게 혼자 먼저 착석한 한국의 이명박 대통령. 2011년 11월, 프랑스 칸 G20 정상회의. ⓒ연합뉴스

다자간 정상회의의 성과는 철저히 인간적 개인기가 좌우한다. 홀로 먼 산 보는 노무현 대통령 vs. 모두에게 반갑게 인사받는 고이즈미 총리, 어느 국제회의에서. [인터넷 화면 캡처]

싶은 사람만 보도록 한다. 또 수상자나 초대 귀빈을 알아보게 하려면 그들의 가슴에 꽃과 같은 코사지를 꽂는다.

회원들간에 중요하게 의논해야 할 주제가 있을 경우에는 리셉션이 끝난 후에 따로 모여서 토의한다. 대개의 서양 리셉션은 1시간 정도에서 끝나며, 주요 인사들(보통 20명 내외)만 남아 착석디너를 한다. 이때는 고급 와인을 즐긴다. 보다 상류층 리셉션이라면 디너에 이어 댄스 파티로 마감하기도 한다.

식순이 있는 리셉션은 한국밖에 없다

리셉션 초청장은 최소한 1개월 전, 중요한 행사는 2개월 전에 보내야 한다. 이때에는 순수하게 초청문만 적은 초청장을 보낸다. 특별한 경우 행사 내용을 적은 안내장을 함께 보내기도 한다. 한국에서처럼 초청문과 식순을 한 장에 인쇄해 보냈다가는 바로 '상것'이 되고 만다. 쓰레기통으로 직행이다. 또 전화로, 혹은 만난 김에 구두로 초청해도 역시 '이상한 사람'으로 찍힌다. 그리고 서양에선 리셉션이면 대개 부부 동반 초청으로 관행화되었다시피 한다. 해서 굳이 초청장에 별도의 표시를 하지 않아도 대개들 부부 동반으로 참석한다. 준비할 음식량 가늠에 참고하기 바란다.

리셉션은 스탠딩이다. 한국에서처럼 단상이 있고, 귀빈석을 따로 마련하고, 별볼일없는(?) 손님들을 위한 테이블과 의자들이 놓이고, 식순이 있는 리셉션은 세상에 없다. 따라서 정각에 모든 손님을 입장케 해놓고 식순에 따른 개회사, 국민의례, 축사, 귀빈 소개, 경과 보고, 동영상 관람 등등을 하는 것은 완전한 손님 모독이다. 손님들 불러다 앉혀 놓고 맹물 한 잔으로 박수치게 하고, 단체 홍보사진 모델역을 강제하는 행위인 것이다. 정히 식순대로 행하려면 자기들끼리 따로 치렀어야지 손님들에게까지 강요하는 것은 난센스다.

챙겨 주지 않으면 꾸어다 놓은 보릿자루만도 못한 단체장이나 정치인, 유명 인사, 동원 관객, 화환의 개수로 위세를 과시하고 회의를 성공적으로 개최했다고 자평하는 촌극! 박수부대에 의한 의례적인 박수에서 삶의 의미를 찾는, 손님 개개인의 삶에 아무런 도움이 안 되는 허례허식 상부상조인 셈이다. 그나마 인심 좋으면 제 부하들 대접하듯 저녁 한 끼 먹여보낸다. 흡사 집단 자위행위에 몰입한 퍼포먼스 같다 하겠다. 이는 한국의 리셉션 매너 수준이 1945년에 고정되어 있음이다. 그러니까 해방 전의 일본식을 변함없이 고스란히 답습하고 있다는 말이다.

아무튼 한국에서는 리셉션다운 리셉션을 찾아보기 어렵다. 때문에 선진 매너의 주한 외국인들은 이런 이상한 나라의 괴상한 행사에 불려나가 후진 매너를 인내하고 참아야 하니 그 고통이 여간 아닐 것이다. 문제는 이런 전근대적인 타성에 젖은 한국인들이 글로벌 무대에

재선 취임 축하 파티에서 춤을 추는 버락 오바마 미국 대통령 부처. 춤은 신사의 기본기이자 리더의 요건이다. ⓒ백악관

나가면 하나같이 꾸어다 놓은 보릿자루 신세가 될 수밖에 없다는 것이다. 그러니 비즈니스는 고사하고 정보 수집, 사교, 인맥 형성이 제대로 될 리가 없다. 수십 차례의 실수와 굴욕을 당하고서야 겨우 리셉션에서 어깨를 펴게 되는데, 이미 망가질 대로 망가진 터라 이미지를 회복하는 데 엄청난 에너지가 소모된다. 무엇보다 한심한 일은 한국인들 모두가 이런 일을 똑같이 반복하고 있다는 것이다. 아무튼 리셉션이든 디너든 풍부한 화젯거리와 유머 없인 내내 지옥이다.

Tip 성급함은 한국인들의 치명적인 약점

문명의 이기(利器)를 도입하면서도 그 사용설명서를 무시하는 한국인들의 버릇 때문에 논리 전개에서 성급한 일반화(Hasty Generalization)의 함정에 빠져 일을 그르치는 경우가 허다하다.

이를테면 예전엔 등산을 갈 때 석유 버너가 필수품이었다. 이 때문에 화상을 입거나 산불을 내는 일이 빈번했다. 성급한 한국인들이 버너를 충분히 예열시키지 않은 상태에서 무리하게 사용하다가 생기는 사고였다.

그런가 하면 한국인들은 우산을 함부로 다루어 그 수명이 매우 짧다. 접이식이든 스틱식이든 고급한 우산에는 가볍게 몇 번 흔들었다가 펼치라는 사용법에 관한 설명서가 나붙어 있음에도 불구하고 찬찬히 읽어보는 법이 없다. 그러니 금방 고장이 나고 만다. 카메라·냉장고·휴대전화 등등 온갖 전자제품에도 반드시 사용설명서가 따라붙지만 한국인들은 그것들을 제대로 읽지 않는다. 일단 제 방식대로 조립해 전원을 연결하고는 바로 사용해 버린다. 그러다가 안 되면 A/S센터에 전화한다. 그런 전화의 대부분은 그 설명서에 실려 있는 순서대로 하지 않아서 생긴 일들이다.

문명이 덜 보급된 미성숙사회에서나 있을 법한 이러한 일들이 대한민국에선 매일같이 일어나고 있다. 얼핏 생각하기에는 사소한 일인 듯하지만 글로벌 선진문명권 내 사람들과의 비즈니스 매너에선 빠뜨리지 말아야 할 체크 포인트이다. 왜냐하면 언젠가는 반드시 큰 사고를 칠 것이며, 그 때문에 치러야 할 대가가 적지않고, 복구하기가 너무 힘들기 때문이다. Once bitten, twice shy! 그들 사회 내에서 이 속담은 '어글리 코리언에겐 두 번의 기회란 없다!'는 의미이다.

강의 때 이런 이야기를 하면, 틀림없이 대범하신 어느 분께서 "에잇, 뭐 그깟 일로!" 하며 항변해 온다. 하지만 사실이다. 프랑스인들은 이사해서 욕실에 수건걸이 하나 다는 데 열흘 내지는 보름가량을 백화점에 드나들다가 결정한다. 그러다 보니 대개 이사 후 6개월쯤 지나야 모든 게 정리되고 갖추어진다. 이토록 신중하게 선택했기 때문에 여간해서는 다시 바꿀 일 없이 거의 영구적으로 쓰며, 이사라도 갈 때에는 전선줄만 남기고 죄다 가져간다. 사람의 사귐도 마찬가지이다. 그만큼 그들과 친구가 되기도 힘들지만, 역으로 그렇게 해서 친구가 되면 죽을 때까지 변치 않는다. 따라서 글로벌 상류층과 친구가 된다는 것은 지극히 어려운 일이면서도 대단한 행운인 게다.

(하권에서 계속)

인간 존엄성을 극점으로 밀어올린 소중한 이야기

얀이야기

마치다 준 글 · 그림
김은진 l 한인숙 옮김

그저 한순간에 지나지 않는 때일망정 소중히 여기지 않으면 안 된다.
인생은 불가사의하고 앞일은 알 수 없는 거니까.

머나먼 북국의 대자연, 끝없이 펼쳐진 초원.
빼빼이 들어선 자작나무 숲, 얀과 함께 영원의 길을 따라
얼음같이 투명한 동화 속으로 떠나는 여정.
바로 이 순간! 모래알처럼 짧은 순간,
과거와 미래 사이의 어느 한 점에서
문득 그대는 영원한 추억이 되어 버린다.

덕(德)이란 무엇인가?
덕을 정리한 동양 최초의 책!

무덕(武德)
武의 문화, 武의 정신

신성대 지음

[주요 내용] 무(武)의 문화, 문(文)의 문화 | 북서풍과 동북풍 | 독재자인가, 진정한 혁명가인가? | 정(情)의 문화, 한(恨)의 문화 | 충(忠)과 신(信) | 전쟁과 의무 | 선비 문화를 다시 생각한다 | 조선 5백 년은 너무 길었다 | 교육열이 나라를 망친다? | 검사와 변호사 | 대한제국의 유산 | 안중근과 안두희 | 과거사 청산보다 과거사 보상이 먼저다 | 유목 문화와 농경 문화 | 사막 문화와 아라비안나이트 | 이스라엘과 농업 | 모든 길은 로마로! | 예(禮)·신(信)·의(義) | 온돌 문화와 체덕(體德) | 절(節)·절(切)·팽(烹) | 한국전쟁과 이승만 | 사관학교 졸업식과 대통령 | 의례(儀禮) | 엄(嚴)하지 않으면 강륜(綱倫)이 서지 못한다 | 인(仁)은 이 시대에 필요한가? | 염치(廉恥)를 모른다 | 엘리트 문화의 상실과 얼치기 지식인들 | 역사는 흐른다? | 존경하는 법을 모른다? | 폭력과 잔인성 | 지(智)·덕(德)·체(體) | 박정희와 이순신 | 서양의 일곱 가지 덕[七德] | '우리' 문화와 '나' 문화 | 양덕(陽德)과 문덕(文德) | 나라(國)와 무예(武藝) | 무(武)의 개념과 정의 | 고대 인류와 무기(武器) | 사냥과 활쏘기 | 고대 권법(拳法) | 조선 초기 주변의 정세 | 병장 무예와 개인 무예 | 전통 무예와 호신술, 그리고 놀이 | 십팔기는 어떻게 만들어졌는가? | 예(禮)와 무예(武藝) | 화랑(花郞) 정신과 신라의 삼국통일 | 무술(武術)·무예(武藝)·무도(武道) | 전통문화와 전통무예 | 십팔기 이전에는 무예가 없었나? | 훌륭한 스승을 만나야 제대로 배운다 | 주병장기와 보조병장기 | 개인 병장기와 군사용 병장기 | 십팔기 이후에는 무예가 없었는가? | 무예는 과학이다 | 선비와 칼 | 명문가의 무예와 저잣거리 무예 | 태권도와 택견 | 금메달과 스포츠맨십 | 씨름과 무예 | 《삼국지》와 신의(信義) | 승자의 예(禮), 패자의 예(禮) | 짚단베기, 벽돌깨기 | 무예는 미신이 아니다 | 용(勇)은 계산에 앞선다 | 스포츠와 체덕(體德) | 무인(武人)은 명(名)에 목숨을 건다 | 무예란 항심(恒心)으로 이루는 것이다 | 기사도(騎士道)와 《돈키호테》 | 전쟁과 예술, 그리고 무덕(武德) | 무예의 수련 단계 | 무예의 구성원리 | 무사도(武士道)란 무엇인가? | 미국의 서부정신 | 내덕(內德), 외덕(外德) | 중국의 무협(武俠) | 십팔기는 동양 3국 최고의 무예 체계이다 | 성(誠)·신(信)·의(意) | 십팔기의 전승 계보 | 세계적인 문화유산 십팔기 | 잃어버린 문화, 내다버린 정신